dtv

Worin besteht das Wohlgefallen am Schönen, die Faszination des Schrecklichen, die Sucht nach Spannung oder die Lachlust? Was hat das Vergnügen an Literatur mit erotischer Lust gemeinsam? Darauf gibt weniger die Literaturwissenschaft als vielmehr die Psychologie eine Antwort. Thomas Anz geht den Lüsten des Lesens mit anthropologischer Neugier auf den Grund und versucht, die Emotionen beim Lesen zu ergründen. Wir lernen Lust neu zu verstehen – und dabei auch uns selbst. «Erforscht werden soll, was Leseratten jeglicher Couleur an ihr Futter kettet, und nicht etwa das, was literarischen Hochgenuß von anspruchsloserem Bücherkonsum unterscheidet.» *Frankfurter Allgemeine Zeitung*

Thomas Anz, Jahrgang 1948, ist Professor für Neuere Deutsche Literatur in Marburg und verfaßte neben wissenschaftlichen Arbeiten zahlreiche Literaturkritiken und Essays für Zeitung und Rundfunk. Seit 1999 ist er außerdem Herausgeber der ersten Zeitschrift für Literaturkritik im Internet. Veröffentlichungen: ‹Literatur der Existenz› (1977), ‹Franz Kafka› (1989), ‹Gesund oder krank? Medizin, Moral und Ästhetik in der deutschen Gegenwartsliteratur› (1989), ‹Psychoanalyse in der modernen Literatur› (1999).

Thomas Anz

Literatur und Lust

*Glück und Unglück
beim Lesen*

Deutscher Taschenbuch Verlag

Februar 2002
Deutscher Taschenbuch Verlag GmbH & Co. KG, München
www.dtv.de
© 1998 C. H. Beck'sche Verlagsbuchhandlung, München
(ISBN 3-406-42800-2)
Das Werk ist urheberrechtlich geschützt.
Sämtliche, auch auszugsweise Verwertungen bleiben vorbehalten.
Umschlagkonzept: Balk & Brumshagen
Umschlagbild: ‹Die Leserin› (1888) von Georges Croegaert (© AKG, Berlin)
Satz: fgb · freiburger graphische betriebe, Freiburg
www.fgb.de
Druck und Bindung: Druckerei C. H. Beck, Nördlingen
Gedruckt auf säurefreiem, chlorfrei gebleichtem Papier
Printed in Germany · ISBN 3-423-30832-X

Inhalt

Vorwort 7

1. Lust an Literatur und die Lustlosigkeit der Literaturwissenschaft

Leselust – pathologisch 11 • *Leselust – postmodern* 16 • *Lustlose Literaturwissenschaft* 20 • *Hierarchie der Lüste in der Ästhetik* 25 • *Lust an Literatur – psychologisch, politisch, historisch* 29

2. Literatur als Spiel

Literatur, Lust und Spiel 33 • *Spiele der Postmoderne* 36 • *Literatur – ein Spiel? Definitionsprobleme* 45 • *Funktionslust* 56 • *Konkurrierende Lusttheorien* 61 • *Entrückungen* 65 • *Freude an der Freiheit* 66 • *Bewältigung von Schwierigkeiten* 69 • *Befriedigung sozialer Bedürfnisse* 71 • *Unglück der Zivilisation und Glück der Kindheit* 73

3. Wohlgefallen am Schönen

Das Spiel und das Schöne 77 • *Die Unbegreiflichkeit des Schönen* 79 • *Wahrnehmung und Beschaffenheit des Schönen* 83 • *Schönheit und Erotik* 92 • *Narzißtische Lust am Schönen* 94 • *Schöne Erinnerungen* 96 • *Entspannung und Befreiung durch das Schöne* 101 • *Entlastung durch Schönheit* 106 • *Überwindung von Schwierigkeit* 108 • *Kompensatorische Aufhebung realer Mangelerfahrungen* 111

4. Faszination des Schrecklichen

Schön traurig 115 • *Literarischer Bedarf an authentischem Schmerz* 121 • *Böse Lust* 125 • *Gemischte Gefühle des Erhabenen* 129 • *Moralische Lust und der Triumph der Aufklärung* 133 • *Aggressionslust* 139 • *Lust an der Ich-Auflösung* 142 • *Kompensationstheorie der Angstlust* 144 • *Sichere Distanz als Bedingung und Quelle von Angstlust* 146

5. Spannungskunst und Glückstechniken

Achtung und Mißachtung der Spannung 150 • *Spiel mit Informationen* 157 • *Wunsch und Mangel* 164 • *Spannung durch Trennung* 169

6. Lachlust

Witze 172 • *Befreiung von äußeren Zwängen* 173 • *Befreiung von inneren Zwängen* 176 • *Ersparungslust und Kompromißbildungen* 180 • *Selbstaufwertung durch Entwertung anderer* 186 • *Witz und Komik der Psychoanalyse* 191 • *Komik der Herabsetzung und Heraufsetzung* 192 • *Erhabenes Lachen* 193 • *Schwarzer Humor und das Groteske* 196 • *Lachlust als Solidaritätserlebnis* 200 • *Wertungsprobleme: Lust und Moral* 202

7. Erotische und pornographische Lust

Text, Erotik, Körper 205 • *Scham und Verhüllung* 208 • *Unverhüllte Lust* 213 • *Aufwertungen der Pornographie um 1968* 216 • *Geschlechterdifferenzen der Lust* 218 • *Techniken und Zeichen sexueller Erregung* 225

Ausblick	229
Anmerkungen	237
Literaturverzeichnis	264
Personenregister	282

Vorwort

Gegen Ende seiner lesenswerten *Einführung in die Literaturtheorie* schreibt der in Oxford lehrende Terry Eagleton mit ironischem Blick auf den akademischen Umgang mit Literatur: «Der Grund, warum die große Mehrheit aller Leute Gedichte, Romane und Stücke liest, liegt darin, daß sie sie vergnüglich findet. Diese Tatsache ist so offensichtlich, daß sie an Universitäten kaum jemals erwähnt wird.»[1] Wenn das nicht erst von Freud, sondern schon von der antiken Philosophie des Hedonismus und noch heute von der Emotionspsychologie formulierte Lustprinzip gilt, wonach alle psychischen Aktivitäten Unlust zu vermeiden und Lust zu verschaffen suchen, dann erst recht für das Lesen – zumindest, wenn man es freiwillig tut. Der Überlegung Eagletons widerspricht nur scheinbar die Erfahrung, daß die Lektüre vor allem schwieriger Literatur mit erheblichen Mühen verbunden sein kann oder daß wir uns durch sie zeitweilig unglücklich machen lassen. Literatur kann uns zum Weinen bringen, schockieren, auf die Folter spannen, mit schwer erträglichen Ungewißheiten konfrontieren. Es gibt das Vergnügen an komischen, aber auch an tragischen Gegenständen. Und nach sehr alten wie neuen anthropologischen Einsichten sind Lust und Glück nichts Dauerhaftes, sondern nur im Wechsel mit Unlust zu haben. 1777, zu einer Zeit, in der das öffentliche Nachdenken über Glück und Lust Hochkonjunktur hatte, schrieb Georg Forster in seiner Schilderung von Cooks zweiter Weltumsegelung: «Glücklich sein, scheint [...] einen Zustand zu bezeichnen, wo Arbeit und Ruhe, Anstrengung und Ermattung, Begierde und Befriedigung, Wollust und Schmerz, Freude und Leid miteinander wechseln».[2] Etwa zur gleichen Zeit läßt Goethe im *Egmont* sein Klärchen singen: «Himmelhoch jauchzend,/ Zum Tode betrübt;/ Glücklich allein/ Ist die Seele, die liebt.»[3] – Auch Liebhaber von Literatur wissen davon.

Daß habituelle Leserinnen und Leser glücklichere oder glücksfähigere Menschen seien, ist gelegentlich behauptet und sogar mit Methoden der empirischen Sozialforschung zu belegen versucht worden.[4] Jorge Luis Borges meinte 1978 in einem Vortrag, er «halte die Lektüre für eine der Formen der Glückseligkeit», und behauptete: «Wenn wir etwas mit Mühe lesen, so ist der Autor gescheitert. Deshalb glaube ich, daß ein Autor wie Joyce im wesentlichen gescheitert ist [...]. Ein Buch darf keine Anstrengung, das Glück darf keine Mühsal verlangen.»[5] Dem steht entgegen, was Kafka 1904 an einen Freund schrieb: «Ich glaube, man sollte überhaupt nur solche Bücher lesen, die einen beißen oder stechen. Wenn das Buch, das wir lesen, uns nicht mit einem Faustschlag auf den Schädel weckt, wozu lesen wir dann das Buch? Damit es uns glücklich macht, wie Du schreibst? Mein Gott, glücklich wären wir eben auch, wenn wir keine Bücher hätten, und solche Bücher, die uns glücklich machen, könnten wir uns zur Not selber schreiben. Wir brauchen aber die Bücher, die auf uns wirken wie ein Unglück, das uns sehr schmerzt, wie der Tod eines, den wir lieber hatten als uns, wie wenn wir in Wälder verstoßen würden, von allen Menschen weg, wie ein Selbstmord [...].»[6]

Dieses Buch ergreift weder für die Vorlieben von Borges noch für die Kafkas Partei. Es ist kein Plädoyer für leichtere Unterhaltsamkeit und auch keine Verteidigung der Schwierigkeiten und Negativitäten moderner Literatur gegen ihre postmodernen Kritiker. An dem Kritikerstreit über den Zustand der deutschsprachigen Gegenwartsliteratur und ihre internationale Konkurrenzfähigkeit nimmt es nicht teil.[7] Auch nicht an den globaleren kulturpessimistischen Befürchtungen um die angeblich abnehmende Attraktivität des Lesens und des Buches angesichts verschärfter Medienkonkurrenz. Wer lieber King als Kafka liest, die amerikanische Gegenwartsliteratur der deutschen vorzieht oder den Krimi im Fernsehen dem im Buch, der soll sich davon nicht abhalten lassen. Die Vielfalt des Buch- und Medienangebots entspricht der Pluralität von Bedürfnissen. Und diese unterscheiden sich nach Geschlecht, Charakter oder Lebensverhältnissen ganz erheblich.

Es gibt allerdings etliche Arten, Gründe und Bedingungen der Lust oder auch Unlust an Literatur, die bei wechselnder Gewichtung und Zusammensetzung gleichbleiben. Nach ihnen fragt dieses Buch. Es enthält Ansätze und Anregungen zur Ausarbeitung einer literaturwissenschaftlichen Hedonistik, zu einer Forschung über Vergnügen und Mißvergnügen, Glück und Unglück beim Lesen. Denn über die Vielfalt und die Wirkung literarischer Lustquellen wissen wir bislang zu wenig. Eine lustlose Literaturwissenschaft ist heute mit scheinbar Wichtigerem beschäftigt.

Was hat die Lust an Literatur mit der Freude am Spiel gemeinsam? Oder mit Erotik und Sexualität? Worin besteht das Wohlgefallen am Schönen, die Faszination des Schrecklichen, die Sucht nach Spannung oder die Lachlust? Das nach wie vor rätselhafte Vergnügen an Literatur hat die Dichtungstheorie seit der Antike zu vielfältigen Spekulationen angeregt. Vor allem in der philosophischen und psychologischen Ästhetik sind sie seit dem 18. Jahrhundert weitergeführt worden. Und auch die Autoren selbst haben sich daran beteiligt.

Das Buch berücksichtigt neben psychoanalytischen Theorien zum Thema auch neuere Ansätze der Emotionspsychologie und der Glücksforschung. Wenn ich zugleich auf viele ältere, zum Teil vergessene Antworten auf Fragen nach der Lust an Literatur zurückgreife, dann weniger aus historischem als aus systematischem Interesse. Denn sie enthalten Einsichten und Anregungen, die noch heute bedenkenswert sind. Zudem sind sie Zeugnisse dafür, daß auch Leselüste historischen Veränderungen unterliegen.

Vieles von dem, was in diesem Buch über die Lust an Literatur mitgeteilt wird, ist auf andere Kunst- und Mediengenüsse übertragbar, vor allem auch auf die im Kino. Und ich meine sogar, daß die Gefühle der Lust und Unlust beim Lesen ähnlichen Gesetzmäßigkeiten unterworfen sind wie die im Leben. Dichtkunst und Lebenskunst sind seit jeher verschwistert. «Alle Künste», schrieb Bertolt Brecht, «tragen bei zur größten aller Künste, der Lebenskunst.»[8] Das Buch richtet sich nicht nur an Literaturwissenschaftler, die bereit sind, sich zu neuartigen Fragestellungen anregen zu lassen, sondern an alle Literaturliebhaber, die Genaueres über ihre Lust beim Lesen wissen wollen – und damit auch über sich selbst. Es ist jenem aufklärerischen Impuls verbunden, mit dem der Kunst- und Literaturliebhaber Sigmund Freud seine persönliche Reaktion auf die «starke Wirkung» von Kunstwerken beschrieben hat: «Ich bin so veranlaßt worden, bei den entsprechenden Gelegenheiten lange vor ihnen zu verweilen, und wollte sie auf meine Weise erfassen, d.h. mir begreiflich machen, wodurch sie wirken. Wo ich das nicht kann, z.B. in der Musik, bin ich fast genußunfähig. Eine rationalistische oder vielleicht analytische Anlage sträubt sich in mir dagegen, daß ich ergriffen sein und dabei nicht wissen solle, warum ich es bin und was mich ergreift.»[9] Man mag diese Äußerung abschätzig als Beispiel für die Angst des zivilisierten Subjekts lesen, gegenüber der emotionalen Macht der Kunst die Kontrolle zu verlieren. Und es mag Leser geben, die durch Analysen von Literatur und von deren Wirkungsweise ihre Genußfähigkeit beeinträchtigt sehen. Ich selber teile Freuds analytische Hilflosigkeit gegenüber der Musik, wenn auch keineswegs die Genußunfähigkeit. Dennoch entspricht seine Äußerung meiner auch von anderen geteilten Erfahrung, daß Analyse- und Genußfähigkeit im Umgang mit Kunst sich keineswegs ausschließen müssen, sondern vielmehr gegenseitig befördern können. Vielleicht ist Freuds aufklärerischer Impuls sogar ein hedonistischer und geht aus dem Wunsch hervor, ästhetisches Vergnügen durch Reflexion darüber zu verstärken.

Einige frühere Publikationen zu dem Thema in der Reihe *Freiburger literaturpsychologische Gespräche* sowie in den Zeitschriften *Neue Rundschau* und *Der Rabe* sind in dieses Buch eingegangen.[10] Der Plan dazu entstand vor gut zehn Jahren. Er war zweifellos angeregt durch die maßgeblich von Roland Barthes initiierte Entfesselung der «Lust am Text» in postmodernen Theorien und Programmen. Zugleich jedoch war er provoziert durch deren analytische Unschärfe und genialische Monologizität, die sich dem interdisziplinären Forschungsdialog verweigerten. Die Postmoderne beginnt inzwischen zu einem historischen Phänomen zu werden. Die Frage nach der Lust an Literatur ist jedoch mehr als zwei Jahrtausende älter als sie und hat sich mit ihr nicht erledigt.

Den Teilnehmerinnen und Teilnehmern an den Lehrveranstaltungen, die ich seit 1989 an den Universitäten München und Bamberg zu dem Thema gehalten habe, bin ich für viele Anregungen dankbar. Namentlich möchte ich Christine Kanz, Thomas Kastura, Roland Kroemer, Stefanie Menke und Brigitte Weinmann danken, die mir in Bamberg bei der Arbeit an dem Buch sehr geholfen haben, Brigitte Haberer für die aufmerksamen Schlußkorrekturen und nicht zuletzt Raimund Bezold, dem Lektor des Verlages C. H. Beck, für das Interesse und die Geduld.

Seefeld und Bamberg im August 1997 *Thomas Anz*

1
Lust an Literatur und die Lustlosigkeit der Literaturwissenschaft

Leselust – pathologisch

Daß die Lust an Literatur ein gefährliches Ausmaß erreichen, daß sie zur Sucht werden, daß sie krank machen kann, ist heute für erwachsene Leser kaum noch zu befürchten, schon gar nicht für solche, die sich das Lesen zum Beruf gemacht haben. Vielleicht haben die alten Warnungen vor den verhängnisvollen Folgen der Lesesucht doch langfristig Wirkungen gehabt.

Im späten 18. Jahrhundert, als eine sprunghaft gestiegene Zahl von Lesekundigen der Lust besonders an der Romanlektüre verfiel, alarmierte dies viele um das Gemeinwohl besorgte Kulturkritiker gleich einer Seuche. Wie heute ihre Nachfahren vor der Fernsehsucht, mit der wir uns angeblich zu Tode amüsieren, so warnten sie damals unaufhörlich vor den verderblichen Konsequenzen exzessiver «Lesewuth». Vor gut zweihundert Jahren, 1795, erschien ein Buch *Über die Pest der deutschen Literatur*. Der in Bern lebende Buchhändler und rührige Publizist Johann Georg Heinzmann äußerte hier seine Vermutung, «daß die Romane wohl eben so viel im Geheimen Menschen und Familien unglücklich gemacht haben, als es die so schreckbare französische Revolution öffentlich thut». Nicht nur, daß «thierische Triebe der Wollust in unsern neu aufblühenden Geschlechtern durch die Romanlektüre außerordentlich verbreitet worden» seien, argwöhnte der Verfasser, die Folgen der «Romanleserey» beschrieb er vielmehr als pathologische Symptome, die denen der Drogensucht gleichen: Die meist noch jugendlichen Leser «leben nicht mehr in der wirklichen Welt, sie sind in den höchsten Träumen der Einbildung ihren Mitmenschen entrissen».[1]

Die Macht der Literatur, mit oft fatalen Folgen zu sexueller Lust zu verführen oder gleich einer Droge in realitätsenthobene Wahn- und Wunschwelten zu entführen, ist freilich nicht bloß von mehr oder weniger dubiosen Kulturkritikern, sondern ebenso von Autoren weltliterarischen Rangs beschworen worden. Werther und Lotte erreichen das zur Katastrophe führende Maximum ihrer körperlichen Annäherung, als er ihr aus den traurigen Gesängen des Ossian vorliest. Erst vereinigen sich ihre Tränen, dann verliert Werther den Rest seiner Selbstkontrolle: «Die ganze Gewalt dieser Worte fiel über den Unglücklichen. Er warf sich vor Lotten nieder in der vollen Verzweiflung, faßte ihre Hände, drückte sie in seine Augen, wider seine Stirn, und ihr schien eine Ahnung seines schrecklichen Vorhabens durch die Seele zu fliegen. Ihre Sinne verwirrten sich, sie drückte seine Hände, drückte sie wider ihre Brust, neigte sich mit einer wehmütigen Bewegung zu ihm, und ihre glühenden Wangen berührten sich. Die Welt verging ihnen. Er schlang seine Arme um sie her, preßte sie an seine Brust und deckte ihre zitternden, stammelnden Lippen mit wütenden Küssen. –»[2] In Dantes zweitem Kreis der Hölle, in dem die Sünder der Fleischeslust rastlos durch die Lüfte getrieben werden, trifft der Erzähler auf Francesca da Rimini. Sie erzählt ihm über ihre verderbliche Liebe zu Paolo Malatesta. Ein Roman und sein Autor hatten die beiden verführt:

> Wir lasen eines Tages, uns zur Lust,
> Von Lanzelot, wie Liebe ihn durchdrungen;
> Wir waren einsam, keines Args bewußt.
>
> Obwohl das Lesen öfters uns verschlungen
> Die Augen und entfärbt uns das Gesicht,
> War eine Stelle nur, die uns bezwungen:
>
> Wo vom ersehnten Lächeln der Bericht,
> Daß der Geliebte es geküßt, gibt Kunde,
> Hat er, auf den ich leiste nie Verzicht,
>
> Den Mund geküßt mir bebend mit dem Munde;
> Verführer war das Buch, und der's geschrieben:
> Wir lasen weiter nicht in jener Stunde.[3]

Lesen und körperliche Lust mögen, wie es der letzte Vers so dezent nahelegt, unvereinbar sein, aber erzählte Lust kann die der realen Körper in Bewegung setzen. Marquis de Sade hatte dies in der ihm eigenen Deutlichkeit den männlichen Lesern seines Romanfragments *Die hundertzwanzig Tage von Sodom* als Wirkung versprochen: «Ohne Zweifel werden dir viele der Abirrungen, die du beschrieben finden wirst, mißfallen – das weiß ich; es werden sich jedoch welche finden, die dich so erhitzen, daß sie dich Samen kosten; und das ist alles, was wir beabsichtigen.»[4] Was manchem heute als konstitutives Merkmal literarischer Pornographie gilt, «die Vermittlung sexuellen Lustgewinns durch Sprache»,[5] ist in Wahrheit potentieller Bestandteil jeder, auch hochrangiger Literatur. Die Abschiebung sexueller Lustvermittlung auf «Pornographie» will dem literarischen Kunstwerk zu einer Form lustfreier Reinheit verhelfen, die es selbst selten gesucht hat. Und wo ein Text oder sein Autor uns mehr oder weniger überzeugend glauben machen möchte, die Schilderungen der Sinneslüste dienten irgendeiner Moral, setzen diese sich gegen alle ‹besseren› Absichten durch. Giacomo Casanova wußte das, als er schrieb: «Mein Werk ist voll ausgezeichneter moralischer Lehren. Aber was nützt das, wenn die gelungenen Schilderungen meiner Sünden die Leser mehr zur Nachahmung als zur Reue anregen.»[6]

Leselust erschöpft sich jedoch keineswegs in sexueller Lust, mag diese sich noch so sublim verstellen. Die wahnhaften Phantasiewelten, die den Leser nach vormals verbreiteten Befürchtungen der Realität zu entrücken drohen, befriedigen oder stimulieren Wünsche vielfältiger Art. Als dem Protagonisten in Wielands Roman *Die Abenteuer des Don Sylvio von Rosalva* die «Ernsthaftigkeit und ewigen Sittenlehren» der Tante zu beschwerlich werden, verfällt er der Sucht nach «Feenmärchen». «Die Lebhaftigkeit, womit seine Einbildungskraft sich derselben bemächtigte, war außerordentlich: er las nicht, er sah, er hörte, er fühlte.»[7] Und er gerät in jenen krankhaften Zustand, vor dem «Psychologische Betrachtungen» des Erzählers zuvor gewarnt haben: Er vermag zwischen dem Wunderbaren und dem Natürlichen, dem Falschen und dem Wahren nicht mehr zu unterscheiden. Er lebt in einer imaginierten Welt, hinter der die reale verschwindet.

Das Muster für diesen lesepathologischen Fall hatte zu Beginn des vorangehenden Jahrhunderts Cervantes vorgelegt. Die exzessive Lust an der Lektüre von Ritterromanen läßt den Helden in *Don Quijote* den Verstand verlieren, und es kostet wie später im Fall von Don Sylvio viel Mühe, ihn von seinem Wahn zu befreien. Nicht zuletzt «Ritterromane» sind es auch, die Emma Bovary in ihrer Lust am Lesen «verschlingt», einer Lust, die zur krankhaften und krankmachenden Sucht wird. Die Pathologisierung der Leselust geht in allen drei Romanen mit mehr oder weniger rigorosen Therapiemaßnahmen einher. Don Sylvio wird auf sanfte, gleichsam homöopathische Weise durch ein Lügenmärchen in die Realität zurückgeholt. Don Quijotes Bibliothek wird zu weiten Teilen auf dem Scheiterhaufen verbrannt. Und weil für die Schwiegermutter von Emma Bovary klar ist, daß es die «Schundromane» sind, die die Frau ihres Sohnes krank gemacht haben, «wurde denn beschlossen, dafür zu sorgen, daß Emma keine Romane mehr las. Das war natürlich kein leichtes Vorhaben. Die gute alte Dame nahm es auf sich, den Plan in die Tat umzusetzen. Sie wollte auf ihrer Rückreise in Rouen persönlich beim Inhaber der Leihbibliothek vorsprechen und ihm klarmachen, daß Emma ihr Abonnement aufgebe. Hatte man nicht das Recht, die Polizei zu holen, falls der Buchverleiher trotzdem darauf beharrte, sein Giftmischergewerbe weiterzubetreiben?»[8] Die Leihbibliotheken des späten 18. und des 19. Jahrhunderts waren den Kritikern der Lesesucht besonders suspekt; sie galten ihnen als «moralische Giftbuden und Bordelle». Die literarischen Stimulanzien der Phantasie als Gift, auch als Rauschgift, zu diskreditieren war durchaus üblich. Dem armen Anton Reiser in dem autobiographischen Roman von Karl Philipp Moritz wird das Lesen, Theaterspielen oder Dichten zum Bedürfnis, «wie es den Morgenländern das Opium sein mag»; durch das Lesen wird ihm «eine neue Welt eröffnet, in deren Genuß er sich für alles das Unangenehme in seiner wirklichen Welt einigermaßen entschädigen konnte».[9]

Das selbst- und realitätsvergessene Aufgehen des Lesers in der Welt der Fiktion, von Freud einmal als «milde Narkose»[10] charakterisiert, ist noch im 20. Jahrhundert immer wieder als ein lustvolles, rauschhaftes Glückserlebnis geschildert worden. «Manchmal, o glücklicher Augenblick, bist du in ein Buch so vertieft, daß du in ihm versinkst – du bist gar nicht mehr da. [...] dein Körper verrichtet gleichmäßig seine innere Fabrikarbeit, – du fühlst ihn nicht. Du fühlst dich nicht. Nichts weißt du von der Welt um dich herum, du hörst nichts, du siehst nichts, du liest.» Kurt Tucholsky hatte mit dieser Beschreibung des Glücks beim Lesen einen Gefühlszustand im Blick, den der Chicagoer Psychologe und Glücksforscher Mihaly Csikszentmihalyi heute als charakteristisch für hochgestimmte «Flow-Erlebnisse» beschreibt[11] oder den Victor Nells Kognitionspsychologie des Lustlesers unter dem bezeichnenden Titel *Lost in a Book* eingehend mit Tagträumen und Trancezuständen vergleicht.[12] Tucholsky erinnerte freilich auch an den Moment der Ernüchterung: «Das ist, wie wenn man aus einem Traum aufsteigt. Rechts und links an den Buchseiten tauchen die Konturen des Zimmers auf, noch liest du weiter, aber nur mit dreiviertel Kraft, du fühlst dumpf, daß außerhalb des Buches noch etwas anderes ist: die Welt.»[13] Neben den Wünschen, die lustvollen Glücksmomente vollkommen versunkenen Lesens ins Unendliche auszudehnen, stehen die Befürchtungen, die literarisch stimulierte Phantasie könnte den Leser bis zur Lebensuntüchtigkeit überwältigen und abhängig machen. Beides ist Thema von Michael Endes unendlich oft gelesenem Jugendroman *Die unendliche Geschichte*. Er erschien 1979 und erzählt, durch rote und durch grüne Schrift voneinander unterschieden, zwei Geschichten. Die eine handelt von dem lesenden Jungen Bastian, der sich vor dem langweiligen Schulunterricht auf einen Speicher zurückzieht und dort die andere Geschichte liest: in einem gestohlenen Buch mit dem Titel *Die unendliche Geschichte*, einem Buch, dessen tote Buchstaben durch seine Phantasie zu leben beginnen, einem Buch, in dessen Welt Bastian zunehmend hineingezogen wird und die doch auch ein Produkt seiner eigenen Wünsche und Phantasien ist.

Dazu bedarf es allerdings jener auch hier nicht ganz ungefährlich erscheinenden Leidenschaft des Lesens, von der der Erzähler eingangs sagt: «Wer niemals ganze Nachmittage lang mit glühenden Ohren und verstrubbeltem Haar über einem Buch saß und las und las und die Welt um sich her vergaß, nicht mehr merkte, daß er hungrig wurde oder fror – [...] Wer niemals offen oder im geheimen bitterliche Tränen vergossen hat, weil eine wunderbare Geschichte zu Ende ging und man Abschied nehmen mußte von den Gestalten, mit denen man gemeinsam so viele Abenteuer erlebt hatte, die man liebte und bewunderte, um die man gebangt und für die man gehofft hatte, und ohne deren Gesellschaft einem das Leben leer und sinnlos schien – Wer nichts von alledem aus eigener Erfahrung kennt, nun, der wird wahrscheinlich nicht begreifen können, was Bastian jetzt tat. Er starrte auf den Titel des Buches, und ihm wurde abwechselnd heiß und kalt. Das, genau das war es, wovon er schon oft geträumt und was er sich, seit er von seiner Leidenschaft befallen war, gewünscht hatte: Eine Geschichte, die niemals zu Ende ging!»[14]

In dem Roman kommt am Ende freilich alles darauf an, daß es dem jugendlichen Helden gelingt, aus der Welt seiner Phantasien, dem Reich «Phantásien», wieder in die Realität zurückzukehren, also nicht dem Wahnsinn zu verfallen. «Es gibt Menschen, die können nie nach Phantásien kommen», erklärt ihm jemand, «und es gibt Menschen, die können es, aber sie bleiben für immer dort. Und dann gibt es noch einige, die gehen nach Phantásien und kehren wieder zurück. So wie du. Und die machen beide Welten gesund.»[15]

Noch in diesem Roman bleiben die alten Vorbehalte gegenüber einer allzu exzessiven, potentiell pathogenen Leselust in Resten präsent, indem er warnend an die generelle Affinität literarischer Imagination zur pathologischen Phantasietätigkeit gemahnt. Im Unterschied zu dieser erleichtert die durch Lektüre künstlich induzierte Wahnbildung die Rückkehr von imaginären Initiationsreisen durch fremde Welten. Weit dominanter jedoch als der Appell zur Rückkehr ist in Endes Roman die Sympathie für eine leidenschaftliche Leselust. Ihr werden für den Kampf der menschlichen Phantasiekräfte gegen das in modernen Gesellschaften übermächtige Realitätsprinzip rettende Qualitäten zugeschrieben.

Leselust – postmodern

Leseleidenschaften, Leselüste oder Lesesüchte darzustellen oder zu thematisieren, und zwar nicht wie in *Don Quijote*, *Anton Reiser* oder *Madame Bovary* als warnendes Exempel, ist in der Gegenwartsliteratur ziemlich beliebt geworden. Michael Endes Jugendbuch hat darin auch in der Literatur für Erwachsene viele Entsprechungen, wenn nicht gar Nachahmungen gefunden. Vor einigen Jahren erschien der Roman *Der amerikanische Traum* des Münchner Schriftstellers und Psychiaters Ernst Augustin. Auch er setzt mit der Geschichte eines jugendlichen Lesers ein und schreibt die gesamte Romanhandlung dessen leidenschaftlicher Phantasietätigkeit zu. Der Junge liebt vor allem die amerikanischen Abenteuer- und Kriminalromane der Erwachsenen. Er liest sie so, wie man es wohl nur in diesem Alter noch kann: er lebt in ihnen. «Er selber war es, der auf die Dächer fahrender Züge sprang, der die Feuerleitern hochstieg. Der am rauchenden Kamin saß und den Fall löste, er kannte sich aus in den großen Städten, wo das Verbrechen herrschte; er wußte, wie man vom Piccadilly zum Charing Cross gelangte, war über die Michigan Avenue in Chicago gefahren und über den Broadway».[16] Die imaginierte Welt verwandelt dem leidenschaftlichen Leser die reale: der See wird zum wilden Urwaldstrom, die Waldwege werden zu Dschungelpfaden, die Wiesen zu gefährlichen Buschsteppen, die Mücken zu Moskitos.

Die einleitende Thematisierung des Lesens hat in den Texten Michael Endes oder Ernst Augustins mehrere Funktionen. Sie dient dem literarischen Spiel mit verschiedenen Fiktions- und Realitätsebenen, sie dient jedoch vor allem der Eigenwerbung. Denn sie gibt dem Leser ein Versprechen, und das lautet etwa so: ‹Die Lektüre dieses Buches, das du zu lesen begonnen hast, vermag bei dir die gleiche Leselust zu entfachen, wie sie hier beschrieben wird.› In solchen Versprechungen artikuliert sich seit mehr als zwei Jahrzehnten in Ansätzen ein literarisches Programm. Man kann es mit einigem Recht als «postmodern» bezeichnen, insofern im Umkreis der literarischen Moderne des 20. Jahrhunderts Begriffe wie «Lust» oder «Vergnügen» keinen sonderlich hohen Stellenwert hatten. Dieter Wellershoff, der 1973 eine Sammlung erhellender Essays unter dem Titel *Literatur und Lustprinzip* veröffentlichte, hatte schon Ende der sechziger Jahre mit Blick vor allem auf Brecht die «Tendenz der modernen Ästhetik» kritisiert, «aus dem Zuschauer oder Leser eine Dame ohne Unterleib zu machen, die garantiert keine außerrationalen Erlebnisse hat». In der literarischen Moderne werde «die libidinöse Bindung an das ästhetische Objekt verhindert, in der Literatur zum Beispiel durch die zahlreichen Methoden der Distanzierung, die das Identifikationsverbot praktizieren».[17] Das Unbehagen an den lustfeindlichen Tendenzen der literarischen Moderne hatte sich zu diesem Zeitpunkt freilich sehr viel vehementer als in Deutschland in der subkulturellen Literaturszene der USA geäußert. Umberto Eco, den nach eigenem Bekunden die «Lust am Fabulieren» zum Schreiben seines ersten Romans motiviert hatte, rechnete in seiner *Nachschrift zum «Namen der Rose»* die Wiederentdeckung der Lust an Literatur mit Recht den amerikanischen Programmatikern der Postmoderne als Verdienst an. Er berief sich dabei auf John Barth und zitierte ihn mit den Sätzen: «Der ideale postmoderne Roman müßte den Streit zwischen Realismus und Idealismus, Formalismus und ‹Inhaltismus›, reiner und engagierter Literatur, Eliten- und Massenprosa überwinden ... Die Analogie, die ich vorziehe, ist eher die zu gutem Jazz oder klassischer Musik: Beim Wiederhören und Analysieren der Partitur entdeckt man vieles, was einem beim ersten Mal noch entgangen war, aber beim ersten Mal muß einen das Stück so gepackt haben, daß man Lust bekommt, es wiederzuhören, und das gilt sowohl für die Spezialisten wie für die Nichtspezialisten».[18] Die Hervorhebung der «Lust» an Literatur verbindet sich mit dem Appell, die Kluft zwischen Elite- und Massenkultur aufzuheben. Denn ihr entspricht die in Deutschland stärker noch als in anderen Ländern geläufige Entgegensetzung von Kunst und Vergnügen, von, wie man gerne ergänzt, «wahrer» Kunst und «bloßem» Vergnügen.[19] Die Kluft öffnete sich in Deutschland im späten 18. Jahrhundert mit der Expansion des literarischen Marktes und den Warnungen vor der grassierenden Sucht nach schlechten Romanen,[20] und sie vergrößerte sich noch in der literarischen Moderne. Diese Kluft war es, die der von Eco ebenfalls zitierte amerikanische Literaturkritiker Leslie Fiedler Ende der sechziger Jahre zu überwinden forderte. Einer damals jungen literarischen Bewegung, die er postmodern nannte, bescheinigte er eine zukunftsträchtige Vitalität, die literarische Moderne hingegen erklärte er für tot. Ende Juni 1968 hielt Fiedler an der Freiburger Universität seinen aufsehenerregenden, polemisch provozierenden, doch bald für längere Zeit vergessenen Vortrag mit dem Titel *The Case for Post-Modernism*.[21] Der Vortrag warb für eine neue Literatur und eine neue Literaturkritik zugleich. Die Literatur der Moderne, die hier totgesagt wird, ist eine Literatur von und für kulturelle Eliten: hermetisch, dunkel, hochgradig selbstreflexiv sowie interpretationsbedürftig und für das Publikum deshalb oft nur durch die vermittelnde Tätigkeit von professionellen Kritikern bzw. Literaturwissenschaftlern zugänglich; eine Literatur, die sich dem massenhaften Konsum verweigert und sich daher von populären Formen der Unterhaltungsliteratur entschieden abgrenzt. Die Aufgabe der gegenwärtigen, postmodernen Literatur ist es demgegenüber nach Fiedler, «die Lücke zwischen Bildungselite und der Kultur der Masse zu schließen». Die erstarrten Grenzen zwischen Literatur als Kunst auf der einen Seite und populären, kulinarisch konsumierten Genres wie dem Western, dem science-fiction-Roman, der Pornographie und weiteren Formen der Popkultur auf der anderen Seite werden in der so verstandenen postmodernen Literatur verflüssigt, und die Umgangsformen mit dieser Literatur sind entschieden lustbetont. Von «unterhaltsamer Spielerei», von «Entertainment», von der Leidenschaft und den «Ekstasen des Lesens» ist bei Fiedler immer wieder die Rede. Daß diese gleichsam klassenlose, die kulturellen und damit auch gesellschaftlichen Hierarchien unterlaufende Literatur sich dem Medien-Kommerz nicht entzieht, ist für Fiedler kein Argument gegen sie. Anhänger Adornos und seiner die ästhetische Moderne noch einmal auf höchstem Niveau repräsentierenden Theorie haben 1968 mit Grausen gehört, was Fiedler dazu sagte: «Diese Schriftsteller fürchten nicht, sich etwa auf dem Marktplatz zu kompromittieren; im Gegenteil, sie haben sich für ein Genre entschieden, das dem Ausbeutungscharakter der Massenmedien sichtbar verbunden ist.»[22]

Wie stark die Literatur aus dem Umkreis der Postmoderne, in der bezeichnenderweise das hartnäckige Begehren nach einem verlorenen Manuskript oder Buch zu einem wiederkehrenden Handlungsmotiv geworden ist, den Aspekt der Leselust hervorhebt, zeigt nicht zuletzt ein Roman, der in Italien 1979, in deutscher Übersetzung 1983 erschienen ist und vielen als Musterbeispiel postmoderner Literatur gilt: Italo Calvinos *Wenn ein Reisender in einer Winternacht*. Auch dieser Roman beginnt mit einer spielerischen Thematisierung des Lesens: «Du schickst dich an, den neuen Roman *Wenn ein Reisender in einer Winternacht* von Italo Calvino zu lesen. Entspanne dich. Sammle dich. Schieb jeden anderen Gedanken beiseite. Laß deine Umwelt im ungewissen verschwimmen. Mach lieber die Tür zu, drüben läuft immer das Fernsehen. Sag es den anderen gleich: ‹Nein, ich will nicht fernsehen!› Heb die Stimme, sonst hören sie's nicht: ‹Ich lese! Ich will nicht gestört werden!›» Die ironischen Lektüreanweisungen geben die optimale «Bedingung für den Genuß einer Lektüre» an, sprechen vom «Vergnügen», von der «Freude» und von den «Vorfreuden» eines Buches: «dieses Drumherumlesen vor dem Drinlesen gehört mit zur Freude am neuen Buch, doch wie alle Vorfreuden hat es eine bestimmte Optimaldauer, wenn es zur dauerhafteren Freude am Akt als solchen führen soll, das heißt am Lesen des Buches.»[23]

In Deutschland wurde spätestens seit den achtziger Jahren, als die Romane Ecos oder Calvinos ein breites Publikum fanden, die Lust als Thema, Anspruch oder Versprechen von Literatur zumindest in Ansätzen rehabilitiert. Titel wie *Lust* (Elfriede Jelinek), *Geographie der Lust* (Jürg Federspiel), *Lustspiel* (Lilian Faschinger) oder *Die Lust der Frauen auf S. 13* (Dagmar Leupold) haben dafür ebenso Signalcharakter wie jene, die das Wort «Spiel» mit sich führen: etwa Christoph Heins *Der Tangospieler*, Ulla Hahns *Spielende* (der Titel spielt noch dazu mit einer Doppeldeutigkeit) oder Ulrich Woelks *Rückspiel*. Wo Literatur wieder eng mit «Spiel» assoziiert wird, wie es nicht zuerst Schiller und nicht zuletzt Freud nachdrücklich nahelegt hatten, wo das Bedürfnis nach Literatur auf jenen Spieltrieb zurückgeführt wird, der nach Johan Huizinga Grundlage aller menschlichen Kultur ist, da lassen sich die Lust, das Vergnügen, die Freude an ihr kaum noch ignorieren. «Zugegeben, es ist nie ein simples, es ist schon immer ein höchst verwickeltes Spiel gewesen, das Dichter und Leser trieben», erklärte Hans Magnus Enzensberger (unter dem Pseudonym Andreas Thalmayr) 1984 im Vorwort zu den von ihm vorgestellten hundertvierundsechzig «Spielarten» der Poesie. Daß es trotz hoher Ansprüche ein vergnügliches Spiel ist, bekannte er schon mit dem Titel des Buches: *Das Wasserzeichen der Poesie oder Die Kunst und das Vergnügen, Gedichte zu lesen*. Die deutsche Literaturkritik der neunziger Jahre fand zwar erst etwas verspätet Anschluß an die vor allem akademischen Postmoderne-Debatten der Achtziger; doch als Antwort auf die wiederkehrende Frage nach der internationalen Konkurrenzfähigkeit der deutschsprachigen Gegenwartsliteratur hielt sie einige entschiedene Plädoyers «Für die Lust an der Literatur».[24]

Lustlose Literaturwissenschaft

Von der im Zeichen der Postmoderne wiederentdeckten Lust an Literatur zeigt sich die Literaturwissenschaft noch wenig berührt. Sie ist «lustlos» in dem Sinne geblieben, daß für sie die Lust an Literatur gar kein oder ein nur beiläufig ernst genommenes Thema ist. Nach der Veröffentlichung von Roland

Barthes' *Le Plaisir du Texte* im Jahre 1973 sprachen zwar auch Literaturwissenschaftler und -kritiker sehr viel häufiger über *Die Lust am Text* (so der Titel der deutschen Übersetzung) als vorher. Es war, als hätten sie sich von dem französischen Kultursemiotiker freudig oder auch mit schlechtem Gewissen an einen Aspekt des Lesens erinnern lassen, der ihnen bei der professionellen Arbeit am Text abhandengekommen war, den sie schon fast vergessen, den sie schamhaft verschwiegen oder ihren Studenten und Lesern sogar systematisch ausgetrieben hatten. Von der «Lust» oder dem «Vergnügen» an Literatur zu sprechen gehörte mit einem Mal zum guten Ton. Aber ernsthafte Forschungen über Arten und Gründe des Vergnügens an Literatur blieben weiterhin selten. Roland Barthes war daran selbst nicht ganz unschuldig. Mit programmatischer Unsystematik lieferten seine poststrukturalistischen Skizzen und Fragmente viele Ideen und Anregungen zum Thema, wiesen jedoch jegliche Ordnung eines wissenschaftlichen Diskurses darüber strikt von sich. Über Lust, so legten sie nahe, läßt sich nicht geordnet und rational sprechen. «Die Lust am Text», erklärt der Essay gleich zu Beginn, könne «*sich niemals erklären*». Und später: «wenn ich hier von Lust am Text spreche, so immer en passant, in ganz ungesicherter, keineswegs systematischer Art».[25]

Nicht nur durch sein Thema, sondern auch durch die Art des schreibenden Umgangs mit ihm wurde der Essay zu einem Kultbuch postmoderner Ästhetik. Die Literaturwissenschaft reagierte auf ihn eher hilflos.[26] Die immer auch psychologisches Wissen verlangende Frage nach dem Effekt der von ihr analysierten Texte hatte sie seit langem mit einer tiefsitzenden Psychologiefeindlichkeit entschieden vernachlässigt oder systematisch um zentrale Bestandteile verkürzt. Wir Literaturwissenschaftler untersuchen die Inhalte und poetischen Verfahrensweisen von Texten, suchen, wenn wir Strukturalisten sind, nach phonologischen, syntaktischen oder semantischen Oppositionen und Äquivalenzen, nach paradigmatischen und syntagmatischen Beziehungen zwischen den Textelementen. Oder wir haben ein Augenmerk auf die verarbeiteten Stoffe, Themen und Motive, analysieren rhetorische Figuren, die räumlichen Modellierungen der dargestellten Welt und den literarischen Umgang mit der Zeit; wir untersuchen Handlungsschemata und Handlungsrollen, Erzählperspektiven und Figurenkonstellationen. Und wir blicken dabei auch über den einzelnen Text hinaus: auf seine Bezüge zu anderen Texten, auf die historische Situation, in der er geschrieben oder gelesen wurde, auf das kulturelle Wissen, das er in sich aufgenommen hat, auf das Medium, in dem er erschienen ist, auf die Gattungskonventionen und Diskursordnungen, von denen er abhängig ist, und so fort. Das alles mag durchaus notwendig und wichtig sein, über der extensiven Untersuchung solcher Phänomene kommt jedoch die Frage nach dem Effekt oder der psychischen Funktion all dessen, was wir da mehr oder weniger gründlich am Text analysiert haben, in der Regel entschieden zu kurz. Und wenn wir auf diese Frage eingehen, dann verkürzen wir sie meistens auf die Frage nach den kognitiven Funktionen.

Die Rhetorik unterscheidet in ihren Diskursen über rhetorische Effektziele das intellektuelle «docere» von dem emotionalen «delectare» und «movere», also das Belehren vom Vergnügen und der Affekterregung. Die Antworten auf die Frage nach der Funktion von Literatur für den Leser (oder auch für den Autor) fallen in der gegenwärtigen Literaturwissenschaft immer noch vorwiegend intellektualistisch aus, sie bewegen sich meist im Bereich des «docere». Literatur, so haben wir im literaturwissenschaftlichen Studium gelernt, vermittle uns Lesern bestimmte Einstellungen, Ideologien, Normen oder Werte, sie setze gewohnte Wahrnehmungsmuster und kulturelle Selbstverständlichkeiten außer Kraft, sie entwerfe eigene Konstruktionen von Wirklichkeit, sie lenke die Aufmerksamkeit des Lesers auf ihre eigene Machart, sie gebe Antworten auf die politischen, sozialen oder auch ästhetischen Fragen einer bestimmten Zeit, sie dekonstruiere metaphysische Sinnsysteme und dergleichen mehr. Das alles ist gewiß richtig, vernachlässigt jedoch die emotiven Funktionen von Literatur, ihre Bedeutung vor allem für die Wünsche oder auch Ängste der Autoren und Leser. Nach neuropsychologischen Forschungen aus den letzten Jahren ist anzunehmen, daß unser Gehirn auditive und visuelle Eindrücke kognitiv und affektiv zugleich verarbeitet, die affektive Verarbeitung jedoch schneller erfolgt. Unsere erste Reaktion auf den Text ist demnach emotional geprägt und weist der weiteren intellektuellen Verarbeitung den Weg.[27] Die in der Emotionspsychologie immer wieder aufgegriffene Frage nach der Priorität kognitiver oder affektiver Wahrnehmung mag sich damit nicht erledigt haben.[28] Ob wir erst auf der Basis eines bestimmten Textverständnisses mit Gefühlen der Lust oder Unlust reagieren, wie eine neuere kognitionspsychologische Untersuchung über den emotionalen Prozeß beim Lesen annimmt,[29] oder vorgängige Emotionen unser Verständnis prägen, ist wohl auch weniger wichtig, als daß Lesen von Literatur generell ein hochgradig emotionaler Vorgang ist. Ihn zu untersuchen überlassen Literaturwissenschaftler jedoch weitgehend den Psychologen.[30] Und wo immerhin jüngere systemtheoretisch orientierte Ansätze der Literaturwissenschaft Gefühle der Lust oder der Unlust in ihrer fundamentalen Bedeutung für den bewertenden Diskurs über Literatur wiedererkennen, interessieren diese Gefühle vor allem als Bestandteile von Argumentationsmustern und «Codes», kaum jedoch als psychologische Phänomene.[31]

Als Brecht 1948 mit seinem *Kleinen Organon für das Theater* das von ihm vorher zur öffentlichen Lehranstalt degradierte Theater als «Vergnügungsstätte» glänzend rehabilitierte und den «Kindern eines wissenschaftlichen Zeitalters» mit der Lust am Erkennen und dem Spaß an der Veränderung zeitgemäße Arten des Kunstgenusses schmackhaft zu machen versuchte,[32] stand er ganz in der Tradition der Aufklärung des 18. Jahrhunderts. Unter Berufung auf die Autorität der schon für die mittelalterliche Literatur verbindlichen *Ars Poetica* des Horaz (besonders die Verse 333–344) hatte sie die Fähigkeit, Vergnügen zu bereiten, zu einer für die Dichtkunst konstitutiven Leistung erklärt. «Entweder nützen oder erfreuen wollen die Dichter ...» («aut prodesse volunt aut delectare poetae»), lautet der meistzitierte Vers dieser Poetik, doch daß der Nutzen und das Vergnügen ihr keineswegs als Alternativen gelten, geht schon aus dem sich anschließenden, den Satz zu Ende führenden Vers unmißverständlich hervor: «... oder zugleich, was erfreut und was nützlich fürs Leben ist, sagen» («aut simul et jucunda et idonea dicere vitae»). Von «dem, was man der Lust wegen erfindet» («ficta voluptatis causa»), ist da noch die Rede und von der Zustimmung, die verdient hat, «wer Süßes und Nützliches mischte, indem er den Leser ergötzte und gleicherweise belehrte» («qui miscuit utile dulci/ lectorem delectando pariterque monendo»).

Was das Primäre und das Dominante für die Dichtkunst zu sein hat, die Lust oder die Lehre, lassen diese Verse offen. Darüber konnten alle, die sich später auf Horaz beriefen, trefflich streiten.³³ Noch die literaturkritischen Debatten nach der deutschen Einheit über das Verhältnis zwischen Ästhetik und Moral setzten etwas von diesem Streit fort. Den pädagogischen und moralistischen Impulsen der Aufklärung entsprach es im 18. Jahrhundert, das Vergnügen an Literatur zwar als wichtig hervorzuheben, es aber einem höherwertigen, vernunftgemäßen Nutzen unterzuordnen³⁴ – zum Schaden der Kunst und der Kunsttheorie, wie eine Schrift Friedrich Schillers beklagt, die eine «bündige Theorie des Vergnügens» zum Desiderat erklärt. «Die wohlgemeinte Absicht», so heißt es hier, «das Moralischgute überall als höchsten Zweck zu verfolgen, die in der Kunst schon so manches Mittelmaß erzeugte und in Schutz nahm, hat auch in der Theorie einen ähnlichen Schaden angerichtet. Um den Künsten einen recht hohen Rang anzuweisen, um ihnen die Gunst des Staats, die Ehrfurcht aller Menschen zu erwerben, vertreibt man sie aus ihrem eigentümlichen Gebiet, um ihnen einen Beruf aufzudringen, der ihnen fremd und ganz unnatürlich ist. Man glaubt ihnen einen großen Dienst zu erweisen, indem man ihnen, anstatt des frivolen Zwecks, *zu ergötzen*, einen moralischen unterschiebt». Wenn der Zweck der Kunst aber ein moralischer sei, «so verliert sie das, wodurch sie allein mächtig ist, ihre Freiheit, und das, wodurch sie so allgemein wirksam ist, den Reiz des Vergnügens. Das Spiel verwandelt sich in ein ernsthaftes Geschäft; und doch ist es gerade das Spiel, wodurch sie das Geschäft am besten vollführen kann.»

Ein «freies Vergnügen, so wie die Kunst es hervorbringt», ist nach Schiller auch ihr dominanter Zweck, obwohl es manchem widerstrebe, daß sie «einen so gemeinen Zweck, wie man sich das Vergnügen denkt, zu ihrem letzten Augenmerk haben sollte.» Als «frivol» oder «gemein», so geht aus dieser Schrift hervor, erschien damals vielen, was Begriffe wie «Vergnügen», «Ergötzen» oder «Lust» bezeichnen. Solche Abwertungen dürften mit dafür verantwortlich sein, daß Literaturwissenschaftler es so lange kaum für wert erachtet haben, eine «Theorie des Vergnügens» an Literatur auszuarbeiten. Nicht nur, daß Schiller die Autonomie der Kunst so eng mit dem Begriff des Vergnügens verband, sondern schon der paradox scheinende Titel seiner Schrift war damals eine Provokation. Eine Provokation der Literaturwissenschaft ist beides noch heute. *Über den Grund des Vergnügens an tragischen Gegenständen*³⁵ lautet dieser Titel. Er verknüpft einen weithin als zweitrangig angesehenen Wirkungsaspekt von Literatur mit einer literarischen Gattung, die in ihrem hohen Ernst erstrangiges Prestige genoß. Nietzsche hat später in seiner Tragödienschrift diese für die *Poetik* des Aristoteles noch ganz selbstverständliche Verknüpfung auf seine Weise weitergeführt. Über Arten und Gründe des Vergnügens, der Lust oder des Wohlgefallens an Literatur zu reflektieren war jedoch im psychologisierenden Jahrhundert der Aufklärung, in dem auch sonst die vergnügte oder «unvergnügte Seele» in ihren Ansprüchen auf Genuß und irdisches Glück permanentes Thema wurde,[36] durchaus üblich, ja sogar von herausragender Bedeutung. Für die Literaturwissenschaft, die davon gute Kenntnisse hat, sind das jedoch in der Regel lediglich historische Phänomene. In ihren eigenen Fragestellungen hat sie sich davon kaum herausfordern lassen.[37] Das ist um so erstaunlicher, als für die prominenten Poetiken von Horaz und von Aristoteles sowie erst recht für die philosophische Ästhetik von Kant bis hin zu Adorno die Lust an Literatur einen zentralen Stellenwert hat.

Hierarchie der Lüste in der Ästhetik

Mit einigem Recht hat Jacques Derrida in den siebziger Jahren über Kants *Kritik der Urteilskraft* behauptet: «Das Rätsel der Lust bewegt das ganze Buch.» Die Lust sei «Ausgangspunkt der dritten *Kritik*», und sie sei «ihretwegen geschrieben und ihretwegen zu lesen».[38] In der Tat: Am Anfang steht die Lust – in Kants *Kritik der Urteilskraft* und auch noch in Adornos *Ästhetischer Theorie*, die schon im ersten Kapitel, sich mit Kant und Freud auseinandersetzend, darüber handelt. Kant erklärt gleich zu Beginn seiner Schrift das Gefühl der Lust oder der Unlust zur Basis aller ästhetischen Urteile. Nach «Vorrede» und «Einleitung» beginnt die *Kritik der Urteilskraft* mit dem Satz: «Um zu unterscheiden, ob etwas schön sei oder nicht, beziehen wir die Vorstellung nicht durch den Verstand auf das Objekt zum Erkenntnisse, sondern durch die Einbildungskraft [...] auf das Subjekt und das Gefühl der Lust oder Unlust desselben.» Im «Erkenntnisurteil» richtet sich der begriffliche Verstand auf ein Objekt, im ästhetischen Urteil wird sich das Subjekt seiner eigenen Lust- und Unlustempfindungen bewußt. «Ein regelmäßiges, zweckmäßiges Gebäude mit seinem Erkenntnisvermögen [...] zu befassen, ist ganz etwas anders, als sich dieser Vorstellung mit der Empfindung des Wohlgefallens bewußt zu sein. Hier wird die Vorstellung gänzlich auf das Subjekt, und zwar auf das Lebensgefühl desselben, unter dem Namen des Gefühls der Lust oder Unlust, bezogen».[39] «Wohlgefallen» und «Lust» sind hier partiell synonyme Begriffe. Schon das weist darauf hin, daß Kants «Lust»-Begriff eine andere Bedeutung hat als später der so eng mit Sexualität konnotierte «Lust»-Begriff Freuds. In der Regel reserviert Kant «Lust» für eine von ihm besonders hochbewertete Art des Wohlgefallens: das «uninteressierte Wohlgefallen». Das aber ist so frei und gereinigt von allem sinnlichen Interesse am Objekt der Lust, daß Adorno mit einigem Recht der Ästhetik Kants vorhalten konnte, sie werde mit ihrer Hochschätzung des interesselosen Wohlgefallens «zum kastrierten Hedonismus, zu Lust ohne Lust». Diese Ästhetik, so wendet Adorno ein, eines Besseren belehrt durch Nietzsche und Freud, sei «ungerecht [...] gegen das leibhafte Interesse, die unterdrückten und unbefriedigten Bedürfnisse, die in ihrer ästhetischen Negation mitvibrieren und die Gebilde zu mehr machen als zu leeren Mustern».[40] Was die Lust am Kunstwerk angeht, so siedelt Adorno seine Position zwischen Kant und Freud an. Er benennt dabei eine beiden gemeinsame Voraussetzung, die heute jener Literaturwissenschaft fehlt, die sich ausdrücklich nur mit Texten und nicht mit den Menschen, die sie schreiben oder lesen, befaßt und schon deshalb keine Aussagen über die Lust an Literatur machen kann: «Für beide [Kant wie Freud] ist das Kunstwerk eigentlich nur in Beziehung auf den, der es betrachtet oder der es hervorbringt. [...] Kein Wohlgefallen ohne Lebendige, denen das Objekt gefiele».[41] Das autonome Subjekt, das bei Kant im interesselosen Wohlgefallen dem schönen Objekt gegenüber das konkrete sinnliche Begehren abgelegt hat, ist Adorno zu unlebendig. Andererseits ist ihm das triebgesteuerte, empirisch-psychologische Subjekt, das nach Freud sein sinnliches Begehren in das Zeichensystem des Kunstwerks überführt, zu wenig geistig. Als «Zeichensystem für subjektive Triebregungen» verstanden, werde das Kunstwerk in seiner Autonomie, in seinem Formniveau, in seiner «Idee von Wahrheit» ignoriert. Mit Freud argumentiert Adorno im Sinne einer Kritik gesellschaftlicher Lustunterdrückung, mit Kant im Sinne einer Kritik hemmungslos gewordener Konsumlust. Irreversibel sei Kants Erkenntnis, «daß ästhetisches Verhalten von unmittelbarem Begehren frei sei». Diese Erkenntnis habe «Kunst der gierigen Banausie entrissen, die sie stets wieder abtastet und abschmeckt». Adorno hat freilich bemerkt, daß Kants Begriff des interesselosen Wohlgefallens mit Freuds Vorstellung einer kulturell sublimierten Lust durchaus kompatibel ist: «auch für Freud sind Kunstwerke nicht Wunscherfüllungen unmittelbar, sondern verwandeln primär unbefriedigte Libido in gesellschaftlich produktive Leistung».[42]

Kants Gegenüberstellung von interessiertem Wohlgefallen am «Angenehmen» und interesselosem Wohlgefallen am «Schönen» hat bei Freud seine Entsprechung in der Gegenüberstellung von direkter und sublimierter Triebbefriedigung. Solche dichotomischen Denkformen, mit denen grob zwei Arten der Lust unterschieden und in eine Wertehierarchie eingesetzt werden, sind auch noch bei Adorno und sogar bei Roland Barthes nachweisbar. Kants Abwertung des bloß sinnlichen Vergnügens kehrt bei Adorno in Sätzen wieder, die typisch für die Vorbehalte der ästhetischen Moderne gegenüber populären Formen des Kunstgenusses sind: «Wer Kunstwerke konkretistisch genießt, ist ein Banause; Worte wie Ohrenschmaus überführen ihn.»[43] Lust wird bei Adorno zu einem pejorativen Begriff, wenn er mit dem Konsum von Genußmitteln assoziiert ist. Der ästhetische Hedonismus diskreditiert sich nach Adorno insofern, als er hineinpaßt in eine genußfixierte Gesellschaft: «Ist [in dieser Gesellschaft] schon die Kunst für den Betrieb der Selbsterhaltung unnütz – ganz verzeiht ihr die bürgerliche Gesellschaft das niemals –, soll sie sich wenigstens durch eine Art von Gebrauchswert bewähren, der der sensuellen Lust nachgebildet ward.»[44] Es gibt jedoch in der Perspektive Adornos andere, höherwertige Lüste, die sich von den Konsumbedürfnissen der Masse abheben. Da gibt es zum einen die Lust am gesellschaftlich verdrängten Leid, am Negativen, am Dissonanten, die von hochwertigen Kunstwerken ermöglicht wird. Die Lust an ihnen besteht in der durch sie vermittelten Erfahrung, schlechten gesellschaftlichen Verhältnissen Widerstand entgegensetzen zu können. «Glück an den Kunstwerken» ist in diesem Fall «das Gefühl des Standhaltens, das sie vermitteln».[45] Adorno beruft sich hier auf Kants «Lehre vom Erhabenen» und damit auf jene Theorie, die wie keine andere das paradoxe Zusammenspiel von Erfahrungen der Unlust und der

Lust in der Konfrontation mit dem Schrecklichen zu erklären bemüht war. Unter ihrem Eindruck hatte schon Schiller 1791 seine Theorie des Vergnügens an tragischen Gegenständen entworfen und dabei ebenfalls zwei diametral entgegengesetzte Arten der Lust unterschieden: eine bloß «sinnliche Lust», «die vom Gebiet der schönen Kunst ausgeschlossen wird», und jene «moralische Lust», mit der wir in der Tragödie das «Leiden des Tugendhaften» schmerzvoll genießen können, weil es uns die Überlegenheit und Freiheit unserer moralischen Vernunft gegenüber allen Naturzwängen beweist. Noch im 20. Jahrhundert hat das Lustgefühl, das im 18. Jahrhundert unter dem Stichwort des «Erhabenen» andauernd beschrieben, evoziert und vornehmlich Männern zugedacht wurde, ein gewisses Prestige und etwas von seinem ehemaligen Reiz behalten: die Lust des sich autonom fühlenden Subjekts, sich gegenüber dem, was es zu überwältigen droht, behaupten zu können.

Neben die erhabene Lust der Selbstbehauptung tritt jedoch seit Nietzsche immer dominanter die der Selbstauflösung. Adorno stellt dem «Kunstgenießer», der sich das Kunstwerk wie eine Mahlzeit einverleibt, jenen Betrachter entgegen, der in der Sache verschwindet. Die Unterscheidung zwischen minderwertiger und höherwertiger Lust ist auch in diesem Zusammenhang noch einmal deutlich ablesbar: «wer im Kunstwerk verschwindet, wird dadurch dispensiert von der Armseligkeit eines Lebens, das immer zu wenig ist. Solche Lust vermag sich zu steigern zum Rausch; an ihn wiederum reicht der dürftige Begriff des Genusses nicht heran, der überhaupt geeignet wäre, Genießen einem abzugewöhnen.»[46]

Die Vorstellung vom lustvollen Verschwinden des Subjekts im Kunstwerk hat bei Roland Barthes Entsprechungen in jener Annäherung an den Text, die als «Wollust» besonders ausgezeichnet wird. Der bloßen «Lust» («plaisir») stellt Barthes die exklusivere «Wollust» («jouissance») entgegen, das «große Sichverlieren des Subjekts»,[47] und mit dieser Gegenüberstellung reproduziert das «postmoderne» Manifest doch noch, was die Moderne zur Verfestigung der Kluft zwischen Massen- und Elitekultur und dabei zur Abwertung «niedriger», einfacher und profaner Lüste beigetragen hat.[48]

Ob Kant, Schiller, Freud, Adorno oder Barthes, sie alle unterscheiden zwar nicht zwischen Kunst und Vergnügen, aber doch zwischen einer minderwertigen Lust am Kunstwerk und einer höherwertigen. Schon vor den postmodernen Programmen zur Dekonstruktion solcher Hierarchien hatte Brecht in seinem *Kleinen Organon* dagegen Einspruch erhoben: «Selbst wenn man spricht von einer hohen und einer niedrigen Art von Vergnügungen, schaut man der Kunst in ein eisernes Gesicht, denn sie wünscht, sich hoch und niedrig zu bewegen und in Ruhe gelassen zu werden, wenn sie damit die Leute vergnügt.»[49] Der französische Kultursoziologe Pierre Bourdieu hat später im Blick vor allem auf Kant gezeigt, daß mit der Differenzierung von hohen und niedrigen Kulturgenüssen die «feinen Unterschiede» markiert werden, mit denen sich soziale Schichten und Gruppen voneinander abgrenzen. «Die Negation des niederen, groben, vulgären, wohlfeilen, sklavischen, mit einem Wort: natürlichen Genusses, diese Negation, in der sich das Heilige der Kultur verdichtet, beinhaltet zugleich die Affirmation der Überlegenheit derjenigen, die sich sublimierte, raffinierte, interesselose, zweckfreie, distinguierte, dem Profanen auf ewig untersagte Vergnügen zu verschaffen wissen. Dies der Grund, warum Kunst und Kunstkonsum sich – ganz unabhängig vom Willen und Wissen der Beteiligten – so glänzend eignen zur Erfüllung einer gesellschaftlichen Funktion der Legitimierung sozialer Unterschiede.»[50]

Lust an Literatur – psychologisch, politisch, historisch

Für die Literaturwissenschaft hatte die so lange und hartnäckig betriebene Negation niedriger Lüste zur Folge, daß ihr die Frage nach der Lust an Literatur überhaupt ausgetrieben wurde. Dabei ist von den Reflexionen Kants, Schillers oder Adornos zumindest so viel zu lernen: daß es ganz unterschiedliche Arten der Lust an Literatur gibt. Eine Theorie der Lust an Literatur sollte indes vermeiden, sie zu hierarchisieren, sondern sie zunächst einmal in ihrer Pluralität wahrnehmen und beschreiben; sie sollte zeigen, wie sie sich ergänzen, sich gegenseitig verstärken oder auch unterlaufen. Wenn, so sagte Freud 1907 in seinem immer noch höchst anregenden, von psychoanalytischer Orthodoxie denkbar fernen Vortrag *Der Dichter und das Phantasieren*, wenn «der Dichter uns seine Spiele vorspielt [...], so empfinden wir hohe, wahrscheinlich aus vielen Quellen zusammenfließende

Lust».[51] Die vielen Quellen, aus denen die Lust an Literatur zusammenfließen kann, genauer zu untersuchen, sollten Literaturwissenschaftler nicht den Philosophen oder Psychologen überlassen. Sie können von ihnen jedoch profitieren. Insbesondere an der Psychoanalyse kommt niemand vorbei, der heute über die Lust am Text reflektiert. Wie Adorno hat sich ihr auch Roland Barthes stellen müssen. Trotz aller Vorbehalte erklärte er, das «Monument der Psychoanalyse» müsse «durchschritten – nicht umgangen – werden», und entwarf mit Hilfe der Psychoanalyse eine «Typologie der Lektürelust – oder der Lustleser».[52] Am meisten hatten in jüngerer Zeit denn auch jene Literaturwissenschaftler zur Lust an Literatur zu sagen, die mit psychoanalytischen Denkweisen und Fragestellungen vertraut sind, allerdings nicht, in Analogie zur Traumdeutung, hinter der Vielfalt manifester Textbedeutungen in stupider Einfalt die immer gleichen latenten Bedeutungen herauslesen: ödipale Konstellationen oder, seit gut zwanzig Jahren mit Vorliebe, narzißtische Trennungs-, Verschmelzungs- oder Größenphantasien. Die psychoanalytisch orientierte Literaturwissenschaft ist inzwischen vielschichtiger und reflektierter, als sie einmal war und als es ihre Kritiker heute wahrhaben wollen.[53] Der Literaturwissenschaftler Terry Eagleton, der sich so nachdrücklich wie kaum ein anderer für eine psychoanalytisch inspirierte «Theorie des Vergnügens» einsetzt, vermutet daher mit guten Gründen, «daß eine Aussage darüber, warum jemand an bestimmten Wort-Arrangements Freude hat, sehr viel eher möglich ist, als die konventionelle Literaturtheorie glaubt.» Und er schließt daran die Erwartung an: «möglicherweise kann durch ein umfassenderes Verständnis der Lust und Unlust, die Leser aus der Literatur beziehen, ein bescheidenes, aber bedeutsames Licht auf einige drückendere Probleme des Glücks und Unglücks geworfen werden.» Die «Frage nach dem Glück» betreffe dabei nicht nur den einzelnen, sondern «ganze Gesellschaften».[54]

Eagletons Überlegungen stehen in einem Diskussionszusammenhang, der die Lust am Text nachdrücklich auch als politisches Thema und historisches Phänomen begreift.[55] Die alten Dichotomien von hoch- und minderwertigen Lüsten in Frage zu stellen ist nicht schon ein Plädoyer für die Entfesselung jedweder Art von Lust. Daß es höchst fragwürdige Lüste gibt, steht außer Zweifel. Stimulation und Befriedigung von Lust sind auf oft hochproblematische Weise in soziale Machtverhältnisse verstrickt, nicht zuletzt in die zwischen Männern und Frauen. «Einer der Gründe, warum wir die Dynamik von Lust und Unlust untersuchen müssen, besteht darin, daß wir wissen müssen, wieviel Verdrängung und Erfüllungs-Aufschub eine Gesellschaft wohl erträgt; wie das Begehren von Zielen, die wir hoch einschätzen, auf solche umgelenkt werden kann, die es trivialisieren und degradieren; wie es kommt, daß Menschen manchmal bereit sind, Unterdrückung und Entwürdigung zu ertragen und an welchen Punkten diese Unterwerfung vermutlich versagt.»[56] Die Beantwortung solcher Fragen setzt voraus, daß wir uns der historischen und kulturellen Wandelbarkeit von Lust- und Unlustgefühlen, auch der beim Lesen, bewußt werden.[57] Die «Vergnügungen der verschiedenen Zeiten», so Brecht im *Kleinen Organon*, «waren natürlich verschieden, je nach der Art, wie da die Menschen gerade zusammenlebten.»[58]

Die Geschichte des Lesevergnügens beginnt vielleicht beim Spuren-Lesen auf der Jagd, bei dem jene Hirnregionen aktiv sind, die später die Kulturtechnik des Lesens ermöglichen.[59] Daß das mühevolle Wiedererkennen künstlicher Spuren, die Menschen in weichen Ton ritzten, mit lustvollen Erfolgserlebnissen verbunden war, kann man vermuten. Und worin sich die Lust des lauten, körperbewegten Lesens in Gemeinschaften von der bei der körperlosen, stummen und einsamen Lektüre, die sich im 18. Jahrhundert durchzusetzen begann, unterscheidet, darüber hat unlängst der Literaturwissenschaftler Erich Schön einige plausible Überlegungen skizziert. Demnach wird seit der Aufklärung «der Körper zunehmend vom Leseerlebnis ausgeschlossen. Dies ist einerseits ein Verlust an sinnlicher Erfahrung, andererseits aber auch die Voraussetzung für den phantasiehaften Eintritt in Ideenparadiese».[60] Dem entspricht es, daß in den Theatern des 18. Jahrhunderts (wie später dann im Kino) das Licht gelöscht wird. So kann der (nun außerdem zum Stillsitzen angehaltene) Zuschauer leichter von seiner sozialen Umgebung und seinem eigenen Körper absehen und in die Welt der Fiktion überwechseln.[61] Im 18. Jahrhundert bildet sich jener Typus des Zuschauers heraus, den Brecht später im Wunsch nach anderen Formen der Theaterlust so karikiert: «Sich umblickend, sieht man ziemlich reglose Gestalten in einem eigentümlichen Zustand», einem «Zustand der Entrückung». Sie gleichen einer

Versammlung unruhig träumender Schläfer. «Sie haben freilich ihre Augen offen, aber sie schauen nicht, sie stieren, wie sie auch nicht hören, sondern lauschen.»[62]

Erich Schön vermutet, daß sich in der Lesebiographie jedes einzelnen innerhalb von Jahren etwas von den Jahrhunderte dauernden historischen Veränderungen der Lektüregewohnheiten wiederholt. So wenig es allerdings angebracht ist, der deutschen Klassik aufgrund ihrer Abwertung primär sinnlicher Lesegenüsse generell eine dem Leseglück feindliche Literaturdoktrin zu unterstellen, so fragwürdig ist die Rede vom verlorenen Leseglück der Kindheit. Bestimmte Intensitäten jugendlicher Leselüste mögen beim Erwachsenen in der Tat verlorengehen, und man hat ein Anrecht, das zu betrauern. Doch wie die deutsche Klassik nicht generell lustfeindlich war, sondern bestimmte Arten der Leselust anderen vorzog, so kennt auch der erwachsene Leser Genüsse, die dem Kind vorenthalten sind.

Freud verglich die literarische Phantasietätigkeit der Erwachsenen mit dem Spiel der Kinder, und er unterschied die Wünsche, durch die Spiel und Phantasie in Bewegung geraten, nicht nur nach dem Alter, sondern auch nach «Geschlecht, Charakter und Lebensverhältnissen der phantasierenden Persönlichkeit».[63] Kinder lesen mit anderen Bedürfnissen als Erwachsene,[64] Männer mit anderen als Frauen,[65] Hysteriker mit anderen als Zwangsneurotiker,[66] und unter extrem unglücklichen Lebensverhältnissen kann das Lesen zu einem «Überlebensmittel»[67] werden. Doch nicht nur aufgrund seiner Differenzierungen setzte Freuds Vortrag einer Theorie der Lust an Literatur Maßstäbe, sondern mehr noch durch den Vergleich von Literatur und Spiel. Eine Theorie der Lust an Literatur ist ohne eine Theorie des Spiels kaum denkbar.

2

Literatur als Spiel

Literatur, Lust und Spiel

Zum Spielen wird man in der Regel nicht gezwungen. Und man spielt wohl vor allem deshalb, weil man sich davon Vergnügen erhofft. «Spiel gibt es nur», so heißt es in einer spieltheoretischen Schrift von Roger Caillois, «wenn die Spieler Lust haben zu spielen und sei es auch das anstrengendste und erschöpfendste Spiel, in der Absicht, sich zu zerstreuen und ihren Sorgen, das heißt dem gewöhnlichen Leben zu entgehen. Vor allem aber müssen die Menschen aufhören können, wann es ihnen gefällt, müssen sagen können: *Ich spiele nicht mehr.*»[1] Das ist gewiß nicht die einzige Gemeinsamkeit zwischen Spielen und Lesen, aber vielleicht eine der wichtigsten. Wer Literatur als eine Art Spiel begreift, kann die Zusammenhänge von Literatur und Lust kaum übersehen. Der amerikanische Psychologe Victor Nell wählte dafür den treffenden Begriff «ludic reading». Die lexikalische Bedeutung des lateinischen Wortes «ludus» ist sowohl «Spiel» als auch «Spaß». «Ludic reading» erinnert daher daran, daß die Wurzeln lustvollen Lesens im Spiel liegen.[2] Und in der Tat gerät die Lust am Text besonders solchen Reflexionen über Literatur in den Blick, die ihren Spielcharakter hervorheben.

Ein seinerzeit keineswegs singuläres, sondern symptomatisches Beispiel dafür ist Freuds Vortrag *Der Dichter und das Phantasieren*. Angeregt auch von den damals verbreiteten Schriften des Spieltheoretikers Karl Groos,[3] legte Freud hier vor einem Laienpublikum eine Spiel- und zugleich auch Lusttheorie der Literatur vor. Der Vortrag versucht, «eine erste Aufklärung über das Schaffen des Dichters zu gewinnen», und glaubt sie im Vergleich der dichterischen Tätigkeit mit dem Spiel des Kindes zu finden: «Sollten wir die ersten Spuren dichterischer Betätigung nicht schon beim Kinde suchen? Die liebste und intensivste Beschäftigung des Kindes ist das Spiel. Vielleicht dürfen wir sagen: Jedes spielende Kind benimmt sich wie ein Dichter, indem es sich eine eigene Welt erschafft oder, richtiger gesagt, die Dinge seiner Welt in eine neue, ihm gefällige Ordnung versetzt.»[4] Und umgekehrt: «Der Dichter tut nun dasselbe wie das spielende Kind; er erschafft eine Phantasiewelt, die er sehr ernst nimmt, d.h. mit großen Affektbeträgen ausstattet, während er sie von der Wirklichkeit scharf sondert.»[5] Wie der Tagtraum sei die Dichtung «Fortsetzung und Ersatz des einstigen kindlichen Spielens».[6] Der Erwachsene mag nach Freud nicht auf den Lustgewinn verzichten, den er als Kind aus dem Spielen bezogen hat.

Der Antrieb zum Spielen wie zur literarischen Phantasietätigkeit ist demnach die Belohnung durch Lust. Etwa zu der Zeit, als Freud seinen Vortrag hielt, begann der niederländische Kulturhistoriker Johan Huizinga seine Spieltheorie der Kultur auszuarbeiten, die er 1938 unter dem Titel *Homo ludens* vorlegte. Nach Huizinga steht das Spiel am Anfang aller menschlichen Kultur, insbesondere auch der Literatur, und ist ein sie prägendes Element geblieben. Konstitutives Merkmal des Spiels sei das «Vergnügen», der «Spaß», die «Lust». «Warum kräht das Baby vor Vergnügen? Warum verrennt sich der Spieler in seine Leidenschaft, warum bringt der Wettkampf eine tausendköpfige Menge zur Raserei? Die Intensität des Spiels wird durch keine biologische Analyse erklärt, und gerade in dieser Intensität, in diesem Vermögen, toll zu machen, liegt sein Wesen, steckt das, was ihm ureigen ist. Die Natur, so scheint der logische Verstand zu sagen, hätte doch alle die nützlichen Funktionen wie Entladung überschüssiger Energie, Entspannung nach Kraftanstrengung, Vorbereitung für Forderungen des Lebens und Ausgleich für Nichtverwirklichtes ihren Kindern auch in der Form rein mechanischer Übungen und Reaktionen mit auf den Weg geben können. Aber sie gab uns gerade eben das Spiel mit seiner Spannung, seiner Freude, seinem Spaß.»[7] Der Passus verweist beiläufig darauf, daß die Bedeutung der Lust für das Spiel nicht schon immer so hoch eingeschätzt wurde wie von Freud oder Huizinga. Fragen nach dem biologischen oder pädagogischen Nutzen des Spiels weist Huizinga als sekundär zurück. Daß es beispielsweise, wie von Spielpädagogen in der Tradition der Aufklärung postuliert, der «Vorbereitung für Forderungen des Lebens» diene, entspreche nicht seinem «Wesen». Literatur und Spiel gleichen sich nicht zuletzt darin, daß die Theorien und Debatten über sie ganz ähnlichen Mustern unterliegen. Vor pathologischer Lesesucht wird gewarnt wie vor der Spielsucht. Umgekehrt werden sowohl dem Spiel als auch dem literarischen Schreiben oder Lesen therapeutische Potenzen zugeschrieben. Die Vorlieben für bestimmte Lesestoffe wie Spielarten werden unter entwicklungspsychologischen Gesichtspunkten untersucht. Spiel wie Literatur werden pädagogisch ‹wertvollen› Zwecken untergeordnet oder aber für autonom erklärt. Daß die Kunst ihren Zweck in sich selber habe, diese Position der klassischen Ästhetik findet sich in Huizingas Phänomenologie des Spiels ebenso wieder wie neuerdings im Begriff der «autotelischen» Tätigkeiten. Mit ihm beschreibt der Kreativitäts- und Glücksforscher Mihaly Csikszentmihalyi, im Rückgriff auch auf die Spielforschung, solche mit intensiver Freude verbundenen Aktivitäten, die ihr Ziel (telos) und ihre Belohnungsanreize nicht von außen gesetzt bekommen, sondern in sich selber haben.[8]

Ende der sechziger Jahre verglich Dieter Wellershoff Literatur mit spielerischen Simulationstechniken in der Weltraumfahrt: «Literatur ist in meinem Verständnis eine Simulationstechnik./ Der Begriff ist in letzter Zeit populär geworden durch die Raumfahrt, deren vollkommen neuartige Situationen, der praktischen Erfahrung vorauslaufend, zunächst künstlich erzeugt und durchgespielt werden. Die Astronauten lernen im Übungsraum sich den Bedingungen der Schwerelosigkeit anzupassen, sie trainieren die Steuerungsvorgänge, das Verändern und Verlassen einer Umlaufbahn, die weiche Mondlandung, den Wiedereintritt in die Erdatmosphäre, überhaupt alle kritischen Phasen des späteren Ernstfalles zunächst an Geräten, die die realen Bedingungen fingieren, das heißt ohne um den Preis von Leben oder Tod schon zum Erfolg genötigt zu sein. Das ist, wie mir scheint, eine einleuchtende Analogie zur Literatur. Auch sie ist ein der Lebenspraxis beigeordneter Simulationsraum, Spielfeld für ein fiktives Handeln, in dem man als Autor und als Leser die Grenzen seiner praktischen Erfahrungen und Routinen überschreitet, ohne ein wirkliches Risiko dabei einzugehen.»[9] Ist der von Wellershoff in diesem Zusammenhang verwendete Spielbegriff noch eng mit Training, Übung, Erfahrungsgewinn gekoppelt, so wird er im Umkreis der Postmoderne vor allem mit Lust assoziiert, nicht das Dozierende, sondern das Delektierende des Spiels für dominant erklärt. Es ist nicht zuletzt das in fast allen Definitionen des Begriffs «Spiel» angesprochene Vergnügen, das ihn für eine lustbetonte postmoderne Literatur so attraktiv macht. Roland Barthes' Fragmente *Die Lust am Text* sind dafür ein prominentes Beispiel.[10] Umberto Eco charakterisierte den «Postmodernismus» als ein «bewußt und mit Vergnügen» betriebenes «Spiel der Ironie».[11] Im schon zitierten Vorwort von Enzensbergers *Wasserzeichen der Poesie* bekommt die Assoziation von Spiel und Lust programmatischen Charakter: «Die Lust, Gedichte zu lesen, ist uns einfach abhanden gekommen. Vielleicht sind die Dichter schuld? Vielleicht haben wir sie satt, mit ihren Tiraden, ihrem Grimm, ihrem Ekel, ihrer Emphase, ihrem ewigen Narzißmus?/ Oder liegt es an uns?/ Warum kommt es uns manchmal so vor, als haftete der ganzen Sache, der ‹Lyrik›, etwas Trübes, Zähes, Dumpfes, Muffiges an?/ Aber war da nicht irgendwann, irgendwo was Anderes? Ein Lufthauch? Eine Verführung? Ein Versprechen? Ein freies Feld?/ Ein Spiel?»[12]

Wenn Spiel so eng mit Lust assoziiert ist und Literatur wiederum mit Spiel, dann liegt es nahe, daß eine literaturwissenschaftliche Hedonistik, die Erforschung also von Arten, Gründen und Bedingungen der Lust beim Lesen, von Spieltheorien wichtige Anregungen erhalten kann.[13] Huizingas klassische Schrift über den Ursprung der Kultur im Spiel ist in dieser Hinsicht allerdings enttäuschend. Gerade weil für ihn «Freude» und «Spaß» das «Wesen» des Spiels ausmachen, erklärt er sie für «nicht weiter rückführbar»,[14] weder mit biologischen noch mit soziologischen oder psychologischen Erwägungen. Dafür jedoch, daß Literatur in ihren Ursprüngen und auch heute noch charakteristische Merkmale des Spiels hat, finden sich in *Homo ludens* viele erhellende Hinweise. Es lohnt sich, ihnen nachzugehen und sie zu präzisieren, will man die Frage beantworten, ob und wie Einsichten über die Lust am Spiel auf die Lust an Literatur übertragbar sind. Ich folge dabei zunächst einigen Anregungen, die im Umkreis der Postmoderne zum Verständnis von Literatur als Spiel gegeben wurden.

Spiele der Postmoderne

In Philosophie, Ästhetik, Kunst und Literatur aus dem Umkreis der Postmoderne hatte der Spiel-Begriff Hochkonjunktur. Er wurde in geradezu inflationärer Häufigkeit verwendet, und zwar sowohl in programmatischen Texten der Postmoderne als auch in Versuchen zu beschreiben oder zu definieren, was denn der ebenfalls inflationär gebrauchte Begriff «Postmoderne» besage.[15] Angelehnt an Nietzsche verwendete in den siebziger Jahren Jacques Derrida den Spiel-Begriff in einem den Poststrukturalismus und die Postmoderne stark inspirierenden Aufsatz, der «Spiel» schon im Titel führt: *Die Struktur, das Zeichen und das Spiel im Diskurs der Wissenschaft vom Menschen.* Nietzsche ist hier Vorbild für «die fröhliche Bejahung des Spiels der Welt»,[16] eines Spiels ohne Ursprung, Ziel und Wahrheit.[17] In einem Gespräch, dessen Abdruck der ersten deutschen Ausgabe von Jean-François Lyotards Schrift *Das postmoderne Wissen* beigefügt ist, postulierte dieser die Regel: «laßt spielen ... und laßt uns in Ruhe spielen».[18] Lyotards 1978 in Frankreich vorgelegter «Bericht» bezieht sich ausdrücklich auf Wittgensteins Begriff des «Sprachspiels»; der Begriff und diverse Metaphern des Spiels durchziehen die ganze Schrift. Und sie fordert an einer Stelle ausdrücklich eine «Theorie der Spiele».[19]

Auch die Literaturwissenschaft hat in letzter Zeit zunehmend Interesse am Spielbegriff gezeigt.[20] Was mit «Spiel» hier wie im gesamten Umkreis der Postmoderne jeweils gemeint ist, bleibt indes vielfach im dunkeln. Es scheint, als habe sich die Attraktivität eines Signifikanten gegenüber allen genauer bestimmbaren Bedeutungsmerkmalen verselbständigt. Der Spiel-Begriff fungiert als universelle Metapher für ganz unterschiedliche Phänomene. Klärende Präzisierungen für seine Verwendung sind selten. Und sie sind auch nicht gerade einfach. Was machte den Spielbegriff für Philosophie, Ästhetik, Literatur und Literaturwissenschaft im Umkreis der Postmoderne so attraktiv? Die Antwort darauf mag erste Anhaltspunkte zur Vergleichbarkeit von Literatur und Spiel und zur Bestimmung der Arten und Gründe der Lust an literarischen «Spielen» verschaffen. Ein Ergebnis nehme ich in Form einer allgemeinen, im Verlauf dieses Kapitels und des ganzen Buches noch mehrfach zu präzisierenden und zu variierenden These vorweg. Sie lautet:

«Spiel» steht für die lustvolle Befreiung von unlustvollen Zwängen.

Im postmodernen Spielbegriff artikuliert sich das Unbehagen an diversen Zwangsmechanismen, deren anarchische Auflösung Lust verspricht. Als zwanghaft werden zumeist Verpflichtungen empfunden, die mit Begriffen und Werten wie «Einheit» und «Eindeutigkeit», «Stabilität» und «Ordnung» oder Entgegensetzungen von «wahr» und «falsch», «real» und «fiktiv», «epigonal» und «innovativ» eingeklagt werden.

Die Befreiung vom Zwang, der das wissenschaftliche oder auch literarische Sprechen und Schreiben der Autorität eines einheitlichen, in sich konsistenten und verbindlichen Regelsystems unterwirft, ist ein zentraler Aspekt postmoderner Lust am Spiel. *Wider den Methodenzwang* heißt der deutsche Titel jener wissenschaftskritischen Schrift, in der der erkenntnistheoretische Anarchist und Dadasoph Paul Feyerabend sein berühmt gewordenes Postulat «Anything goes» aufstellte. Sein «heiterer Anarchismus» ging mit der Befreiung von einförmigen «Gesetz- und Ordnungskonzeptionen»[21] und einem Plädoyer für «Theorienvielfalt»[22] einher. In einem weiteren Buch mit dem bezeichnenden Titel *Wissenschaft als Kunst* imaginierte er das Wunschbild einer Zeit, in der «man die Wissenschaften für Sammlungen von Spielereien hält, aus denen sich die Spielenden bald das eine, bald das andere Spiel auswählen».[23] Daß der Spielende die Möglichkeit zur Wahl zwischen vielen Spielangeboten hat, ist einer der Befreiungsaspekte, die wenig später Lyotard dem Spiel zuschrieb. Zum grundlegenden Schritt in das postmoderne Wissen erklärt er, im Rückgriff auf Wittgenstein, das «Erkennen der Heteromorphie der Sprachspiele». Es «impliziert offenkundig den Verzicht auf den Terror, der ihre Isomorphie annimmt und zu realisieren trachtet.»[24] Das Bewußtsein von der Vielgestaltigkeit bestehender und zukünftiger Sprachspiele widersetze sich dem Dominanzanspruch bestimmter Sprachspiele und ihrem totalitären Potential.

Auf dem pluralen Nebeneinander ganz unterschiedlicher und gleichwertiger Spielarten zu bestehen gilt als Merkmal der Postmoderne auch im Bereich der Ästhetik und der Poetik. Ganz in Übereinstimmung mit ihr stellte Enzensberger in *Das Wasserzeichen der Poesie* «hundertvierundsechzig Spielarten» literarischen Schreibens vor. Es sei, so heißt es im Vorwort, «nie ein simples, es ist schon immer ein höchst verwickeltes Spiel gewesen, das die Dichter und ihre Leser trieben. War das alles ernst gemeint? Oder war es nur eine Parade von Kunststücken, eine Vorstellung von glänzenden Tricks, sonderbaren Gemütsbewegungen, atemberaubenden Fertigkeiten? Und wenn es ein Spiel war, nach welchen Regeln wurde es gespielt?»[25] Der Vielzahl der Regeln, nach denen literarisch gespielt wird, entspreche die Pluralität der möglichen Lesarten eines Textes. «Die einzig richtige Art, ein Gedicht zu lesen, gibt es nicht. Sie ist nur ein pädagogisches Phantom. Soviele Köpfe, soviele Lesarten, eine richtiger als die andere.»[26] In diesem Zusammenhang steht auch die Titelmetapher des «Wasserzeichens»: «Wer Lust hat – ohne Lust geht es nicht –, der braucht die Wörter nur gegen das Licht zu halten. Unter jedem Text findet sich ein anderer, finden sich viele andere».[27]

Das biblische Babel ist zur Metapher der postmodern bejahten Pluralität von Sprachspielen geworden. Den lustvollen Leser eines Textes stellt Roland Barthes sich vor als «einen Menschen, der alle Sprachen miteinander vermengt, mögen sie auch als unvereinbar gelten». Das Gewirr der verschiedenen Sprachen beim Turmbau zu Babel steht dafür als Modell. Es ist weder Strafe noch Unglück, sondern eine Verheißung des Glücks: «Der alte biblische Mythos kehrt sich um, die Verwirrung der Sprachen ist keine Strafe mehr, das Subjekt gelangt zur Wollust durch die Kohabitation der Sprachen, *die nebeneinander arbeiten*: Der Text der Lust, das ist das glückliche Babel.»[28]

Dem programmatischen Pluralismus der Postmoderne entsprechen denn auch die vielen in ihr zirkulierenden Komposita, in denen das erste Morphem den Singular negiert: «Mehrdeutigkeit», «Mehrfach-Codierung», «Polysemie» oder «Polyphonie». Wenn in solchen Kontexten der Spiel-Begriff verwendet wird, dann wird auch hier das mit ihm eng assoziierte Merkmal der «Freiheit», die es dem Spieler bietet, des bei aller Geregeltheit «Offenen» und «Ungewissen» hervorgehoben, der «Spielraum», die Durchlässigkeit für Zufälle oder Handlungsalternativen, Eigeninitiativen und selbstbestimmte Aktivität.

«Was ist der spielerische Text?» fragt ein Buch des Schweizer Literaturwissenschaftlers Hans-Jost Frey im letzten Kapitel mit der Überschrift «Über das Spiel». Die Antwort ist typisch für postmoderne Literaturtheorien. Sie lautet: «Zum Spiel gehört ein gewisses Maß von Offenheit. Es gibt kein Spiel, dessen Ausgang gewiß ist. Wie weitgehend auch ein Spiel durch seine Regeln bestimmt sein mag, der spielerische Vollzug wäre kein Spiel mehr, wenn er vollständig determiniert wäre. Das Spielerische eines bestimmten Spiels besteht gerade darin, daß es jedesmal anders verläuft. Es gibt beim Spiel immer mehrere Möglichkeiten. In jeder Phase des Spiels sind zwar gewisse Dinge durch die Spielregeln vorgeschrieben oder ausgeschaltet, aber die Regeln können auf vielerlei Art erfüllt werden, so daß die Entwicklung unvorhersehbar bleibt. Man kann diese Offenheit so ausdrücken, daß zum Spiel immer Spielraum gehört.»[29] Der spielerische Text sei «nicht eindeutig, sondern mehrdeutig. Er ist nicht abgeschlossen, sondern offen. Er hat Spiel.»[30] Er läßt damit den Lesenden Freiräume für eigene Aktivitäten.

Daß viele Spiele nicht allein, sondern mit gleichen Aktivitätsanteilen zu zweit oder zu mehreren gespielt werden, macht den Begriff im Rahmen einer Literaturprogrammatik attraktiv, die die Lesenden aus einer bloß passiven Rolle befreit wissen will. Sie bekommen den Status von Mitspielern zuerkannt, von Interaktionspartnern, die auf den Text nicht nur zu reagieren, sondern auf eine Weise mitzuagieren angehalten sind, wie sie Lyotard als charakteristisch für interaktive und instabile Sprachspiele beschrieben hat: «Jeder Sprachpartner unterliegt also während der ihn betreffenden ‹Spielzüge› einer ‹Umstellung›, einer Anderswerdung – welcher Art diese auch immer sein mögen – nicht nur in seiner Eigenschaft als Empfänger und Referent, sondern auch als Sender. Diese ‹Spielzüge› rufen unfehlbar ‹Gegenzüge› hervor, doch jeder weiß aus Erfahrung, daß diese letzteren nicht ‹gut› sind, solange sie nur reaktiv sind. Denn sie sind so nur programmierte Wirkungen in der Strategie des Gegners. Sie vollenden diese und stehen also im Gegensatz zu einer Veränderung des beiderseitigen Kräfteverhältnisses. Daher ist es wichtig, die Umstellung zu verschärfen und sie sogar zu verwirren, um einen ‹Spielzug› – eine neue Aussage – zu setzen, der unerwartet wäre.»[31] Der Instabilität der Positionen, in denen sprachlich Handelnde in ununterbrochenen Bewegungen interagieren, entspreche in der gegenwärtigen, der «postmodernen» Wissenschaft die Pragmatik einer Forschung, die die «Erfindung neuer ‹Spielzüge› und selbst neuer Regeln von Sprachspielen in den Vordergrund gerückt hat.»[32] In einem 1987 erschienenen Artikel mit dem Titel *Was ist postmoderne Literatur?* beruft sich Hanns-Josef Ortheil auf Italo Calvino. Nach dessen Programm folgt der postmoderne Roman den Regeln eines romanhaften Spiels. Er sei künstlich und konstruiert wie im Labor: «Wir werden den Roman spielen können, wie man Schach spielt, mit absoluter Fairneß, und wieder eine Beziehung herstellen zwischen dem Schriftsteller, der sich der Mechanismen, die er verwendet, voll bewußt ist, und dem Leser, der das Spiel mitspielt, weil er dessen Regeln kennt und weiß, daß man ihn nicht mehr an der Nase herumführen kann.»[33] Frei von manipulativen Zwängen genießen Autoren und Leser ihre souveräne Bewußtheit und aktive Kennerschaft im Umgang mit den Mechanismen und Regeln des literarischen Spiels. In der Entwicklung interaktiver Medienkunst hat dieses Spiel-Programm inzwischen neue technische Möglichkeiten entdeckt.

Im Umkreis postmoderner Theorien und Programme steht Spiel weiterhin für die lustvolle Befreiung von Realitätszwängen. Es verschafft jenes Lustgefühl, das Jean Baudrillard eine «Euphorie der Simulation»[34] genannt hat. Zwar sind längst nicht alle Spiele Nachahmungs-, Illusions- oder Verkleidungsspiele, aber «Spielen» kann nicht zuletzt auch heißen: ‹so tun als ob›. Ein Kind, das Indianer oder Räuber spielt, tut so, als ob es ein Indianer oder Räuber wäre. Und es simuliert dabei weniger reale Indianer oder Räuber als solche Imitate, die es aus Romanen oder Filmen kennt und die ihrerseits vorgängige Medienfiguren nachahmen. «Spielen» kann also auch «simulieren» heißen, eine Simulation von Wirklichkeit sein. Und wenn die medial vermittelte, reproduzierte und inszenierte Wirklichkeit von der Avantgarde der Medienästhetik nur als eine Kette von Simulationen begriffen wird, dann kann auch sie als ein Spiel bezeichnet werden. Damit wird die herkömmliche, hierarchisch geordnete Opposition von «Spiel» und «Wirklichkeit» wie die von «simuliert» und «echt», «fiktiv» und «real», «falsch» und «wahr», «Schein» und «Sein» im Spiel der Dekonstruktionen aufgelöst. So auch durch Jean Baudrillard, dem die postmoderne Karriere des Begriffs «Simulation» maßgeblich zu verdanken ist. Hatte Walter Benjamin vor über sechzig Jahren noch die Entauratisierung des Kunstwerks im Zeitalter seiner technischen Reproduzierbarkeit im Blick, so ging es im Umkreis der Postmoderne um die Derealisierung der Wirklichkeit im Zeitalter ihrer digitalen Produzierbarkeit. Die «gesamte Realität ist zum Spiel der Realität übergegangen», konstatiert Baudrillard.[35] Sie sei damit zu einem ästhetischen Phänomen geworden. «Das Simulationsprinzip überwindet das Realitätsprinzip».[36] Habe früher das Vergnügen an Literatur und Kunst darin bestanden, etwas Reales in dem wiederzuerkennen, was künstlich und imitiert war, so herrsche jetzt überall da ästhetische Faszination, «wo das Reale und das

Imaginäre zu einer gemeinsamen operationalen Totalität verschmolzen sind». Der unterschwellig wahrgenommene Trick, die Montage, das Szenario der medial konstruierten Wirklichkeit präsentiere sich als «ein unentwirrbares Spiel, mit dem sich ein ästhetischer Genuß verbindet, der Genuß an der Lektüre und den Spielregeln».[37] Die Ersetzung des Realen durch Simulation befreit nach Baudrillard von der Furcht vor dem Realen. Die «Euphorie der Simulation» beruht darauf, daß «Schuld, Angst und Tod durch den vollkommenen Genuß der Zeichen für Schuld, Angst, Verzweiflung, Gewalt und Tod ersetzt werden» können.[38]

Von den Schwierigkeiten, zwischen Sein und Schein, zwischen Wirklichkeit und Fiktion zu unterscheiden, hat Literatur schon lange gehandelt, ja sie hat damit vielfach komplexe, oft komische Verwirrspiele inszeniert. Seit den achtziger Jahren treten solche Spiele zunehmend in den Kontext einer neuen Medienästhetik, die ihrerseits bereits literarisch reflektiert wird.[39] Die avancierte Medienästhetik ist freilich nur Teil einer prinzipielleren Dekonstruktion des Gegensatzes von Wirklichkeit und Fiktion, die im mehr oder weniger radikalen Konstruktivismus und nach jener linguistischen Wende der Philosophie vollzogen wurde, die die sogenannte Wirklichkeit zum sprachlichen bzw. diskursiven Konstrukt erklärt. Im Vorwort des 1993 erschienenen Katalogs *Künstliche Spiele* zu einer Münchener Ausstellung von «Interaktiven Installationen» formuliert der Medienästhetiker Florian Rötzer das Spielprogramm einer jungen Künstlergeneration mit den Sätzen: «Wir wollen nicht mehr akzeptieren, daß Kunst, Information, Bildung, Wissenschaft oder Arbeit ein Gegensatz zum Spielerischen sein sollen. [...] Wir glauben nicht mehr daran, daß eine Ordnung die einzigartige und unverbrüchliche ist. Wir befinden uns im Zeitalter des Konstruktivismus und des Experiments, nicht mehr in dem der Realität, der Objektivität und der Wahrheit.»[40] Die Ordnung der realen Dinge sei eine konstruierte und daher eine sich ständig verändernde und spielerisch veränderbare. Heinz von Foerster faßte die Essenz des Konstruktivismus in dem Satz zusammen: «Die Umwelt, so wie wir sie wahrnehmen, ist unsere Erfindung.»[41] Dem entspricht es, wenn Raymond Federman unter dem Begriff «Surfiction» eine Form von Literatur beschreibt, die das Leben als eine Fiktion bewußt macht, «weil die Wirklichkeit als solche eigentlich nur in ihrer fiktionalisierten Form existiert, also in der Sprache, die sie zum Ausdruck bringt.»[42]

Federman hatte schon lange vorher mit einem bezeichnenden Wortspiel, einer Mischwortbildung aus «play» und «plagiarism», ein weiteres Spielphänomen postmoderner Literatur und Kunst gekennzeichnet: «playgiarism».[43] Die spielerische Anlehnung an andere Texte tangiert einen der zentralen Begriffe postmoderner Literaturtheorie, den der «Intertextualität». Er meint das Phänomen, daß sich literarische Texte mehr oder weniger exzessiv auf andere, ihnen vorangegangene «Prätexte» beziehen, sie zitieren, imitieren, plagiieren, ironisieren oder mit ihnen in einen Dialog treten. Das Wort «Anspielung» bzw. «Allusion» verweist wohl am deutlichsten auf den Spielcharakter solcher Intertextualitätsphänomene. Für den Autor kann das intertextuelle Spiel eine lustvolle Befreiung sowohl von den übermächtigen Zwängen einzelner literarischer Traditionen als auch von dem Innovationsdruck der Moderne sein. Wo tradierte Texte respektlos zum Spielmaterial gemacht werden, sieht sich der Autor von seiner Angst vor ihrem übermächtigen, autoritativen Einfluß befreit, und wo er auf Traditionen in Form eines ironischen Spiels mit ihnen zurückgreift, kann er sich vom Vorwurf bloßer Epigonalität oder des Plagiats entlastet sehen. Für den Leser wiederum kann das Entdecken solcher Anspielungen zu einem lustvollen Spiel werden, bei dem er seine Wissenskompetenz auf die Probe stellt und im Falle des Erfolgs genießt.[44]

Patrick Süskinds Roman *Das Parfum* ist ein Beispiel dafür. Und er hat sein eigenes literarisches Verfahren zudem inhaltlich dargestellt. Das Geruchsgenie Grenouille, der aus den Düften von fünfundzwanzig ermordeten Jungfrauen ein vollendetes Kunstwerk komponiert, gleicht dem Autor, der aus den Ingredienzien von mindestens ebenso vielen kanonischen Texten der (vorwiegend deutschen) Literatur seinen Text zusammengefügt hat. Der Roman ist ein Spiel mit den Gattungstraditionen von Kriminal-, Schauer- und Bildungsroman sowie mit Topoi der Genieästhetik, ein Nachahmungsspiel und zugleich ein Spiel jener Art, das vorgefundene Bestandteile der Umwelt, hier der literarischen, zu einer neuen Welt zusammensetzt. Und wer das erkennt, bezieht aus der Lektüre einen zusätzlichen Lustgewinn.

Die Attraktivität des Spiel-Begriffs im Umkreis postmoderner Literatur und Ästhetik ist mittlerweile Gegenstand distanzierter

Stellungnahmen geworden.[45] Eine stammt von dem Medientheoretiker Vilém Flusser: «Die Stimmung in der Kulturlandschaft scheint sich ändern zu wollen. Es gibt Leute, die diese Änderung auf Ideologieverlust und/oder auf Entpolitisierung zurückführen wollen. So eine Ansicht läßt sich lapidar folgendermaßen formulieren: Soziale Theorien beginnen Spieltheorien zu weichen. Spiele werden nicht mehr als soziale Phänomene verstanden, sondern umgekehrt werden Gesellschaften als Spielarten angesehen. Das wäre (falls zutreffend) allerdings eine radikale Veränderung der kulturellen Stimmung. Zum Beispiel würde dies den Niedergang des Marxismus und die Vorliebe für den freien Markt als Spiel von Angebot und Nachfrage erklären. Es wäre voreilig, aus einem etwaigen Verdrängen des soziologischen durch ein ludisches Denken und Handeln auf eine fröhlicher werdende kulturelle Stimmung schließen zu wollen: Spieltheorien sind mathematisch exakter formulierbar als soziologische, sie sind ‹härter›. Und Spieler sind nicht notwendigerweise heitere Menschen. Und auch die Vorstellung, die Kulturlandschaft sei daran, sich in eine Kinderstube zu verwandeln, ist nicht unbedingt erfreulich».[46] Unter dem Titel *Der Achtzigerjahresspaß und der Ernst der Neunziger* distanzierte sich 1993 der Berliner Schriftsteller Bodo Morshäuser, Autor der zehn Jahre vorher erschienenen Erzählung *Die Berliner Simulation*, von der Kultur der Simulationen und des Spiels: «Inhaltliche Diskussionen galten als abstoßend, Meinungen galten als austauschbare Selbstdarstellungen. Sinnfragen verbreiteten einen Mief, den man nur mit Lustigkeit vertreiben konnte. Mit Spiel. Mit Simulation. Mit So-tun-als-ob. Mal sehen, was geschieht, wenn ich *das* jetzt sage. Ich bins nicht. Ich sage es nur. Undsoweiter. Die achtziger Jahre waren das Jahrzehnt der Spieler.»[47]

Über die postmoderne Spielkultur beginnt man mittlerweile in der grammatischen Form der Vergangenheit zu sprechen; sie ist zu einem in historische Distanz gerückten Phänomen geworden. Die Vergleiche und Gleichsetzungen von Literatur und Spiel sind freilich älter als sie und werden sie überdauern. Zu einer Literaturtheorie des Spiels und der Lust hat sie immerhin vielfältige Anregungen gegeben, doch ihren Spielbegriff selten präzisiert. Das allerdings ist eine Voraussetzung für weitergehende Überlegungen über Arten und Gründe der Lust am Spiel wie an der Literatur.

Literatur – ein Spiel? Definitionsprobleme

Es gibt Fußballspiele, Lustspiele, das Gitarren- oder das Flötenspiel, Vorspiele und Nachspiele, Bühnen- und Brettspiele und Kartenspiele, Olympische Spiele und Festspiele, Passionsspiele, Kinderspiele, Doktorspiele, Sprachspiele, Liebesspiele, Trauerspiele, Rollenspiele, Geschicklichkeits- oder Glücksspiele. Das Wort «Spiel» hat die bemerkenswerte, doch für den wissenschaftlichen Sprachgebrauch problematische Eigenschaft, sich mehr oder weniger metaphorisch zur Bezeichnung von allen möglichen Vorgängen zu eignen. Dem kommt seine sehr allgemeine Grundbedeutung entgegen, die nach dem Grimmschen Wörterbuch «die einer lebhaften, munteren hin- und herbewegung» ist.

In alltags- wie in wissenschaftssprachlichen Diskursen findet der Spiel-Begriff eine beinahe universale Verwendung. Allgemeinplätze wie «Das Leben ist ein Spiel» zeugen davon ebenso wie beispielsweise der deutsche Titel eines schon klassisch gewordenen Buches des Soziologen Erving Goffman: *Wir alle spielen Theater*. Neben soziologischen und psychologischen gibt es mathematische, wirtschaftswissenschaftliche, pädagogische, sprachphilosophische oder auch ästhetische Spieltheorien – und kaum einen sozialen oder natürlichen Vorgang, der sich nicht mit ihren Kategorien beschreiben ließe. So auch der Umgang mit Literatur.

Literatur ein «Spiel» zu nennen ist nichts Ungewöhnliches. Schon Begriffe wie «Schauspiel», «Lust-» oder «Trauerspiel» legen dies nahe. Zum Handwerk des «Spilmans» gehörten im Mittelalter auch die Vers- und Reimkunst sowie der musikalische Vortrag. Was Johan Huizinga über den Spielcharakter der Dichtkunst in archaischen Kulturen ausführt, hat sich noch heute in Rudimenten erhalten: «Jede alte Dichtkunst ist gleichzeitig und in einem: Kult, Festbelustigung, Gesellschaftsspiel, Kunstfertigkeit, Probestück- oder Rätselaufgabe, weise Belehrung, Überredung, Bezauberung, Wahrsagen, Prophetie und Wettkampf.»[48] Ganz ohne historische und kulturelle Begrenzung plädiert Huizinga für eine generelle Übertragbarkeit des Spiel-Begriffs auf Literatur: «Es ist kaum zu verkennen, daß alle Aktivitäten der poetischen Formgebung: das symmetrische oder rhythmische Einteilen der gesprochenen oder gesungenen Rede, das Treffen mit Reim oder Assonanz, das Verhüllen des Sinns, der künstliche Aufbau der Phrase, in diese Sphäre des Spiels von Natur gehören. Wer Dichtung ein Spiel mit Worten und Sprache nennt, wie es in neuerer Zeit besonders Paul Valéry getan hat, bedient sich keiner Bedeutungsübertragung, sondern trifft den Wortsinn selbst.»[49] Ein jüngerer Beitrag zum amerikanischen Roman der Postmoderne versucht die Entgegensetzung von wörtlicher und metaphorischer Wortbedeutung in dekonstruktivistischer Manier sogar umzukehren. Die literarische Fiktionsbildung sei «das wichtigste Spiel, für das alle andern Spiele nur Metaphern sind».[50]

In welchem Sinn genau Literatur als «Spiel» bezeichnet wird, bleibt in solchen Ausführungen freilich unklar. Huizinga hatte zumindest versucht, den Spiel-Begriff zu definieren. Solche Definitionen, so unzulänglich sie auch sind, ermöglichen es immerhin, genauer zu bestimmen, was denn alles gemeint ist, wenn man von Literatur als einem «Spiel» spricht. «Spiel ist», so Huizinga, «eine freiwillige Handlung oder Beschäftigung, die innerhalb gewisser festgesetzter Grenzen von Zeit und Raum nach freiwillig angenommenen, aber unbedingt bindenden Regeln verrichtet wird, ihr Ziel in sich selber hat und begleitet wird von einem Gefühl der Spannung und Freude und einem Bewußtsein des ‹Andersseins› als das ‹gewöhnliche Leben›.»[51] Nach Roger Caillois, der diese Begriffsexplikation zu modifizieren versuchte, doch sich im Ergebnis von Huizinga nicht sehr weit unterscheidet, ist das Spiel eine Betätigung mit folgenden Merkmalen: 1. freiwillig, 2. abgetrennt in festgelegten Grenzen von Raum und Zeit, 3. ungewiß in Ablauf und Ergebnis, 4. unproduktiv, 5. geregelt, 6. fiktiv.[52]

Literatur entspricht solchen Bestimmungen gewiß nur zum Teil. Sie im Sinne dieser Definitionen als spielerische «Beschäftigung», «Betätigung» oder «Handlung» zu begreifen hat freilich den Vorzug, daß mit Literatur nicht nur Texte, sondern die mit ihnen verbundenen sozialen Aktivitäten in den Blick geraten, vor allem das Schreiben und das Lesen. Bei Huizinga bleibt allerdings die Perspektive weitgehend auf den Autor beschränkt. Welchen Status der Leser oder Zuhörer hat, ist unklar. Den eines aktiven Mitspielers? Oder sieht er dem Spiel anderer bloß zu? Daß das Spiel eine «freiwillige Handlung oder Beschäftigung» ist, kennzeichnet, übertragen auf Literatur, die Tätigkeit professioneller Autoren oder Berufsleser nur begrenzt,[53] in der Regel jedoch die Aktivität der Lektüre von literarischen Texten durchaus. Daß Literatur oft, aber nicht durchgehend fiktional ist, wissen wir. Und auch, daß sie spätestens seit der Genieästhetik des 18. Jahrhunderts keinen «unbedingt bindenden Regeln» mehr folgt. Gattungsregeln als «Spielregeln» aufzufassen erscheint zwar plausibel, doch so bindend wie etwa die Regeln eines Schachspiels sind sie nicht. Daß sich das «Genie» seine Regeln selbst gibt, mag eine Selbsttäuschung sein,[54] doch gehört die ständige Regelabweichung oder -modifikation nicht erst seit dem 18. Jahrhundert zu den Freiheiten des Dichtens. Der amerikanische Literaturwissenschaftler Robert R. Wilson, der sich eingehender mit der «Spiel/Text-Analogie» auseinandergesetzt hat, gibt zu bedenken, daß Literatur meist eher flexiblen und relativ unverbindlichen Konventionen unterworfen ist als strikten Regeln.[55]

Ist also Literatur kein Spiel? Oder sind nur die Definitionen des Spiels, wie sie Huizinga oder Caillois gegeben haben, unzulänglich? Oder steht einer plausiblen Gleichsetzung von Literatur und Spiel die Mannigfaltigkeit sowohl der spielerischen als auch der literarischen Tätigkeiten entgegen?

Ludwig Wittgenstein, dessen Begriff der «Sprachspiele»[56] die Philosophie der Postmoderne, insbesondere die Jean-François Lyotards und Richard Rortys, maßgeblich inspirierte, hat nachdrücklich vor Begriffsfestlegungen gewarnt, die vorschnell von der Vielfalt konkreter Spiele abstrahieren. Das Begehren nach einem eindeutigen Begriff des Spiels verfalle den Verführungen unserer Sprache. Allen Spielen gemeinsame Merkmale gebe es nicht, allenfalls Ähnlichkeiten zwischen einzelnen Gruppen von Spielen. «Es ist, als erklärte jemand: ‹Spielen besteht darin, daß man Dinge, gewissen Regeln gemäß, auf einer Fläche verschiebt ...› – und wir ihm antworten: Du scheinst an die Brettspiele zu denken; aber das sind nicht alle Spiele. Du kannst deine Erklärung richtigstellen, indem du sie ausdrücklich auf diese Spiele einschränkst.»[57] Wittgenstein hat eine so plausible wie praktikable Anweisung zur Begriffsexplikation gegeben. Sie läßt sich in einem Satz zusammenfassen: ‹Betrachte und vergleiche eine Vielzahl konkreter Spielpraktiken auf Gemeinsamkeiten und Differenzen hin!› In Wittgensteins Worten: «Betrachte z.B. einmal die Vorgänge, die wir ‹Spiele› nennen. Ich meine Brettspiele, Kartenspiele, Ballspiele, Kampfspiele, usw. Was ist allen diesen gemeinsam? – Sag nicht: ‹Es *muß* ihnen etwas gemeinsam sein, sonst hießen sie nicht ‹Spiele›› – sondern *schau*, ob ihnen allen etwas gemeinsam ist. – Denn wenn du sie anschaust, wirst du zwar nicht etwas sehen, was *allen* gemeinsam wäre, aber du wirst Ähnlichkeiten, Verwandtschaften, sehen, und zwar eine ganze Reihe. Wie gesagt: denk nicht, sondern schau! – Schau z. B. die Brettspiele an, mit ihren mannigfachen Verwandtschaften. Nun geh zu den Kartenspielen über: hier findest du viele Entsprechungen mit jener ersten Klasse, aber viele gemeinsame Züge verschwinden, andere treten auf. Wenn wir nun zu den Ballspielen übergehen, so bleibt manches Gemeinsame erhalten, aber vieles geht verloren. – Sind sie alle ‹unterhaltend›? Vergleiche Schach mit dem Mühlfahren. Oder gibt es überall ein Gewinnen und Verlieren, oder eine Konkurrenz der Spielenden? Denk an die Patiencen. In den Ballspielen gibt es Gewinnen und Verlieren; aber wenn ein Kind den Ball an die Wand wirft und wieder auffängt, so ist dieser Zug verschwunden. Schau, welche Rolle Geschick und Glück spielen. Und wie verschieden ist Geschick im Schachspiel und Geschick im Tennisspiel. Denk nun an die Reigenspiele: Hier ist das Element der Unterhaltung, aber wie viele der anderen Charakterzüge sind verschwunden! Und so können wir durch die vielen, vielen anderen Gruppen von Spielen gehen. Ähnlichkeiten auftauchen und verschwinden sehen./ Und das Ergebnis dieser Betrachtung lautet nun: Wir sehen ein kompliziertes Netz von Ähnlichkeiten, die einander übergreifen und kreuzen. Ähnlichkeiten im Großen und Kleinen.»[58]

Wo Literatur nicht nur beiläufig oder selbstverständlich, sondern programmatisch ein «Spiel» genannt wird, und das ist in der deutschen Literaturgeschichte seit Schiller immer wieder und im Umkreis der «Postmoderne» in geradezu inflationärem Ausmaß der Fall, wäre im Sinne Wittgensteins zu fragen, welche Art von Literatur mit welcher Art von Spielen verglichen oder gleichgesetzt wird, welche der zahlreichen Bedeutungskomponenten des Wortes «Spiel» hervorgehoben werden und was mit solchen Bedeutungsfestlegungen jeweils beabsichtigt ist.

Wenn Calvino den Romanautor mit einem Schachspieler vergleicht, legt er nahe, daß das literarische Schreiben (und auch Lesen) eine hochbewußte, geregelte, kalkulierte, die Reaktionen des Mitspielers strategisch vorausbedenkende Tätigkeit ist.

«Dem edlen Schach vergleich ich das Sonett», dichtete Christian Morgenstern – in Sonettform.[59] «Eröffnung, Aufbau, Mittel-, Endspiel – traun/ das alles ist so hier wie dort zu schaun.» Jede Sonettzeile auf dem Blatt gleiche einem Zug auf dem Brett. Und wie der Schachspieler laufe der Sonettschreiber Gefahr, «Fehler» zu machen, die durch gute Züge jedoch wieder ausgeglichen werden können. Morgensterns Vergleich stößt wie alle Vergleiche zwischen Literatur und Schach auf deutliche Grenzen der Plausibilität. Das Sonett ist allerdings ein gutes Beispiel dafür, daß literarische Tätigkeiten ähnlich wie viele Spiele zeitlich wie räumlich begrenzt und einem komplexen Regelsystem unterworfen sein können. Das Sonett und das Schachspiel sind durch die für sie konstitutiven Regeln[60] definiert, die jedoch eine unendliche Vielfalt konkreter Spielverläufe zulassen. Das gilt für viele andere Textsorten und Spielarten ebenso. ‹Verwende die Buchstaben einiger Wörter und bilde aus ihnen neue Wörter!› Das beispielsweise ist die Spielregel für das Schreiben eines Anagramms. Die für ein Lipogramm lautet: ‹Schreibe einen Text, in dem ein bestimmter Buchstabe nicht vorkommt.› Oder die Spielanweisung für ein Palindrom: ‹Schreibe einen Satz, der auch von rückwärts gelesen einen Sinn ergibt.›[61] Komplexeren Regelsystemen folgen Vers-, Reim- und Strophenformen. Schon die Regeln zum Schreiben von vier einfachen Versen können, verglichen mit der für das Lipogramm konstitutiven Spielregel, relativ kompliziert sein: ‹Schreiben Sie einen Text, der vier Zeilen mit je sechs Silben umfaßt. Der Text soll mit einer unbetonten Silbe beginnen, auf jede unbetonte Silbe soll eine betonte und auf jede betonte eine unbetonte folgen. Zusätzlich sollen der letzte Vokal und die letzten Konsonanten der zweiten sowie der vierten Zeile den letzten Vokal und die letzten Konsonanten der jeweils vorangehenden Zeile wiederholen.› Das Ergebnis eines solchen Regelkonglomerats kann zum Beispiel so aussehen:

> Der Herr rief: «Lieber Knecht,
> Mir ist entsetzlich schlecht!»
> Da sprach der Knecht zum Herrn:
> «Das hört man aber gern!»[62]

Das Schreiben nach vorgegebenen oder selbstgesetzten Regeln gleicht vielfach geistigen und sprachlichen Geschicklichkeitsspielen,[63] bei denen die Regeln einerseits tätigkeitsinitiierende Stimulanzien sind, andererseits dem Schreiben künstlich konstruierte Hindernisse in den Weg legen, die zu besonderen kreativen und artifiziellen Leistungen herausfordern. Gegenüber solchen Geschicklichkeitsspielen nehmen die Lesenden, wenn sie die Regeln kennen, vielfach die Position von Zuschauern ein, die gespannt darauf warten, ob und wie das Kunststück gelingt, die sich über das Gelingen freuen oder es bewundern können. Müssen sie jedoch die Regeln erst entdecken, können die Texte für sie den Charakter von Rätselspielen bekommen. Auch die textanalytische Arbeit professioneller Leser, der Literaturwissenschaftler also, kann in diesem Sinn als Spiel begriffen werden. Textanalyse kann nämlich auch heißen, die Regeln zu rekonstruieren, nach denen ein Text oder eine Gruppe vergleichbarer Texte generiert worden ist. Das paradox erscheinende und die Analogie von Literatur und Spiel in Frage stellende Phänomen, daß ein Spiel seine Regeln bis zu seiner Beendigung geheim hält, ist jedoch nicht für jede Form von Literatur charakteristisch.[64] Und nicht jedes Spiel ist genau festgelegten Regeln unterworfen.

Wenn Nietzsche oder Freud die dichterische Tätigkeit mit dem Spiel verglichen, dann hatten sie relativ ungeregelte Spiele von Kindern im Blick. Das dem Dichter gleichende Kind versetzt, so Freud, «die Dinge seiner Welt in eine neue, ihm gefällige Ordnung».[65] Ich stelle mir da in Erinnerung an eigene Beobachtungen ein Kind vor, das beispielsweise Bücher zu Baumaterial von Türmen oder die Toilettenbürste zum Schaltknüppel eines Autos umfunktioniert. In ähnlicher Weise kann ein Autor vorgefundenes Sprachmaterial aus seinem gewöhnlichen Funktionszusammenhang herauslösen und es in eine andere Ordnung integrieren. Nietzsche bezog sich auf Spiele im Sand oder auch mit Bauklötzen, als er, Heraklit interpretierend, das anarchische, amoralische, vitale Treiben der Natur, des Kindes und des Künstlers gleichsetzte: «Ein Werden und Vergehen, ein Bauen und Zerstören, ohne jede moralische Zurechnung, in ewig gleicher Unschuld, hat in dieser Welt allein das Spiel des Künstlers und des Kindes. Und so, wie das Kind und der Künstler spielt, spielt das ewig lebendige Feuer, baut auf und zerstört, in Unschuld – und dieses Spiel spielt der Aeon mit sich. Sich verwandelnd in Wasser und Erde thürmt er, wie ein Kind Sandhaufen am Meere, thürmt auf und zertrümmert; von Zeit zu Zeit fängt er das Spiel von Neuem an. Ein Augenblick der Sättigung: dann ergreift ihn von

Neuem das Bedürfniß, wie den Künstler zum Schaffen das Bedürfniß zwingt. Nicht Frevelmuth, sondern der immer neu erwachende Spieltrieb ruft andre Welten ins Leben. Das Kind wirft einmal das Spielzeug weg: bald aber fängt es wieder an, in unschuldiger Laune. Sobald es aber baut, knüpft und fügt und formt es gesetzmäßig und nach inneren Ordnungen.»[66]

Roger Caillois hat eine Typologie von vier Arten des Spiels entworfen und innerhalb jeder Spielart unterschieden zwischen Spielen, bei denen eher eine ‹kindliche›, schwach geregelte, spontane Komponente dominiert (er gibt ihr den griechischen Namen «paidia», das heißt «Kinderspiel»), und eher ‹erwachsenen›, stärker geregelten Spielen («ludus»). Auf dem einen Pol der sich daraus ergebenden Einteilungsskala «regiert fast ausschließlich ein gemeinsames Prinzip des Vergnügens, der freien Improvisation und der unbekümmerten Lebensfreude», auf der anderen Seite gibt es ein «wachsendes Bedürfnis, die anarchische Natur willkürlichen, gebieterischen und absichtlich hemmenden Konventionen zu unterwerfen, sie immer mehr in die Enge zu treiben, indem man fortwährend schwierigere Hindernisse einbaut, um so den Weg zu dem ersehnten Resultat möglichst unbequem zu gestalten».[67] «Ludus» ist eine dizipliniertre Weiterentwicklung von «paidia». Die «Begabung zur Improvisation und Fähigkeit zur Freude, die ich *paidia* nenne, verbindet sich mit dem Hang zur Meisterung künstlicher Schwierigkeiten, die ich als *ludus* bezeichnen möchte».[68] Die Unterscheidung läßt sich ohne Schwierigkeiten auf Umgangsformen mit dem Spielmaterial der Sprache übertragen. Die frühkindliche Freude am Spiel mit Lautwiederholungen und Rhythmisierungen bleibt in Versmaßen oder Reimschemata erhalten, wird hier jedoch in geregeltere Bahnen überführt und eröffnet partiell andere Quellen des Vergnügens. Zu ihnen gehört die Befriedigung bei der «Meisterung einer willkürlichen Schwierigkeit»,[69] die dem Spieler zur Erreichung seines Ziels durch bestimmte Spielregeln künstlich auferlegt wird. Der Spieler kämpft gleichsam gegen Hindernisse,[70] der Reiz des Spieles kann in der Herausforderung an die eigenen Fähigkeiten bestehen, sie zu überwinden.

Quer zur Unterscheidung von «paidia» und «ludus» liegt Caillois' Einteilung in Wettkampfspiele («agôn»), Glücksspiele («alea»), Verkleidungsspiele («mimicry») und Rauschspiele («ilinx»). Diese Typologie ist neben etlichen anderen dazu geeignet, Literatur und Spiel weniger pauschal zu vergleichen oder gleichzusetzen. Dem ganzen Spektrum der Glücksspiele steht Literatur fern. Diese können wie alle anderen Spiele durchaus zum Thema und handlungstragenden Element von Literatur werden,[71] und etwas von ihrer Spannung kann sich dabei auf den Leser übertragen. Aber es geht mir hier um den Spielcharakter der literarischen Tätigkeit selbst. Es gibt zwar beispielsweise im Umkreis des Dadaismus literarische Spiele, bei denen dem Zufall ein programmatischer Stellenwert eingeräumt wird (in der Auswahl des sprachlichen Materials, in der Bestimmung der Reihenfolge der Textteile beim Schreiben oder Lesen), doch mit Würfel- oder Lotteriespielen, bei denen das Glück über Gewinn oder Verlust entscheidet, hat Literatur wenig Ähnlichkeit. Mit Wettkampfspielen weit mehr. Literatur ist nicht nur vielfach Darstellung und dramatische Inszenierung von Wettkämpfen zwischen Protagonisten und ihren ‹Gegenspielern›, sondern mit ihr selbst können Wettkämpfe ausgetragen werden. Huizinga hat das im Blick vor allem auf archaische und antike Formen der Dichtkunst beschrieben: «Als ein Wettkampf, der beinahe stets mit der Absicht ausgeführt wird, einen Gegner zu übertreffen, ist die archaische Dichtung von dem uralten Kampf mit mystischen oder scharfsinnigen Rätseln kaum zu trennen.»[72] Tragödie und Komödie waren in ihren Ursprüngen Bestandteile kultischer Festveranstaltungen. «Im Wettbewerb schaffen die Dichter ihre Werke für den dionysischen Wettstreit. [...] Fortwährend wird verglichen, die Kritik ist aufs äußerste geschärft. Das ganze Publikum versteht alle Anspielungen, reagiert auf alle Feinheiten der Qualität und des Stils und nimmt an der Spannung eines Wettkampfs teil, genau wie Zuschauer bei einem Fußballmatch.»[73] Auch nach dem Ende mittelalterlicher Sängerwettstreite oder der Meistersingertradition gibt es Relikte solcher Literaturwettbewerbe noch heute. Der um den Ingeborg-Bachmann-Preis in Klagenfurt zum Beispiel wird nach genau festgelegten Spielregeln durchgeführt und ist dabei in mancher Hinsicht eine Art Modell für jene modernen Formen des literarischen Wettkampfes, die mit Beteiligung von Verlagslektoren, Kritikern und Lesern auf dem Buchmarkt ausgefochten werden. Die Aussicht der Spieler auf Gewinn in Form des Erfolgs beim Publikum, der Bestätigung eigener Fähigkeit und Überlegenheit gegenüber anderen oder auch von materiellen Gütern sowie die mit der Ungewißheit über das

Spielergebnis verbundene Spannung bei den Mitspielern und Zuschauern sind Bestandteile des mit Wettkämpfen verbundenen Vergnügens.

Die meisten Vergleichsmöglichkeiten mit Literatur bietet jedoch der Typus der Nachahmungs- und Verwandlungsspiele. Caillois führt als Beispiele der «mimicry» neben relativ ungeregelten, kindlichen Formen von Imitations-, Puppen-, Masken- oder Verkleidungsspielen (Travestien) die höherentwickelten, ludischen Spiele des Theaters und der Schaukünste an. Sie sind oft zugleich Wettkampfspiele, basieren jedoch auf für sie spezifischen Bedürfnissen: «dem Hang des Menschen, sich zu verstellen, zu verkleiden, eine Maske zu tragen, *eine Persönlichkeit darzustellen.*»[74] Das «Vergnügen» bestehe darin, «daß man ein anderer ist oder daß man für einen anderen gehalten wird».[75] Spielerisch ist es allerdings nur dann, wenn man es dabei nicht ernsthaft darauf anlegt, den Zuschauer irrezuführen. Dem Spieler ist bei seinen Nachahmungen und Verwandlungen das Fiktive und Illusorische seines Verhaltens ebenso bewußt wie dem Zuschauer. Jeder weiß, daß der Schauspieler in der Rolle des Wallenstein nicht Wallenstein ist. Das Kind, das seine Arme ausbreitet und ein Flugzeug nachahmt, weiß, daß es nur in der Illusion identisch mit einem Flugzeug ist. Und auch der Zuschauer eines Wettkampf- oder Filmschauspiels, der sich ähnlich wie der Leser eines Textes mit dem Sieger, dem Star, dem Helden identifiziert und sich imaginativ ihm anverwandelt, bleibt sich seiner eigenen Identität bewußt. Hierin sieht Jurij M. Lotman die wichtigste Gemeinsamkeit von spielerischen und ästhetischen Verhaltensweisen. Beide bewegen sich in Modellen der Wirklichkeit und der Lebenspraxis. Beide beruhen dabei auf der «Fertigkeit, sich zweischichtig zu verhalten», und zwar vor allem auch in emotionaler Hinsicht. Den im Spiel modellhaft dargestellten Tiger fürchtet das Kind «*ein wenig*, d.h. es hat *gleichzeitig* Angst und keine Angst».[76] Ähnlich werden vom Leser «gleichzeitig zwei Verhaltensweisen realisiert: er erlebt alle Emotionen, die eine analoge praktische Situation hervorrufen würde, und ist sich zur gleichen Zeit doch klar bewußt, daß die mit dieser Situation verbundenen Handlungen (z.B. dem Helden Hilfe zu erweisen) nicht ausgeführt werden dürfen.»[77] In einem Vers von Puschkin sieht Lotman dieses Phänomen glänzend illustriert. Er lautet: «Über dem Erdachten werde ich Tränen vergießen.» Lotman kommentiert das hier formulierte Paradox so: «Man sollte meinen, das Bewußtsein dessen, daß wir etwas Erdachtes vor uns haben, müsse Tränen ausschließen. Oder aber umgekehrt: ein Gefühl, das Tränen hervorruft, sollte uns vergessen lassen, daß wir etwas Erdachtes vor uns haben. In der Tat existieren diese beiden – entgegengesetzten – Verhaltenstypen gleichzeitig und vertiefen einander.»[78]

«Illusion» stammt von dem lateinischen Verb «illudere» (aus: in-ludere) ab, das man wörtlich übersetzen kann mit ‹in ein Spiel einführen›. Der potentiell spielerische Charakter von Illusionsbildungen ist der Wortbedeutung inhärent. Zu den vielen Nebenbedeutungen von «illudere» gehört freilich auch die des unspielerischen Täuschens. Der Flüchtling, der ein anderer zu sein vortäuscht, spielt nicht; es geht ihm um das Überleben. Der von Caillois verwendete Begriff «mimicry» ist ein Terminus, mit dem die Biologie seit dem 19. Jahrhundert eine Überlebenstechnik etlicher Tierarten beschrieben hat: Schmetterlinge beispielsweise, die sich optisch einer anderen, ungenießbaren Schmetterlingsart angeglichen haben, oder Maskenkrabben, die sich Algen auf ihren Rücken pflanzen. Daß auch der menschliche Drang zur Nachahmung, zur Maskerade und Verwandlung evolutionsbiologische Wurzeln hat, ist anzunehmen. Daß es einen solchen Drang gibt, hatte freilich schon Aristoteles vorausgesetzt – und zum «naturgegebenen» Fundament der Kunst erklärt: «Allgemein scheinen zwei Ursachen die Dichtkunst hervorgebracht zu haben, und zwar naturgegebene Ursachen. Denn sowohl das Nachahmen selbst ist den Menschen angeboren – es zeigt sich von Kindheit an, und der Mensch unterscheidet sich dadurch von den übrigen Lebewesen, daß er in besonderem Maße zur Nachahmung befähigt ist und seine ersten Kenntnisse durch Nachahmung erwirbt – als auch die Freude, die jedermann an der Nachahmung hat. Als Beweis hierfür kann eine Erfahrungstatsache dienen. Denn von Dingen, die wir in der Wirklichkeit nur ungern erblicken, sehen wir mit Freude möglichst getreue Abbildungen, z.B. Darstellungen von äußerst unansehnlichen Tieren und von Leichen.»[79] Seit Aristoteles und Platon, der alle Kunst und Dichtung (allerdings in abschätzigem Sinne) «mimetisch» nannte,[80] ist Nachahmung eine fundamentale, wenn auch ganz unterschiedlich interpretierte Kategorie der abendländischen Kunst- und Dichtungstheorie geblieben – als Mimesis sozialen Handelns, der Natur, der kognitiven Wahrnehmung, des psychischen Erlebens oder auch göttlicher Schöpfungsakte. In der Tradition der Rhetorik, an der die postmoderne Ästhetik partizipiert, ist Nachahmung als lernwillige «Imitatio» oder nach- und wetteifernder Überbietungsversuch («aemulatio») anderer, meist vorbildlicher Texte von Bedeutung.

Mit der Kategorie des Rausches («ilinx») faßt Caillois jene Spiele zusammen, «deren Reiz darin besteht, für einen Augenblick die Stabilität der Wahrnehmung zu stören und dem klaren Bewußtsein eine Art wollüstiger Panik einzuflößen». Es gehe hier stets darum, sich lustvoll in einen «tranceartigen Betäubungszustand», in eine Art «Hypnose des Bewußtseins» versetzen zu lassen.[81] Die Spiele, die Caillois in diesem Zusammenhang als Beispiele anführt, scheinen zunächst kaum mit literarischen Aktivitäten vergleichbar zu sein. Denn sie bringen den Körper so in Bewegung, daß er aus dem Gleichgewicht gerät. Dies geschieht durch schnelles Drehen um sich selbst (etwa beim Walzertanz), durch rapiden Fall (beim gefährlichen Spiel mexikanischer «voladores», das dem heutigen Bungee-Jumping gleicht) oder durch die hohe Geschwindigkeit der Fortbewegung im offenen Raum (Skilaufen, Motorradfahren). Das «Begehren» nach einem heftigen «Schock», nach einer «momentanen Panik», nach einem rauschhaften Zustand, das Caillois als Antrieb zu derartigen Spielen annimmt, kann jedoch ebenso durch psychische Einwirkungen von Texten befriedigt werden. In hypnose- oder tranceähnliche Zustände kann man sich auch durch Lektüre, im Theater und Kino versetzen lassen. Die Beschreibungen jener «flow-Erlebnisse» lustvoller Entrücktheit, die Csikszentmihalyi, angeregt auch durch Caillois,[82] vorgelegt hat, treffen teilweise ebenso auf Leseerlebnisse zu. Schon rhythmisch gegliedertes Sprechen kann eine Art narkotische Wirkung haben.[83] Nietzsche schließlich erklärte den Rausch überhaupt zur Bedingung und Wirkung von Kunst.

Die Spieletypologie von Caillois ist in Ansätzen zugleich eine Typologie unterschiedlicher Lüste am Spiel. Und so wie viele der von ihm exemplarisch angeführten Spiele Merkmale mehrerer Spieltypen in sich vereinen, so sind sie auch mit verschiedenen Arten der Lust verbunden. Die Lüste und Bedürfnisse, die zum Spielen antreiben, listet Caillois zusammenfassend so auf:

«das Bedürfnis, sich zu behaupten, der Ehrgeiz, sich als Bester zu beweisen;
die Lust an der Herausforderung, am Rekord oder einfach an der überwundenen Schwierigkeit;
die Erwartung und die Verfolgung der Schicksalsgunst;
das Vergnügen an Heimlichkeit, Verstellung und Verkleidung;
das Vergnügen, Furcht zu empfinden oder Furcht einzuflößen;
das Streben nach Wiederholung und Symmetrie oder, im Gegenteil, die Freude, zu improvisieren, zu erfinden, die Lösungen ins Unendliche zu variieren;
das Streben, ein Mysterium oder ein Rätsel aufzuhellen;
die Befriedigungen, die jede kombinatorische Kunst gewährt;
der Drang, sich in einer Prüfung der Kraft, Geschicklichkeit, Schnelligkeit, Ausdauer, Balance oder des Einfallsreichtums zu messen;
die Ausfeilung von Regeln und Vorschriften, die Aufgabe, sie zu respektieren, die Versuchung, sie zu umgehen;
schließlich die Rauschsucht und die Trunkenheit, die Sehnsucht nach Ekstase, die Gier nach wollüstiger Panik.»[84]
Diese Liste ist zwar relativ umfassend, bleibt aber unsystematisch und lückenhaft. Über Arten und Gründe der Lust am Spiel haben etliche Spieltheoretiker Genaueres ausgeführt als Caillois.

Funktionslust

Lust ist in auffälliger Weise mit Tätigkeiten verbunden, die aus evolutionsbiologischer Perspektive dem Überleben dienen. Der sexuelle Akt ist Voraussetzung für das Überleben der Gattung Mensch, die Nahrungsaufnahme für das Überleben jedes einzelnen. Ohne Lust wäre die Motivation dazu weniger stark und für das Überleben vielleicht sogar zu schwach entwickelt. Es scheint gleichsam eine List der Natur zu sein, überlebensnotwendige Aktivitäten durch Lustprämien zu motivieren, weil das Motiv, überleben zu wollen, allein nicht ausreicht. Die Lustprämien bleiben freilich auch dann wirksam, wenn die durch sie motivierten Tätigkeiten zum Überleben nicht mehr oder nicht andauernd nötig sind.

Das Spielen der Tiere wie der Menschen ist vielfach als Einübung von Fähigkeiten begriffen worden, die zum Lebenserhalt notwendig oder zumindest nützlich sind, als eine Art Vorschule körperlichen, intellektuellen und emotionalen Verhaltens für den Ernst der Lebenspraxis. Einer der bedeutendsten und einflußreichsten Spielforscher seit der Jahrhundertwende, Karl Groos, bekannte sich entschieden zum «Standpunkt der Einübungs-Theorie»[85] des Spiels. Er klassifizierte daher die Fülle von Spielarten nach diversen Fähigkeiten, die der Mensch im Laufe seiner Entwicklung erwerben muß. Um die «Herrschaft über seinen eigenen psychophysischen Organismus»[86] zu gewinnen, übt er sich durch spielerisch experimentierende Betätigung seiner Wahrnehmungs- und Bewegungsapparate sowie seiner «höheren seelischen Anlagen»: des Intellekts, der Phantasie, der Gefühle und des Willens. Der Einübung geregelter Formen zwischenmenschlicher Beziehungen dienen darüber hinaus «Kampfspiele», «Liebesspiele», «Nachahmungsspiele» und solche «Socialen Spiele», die den Bedürfnissen nach gesellschaftlicher Integration entsprechen.

Wer Argumente für die biologische und soziale Nützlichkeit von Spiel *und* Kunst sucht, findet sie bei Groos in reichem Maße, zumal sich dieser der Spielforschung vermittelt über ästhetische Interessen zugewandt hatte und auf Probleme der Ästhetik immer wieder zu sprechen kommt. Der russische Strukturalist Jurij M. Lotman beispielsweise rechtfertigte unter Berufung auf Groos seinen Vergleich von Literatur und Spiel gegenüber der Befürchtung mancher (marxistischer) Ästhetiker, daß er zur «Propagierung der ‹reinen Kunst› führe, zur Negation der Verbindung zwischen dem Schaffen und dem gesellschaftlichen Leben».[87] Wie Literatur entwerfe das Spiel Modelle der Wirklichkeit und vermittle realitätsbezogene Erkenntnis: «es ist eines der wichtigsten Mittel zur Bewältigung verschiedener Lebenssituationen, zum Erlernen von Verhaltenstypen. Höhere Lebewesen lehren ihre Jungen alle Verhaltensweisen, die nicht automatisch im genetischen Programm angelegt sind, allein mit Hilfe des Spiels. Das Spiel hat eine gewaltige Bedeutung beim Erlernen von Verhaltenstypen, weil es Situationen zu modellieren erlaubt, in die unvorbereitet hineinzugeraten für das Individuum den drohenden Untergang bedeutet».[88] In einem geregelten Schonraum künstlich herabgesetzten Risikos verhilft beispielsweise das wiederhol- und korrigierbare Durchspielen gefährlicher Situationen dazu, den Schrecken vor analogen Situationen in der Wirklichkeit zu überwinden, «und vermittelt die für die praktische Tätigkeit notwendige Struktur der Emotionen».[89] Unter ähnlichen Gesichtspunkten verglich Wellershoff die literarische Phantasietätigkeit mit der spielerischen Simulationstechnik in der Raumfahrt.[90]

Das Spiel-Kapitel Lotmans schließt zwar nicht zufällig an Überlegungen über den sinnlichen und den intellektuellen Genuß des Lesens an; die Lust am Spiel ist für ihn, der unter dem Druck offizieller Forderungen nach sozialem Praxisbezug von Kunst schrieb, jedoch weiter kein Thema. Bei seinem Gewährsmann Karl Groos hingegen ein ganz zentrales. Die utilitaristische Einübungstheorie des Spiels schließt, wie die Schriften von Groos zeigen, eine Lusttheorie keineswegs aus. Daß das Spiel für den Menschen einen großen Wert hat, betont Groos, widerspricht nicht der Auffassung, es sei eine zweckfreie Tätigkeit: denn dieser Werth des Spieles bildet kein Motiv für den Spielenden.»[91] Einübungs- und Lusttheorie gründen auf der Annahme, daß es diverse «Triebe» gebe, die den Menschen zu unterschiedlichen Betätigungen veranlassen. Die eine Theorie entspricht biologischen, die andere psychologischen Gesichtspunkten. Sie können sich sinnvoll ergänzen. «Das *biologische* Kriterium des Spiels besteht darin, dass wir es nicht mit der ernstlichen *Ausübung*, sondern nur mit der *Vorübung* und *Einübung* der betreffenden Triebe zu thun haben. Eine solche Uebung ist, weil es sich um die Befriedigung von Bedürfnissen handelt, von Lustgefühlen begleitet. Daher entspricht dem biologischen das *psychologische* Kriterium: wo eine Thätigkeit *rein um der Lust an der Thätigkeit selbst willen* stattfindet, da ist ein Spiel vorhanden.»[92] Die Lernpsychologie hat später den Begriff «intrinsische Motivation» oder auch «intrinsische Belohnung» zur Bezeichnung von Anreizen verwendet, die von einer Tätigkeit oder Aufgabe selbst ausgehen. «Extrinsisch» motiviert sind Lernende, die beispielsweise zur Vermeidung von Strafe oder zur Erlangung sozialer Anerkennung aktiviert werden; «intrinsisch» motiviert sind sie hingegen, wenn sie ihre Belohnung durch die Lust finden, die mit der Lerntätigkeit selbst verbunden ist. Didaktiker sind sich heute weitgehend darüber einig, daß intrinsisch motiviertes Lernen befriedigender als extrinsisch motiviertes ist und außerdem zu größeren Erfolgen führt. Der «Glücksforscher» Csikszentmihalyi erhofft sich einen Zuwachs an allgemeiner Lebensqualität, wenn es gelänge, auch berufliche Arbeit in hohem Maße so zu gestalten, daß die Arbeitenden intrinsisch motiviert sind.[93] Modell für intrinsisch motiviertes Handeln ist dabei das Spielverhalten – und zugleich auch künstlerische Tätigkeit. Motivations-, Spiel- und Ästhetiktheorien verbinden sich, und sie alle suchen nach einer Theorie der Lust.

Ein fachwissenschaftlich hoch angesehenes Buch des Motivationspsychologen D. E. Berlyne erklärt gleich zu Beginn das «Spielverhalten» («ludic behavior») zum Muster seines Forschungsgegenstandes: des «Explorationsverhaltens». Die Leichtigkeit, mit der extrinsische Motivationen beim Menschen künstlich erzeugt werden können, habe die Forschung davon abgehalten, die intrinsischen Motivationen zu untersuchen. «Die Menschen sind geneigt, Dinge zu betrachten, sich nach ihnen umzusehen, sie zu befragen und zu bedenken, auch wenn niemand sie dazu anspornt.» Sie scheinen sich diesem explorativen Verhalten «als Selbstzweck» hinzugeben. Doch wissen wir, so Berlynes Begründung des eigenen Forschungsprojekts, wenig darüber, «was die Bedingungen betrifft, die sie unter solchen Umständen antreiben und leiten».[94] Das gilt auch für ästhetisches Verhalten. Ihm widmet das Buch ein eigenes Kapitel. Angeregt auch durch Berlyne, umreißt Csikszentmihalyi die Intentionen seiner Forschung so: «Wenn wir herausfinden könnten, was das Spielen zu einer derart befreienden und belohnenden Aktivität macht, kämen wir in die Lage, dieses Wissen auch außerhalb des spielerischen Rahmens anzuwenden.»[95] Das Glücksgefühl beim Spiel wird hier zum Modell umfassenderen Glücks – mit dem Ziel, «das Leben als ein Spiel zu leben».[96]

Die intrinsische Belohnung für spielerische Tätigkeiten liegt, ganz im Sinne von Groos, in der Lust, die mit diesen Tätigkeiten selbst verbunden ist. Sie werden nicht um anderer Ziele willen ausgeübt, sondern haben ihr Ziel in sich selbst. Csikszentmihalyi nennt sie deshalb «autotelisch».[97] Worin diese Lust besteht, ist damit jedoch noch nicht geklärt. Karl Bühler hat sie 1918 in seiner weitgehend von Groos übernommenen Spieltheorie mit einem Begriff zu beschreiben versucht, der so plausibel erscheint, daß er noch heute vielfach verwendet wird, auch zur Charakterisierung literarischen Vergnügens: «Funktionslust». Damit Tiere und Menschen sich für den Ernst des Lebens einüben, habe die Natur die dazu erforderlichen Betätigungen selbst mit Lust ausgestattet: «sie hat die Einrichtung der *Funktionslust* geschaffen. Die Tätigkeit als solche, das angemessene, glatte, reibungslose Funktionieren der Körperorgane abgesehen von jedem Erfolg, den die Tätigkeit bringen konnte, wurde zur Lustquelle gemacht. Damit war der Motor des rastlosen Probierens gewonnen.»[98] Im Spiel, so formulierte Jean Piaget im Anschluß an Groos und Bühler, werden Aktivitäten eingeübt «nur aus dem Vergnügen heraus, sie zu beherrschen und aus ihnen ein Gefühl der Virtuosität und der Kraft zu schöpfen».[99]

Im glatten, reibungslosen Funktionieren nicht nur der Körperorgane, sondern auch seiner Phantasie, seines Gedächtnisses, seiner Emotionen, seines Denkens und seines Willens spürt der spielende Mensch mit Genugtuung und Freude seine eigene Lebendigkeit und seine diversen Kompetenzen, seine Fähigkeit, überhaupt aktiv zu sein und darüber hinaus seine Aktivitäten auch noch eigenständig zu kontrollieren und zu koordinieren. Der Begriff «Funktionslust» unterstellt dem Lebewesen eine Art Bewegungsdrang und zugleich das Bedürfnis, ihn in geordneter, kontrollierter, beherrschter Form auszuagieren. Die Wiederholung des Gleichen, die für frühkindliche Spiele so charakteristisch und auch ein fundamentales Prinzip zur Strukturierung literarischer Texte ist, beweist nicht nur die anhaltende Freude an der Tätigkeit, sondern ist zugleich auch Ausdruck der triumphalen Selbstvergewisserung, die eigenen Tätigkeiten so beherrscht koordinieren zu können, daß sie den vorangegangenen ähnlich sind. Etwas von der frühkindlichen Funktionslust an der wiederholten Hervorbringung oder auch Wahrnehmung gleicher Lautfolgen oder rhythmischer Einheiten scheint sich nicht nur in den Sprachspielen des Witzes oder der Nonsense-Poesie,[100] sondern noch im literarisch artifizielleren Umgang mit Reimformen und Versmaßen erhalten zu haben.

Eine Leistung des Begriffs «Funktionslust» besteht darin, daß mit ihm unterschiedliche Arten der Lust bewußter gemacht werden. Bühler dient er unter anderem zur Abgrenzung von «Befriedigungslust» oder auch «Endlust». Diese ist das Ziel einer Tätigkeit und schließt sie ab. Nicht die Tätigkeit selbst ist hier lustvoll, sondern das mit ihr erreichte Ziel, der Zustand des Erfolgs, der Sättigung oder Entspannung, der alle weitere Aktivität für eine Weile bremst. Mit hoher Funktionslust begleitete Tätigkeiten werden hingegen oft rastlos bis zur Grenze der Erschöpfung weitergeführt. Sie sind nicht durch einen genußvollen Endzustand begrenzt, sondern durch die Erschöpfbarkeit der Kräfte. Von der «Funktionslust» unterscheidet Bühler weiterhin die «Inhaltslust» – etwa am angenehmen Duft einer Rose oder am reinen Ton einer Orgel.

Trotz solcher Differenzierungsleistungen bleibt der Begriff «Funktionslust» bei genauerem Hinsehen relativ diffus. Auch mit ihm werden ganz verschiedene Arten von Lusterfahrungen beschrieben, die getrennt, aber vor allem auch kombiniert sein können. Groos hatte zwar mit der Annahme, daß es einen allgemeinen Betätigungsdrang gebe, der sich in diversen Aktivitäten lustvoll ausagiere, Bühlers Begriff der «Funktionslust» maßgeblich vorgearbeitet, doch war gerade er es, der so umfassend wie kaum ein anderer die Fülle der Lusterfahrungen beim Spiel zu sichten und zu systematisieren versuchte.

Konkurrierende Lusttheorien

Groos grenzt seinen Standpunkt zunächst von der «Kraftüberschuß»-Theorie des englischen Philosophen Herbert Spencer und der «Erholungs-Theorie» des deutschen Philosophen Moritz Lazarus ab. Er verwirft diese Theorien jedoch nicht gänzlich. Spencer hatte in seinem 1855 erschienenen Werk *Die Prinzipien der Psychologie*, in Erinnerung auch an Schillers Begriff des ästhetischen Spieltriebes, die «Tätigkeiten, die wir Spiel nennen», und die «ästhetischen Tätigkeiten» aus einem Überschuß an körperlichen und geistigen Kräften erklärt, die für «das organische Gleichgewicht des Individuums oder dann den Fortbestand der Art» nicht unmittelbar gebraucht werden.[101] Die von der Realität nicht geforderten Kräfte suchen sich ersatzweise lustvoll abzureagieren in Scheintätigkeiten des Spiels oder auch der Kunst, mit denen reale Tätigkeiten nachgeahmt werden. Das ist eine Katharsis- und Kompensationstheorie zugleich. Ein mit Unlustgefühlen verbundener Stau von Energien sucht nach dieser Vorstellung eine lustvolle Entladung. Und wo es an realen Möglichkeiten dazu fehlt, bieten Spiel oder auch Kunst «Ersatz» für diesen Mangel. Das «Kätzchen, das dem Garnknäuel nachläuft», dramatisiere eine «Beutejagd» und finde «eine ideale Befriedigung destruktiver Instinkte in Ermangelung einer realen Befriedigung für sie». Der Schachspieler gewinne seine «Befriedigung durch einen Sieg auf dem Schachbrett, wenn zu handgreiflichen Siegen keine Gelegenheit ist». Das gleiche gilt nach Spencer für Kunst: «den höheren Kräften gewähren ästhetische Erzeugnisse dieselbe Gelegenheit zu Ersatzbetätigungen, wie sie die Spiele den verschiedenen niederen Kräften gewähren.»[102] Spiel und Kunst kompensieren in dieser Perspektive Mängel der Realität. Paradoxerweise entstehen sie aus dem Überfluß, aus einer Art luxurierenden Langeweile in höher entwickelten Lebensformen, in denen «Zeit und Kraft nicht mehr ausschließlich von der Vorsorge für die unmittelbarsten Bedürfnisse absorbiert werden.»[103]

Ebenso populär geworden wie die Kräfteüberschußtheorie ist die «Erholungstheorie» des Spiels (und der Kunst), die in der Schrift *Über die Reize des Spiels* von Moritz Lazarus am differenziertesten ausgearbeitet wurde. Auch diese Theorie basiert – wie später die Freuds – auf der Vorstellung, daß das Spiel aus der Unlusterfahrung eines Mangels hervorgeht, der in ihm lustvoll beseitigt wird. Als Mangel wird gemäß der Erholungstheorie jedoch nicht das Fehlen von tätigkeitsstimulierenden Reizen in der Realität erfahren, sondern die Erschöpfung einseitig überbeanspruchter Kräfte. Durch gezielten Wechsel zu einer Tätigkeit, die andere Kräfte beansprucht, können sich die ermüdeten lustvoll erholen, ohne daß man dafür die Unlust langweiliger Untätigkeit in Kauf nehmen muß. Das Spiel ist in dieser Sicht eine wohltuende Form tätiger Erholung von der Ermüdung durch körperliche oder geistige Arbeit. John Locke hatte diese Vorstellung schon 1693 in seiner Erziehungslehre pointiert formuliert: «Denn Erholung heißt nicht müßig sein [...], sondern dem ermüdeten Teil durch Wechsel der Betätigung Erleichterung verschaffen.»[104]

Beide Theorieentwürfe, und auch noch deren kritische Modifikation durch Groos, appellieren an die Erfahrung, daß Untätigkeit auf die Dauer Unlust hervorruft. Sie alle unterstellen einen allgemeinen Tätigkeitstrieb, der nach geeigneten Stimulationen sucht. Nach Groos ist dessen normale Energie so stark, daß er auch ohne Überschüsse und ohne Erholungsbedürfnisse zum Spielen motiviert. Denn das Kind spielt, obwohl es nicht unter Arbeitszwängen steht, und der Erwachsene, auch wenn die Realität genug Anreize zu unspielerischen Aktivitäten bietet. Und beide spielen oft bis zu einem Grad der Erschöpfung, bei dem von Entladung überflüssiger Energie und von Erholung längst nicht mehr die Rede sein kann.

Nahezu alle Lusttheorien, auch die von Groos, lassen sich auf ein Grundprinzip zurückführen. Sie variieren, differenzieren und konkretisieren ein abstraktes Beschreibungs- und Erklärungsmuster. Und dieses lautet: *Lust ist Befreiung von Unlust.* Unlust ist ein Gefühl des Mangels, das den Wunsch erzeugt, ihn zu beseitigen. Die Aufhebung des Mangels ist mit Lustgefühlen verbunden.

Dieses Grundprinzip hatte schon die Lust- und Glückseligkeitslehre Epikurs formuliert und auf ihre Weise konkretisiert. «Sowie einmal das Schmerzende des Mangels beseitigt ist, mehrt sich die Lustempfindung im Fleische nicht mehr, sondern wird bloß mannigfaltiger.»[105] Alles, was der Körper wolle, sei: «Nicht hungern, nicht dürsten, nicht frieren.»[106] Und die Seele will nicht Angst haben. Dem ganz entsprechend begriff im 19. Jahrhundert Schopenhauer «Glück» als «Ende eines Leidens».[107] Zur gleichen Zeit kursierten die inzwischen klassisch gewordenen wirtschaftswissenschaftlichen Definitionen des Begriffs «Bedürfnis», die ebenfalls diesem Muster folgen: «Das Gefühl eines Mangels, verbunden mit dem Streben, ihn zu beseitigen, heißt ein Bedürfnis; in der Abhilfe eines solchen Mangels besteht die Befriedigung des Bedürfnisses».[108]

Diesem Muster widerspricht die Vorstellung von Groos, daß nicht das Ziel einer Tätigkeit, sondern diese selbst lustvoll sei, oder auch Bühlers daran anknüpfende Unterscheidung von Funktionslust und Befriedigungs- bzw. Endlust nur scheinbar. Denn alles, was Körper und Geist wollen, ist: Nicht untätig sein. Aufgrund eines angeborenen Betätigungsdrangs wird Untätigkeit auf die Dauer als ein unlustvoller Mangel empfunden. Er weckt das Bedürfnis zur Beseitigung des Mangels. Das Lebewesen sucht geeignete Tätigkeitsanreize und findet sie im Spiel.

Die Annahme eines allgemeinen Betätigungsdrangs oder auch Schillers Begriff eines einheitlichen «Spieltriebes» ist Groos allerdings zu undifferenziert und zu wenig konkret. Die Leistung seiner Spieltheorie besteht vor allem auch in dem Versuch, den allgemeinen Tätigkeitstrieb in diverse Komponenten zu zerlegen, in eine Pluralität einzelner Triebe, deren Befriedigung im Spiel mit unterschiedlichen Lustgefühlen verbunden ist. Sie können sich gegenseitig ergänzen, verstärken oder auch unterlaufen. Die Theoriebildung ist bei Groos zwar insofern zirkulär, als einzelne Lusterfahrungen zu der Annahme führen, daß ihnen entsprechende Triebe zugrundeliegen, mit deren Existenz wiederum die lustvollen Triebbefriedigungen erklärt werden. «Als die allgemeinste psychische Begleiterscheinung des Spiels wird das Lustgefühl bezeichnet werden müssen, das auf der *Befriedigung der angeborenen Triebe* beruht, die im Spiele geübt werden. Die sensorischen, motorischen und intellectuellen Anlagen [...], der Kampftrieb und die sexuellen Neigungen, der Nachahmungstrieb und die socialen Instinkte drängen nach Bethätigung und führen zu Lustgefühlen, wenn sie eine solche Bethätigung im Spiele finden.»[109] Der stupide Rückgriff auf «angeborene Triebe» mag heutigen theoretischen Ansprüchen nicht genügen, zu einer relativ differenzierten Phänomenologie und Klassifikation der Lüste liefern die Ausführungen von Groos aber erhellende Beiträge. Von der Reduktion der Lüste auf Befriedigung sexueller oder auch aggressiver Wünsche sind sie jedenfalls weit entfernt. Und eine gleichsam empirische Basis haben sie in den zahllosen Auskünften, die im Laufe der Kulturgeschichte über diverse Erfahrungen der Lust gegeben wurden. Auf sie stützt sich auch eine weitere Klassifikation der Lüste am Spiel: «erstens die Lust am *Reiz überhaupt*, zweitens die Lust an *angenehmen* Reizen und drittens die Lust an *intensiven* Reizen.»[110] Das entspricht der Annahme, daß es erstens überhaupt einiger Anreize zur sensorischen, motorischen oder intellektuellen Betätigung bedarf. Im Blick auf das Lesen wurde auch aus physiologischer Sicht experimentell nachzuweisen versucht, daß mit der Lust beim Lesen eine erhöhte physische Erregung einhergeht.[111] Zweitens ist es nicht ganz gleichgültig, ob die wahrgenommenen Reize als angenehm oder unangenehm empfunden werden. Dem tragen nicht zuletzt die Unterscheidungen zwischen Schönheit und Häßlichkeit Rechnung.[112] Drittens berücksichtigt die Unterscheidung von Groos zum einen das Phänomen, daß die Wirkung bestimmter Reize unter dem «Einfluss der Gewohnheit» nachlassen kann und die Spielenden daher nach intensiveren Reizen verlangen. Zum anderen entspricht sie der immer wieder irritierenden Erfahrung, daß die emotionale Erschütterung durch sehr intensive Reize unter bestimmten Bedingungen auch dann gesucht und genossen werden kann, wenn diese Unlustgefühle des Schmerzes hervorrufen.[113]

Entrückungen

Aus der Vielfalt der Bedürfnisse, deren Befriedigung die Lust am Spiel ausmacht, hebt Groos drei weitere hervor, die in der Tat fundamental zu sein scheinen. Einen bedeutenden Teilaspekt des allgemeinen Betätigungsdranges beschreibt er als *Bedürfnis, zu angespannter, konzentrierter Aufmerksamkeit stimuliert zu werden*. «Das zeigt sich am besten in dem Zustand der Langeweile; denn wenn wir über Langeweile klagen, so fehlt es uns nicht an Erlebnissen überhaupt, sondern an solchen Erlebnissen, die unsere Aufmerksamkeit besonders beschäftigen.»[114] Hochkonzentrierte Aufmerksamkeit, die unter biologischen Gesichtspunkten besonders in Gefahrensituationen überlebenssichernde Funktionen hat, ist im übrigen auch konstitutives Merkmal jenes als beglückend empfundenen Zustandes der Entrücktheit, der mit Begriffen wie «Absorption», «Flow» oder «Trance» belegt wurde.[115] In ihm sind die Wahrnehmungen der Spielenden so stark auf einen Tätigkeitszusammenhang und die sie stimulierende Reizkonfiguration hin gebündelt, daß die Spielenden mit diesen gleichsam verschmelzen, diverse andere Wahrnehmungsreize und Eigenaktivitäten ignorieren, also die übrige Eigenwelt und Umwelt ‹vergessen›. In der völligen Hingabe der Aufmerksamkeit und der Konzentration auf einen Tätigkeitsbereich kann der Spielende nicht nur das glatte Funktionieren seiner dabei herausgeforderten Fähigkeiten genießen, nicht nur die Intensivierung der Reize, die von dem wahrgenommenen Objektbereich ausgehen, und nicht nur eine Art mystisches Erleben der Vereinigung mit ihm. Im veränderten Bewußtseinszustand der Selbst- und Weltvergessenheit erlebt sich der Spielende darüber hinaus glücklich befreit von den Ängsten und Besorgnissen, mit denen sein Ich sonst andauernd konfrontiert ist. Csikszentmihalyi hat anschaulich beschrieben, wieviel Energien das Ich verbraucht, wenn seine ungebündelte, umherschweifende Aufmerksamkeit mit den allgegenwärtigen Bedrohungen des Alltags konfrontiert ist, und in welcher Weise die Fokussierung der Aufmerksamkeit im «flow» davon entlasten kann: «Wenn man beispielsweise über die Straßen geht und merkt, daß manche Menschen sich umdrehen und einen angrinsen, ist es normal, sich sofort Gedanken zu machen. Stimmt etwas nicht? Sehe ich anders aus, gehe ich komisch oder ist mein Gesicht verschmiert? Hunderte von Malen am Tag wird man an die Verletzlichkeit des Selbst erinnert. Und jedes Mal geht psychische Energie bei dem Versuch verloren, wieder Ordnung im Bewußtsein herzustellen. Beim flow gibt es keinen Raum für Selbsterforschung... Ein Kletterer ist bei seinem schwierigen Aufstieg völlig von seiner Bergsteigerrolle erfüllt. Er ist hundert Prozent Kletterer, sonst würde er nicht überleben.»[116] Die angespannte Konzentration der Aufmerksamkeit, so konstatiert ähnlich Victor Nell im Blick auf jenen Zustand des «ludic readers», den der Titel seines Buches *Lost in a Book* meint, mache unempfindlich gegenüber sonst beunruhigenden Ereignissen.[117] Sie anästhesiert, indem sie die Wahrnehmung von Schmerzerregendem ablenkt. Diesen schmerzbefreienden Effekt hatte auch Freud vor Augen, als er von der «milden Narkose» schrieb, «in die uns die Kunst versetzt», um eine «Entrückung aus den Nöten des Lebens herbeizuführen».[118]

Freude an der Freiheit

Neben dem Bedürfnis nach Aufmerksamkeit steht nach Groos das «Causalbedürfniss»: der «Drang, Wirkungen zu erkennen», aber auch «Wirkungen hervorzubringen».[119] Diese *«Freude am Ursache-sein»*[120] kennzeichnet Groos auch als «Freude an der Macht».[121] Das Kind, das Türme baut und sie mit ähnlicher Lust wieder zerstört, zeigt, daß diese Freude sowohl konstruktiv als auch destruktiv sein kann. Das literarische Spiel mit vorgefundenen Materialien und Regeln der Sprache hat in seinen Abweichungen von den Normen der Standardsprache oder poetologischen Konventionen einerseits ein erhebliches Potential an Destruktionslust.[122] Andererseits befriedigt es im Aufbau einer eigenen Ordnung auch konstruktive Bedürfnisse.

Daß der «Freude am Ursache-sein» ein lustvolles «Freiheitsgefühl» nahe verwandt sei, hat Groos mit Blick auf illusionsschaffende Phantasie- und Symbolspiele konstatiert. Im kindlichen Puppen-, Doktor- oder Räuberspiel, aber auch im erwachsenen Theaterspiel, im Spielfilm oder im durch Buchstaben initiierten Spiel der Lesephantasie agieren die Spielenden mit mehr oder weniger bewußter Selbsttäuschung in einer Scheinwelt, in der der Mangel der Abwesenheit begehrter Realitäten durch Symbolisierungen dieser Realitäten wenigstens zum Teil aufgehoben wird. Wo etwas begehrt wird, was nicht mehr oder noch nicht da ist oder überhaupt nicht existiert, wird mit Hilfe von Phantasie und Symbolen so getan, als ob es da sei und existiere. Die Vorstellung der Spielenden oszilliert dabei, ähnlich wie bei einem Kippspiel, zwischen zwei Bewußtseinszuständen: dem Glauben, die Phantasien und Symbole seien Realitäten, und dem Wissen um ihre Fiktionalität. Mit diesem Wissen bewahren sich die Spielenden gegenüber ihren Scheintätigkeiten und Scheinobjekten die Freiheit der Distanz. Und selbst in Zuständen der «totalen Versunkenheit und Selbstvergessenheit» des Spielens bleibe, so Groos, «das dunklere *Gefühl* des freien, selbstthätigen Eingehens in die Illusion».[123]

Dieses Phänomen ist später im Vergleich mit Zuständen des Traums, des Wahns, der Hypnose, der Trance oder des Rausches immer wieder psychologisch reflektiert worden. Victor Nells experimentelle Untersuchungen zum Typus des «ludic reader», die sich auf diese Reflexionen stützen, heben ebenfalls hervor, daß der Lektürewachtraum im Gegensatz zum Schlaftraum unserem Willen untersteht. Das spielende Ich ist dabei gleichsam gespalten in eines, das sich in der Illusion verliert, und in ein anderes, das als distanzierter Beobachter zurückbleibt und den Realitätssinn aufrechterhält. In dieser Doppelung kann das menschliche Subjekt einerseits dem Bedürfnis folgen, sich von den Zwängen der Realität und Moral zu befreien, also gleichsam Ferien vom Ich und vom Über-Ich zu machen.[124] Und es vermag weiterhin im Zustand der Selbstvergessenheit mit der phantasierten Welt des Buches zu verschmelzen, sich in ihr aufzulösen oder sie sich einzuverleiben, und damit unlustvolle Erfahrungen der Trennung von Subjekt und Objekt aufzuheben. Andererseits genießt der rationale Anteil im Subjekt seine Freiheit in dem Vermögen, sich gegenüber den Kräften der Imagination jederzeit kontrollierend zu behaupten. Die stolze Selbstgewißheit kritischer Kompetenz, die nicht verloren, sondern nur zeitweise suspendiert wird, verbindet sich danach mit dem erleichternden Gefühl der Befreiung vom «Zwang des objectiven Weltgeschehens», wie es Groos formuliert hat. «Je mehr der Mensch von dem Ernste des Lebens umfasst ist, desto mehr wird ihm die Flucht in das Reich des Spieles, wo er unbekümmert um reale Zwecke ganz in einer frei gewählten Scheinthätigkeit aufgeht, zu einer Erlösung aus dem engen, dumpfen Leben und aus der Angst des Irdischen.»[125]

Vielleicht ist unter den zahllosen Lusterfahrungen der Beseitigung eines unlustvollen Mangels die *Befreiung von Zwängen* der wichtigste Aspekt der Lust am Spiel wie an der Literatur. Der niederländische Psychologe und Spielforscher F. J. J. Buytendijk hat die «Lust des Befreitseins» als eine derart fundamentale Erfahrung angesehen, daß er ihr als einen von zwei allgemeinen «Grundtrieben» einen «Befreiungstrieb» unterlegte.[126] Im Spiel findet er beste Bedingungen zu seiner Befriedigung. Man hat die Freiheit, ein Spiel zu beginnen oder es abzubrechen. Im von der Wirklichkeit räumlich und zeitlich abgesonderten Schonraum der Spielwelt, insbesondere dem der Phantasie, agiert man entbunden von Realitätszwängen. Zwar können Spielregeln Zwang ausüben, aber man unterwirft sich ihnen freiwillig, und sie lassen zudem immer Handlungsspielräume offen. Kurzum: Im Spiel kann das Subjekt ein Optimum an Autonomie genießen.

Mit dem «Gefühle der Freiheit im Spiele» hatte schon Kant die «Lust» an der schönen Kunst charakterisiert.[127] Auf ihn beruft sich Harald Frickes «Philosophie der Literatur», die die eigengesetzlichen Abweichungen von vorgegebenen sprachlichen Normen als für poetische Texte konstitutiv beschreibt. Sie mündet in eine Philosophie der Freiheit und der Lust ein. «Gerade die partiell normsprengende und befreiende Rolle poetischen Sprechens erklärt nämlich überhaupt erst, warum Literatur *Spaß macht*. Die Lust des Lesens von Dichtung beruht entscheidend auf der Voraussetzung poetischer Sprachabweichung.» Poesie sei, so Fricke unter Berufung auf Kant, mit ihrem «freien Spiel der Einbildungskraft» nach selbstgewählten Regeln die «*sinnliche Erfahrung der Freiheit*» und zugleich ein Symbol der «Befolgung moralischer Normen allein aus eigenem Willen».[128] Als Befriedigung sich ständig ausweitender Autonomieansprüche ist das Spiel wohl nicht zufällig vor allem seit jener Zeit systematisch beschrieben worden, in der diese Ansprüche rapide zu wachsen begannen und zugleich mit immer rigideren Arbeitszwängen und Affektdisziplinierungen kollidierten. Seit dem 18. Jahrhundert werden Spiele einerseits als entlastende Kompensation psychischer Modernisierungsschäden,¹²⁹ andererseits jedoch auch als treibende Kraft des zivilisatorischen Fortschritts beschrieben. Die im Spiel erfahrene Befriedigung, Kontrolle und Macht über sich selbst und über die Umwelt auszuüben, oder der Reiz, Neues zu erfinden, zu entdecken und zu schaffen, der, so Bühler, «für die höchste Stufe der geistigen Entwicklung *Schöpferfreude* heißt»,¹³⁰ dient in dieser fortschrittsorientierten Sicht der evolutionären Höherentwicklung der Gattung Mensch.

Bewältigung von Schwierigkeiten

Nach Groos ist die Lust am Spiel in hohem Maße eine Experimentierlust, eine «*Lust am Bewältigen des Schwierigen*».¹³¹ Erst sie ist der Motor zur Entwicklung immer ausgedehnterer und komplexerer Fähigkeiten. Auch diesen Gedankengang hat Bühler aufgegriffen: «Bemerkenswert ist, daß eine Bewegung dem Kinde immer nur solange Spielfreude gewährt, als es ihm noch einige Schwierigkeiten bereitet, sie auszuführen. Immer das Schwierigere lockt es mit geheimnisvollem Zuge einen Schritt weiter.»¹³² Spielerische Wiederholungen von Lauten zum Beispiel werden zu Wiederholungen mit Variationen, und das setzt sich fort bis hin zu jenen hochkomplexen Verbindungen lautlicher, rhythmischer, syntaktischer und semantischer Wiederholungsmuster, die Kennzeichen poetischer Texte sind.¹³³ Sie hervorzubringen stellt hohe Anforderungen, sie zu erkennen ebenfalls. Strukturale Textanalytiker haben diesen Erkennungsprozeß zu systematisierter Perfektion getrieben, und ich nehme an, daß ihre Tätigkeit weniger durch den Willen zu wissenschaftlicher Wahrheit als vielmehr durch die intellektuelle Lust motiviert ist, die sie bereiten kann. Sie ist nur das professionalisierte Aufgreifen eines Spielpotentials, das poetische Texte allen Lesenden anbieten.

Ähnliches gilt für die Freude am Erkennen von intertextuellen Bezügen oder Nachahmungen. Schon Aristoteles hatte das Betrachten einer Nachahmung als eine Art lustvolles Rätselspiel, als spielerische Bewältigung der Schwierigkeit beschrieben, in der Nachahmung das Nachgeahmte zu identifizieren. «Sie [die Menschen] freuen sich also deshalb über den Anblick von Bildern, weil sie beim Betrachten [...] zu erschließen suchen, was ein jedes sei, z.B. daß diese Gestalt den und den darstelle.»[134] Der mit Stolz, Beruhigung oder auch Belustigung verbundene Akt des Wiedererkennens von Bekanntem in der Nachahmung ist so reizvoll, daß er insbesondere Literaturhistoriker zu unermüdlichen Bemühungen motiviert hat, literarische Werke, auch wenn sie sich dafür nur begrenzt eignen, als Abbildungen oder Widerspiegelungen biographischer, sozialer, politischer oder kultureller Realitäten zu lesen und diese in ihnen wiederzuerkennen.

Die spielerische Lust an der Bewältigung des Schwierigen läßt sich mit dem Begriff der «Funktionslust» nicht ohne weiteres vereinbaren. Denn sie ist eher eine «Endlust», eine Lust am Erfolgserlebnis, mit dem die Suche nach der Lösung einer Aufgabe abgeschlossen wird. Außerdem behindert die spielerische Konfrontation mit Schwierigkeiten das glatte, reibungslose Funktionieren, das der Begriffsbestimmung nach ein Kennzeichen der Funktionslust ist. Schwierigkeiten lassen den Fluß der Tätigkeit (das ist von Csikszentmihalyi mit «flow» gemeint) ins Stocken geraten.

Die damit aufgeworfenen Probleme sind in psychologischen Theorien des Spiels und der Ästhetik später auf experimenteller Basis genauer untersucht worden.[135] Die Ergebnisse lassen sich stark vereinfacht so zusammenfassen: Schwierigkeiten in Form von Neuartigkeiten, Überraschungen, Widersinnigkeiten, Konflikten und Unsicherheit sind für die kognitiven Aktivitäten eine potentiell reizvolle Herausforderung. Wer von dem Komplexitätsgrad einer Reizkonfiguration in seiner Kompetenz überfordert oder unterfordert wird, reagiert auf die Schwierigkeiten mit Unlust. Nur wenn das Schwierigkeitsniveau eines Spieles den Fähigkeiten des Spielers entspricht, ist es für ihn lustvoll. Ist es zu hoch, reagiert der Spieler mit Unlustgefühlen der Angst oder des Ärgers, ist es zu tief angesetzt, mit der Unlust der Langeweile. Jeder Spieler sucht die für seine Kompetenz optimale Stimulation in Form von mehr oder weniger starken Gegnern, mehr oder weniger komplizierten Aufgaben – und mehr oder weniger anspruchsvoller Lektüre.

Solche Forschungsergebnisse bestätigen weitgehend, was wir intuitiv, wenn auch nicht so klar und genau, wohl schon wußten. Indem sie jedoch die Tätigkeit des Spielens wie die der ästhetischen Wahrnehmung vorrangig als Prozesse der Informationsverarbeitung und der Problemlösung beschreiben, werden sie den Lust- und Unlustgefühlen beim Lesen wohl nur in beschränktem Maße gerecht. Sie haben einen Teil jener ästhetischen Phänomene im Blick, die Freuds Spieltheorie literarischer Phantasie zunächst etwas ratlos ausklammerte, während diese wiederum Aspekte der Lust an Literatur beschrieb, die der informationstheoretischen und kognitivistischen Psychologie entgangen sind. Konzentrierte sich diese in ihren Interessen an spielerischen und ästhetischen Verhaltensformen vornehmlich auf abstrakte Strukturen, so wandte Freud seine Aufmerksamkeit vor allem auch auf die Inhalte der Spiel- und Phantasietätigkeit und auf die sozialen, vor allem familiären, stark emotional geprägten Beziehungen, die mit ihr in Szene gesetzt werden.

Befriedigung sozialer Bedürfnisse

Daß das Spiel vor allem auch soziale und kommunikative Bedürfnisse befriedigt, hatte schon Groos hervorgehoben.[136] Die von ihm als grundlegend eingeschätzten Annäherungs- und Mitteilungsbedürfnisse gehen jedoch nicht nur in Gemeinschaftsspiele mit anderen Menschen ein, sondern häufig auch in das isolierte Spiel des einzelnen mit Dingen. Denn sie können, wie vor allem Psychoanalytiker gezeigt haben, als Symbole für Menschen verwendet werden.[137] Freud hat das an einem berühmt gewordenen Beispiel illustriert: an dem «Fort-da-Spiel» seines eineinhalbjährigen Enkels. Das Kind, das es zu ertragen gelernt hatte, ohne Weinen von der Mutter für einige Stunden verlassen zu werden, warf eine an einem Bindfaden befestigte Spule über den Rand seines verhängten Bettes, zog dann die Spule wieder hervor, begrüßte sie mit einem freudigen «Da» und wiederholte diesen Vorgang unermüdlich. Es setzte damit nach der Deutung Freuds[138] das Verschwinden und Wiederkommen der Mutter eigenständig in Szene, inszenierte also selbsttätig einen Wechsel von Trennungsunlust und Wiedervereinigungslust, der, wie ich später zeigen möchte, für literarische Techniken der Spannungserzeugung eminent wichtig ist. Die symbolische Substitution der Mutter durch einen spielerisch manipulierbaren Gegenstand liegt auch dem Begriff des «Übergangsobjekts» zugrunde, den der englische Kinderanalytiker Donald W. Winnicott unter anderem in seiner Schrift *Vom Spiel zur Kreativität* explizierte. Mit

«Übergangsobjekten» wie ‹Schlaftierchen› oder ‹Nuckeltüchern› überbrückt das Kind in einer Phase, in der es zwischen innerer und äußerer Realität, zwischen Subjekt und Objekt zu unterscheiden lernt, die vorübergehende Abwesenheit der Mutter. Sie sind «Übergangsphänomene» auch in dem Sinn, als an ihre Stelle später das kindliche Spiel tritt, das wiederum in der Kultur sein erwachsenes Pendant hat.[139]

Solche Überlegungen über die sozialen Bedürfnisbefriedigungen, die auch das solitäre Spiel mit Dingen gewähren kann, sind im Blick auf Literatur nicht zuletzt deshalb wichtig, weil der Umgang mit ihr seit dem 18. Jahrhundert zu einer zunehmend isolierten Tätigkeit geworden ist. Ihre ehemalige Einbettung in einen festlichen und geselligen Rahmen, die mit der glückhaften «Erfahrung der Zugehörigkeit zu einer Gemeinschaft» verbunden sein konnte, hat mit jener von Erich Schön beschriebenen Form des körperlosen, lautlosen und zurückgezogenen Lesens an Bedeutung verloren.[140] Der literarische Text ist dabei zu einer Art «Übergangsobjekt» geworden, das an die Stelle abwesender Personen tritt. Das Buch im Bett ersetzt die Mutter, den Freund oder Geliebten. Die vielen bildlichen Darstellungen von oft liegenden Frauen mit Buch scheinen davon zu wissen. Sie haben unübersehbar erotische Konnotationen. Die Lust am Text sieht man diesen Frauen an, doch zugleich haben die männlichen Maler ihnen ein anders gerichtetes Begehren ins Gesicht und in den Körper gezeichnet. Ihre Augen sind nicht ganz auf das Buch gewendet, sondern auch auf den Betrachter. – «Und du gute Seele, [...] laß das Büchlein deinen Freund sein, wenn du aus Geschick oder eigener Schuld keinen nähern finden kannst.»[141] Der *Werther* als Buch, aber auch die gleichnamige Figur ist ein Freundschaftsangebot. Leser können sich in fiktive Personen verlieben, sich imaginativ in eine dargestellte soziale Gemeinschaft integriert fühlen oder auch, womöglich im Wissen um eine ganze Gemeinde von Verehrern, eine enge emotionale Beziehung zur Person des Autors eingehen. Soziale Bedürfnisse sind also auch im scheinbar asozialen Akt des einsamen Lesens nicht völlig stillgelegt.

Für Groos und diejenigen, die ihm folgten, ist die lustvolle Befriedigung sozialer Bedürfnisse beim Spielen allerdings von eher untergeordneter Bedeutung. Größeres Interesse zeigen sie an dem sehr allgemein gefaßten «Drang», «Trieb» oder «Bedürfnis» der Spielenden, sich experimentierend zu betätigen. Nach Freud ist das Spielen der Kinder wie das Phantasieren der Erwachsenen von konkreteren «Wünschen» gelenkt: «Das Spielen des Kindes wurde von Wünschen dirigiert, eigentlich von dem einen Wunsche, der das Kind erziehen hilft, vom Wunsche: groß und erwachsen zu sein. Es spielt immer ‹groß sein›, imitiert im Spiele, was ihm vom Leben der Großen bekannt geworden ist.»[142] Das ist gewiß eine Verabsolutierung zwar häufiger, aber keineswegs aller Kinderwünsche. Wichtig ist hier jedoch das Erklärungsschema: Am Anfang steht die Erfahrung eines Mangels, der Unlust, noch nicht so großartig zu sein wie die Erwachsenen. Die Unlust produziert den Wunsch zu ihrer Aufhebung. Dieser Wunsch wiederum führt zu spielerischen Tätigkeiten, in denen der Wunsch eine zumindest partielle Befriedigung erfährt. Nach dem gleichen Schema erklärt Freud, wie die Phantasie der Erwachsenen zur Quelle der Lust wird: «Man darf sagen, der Glückliche phantasiert nie, nur der Unbefriedigte. Unbefriedigte Wünsche sind die Triebkräfte der Phantasien, und jede einzelne Phantasie ist eine Wunscherfüllung, eine Korrektur der unbefriedigenden Wirklichkeit. Die treibenden Wünsche sind verschieden je nach Geschlecht, Charakter und Lebensverhältnissen der phantasierenden Persönlichkeit; sie lassen sich aber ohne Zwang nach zwei Hauptrichtungen gruppieren. Es sind entweder ehrgeizige Wünsche, welche der Erhöhung der Persönlichkeit dienen, oder erotische.»[143] Als Beispiel dafür führt Freud jenen Typus des guten und unverletzlichen Helden in massenhaft gelesenen Romanen an, den wir mit dem Sicherheitsgefühl «Es kann dir nix g'schehen» (Freud zitiert hier Anzengruber) durch alle Gefahren begleiten, den alle bewundern und in den sich alle Frauen verlieben.

Unglück der Zivilisation und Glück der Kindheit

Es bestehen aber wichtige Unterschiede zwischen kindlichem Spiel und Erwachsenenphantasie. Das Kind hat keinen Grund, seinen Wunsch, so groß zu sein wie die Erwachsenen, zu verbergen. «Anders der Erwachsene; dieser weiß einerseits, daß man von ihm erwartet, nicht mehr zu spielen oder zu phantasieren, sondern in der wirklichen Welt zu handeln, und anderseits sind unter den seine Phantasien erzeugenden Wünschen manche, die es überhaupt zu verbergen nottut; darum schämt er sich seines

Phantasierens als kindisch und als unerlaubt.»[144] Die Wünsche des Erwachsenen kollidieren stärker als die des Kindes mit den Anforderungen der Realität und den (verinnerlichten) Normen der Gesellschaft.

Die Diktate des Realitätsprinzips und der kulturellen Moral legen dem modernen Subjekt Versagungen auf, von denen es sich im Spiel der Phantasie zu befreien versucht. Ist für den Darwinisten Groos und seine Nachfolger auch noch das Spiel der Erwachsenen und das ihm zugrundeliegende Tätigkeits- und Experimentierbedürfnis der Motor des evolutionären Fortschritts, so ist für Freud wie für Nietzsche und Huizinga das Spiel eine Art Entschädigung und Ersatz für das mit der Zivilisierung des Subjekts einhergehende Unglück. Im Spiel der Kunst sucht der Erwachsene nach dem verlorenen Glück seiner Kindheit. Das Kind will im Spiel erwachsen sein, der Erwachsene einerseits ehrgeizig noch über sich hinauswachsen, andererseits wieder Kind sein.

Im Umkreis der literarischen Moderne artikuliert sich das Unbehagen am Zivilisations- bzw. Modernisierungsprozeß vielfach im Rekurs auf archaische, onto- und phylogenetisch vorzivilisierte Lebens- und Ausdrucksformen. Dem kommen zum Teil auch die Gleichsetzungen von Spiel und Literatur entgegen. Vom fortschrittsgläubigen Optimismus, der dem Begriff Homo sapiens inhärent ist, hält sich Huizingas Begriff Homo ludens zumindest partiell frei. Denn als Spielender unterscheidet sich der Mensch nicht grundsätzlich vom Tier. Das Spiel und die Lust an ihm gibt es schon vor der Entstehung der menschlichen Kultur. Die Schrift Huizingas beginnt mit den Sätzen: «Spiel ist älter als Kultur; denn so ungenügend der Begriff Kultur begrenzt sein mag, er setzt doch auf jeden Fall eine menschliche Gesellschaft voraus, und die Tiere haben nicht auf die Menschen gewartet, daß diese sie erst das Spielen lehrten. Ja, man kann ruhig sagen, daß die menschliche Gesittung dem allgemeinen Begriff des Spiels kein wesentliches Kennzeichen hinzugefügt hat. Tiere spielen genauso wie Menschen. Alle Grundzüge des Spiels sind schon im Spiel der Tiere verwirklicht.»[145] Im Kapitel «Spiel und Dichtung» wird noch deutlicher, daß diesen Ausführungen keine Apologie des zivilisatorischen Fortschritts zugrundeliegt. Die Dichtung steht «auf jener ursprünglichen Seite, wo das Kind, das Tier, der Wilde und der Seher hingehören, im Felde des Traums, des Entrücktseins, der Berauschtheit und des Lachens. Um Dichtung zu verstehen, muß man fähig sein, die Seele des Kindes anzuziehen wie ein Zauberhemd, und die Weisheit des Kindes der des Mannes vorziehen.»[146] Des «Mannes» wohlgemerkt, also des erwachsenen, zivilisierten, männlichen Subjekts, das nicht erst der Postmoderne suspekt geworden ist! Zu Lebzeiten Huizingas erschien ein Großteil jener spielerischen «Unsinnspoesie», der Alfred Liede unter dem Titel *Dichtung als Spiel* 1963 seine monumentale Untersuchung widmete. Mit Hinweisen auf Freuds Überlegungen zu den Wortspielen im Witz rückt auch Liede diese Dichtung in die Nähe des kindlichen Spiels und schreibt ihr einen zivilisationskritischen Impuls zu: «In der Zeit, wo das Kind die Sprache erlernt, spielt es mit Worten, wie es mit Holzstückchen spielt. Später bekommt dieses Spiel den Reiz des von der Vernunft Verbotenen und wird schließlich dazu benützt, sich dem Druck der kritischen Vernunft zu entziehen. Der Unsinn bedeutet dann eine Auflehnung gegen den Denk- und Realitätszwang, gegen logische, praktische und ideelle Normen. Die Freiheit des Denkens soll in der Lust am Unsinn gerettet werden [...]. Der Dichter einer spielerischen Unsinnspoesie – denn nur im Spiel ist diese Art möglich – hat sich diese Freiheit bewahrt, er ist noch jenes Kind, das mit Worten wie mit Bauklötzchen spielt.»[147] Freuds Vergleiche von Literatur und Kinderspiel hatten freilich weit mehr als den wortspielerischen Unsinn im Blick.

Wie der Tagtraum sei die Dichtung generell «Fortsetzung und Ersatz des einstigen kindlichen Spielens».[148] Der Erwachsene wolle nicht auf den Lustgewinn verzichten, den er als Kind aus dem Spielen und aus den dabei erfüllten, in der Wirklichkeit unbefriedigten Wünschen bezogen hat. Im literarischen Spiel der Phantasie artikuliert sich verdeckt das im Prozeß der Zivilisation disziplinierte Lustprinzip. Weit radikaler als Huizinga und Freud hatte vorher schon Nietzsche die behauptete Affinität von Dichtung und naturwüchsigem Kinderspiel in sein zivilisationskritisches Programm integriert, indem er das Spiel zum Ausdruck einer mächtigen Lebenskraft jenseits von Gut und Böse verklärte.

In den Gleichsetzungen von Dichtung und Spiel ist der Blick zumeist auf den spielenden Autor, nicht auf den Rezipienten gerichtet. Freud vollzieht am Ende seines Vortrages jedoch eine Wendung, mit der die Frage nach den Voraussetzungen für die Lust am literarischen Text auch den Leser mit einbezieht: «Sie erinnern sich, wir sagten, daß der Tagträumer seine Phantasien vor anderen sorgfältig verbirgt, weil er Gründe verspürt, sich ihrer zu schämen. Ich füge nun hinzu, selbst wenn er sie uns mitteilen würde, könnte er uns durch solche Enthüllung keine Lust bereiten. Wir werden von solchen Phantasien, wenn wir sie erfahren, abgestoßen oder bleiben höchstens kühl gegen sie. Wenn aber der Dichter uns seine Spiele vorspielt oder uns das erzählt, was wir für seine persönlichen Tagträume zu erklären geneigt sind, so empfinden wir hohe, wahrscheinlich aus vielen Quellen zusammenfließende Lust. Wie der Dichter das zustande bringt, das ist sein eigenstes Geheimnis; in der Technik der Überwindung jener Abstoßung, die gewiß mit den Schranken zu tun hat, welche sich zwischen jedem einzelnen Ich und den anderen erheben, liegt die eigentliche *Ars poetica*. Zweierlei Mittel dieser Technik können wir erraten: Der Dichter mildert den Charakter des egoistischen Tagtraumes durch Abänderungen und Verhüllungen und besticht uns durch rein formalen, d.h. ästhetischen Lustgewinn, den er uns in der Darstellung seiner Phantasien bietet. Man nennt einen solchen Lustgewinn, der uns geboten wird, um mit ihm die Entbindung größerer Lust aus tiefer reichenden psychischen Quellen zu ermöglichen, eine *Verlockungsprämie* oder eine *Vorlust*. Ich bin der Meinung, daß alle ästhetische Lust, die uns der Dichter verschafft, den Charakter solcher Vorlust trägt und daß der eigentliche Genuß des Dichtwerkes aus der Befreiung von Spannungen in unserer Seele hervorgeht.»[149]

Der Vermutung, durch eine mit ästhetischen Mitteln erregte Vorlust werde die Empfänglichkeit für anstößigere Lüste heraufgesetzt, entspricht die Überlegung von Groos, daß die hypnotisierende Wirkung von Rhythmen die Suggestibilität gegenüber anderen Reizen erhöht.[150] Freuds Vortrag bleibt uns freilich eine Antwort darauf schuldig, worin denn der formale, «ästhetische Lustgewinn» in der Lektüre eines literarischen Werkes besteht. Er läßt offen, welche Wünsche, Bedürfnisse oder Triebkräfte es sind, die in der Produktion oder Wahrnehmung literarischer *Formen* Befriedigung zu finden vermögen. Antworten darauf hat er in seiner Abhandlung über den Witz gegeben, sie jedoch ansonsten der Ästhetik überlassen. Diese hatte sich im 18. Jahrhundert als Wissenschaft des Schönen zu einer eigenständigen Disziplin herausgebildet. Und es war vor allem Schiller, der diese Wissenschaft als eine Theorie des Spiels konzipierte. Lust am Spiel, Gefühl der Freiheit und Wohlgefallen am Schönen sind hier identisch.

3

Wohlgefallen am Schönen

Das Spiel und das Schöne

Schon gut hundert Jahre vor Karl Groos und Sigmund Freud hatte Friedrich Schiller die Lust am Text «triebtheoretisch» zu begründen versucht. Er unterstellte den Menschen neben anderen Trieben einen «Spieltrieb», dessen Befriedigung lustvoll sei. Wie eng Schillers Begriff des «Spiels» mit «Vergnügen» oder «Lust» assoziiert ist, geht schon aus seiner Schrift *Über den Grund des Vergnügens an tragischen Gegenständen* hervor. Wenn sich die Kunst einem moralischen Zweck unterordne, verliere sie ihre Freiheit und «das, wodurch sie so allgemein wirksam ist, den Reiz des Vergnügens. Das Spiel verwandelt sich in ein ernsthaftes Geschäft».[1] Die Kunst als Spiel begriffen, ist mit Gefühlen des Vergnügens und der Freiheit verbunden und darin dem Ernst, der Zweckgebundenheit und der Notwendigkeit gegenübergestellt. Systematisch entfaltet Schiller den Spiel-Begriff in seiner Schrift *Über die ästhetische Erziehung des Menschen in einer Reihe von Briefen*. Er schrieb sie 1793, also etwa drei Jahre nach Erscheinen von Kants *Kritik der Urteilskraft*. Kants Gegenüberstellung von sinnlichem Interesse am Angenehmen und interesselosem Wohlgefallen am Schönen nimmt Schiller in seiner Gegenüberstellung zweier Triebkräfte auf: des «Stofftriebes» (oder auch «Sachtriebes») und des «Formtriebes»: «Zur Erfüllung dieser doppelten Aufgabe, das Notwendige *in uns* zur Wirklichkeit zu bringen und das Wirkliche *außer uns* dem Gesetz der Notwendigkeit zu unterwerfen, werden wir durch zwei entgegengesetzte Kräfte gedrungen, die man, weil sie uns antreiben, ihr Objekt zu verwirklichen, ganz schicklich Triebe nennt. Der erste dieser Triebe, den ich den *Sachtrieb* nennen will, geht aus von dem physischen Dasein des Menschen oder von seiner sinnlichen Natur. [...]/Der zweite jener Triebe, den man den *Formtrieb* nennen kann, geht aus von dem absoluten Dasein des Menschen oder von seiner vernünftigen Natur.»[2] Mit diesen beiden entgegengesetzten Trieben stehen sich Neigung und Pflicht, Körper und Geist, Sinnlichkeit und Verstand unversöhnlich gegenüber. Schiller unterstellt dem Menschen jedoch einen weiteren Trieb, der die psychische Spaltung aufzuheben vermag, nämlich den Spieltrieb: «Der Gegenstand des Sachtriebes, in einem allgemeinen Begriff ausgedrückt, heißt *Leben* in weitester Bedeutung; ein Begriff, der alles materiale Sein und alle unmittelbare Gegenwart in den Sinnen bedeutet. Der Gegenstand des Formtriebs, in einem allgemeinen Begriff ausgedrückt, heißt Gestalt, sowohl in uneigentlicher als in eigentlicher Bedeutung; ein Begriff, der alle formalen Beschaffenheiten der Dinge und alle Beziehungen derselben auf die Denkkräfte unter sich faßt. Der Gegenstand des Spieltriebes, in einem allgemeinen Schema vorgestellt, wird also *lebende Gestalt* heißen können; ein Begriff, der allen ästhetischen Beschaffenheiten der Erscheinungen und mit einem Worte dem, was man in weitester Bedeutung *Schönheit* nennt, zur Bezeichnung dient.»[3] Schillers Theorie des Spieltriebs kulminiert im fünfzehnten Brief in der berühmten Passage: «Denn, um es endlich auf einmal herauszusagen, der Mensch spielt nur, wo er in voller Bedeutung des Worts Mensch ist, und *er ist nur da ganz Mensch, wo er spielt.*»[4]

Im ästhetischen Spiel, wie Schiller es versteht, ist der Mensch gleich in dreifacher Weise befreit: Er steht nicht unter dem Diktat der Realitätszwänge, nicht unter dem Zwang seiner eigenen Natur und auch nicht unter dem der Moral. In Freudsche Begriffe übersetzt, könnte man sagen: Im Spiel der Künste und der Literatur hat das menschliche Subjekt die Möglichkeit, die Ansprüche der Realität, des Es und des Über-Ich harmonischer zu integrieren. Als ästhetisch Spielender, so ließe sich weiter ausführen, ist der Mensch in jenem Zustand, in den ihn die therapeutischen Bemühungen der Psychoanalyse zu bringen versuchen. Nach psychoanalytischer Vorstellung vermag nur das gesunde Individuum zwischen den gegensätzlichen, ihm oft selbst nicht bewußten Ansprüchen seines Es und seines Über-Ich sowie der Außenwelt zu vermitteln. Wie der Künstler oder Dichter in der Vorstellung Schillers, so versucht der Therapeut in der Vorstellung Freuds, wenn auch mit anderen Methoden, die Spaltung des kranken Subjekts in Bewußtes und Unbewußtes, in das rationale Ich und die mehr oder weniger verborgenen Regungen von Es und Über-Ich zu überwinden. Der Weg der Psychoanalyse dahin ist der der Selbstreflexion und Bewußtmachung. Der Künstler oder Kunstbetrachter dagegen erreicht dieses Ziel gleichsam im Spiel. Im ästhetischen Spiel befindet sich der Mensch «in einer glücklichen Mitte zwischen dem Gesetz und Bedürfnis», und zwar deshalb, «weil es sich zwischen beiden teilt, dem Zwange sowohl des einen als auch des anderen entzogen».[5] Das hat in Freuds Kunst- und Literaturtheorie deutliche Entsprechungen. Nach Freud ist die literarisch gestaltete Phantasie eine Art Kompromißbildung zwischen libidinösen Wünschen und jenen Kräften im Subjekt, die diese abwehren. In der literarischen Phantasie kommen die Ansprüche des Es, des Ich und des Über-Ich gleichermaßen zu ihrem Recht.

Der sinnliche Stofftrieb Schillers hat also seine Entsprechung in Freuds Es, der geistige Formtrieb zum einen in der moralischen Instanz des Über-Ich, zum anderen in der rationalen Instanz des Ich. Alle drei Instanzen haben ihre eigenen Bedürfnisse, deren Befriedigung mit je eigenen Lüsten verbunden ist. Lust ist, denkt man Freud mit Schiller weiter, nicht nur libidinös, auch das Über-Ich kann Lust empfinden, wenn seine moralischen Forderungen befriedigt werden. Es gibt also eine moralische Lust, eine Art Genugtuung darüber, daß verinnerlichte ethische Prinzipien eine Bestätigung finden. Nicht nur Kindern bereiten literarische Texte, in denen das Böse über das Gute siegt, meist großes Unbehagen, während der Sieg des Guten über das Böse mit lustvollen Gefühlen des Triumphes registriert wird. Und zum dritten gibt es eine Lust des rationalen Ich, wenn es seine Realitätsprinzipien, seine Logik und seine Bedürfnisse nach Ordnung bestätigt finden kann. Der «Spieltrieb» bzw. das Begehren nach dem Schönen ist, so gesehen, der Wunsch nach einem Zustand, in dem keine der drei Instanzen auf Kosten der anderen Befriedigung findet, in dem Sinnlichkeit, Rationalität und Moral gleichermaßen zu ihrem Recht kommen.

Die Unbegreiflichkeit des Schönen

Der Begriff der «schönen Literatur», um die es mir vor allem geht, entspricht dem der «Belletristik», abgeleitet aus «belles lettres», den «schönen Wissenschaften». Gemeint ist damit seit dem 18. Jahrhundert die im heutigen Sinn nichtwissenschaftliche, «schöngeistige» Literatur, die von unmittelbar nützlichen Zwecken entbunden ist. Denn das Attribut «schön» ist schon vor dem 18. Jahrhundert mit Zweckfreiheit eng assoziiert. Als schön gilt, was, wie das Spiel, nicht an Nützlichkeitserwägungen gebunden ist. Damit ist die Bedeutung des Begriffs allerdings noch unzulänglich beschrieben. Versuche, sie genauer zu bestimmen, stoßen auf erhebliche Schwierigkeiten. Es scheint, als sei Schönheit etwas, das sich allen begrifflichen und rationalen Festlegungen entzieht.

Seit über das «Wesen» und den Begriff der Schönheit reflektiert wird, existiert der Topos ihrer Unbegreiflichkeit, ihrer begrifflichen und rationalen Unfaßbarkeit. Alles Unzugängliche hat freilich seit jeher eine besondere Anziehungskraft. Das sinnliche Begehren nach dem Schönen geht einher mit dem intellektuellen Begehren, es begreiflich zu machen. In der Mitte des aufklärerischen 18. Jahrhunderts bildet sich eine eigene wissenschaftlich-philosophische Disziplin heraus, die sich insbesondere für das Schöne zuständig erklärt: die Ästhetik. 1750 und 1758 erschien in zwei Teilbänden mit insgesamt 624 Seiten und 904 logisch aufeinander aufbauenden Paragraphen in lateinischer Sprache jene Abhandlung, die als Gründungswerk dieser neuen Disziplin gilt: Alexander Gottlieb Baumgartens *Aesthetica*. Das griechische Wort «aisthesis» heißt Wahrnehmung. Der von Baumgarten eingeführte Begriff «Ästhetik» bedeutet also wörtlich «Wahrnehmungslehre» und meint dabei, so ist zu ergänzen, eine Lehre der sinnlichen Wahrnehmung bzw. Erkenntnis. Der Logik als einer Wissenschaft der theoretischen Erkenntnis wird damit die Ästhetik als eine «Wissenschaft der sinnlichen Erkenntnis» ergänzend zur Seite gestellt. Sinnliche Erkenntnisse sind dabei solche, die mit dem Anderen der Vernunft gewonnen werden können, mit den psychischen Potenzen, die außerhalb der Vernunft existieren: Empfindungen, Phantasien, Erinnerungen und Wünsche. Insofern diese psychischen Potenzen besonders in den Künsten aktiviert werden, ist die Ästhetik vor allem auch eine Theorie dieser Künste. Zugleich jedoch versteht sie sich selbst als eine Kunst, als eine «Kunst des schönen Denkens»,[6] die die Kunst des schönen Schreibens und Redens mit einschließt. Dieses Selbstverständnis einer Ästhetik, die sich den subrationalen Erkenntnis- und Ausdrucksweisen der Künste verschwistert sieht, hat heute neue Aktualität. Der Titel einer 1990 erschienenen Essaysammlung von Wolfgang Welsch ist dafür symptomatisch. Er lautet: *Ästhetisches Denken*. Unter Berufung auch auf Baumgarten und im Blick auf zeitgenössische Autoren wie Jacques Derrida, Michel Foucault, Paul Feyerabend, Jean-François Lyotard oder Peter Sloterdijk plädiert Welsch für Denkspiele und Schreibweisen, bei denen sich die Grenzen zwischen philosophischer Reflexion und literarischer Praxis verwischen. Schon im 18. Jahrhundert, aber auch heute wieder, gehört es zu den Paradoxien der Ästhetik, daß sie sich einerseits den vorrationalen Erkenntnis- und Darstellungsweisen der Künste verbunden sieht, daß sie jedoch andererseits auf rationales und begriffliches Denken nicht verzichten kann. Neben den Versuchen, das Schöne rational zu begreifen, finden sich denn auch immer wieder die Zurückweisungen solcher Versuche oder sogar der Spott über sie. «Ich muß über die Ästhetiker lachen», soll Goethe gesagt haben, «welche sich abquälen, dasjenige Unaussprechliche, wofür wir den Ausdruck ‹schön› gebrauchen, durch einige abstrakte Worte in einen Begriff zu bringen.»[7] Weniger spöttisch, aber sinngemäß ähnlich konstatierte Goethes Zeitgenosse Karl Philipp Moritz, Mitbegründer der empirischen Psychologie in Deutschland: «Die Natur des Schönen besteht ja eben darinn, daß sein innres Wesen außer den Grenzen der Denkkraft, in seiner Entstehung, in seinem eigenen Werden liegt. Eben darum, weil die Denkkraft beim Schönen nicht mehr fragen kann, warum es schön sey? ist es schön. [...] Das Schöne kann daher nicht erkannt, es muß hervorgebracht – oder *empfunden* werden.»[8] Angemessen zu begreifen sind solche Äußerungen allerdings nur, wenn man sie im Rahmen einer langen Konkurrenzgeschichte zwischen Kunst und Literatur auf der einen Seite und Wissenschaft und Philosophie auf der anderen sieht. Autoren und bildende Künstler tendieren dazu, rationale Erkenntnisansprüche der Wissenschaften gegenüber ihrem Metier strikt zurückzuweisen. Was das Thema Schönheit betrifft, so sind dafür im späten 19. Jahrhundert Äußerungen wie die von Oscar Wilde symptomatisch: «Beauty, real beauty, ends where an intellectual expression begins.» Oder: «Beauty [...] needs no explanation.» Oder: «Beauty is the wonder of wonders.»[9]

Solche Äußerungen könnten mich dazu motivieren, alle weiteren Überlegungen über das Schöne hier abzubrechen. Dem steht allerdings entgegen, daß die Ästhetik im Laufe ihrer Geschichte zu einer rationalen Theorie des Schönen durchaus Erhellendes beigetragen hat, ohne der Erfahrung des Schönen ihren sinnlichen, vorrationalen Charakter zu bestreiten. Über das Andere der Vernunft läßt sich durchaus vernünftig reden. Wissenschaften wie die Psychologie wären sonst zu weiten Teilen nicht denkbar. Selbst ein so hoch rationaler und systematischer Philosoph wie Kant hat Maßgebliches zu einer Theorie des Schönen beigetragen und dabei dem Gefühl eine entscheidende Bedeutung zugeschrieben. Mehrfach variiert hat Kant eine seiner zentralen Aussagen, schön sei, was «ohne Begriff» gefällt.[10] Und gleich zu Beginn erklären seine beiden wichtigsten Schriften zur Theorie des Schönen unmißverständlich, daß sie vor allem die Theorie eines subjektiven Gefühls entwickeln. Die erste, «vorkritische» Schrift erschien 1764 (in dritter Auflage 1771) und trägt den dafür bezeichnenden Titel *Beobachtungen über das Gefühl [!] des Schönen und Erhabenen*. Der Aufsatz beginnt so: «Die verschiedenen Empfindungen des Vergnügens, oder des Verdrusses, beruhen nicht so sehr auf der Beschaffenheit der äußeren Dinge die sie erregen, als auf das jedem Menschen eigene Gefühl, dadurch mit Lust oder Unlust gerührt zu werden. Daher kommen die Freuden einiger Menschen, woran andre einen Ekel haben, die verliebte Leidenschaft, die öfters jedermann ein Rätsel ist, oder auch der lebhafte Widerwille, den der eine woran empfindet, was dem andern völlig gleichgültig ist.»[11] Mit einem ganz ähnlichen Gedankengang beginnt 1790, also 26 Jahre danach, die *Kritik der Urteilskraft*: «Um zu unterscheiden, ob etwas schön sei oder nicht, beziehen wir die Vorstellung nicht durch den Verstand auf das Objekt zum Erkenntnisse, sondern durch die Einbildungskraft (vielleicht mit dem Verstande verbunden) auf das Subjekt und das Gefühl der Lust oder Unlust desselben.»[12] Dieser Denkansatz in der «Analytik des Schönen» zerschlägt insofern einen Gordischen Knoten, als er immer wiederkehrende Schwierigkeiten verbindlicher Definitionen des Schönen umgeht. Sie beruhen darauf, daß nicht jeder die gleichen Dinge als schön empfindet, nicht alle den gleichen Geschmack haben. Die Gefühle aber, die man gegenüber den als schön empfundenen Dingen entwickelt, scheinen bei jedem gleichartig zu sein. Deshalb sind intersubjektive Aussagen über solche positiven Gefühle vielleicht eher möglich als über irgendwelche Merkmale, die dem Schönen eigen sind. Mit anderen Worten: Schönheit ist ein subjektabhängiges Konstrukt; es erscheint daher sinnvoll, die Subjekte und ihre Gefühle bei der Wahrnehmung irgendwelcher

Dinge zu analysieren und nicht die wahrgenommenen Dinge. Das entspräche der Empfehlung, die Lessing in *Laokoon* den Dichtern gab. Nach dem Vorbild Homers, der die Schönheit Helenas nicht nach ihren «Bestandteilen beschreiben konnte», um so eindrücklicher allerdings in ihrer verheerenden «Wirkung», riet er: «Malet uns, Dichter, das Wohlgefallen, die Zuneigung, die Liebe, das Entzücken, welches die Schönheit verursacht, und ihr habt die Schönheit selbst gemalt.»[13] Diese wirkungsästhetische Perspektive muß auch einer literaturwissenschaftlichen Hedonistik insofern besonders attraktiv erscheinen, als sie die Aufmerksamkeit ganz auf die Gefühle der Lust und der Unlust konzentriert. Schön ist, so legt Kant nahe, was mit einem Gefühl der Lust wahrgenommen wird. Edgar Allan Poe begriff später die Schönheit eines Gedichts als «starke und reine Erhebung der Seele» und erklärte: «Wenn die Menschen freilich von Schönheit sprechen, meinen sie, genaugenommen, nicht, wie es naheliegt, eine Eigenschaft, sondern eine Wirkung».[14] Ästhetische Theorien, die sich von diesem Grundsatz leiten lassen, und das sind in der Nachfolge Kants sehr viele, erscheinen auch für eine Theorie der Lust an Literatur als grundlegend.

Die ausschließliche Konzentration auf die lust- oder unlustvollen Gefühle des wahrnehmenden Subjekts hat sich allerdings in der Ästhetik wie auch speziell in der Literaturtheorie als zu begrenzt erwiesen. Die Gefühle der Lust oder der Unlust des wahrnehmenden Subjekts sind durchaus abhängig auch von bestimmten Merkmalen der wahrgenommenen Objekte. Wer auf die Frage, warum er etwas schön findet, einigermaßen differenziert antworten will, sieht sich genötigt, nicht nur auf seine eigene Befindlichkeit bzw. die wohlgefällige Wirkung des Schönen zu verweisen (in Form von «subjekt-» bzw. «wirkungsbezogenen Argumenten»), sondern auch (in Form von «objektbezogenen Argumenten») auf bestimmte Eigenschaften des Wahrgenommenen.[15]

Wahrnehmung und Beschaffenheit des Schönen

Eine einigermaßen komplexe und systematische Theorie der Lust am Schönen stellt und verknüpft folgende Fragen: Wer empfindet welche Arten von Lust bei der Wahrnehmung schöner Objekte? Welche Arten von Gegenständen werden bevorzugt als schön wahrgenommen? Aufgrund welcher Merkmale werden Gegenstände als schön wahrgenommen? Unter welchen anthropologisch konstanten oder auch kulturell variablen Voraussetzungen wird Schönheit wahrgenommen? Miteinander kombiniert lauten diese Fragestellungen einer ästhetischen Theorie also: Aufgrund welcher Merkmale werden von wem unter welchen anthropologischen und kulturellen Bedingungen welche Gegenstandsbereiche mit welchen Arten der Lust als schön wahrgenommen? Die produktionsästhetische Frage nach der Hervorbringung schöner Gegenstände und den damit verbundenen Lüsten klammere ich dabei aus.

Mit divergierender und sich wandelnder Wertschätzung und Aufmerksamkeit unterscheiden ästhetische Theorien zwischen dem «Naturschönen» und dem «Kunstschönen». Was die «Schönen Künste» betrifft, so sind die visuell wahrnehmbaren privilegierte Gegenstände der Betrachtung. Musik und Literatur spielen dagegen meist eine nur untergeordnete Rolle. Von der Natur und der Kunst wird in der Ästhetik vielfach der Mensch unterschieden, und hierbei noch einmal differenziert zwischen dem schönen Körper und der «schönen Seele». Geschlechterdifferenzen sind dabei von eminenter Bedeutung: Schönheit, so legen die Reflexionen über sie seit Jahrhunderten in stereotyper Weise nahe, ist ein Privileg vor allem der Frauen. Daß solche Auszeichnungen des «schönen Geschlechts» in destruktive, vielfach pathogene Zwänge umschlagen können, ist mittlerweile zum Gegenstand feministischer Kritik geworden.[16]

Trotz der subjektphilosophischen Wende der Ästhetik im Gefolge Kants nahmen und nehmen die Versuche, konstitutive Merkmale des Schönen zu bestimmen, einen breiten Raum ein. In der Regel ging man dabei von intuitiven Annahmen darüber aus, was die meisten Menschen oder die Angehörigen einer kulturellen Elite als schön empfinden. Erst die «experimentale Ästhetik», die der Psychologe Gustav Theodor Fechner in den siebziger Jahren des 19. Jahrhunderts mit dem Postulat der Induktion und Empirie als «Ästhetik von unten» konzipierte, versuchte solchen Annahmen eine intersubjektiv überprüfbare Basis zu verschaffen. Fechners empirische Untersuchungen berücksichtigen auch Geschlechterdifferenzen des Schönheitsempfindens.[17] Das Bewußtsein der kulturellen Relativität von Schönheitszuschreibungen ist allerdings erst in jüngerer Zeit deutlich geschärft worden.

Richard Müller-Freienfels hat in seiner 1923 erschienenen *Psychologie des Kunstschaffens und der ästhetischen Wertung* konstatiert: «niemals sehen zwei Menschen etwa in der gleichen Landschaft wirklich die gleiche Landschaft, sondern jeder sieht ein anderes Bild gemäß seiner inneren Einstellung.»[18] Es ist indes anzunehmen, daß diese beiden Menschen, sofern sie in der gleichen Kultur sozialisiert worden sind, dieselbe Landschaft durchaus ähnlich wahrnehmen. Es gibt kollektive Wahrnehmungsweisen. Diese verändern sich nur langfristig und werden daher gern als natürlich interpretiert. Das hat auch Walter Benjamin in seiner berühmten Schrift *Das Kunstwerk im Zeitalter seiner technischen Reproduzierbarkeit* gesehen: «Innerhalb großer geschichtlicher Zeiträume verändert sich mit der gesamten Daseinsweise der menschlichen Kollektiva auch die Art und Weise ihrer Sinneswahrnehmung. Die Art und Weise, in der die menschliche Sinneswahrnehmung sich organisiert – das Medium, in dem sie erfolgt – ist nicht nur natürlich sondern auch geschichtlich bedingt.»[19] Die folgenden Beispiele für Merkmalsbestimmungen des Schönen sind also mit Vorsicht aufzunehmen. Daß sie universale Geltung haben, ist kaum zu erwarten; anzunehmen ist aber durchaus, daß sie in unserer abendländischen Kultur über einen größeren Zeitraum hinweg tatsächlich Gültigkeit hatten oder auch noch haben.

Zu den seit der griechischen Antike immer wiederkehrenden, doch keineswegs unumstrittenen Merkmalsbestimmungen der Objektästhetik gehören solche, die mit Begriffen wie «Ordnung», «Harmonie», «Symmetrie» oder «Wohlproportioniertheit» vorgenommen werden. «Man nennt das schön», schrieb Anfang des 14. Jahrhunderts Dante Alighieri, «dessen Teile in sprechendem Verhältnis zueinander stehen; denn aus der Harmonie der Teile entspringt das Wohlgefallen.»[20] Einige Jahrzehnte vorher hatte Thomas von Aquin konstatiert: «schön werden *die* Dinge genannt, deren *Anblick* Wohlgefallen auslöst. Darum besteht die Schönheit im harmonischen Verhältnis der Teile. Denn die Sinne finden Wohlgefallen an harmonisch geordneten Dingen».[21]

In diesem Zusammenhang nimmt die mathematisierbare Theorie des Goldenen Schnitts einen hervorragenden, wenn auch nicht unumstrittenen Platz ein.[22] «Goldener Schnitt» meint zunächst die Teilung einer Strecke in zwei ungleich lange Abschnitte, so daß sich die kürzere Strecke zur längeren wie die längere zur ganzen Strecke verhält. Teilungen nach dem Goldenen Schnitt bzw. die Proportionen, in denen die abgeteilten Strecken zueinander stehen, galten lange Zeit und gelten zum Teil noch immer als besonders harmonisch. Die Proportionierung von Teilen im Verhältnis von etwa 5 : 8 (genauer festgelegt ist es mit dem Wert 0,618033989...) wurde jedenfalls zu einem häufig anzutreffenden Gliederungsprinzip der Bildenden Künste und zum berühmtesten. Noch im 19. Jahrhundert hat Gustav Theodor Fechner, wenn auch mit einigen Einschränkungen, die ästhetische Wirksamkeit des Goldenen Schnitts empirisch nachgewiesen. Zur Bestimmung der literarischen Schönheit spielte der Goldene Schnitt allerdings kaum eine Rolle, die Vorstellung von einer wohlproportionierten Ordnung jedoch eine ganz zentrale. Bedeutend nicht nur für die Bildenden Künste, sondern auch für Musik und Literatur sind Symmetrien in Form von gleichförmig einander zugeordneten Teilen. In der Literatur kann etwa die Romaneinteilung in Kapitel oder die Dramaeneinteilung in Akte und Szenen und vor allem die Gedichteinteilung in Strophen, Verse und metrische Einheiten Gesichtspunkten der Symmetrie folgen.[23] Wie man einem Gedicht durch Eingriffe, die zu Asymmetrien führen, seine Schönheit nehmen kann, sei an einem berühmten Beispiel demonstriert, das die Schönheit gleichzeitig thematisiert: August von Platens *Tristan* (1825).

> Wer die Schönheit angeschaut mit Augen,
> Ist dem Tode schon anheimgegeben,
> Wird für keinen Dienst auf Erden taugen,
> Und doch wird er vor dem Tode beben,
> Wer die Schönheit angeschaut mit Augen!
>
> Ewig währt für ihn der Schmerz der Liebe,
> Denn ein Tor nur kann auf Erden hoffen,
> Zu genügen einem solchen Triebe:
> Wen der Pfeil des Schönen je getroffen,
> Ewig währt für ihn der Schmerz der Liebe!
>
> Ach, er möchte wie ein Quell versiechen,
> Jedem Hauch der Luft ein Gift entsaugen

> Und den Tod aus jeder Blume riechen:
> Wer die Schönheit angeschaut mit Augen,
> Ach, er möchte wie ein Quell versiechen![24]

Die folgende Veränderung der ersten drei Verse, die den Wortlaut beibehält, führt zu Asymmetrien in den Verslängen. Zerstört wird auch die spiegelsymmetrische Anordnung des ersten und des letzten Verses sowie der Endreime des zweiten und des vierten um die Mittelachse des dritten Verses:

> Wer die Schönheit angeschaut mit Augen, ist dem
> Tode schon anheimgegeben,
> Wird für keinen Dienst
> Auf Erden taugen,
> Und doch wird er vor dem Tode beben,
> Wer die Schönheit angeschaut mit Augen!

Die nächste Veränderung, die andere Formulierungen für etwa den gleichen Inhalt verwendet, nimmt dem Gedicht weitere Symmetrien, unter anderem die der regelmäßigen Abfolge von betonten und unbetonten Silben:

> Wer die Schönheit angesehn,
> Ist dem Tod bereits verfallen,
> Er wird für keinen Dienst auf Erden taugen,
> Und doch Angst haben,
> Wer die Schönheit angeschaut hat!

Die zweite Veränderung beseitigt noch andere Schönheitsmerkmale. Als schön empfundene Ordnungen sind nicht nur durch bestimmte Proportionen und Symmetrien aufgebaut, sondern auch durch andere Wiederholungsmuster. Vor allem im Umkreis der klassischen Ästhetik, der Platen verbunden war, gilt die traditionsreiche Auffassung, daß nur solche Gegenstände schön sind, bei denen die einzelnen Teile in einer geordneten Beziehung zueinander stehen. In einem schönen Kunstwerk darf danach kein Teil isoliert stehen, sondern jeder Teil muß notwendiges Element des geordneten Ganzen sein. Im ersten Vers sind die Wörter «angeschaut mit Augen», die in der zweiten Veränderung durch «angesehn» ersetzt wurden, Elemente gleich mehrerer

Ordnungen. Sie sind nicht nur Bestandteile symmetrischer Verslängen und nicht nur in eine metrische Ordnung integriert, sondern auch in ein Geflecht von Lautwiederholungen innerhalb und am Ende der Verse. «Angeschaut» wiederholt wie das «schon» im zweiten Vers den Anfangslaut von «Schönheit»; «Augen» wiederholt wie «taugen» am Ende des dritten Verses den Diphtong «au» aus «angeschaut»; der ganze erste Vers dieser Strophe wiederum wird vom letzten der Strophe wiederholt usw.

Gleichförmigkeit, Ordnung, Regelmäßigkeit oder Einheitlichkeit allein werden jedoch in der Regel, wie viele Ästhetiken betonen, nicht als schön empfunden, also mit Wohlgefallen aufgenommen, sondern nur in der Kombination mit Differenzen, Ordnungswidrigkeiten, Regelabweichungen oder Mannigfaltigkeit. Der Unlusteffekt bloßer Gleichförmigkeit wird als monoton, langweilig oder ermüdend beschrieben, der einer gänzlich fehlenden bzw. nicht wahrnehmbaren Einheitlichkeit wiederum als zusammenhanglos, chaotisch oder verwirrend.[25] Fechner hat diese alte Einsicht zu präzisieren versucht und zu einem der wichtigsten ästhetischen Grundprinzipien erklärt: zum «Princip der einheitlichen Verknüpfung des Mannichfaltigen».[26] Zusammengefaßt besagt dieses Prinzip, «dass der Mensch, um Gefallen an der receptiven Beschäftigung mit einem Gegenstande zu finden [...], eine einheitlich verknüpfte Mannichfaltigkeit daran dargeboten finden muss».[27] Ob in der Kombination von Gleichförmigkeit und Differenz, von Einheitlichkeit und Mannigfaltigkeit eher die Dominanz des einen oder die des anderen mit ästhetischem Wohlgefallen wahrgenommen wird, ist, von individuellen Vorlieben einmal abgesehen, historischen Wandlungen des Schönheitsempfindens unterworfen. In den «offenen» Texten und in den ästhetischen Programmen der Moderne wie der Postmoderne ist das Prinzip der Einheitlichkeit zwar nicht gänzlich negiert, doch stark zurückgedrängt.[28] So mag etwa Platens Gedicht heutigen Lesern zu gleichförmig erscheinen. Es enthält jedoch durchaus auch Ordnungswidrigkeiten, Differenzen zwischen nahezu Gleichem und Variationen in dem, was sich wiederholt. So weicht etwa der Beginn des vierten Verses («Und doch wird er vor dem Tode beben»), bei dem «doch» beim sinngemäßen Lesen betont wird, von den sonstigen Versanfängen, bei denen die zweite Silbe unbetont bleibt, ab. Und selbst die jeweils ersten und letzten Verse der drei Strophen sind nicht völlig identisch. Denn die ersten enden mit einem Komma, die letzten mit einem Ausrufezeichen. Gleichförmigkeit mit Differenz zu kombinieren entspricht im übrigen generell, also nicht nur in diesem Gedicht, den Prinzipien des Reimens: Unterschiedliche Wörter (Liebe, Triebe[29]) klingen durch nur zum Teil gleiche Lautfolgen ähnlich. Wie das ästhetische Vergnügen, das aus dem «Gespür für Gleichheit – für Wiederholung» resultiert, durch Variation zu verstärken ist, hat Edgar Allan Poe an der Anwendung des Refrains in seinem eigenen Gedicht *Der Rabe* veranschaulicht.[30]

Die Form von Platens Gedicht ist insgesamt jedoch sehr viel stärker durch das Prinzip der Einheitlichkeit als durch das der Mannigfaltigkeit geprägt. Um so auffälliger und dissonanter wirkt ein inhaltlicher Kontrast, der zunächst im Widerspruch steht zu einheitlichen Verknüpfungen von Vorstellungskomplexen. Er besteht darin, daß die Wahrnehmung von Schönheit hier nicht mit Lust, sondern ausdrücklich mit Unlustgefühlen der Angst und des Schmerzes verbunden ist. Rilke hat später eine ähnliche Paradoxie mit den Versen formuliert: «Denn das Schöne ist nichts/ als des Schrecklichen Anfang, den wir noch grade ertragen».[31] Solche Paradoxien verstoßen scheinbar gegen das von Fechner so genannte ästhetische «Princip der Widerspruchslosigkeit, Einstimmigkeit oder Wahrheit».[32] Doch werden, wie Fechner einschränkt, Widersprüche ähnlich wie Ungleichförmigkeiten durchaus als ästhetisch reizvoll akzeptiert, wenn sie sich in eine abstraktere Einheitlichkeit der Form oder des Inhalts integrieren lassen. Wie die «Gleichheit von Unterschieden oder Verhältnissen zwischen gegebenen Gliedern eines Ganzen» kann die Gleichheit von Widersprüchen Einheitlichkeit erzeugen.[33] In Platens Gedicht wird der Kontrast zwischen dem mit Schönheit gewöhnlich assoziierten Gefühl des Wohlbefindens und dem Gefühl des Schmerzes in jeder Strophe variiert und damit zu einem einheitlichen Bestandteil der Textstrukturierung gemacht. Und ein Angebot zur inhaltlichen Auflösung des Widerspruchs in einen einheitlichen Vorstellungskomplex macht der Titel des Gedichts. Wie die Liebe, der Tristan verfallen ist, vermag die Schönheit eine Macht mit erschreckenden, tödlichen Konsequenzen zu entfalten. Weiterhin evoziert das Gedicht den Mythos von Narzissus und Echo: jene in Ovids *Metamorphosen* erzählte Geschichte eines Jünglings, dessen Schönheit die unglückliche Nymphe ebenso vergeblich begehrt wie er selbst, als er sich in Liebe zu seinem Spiegelbild tödlich verzehrt. Die Lust am Schönen ist damit nicht negiert, doch kann das unstillbare Begehren nach dem Schönen einen suchtartigen Sog entwickeln, der lebensuntauglich macht und als Qual empfunden wird.

Solche überwältigenden, angsterregenden Qualitäten werden seit dem 18. Jahrhundert allerdings eher dem «Erhabenen» als dem Schönen zugeschrieben. Im Kontrast zum «Erhabenen» hatte 1757, etwa zeitgleich mit Baumgartens *Aesthetica*, eine der bedeutendsten und einflußreichsten (und darüber hinaus vergnüglich zu lesenden) Schriften zur Ästhetik eine Liste von Schönheitsmerkmalen zu erstellen und zu begründen versucht: Edmund Burkes *Philosophische Untersuchungen über den Ursprung unserer Ideen vom Erhabenen und Schönen*. Nachdem Burke mit zahlreichen Beispielen seine These veranschaulicht hat, daß Proportion «nicht die Ursache der Schönheit im Pflanzenreich», «im Tierreich» und auch nicht «beim Menschengeschlecht» sei und daß weiterhin weder die «Nützlichkeit oder die gute Eignung eines Teils zur Erreichung seiner Ziele die Ursache der Schönheit sei – oder sogar die Schönheit selbst» noch die «Vollkommenheit», entwirft er alternative Vorstellungen über die «wahren» Merkmale und Ursachen der Schönheit. Schöne Objekte sind nach Burke zum einen «verhältnismäßig klein».[34] Zwar hat Burke dabei nicht die Literatur im Blick, doch entspricht es seiner Charakterisierung, daß wir eher ein Gedicht oder kleinere Textpassagen als schön bezeichnen, kaum hingegen ganze Dramen oder Romane. Die Merkmalsbestimmung «klein» ist wie auch die folgenden abhängig von den empfindsamen Gefühlswerten, die Burke mit der Wahrnehmung des Schönen verbunden sieht. Es sind keine überwältigenden Leidenschaften («desire»), sondern sanftere Gefühle zärtlicher Liebe («love»). Dafür, daß schöne Dinge eher klein sind, spreche, «daß man in den meisten Sprachen von den Objekten der Liebe mit Diminutiven, also mit Wörtern spricht, die einen verkleinernden Zusatz enthalten». Diminutiv-Endungen sind häufig «Zeichen der Zuneigung und Zärtlichkeit». In der englischen Umgangssprache sei es «üblich, allen Dingen, die wir lieben, das Zärtlichkeitswort ‹little› (klein) hinzuzufügen.»[35] Dinge, die als schön empfunden werden, sind nach Burke weiterhin eher zierlich, zart, weich, glatt und glänzend. Schöne Farben sind rein und hell (nicht trübe und düster), schöne Töne klar, ruhig, sanft und leise. Und wie schöne, anmutige Bewegungen und schöne Färbungen gehen sie fließend ineinander über.

Den fließenden, nicht abrupten Wechsel von Eindrücken visueller, akustischer und auch haptischer Art faßt Burke unter dem abstrakteren Schönheitsmerkmal «Allmähliche Änderung» zusammen: «Aber wie die vollkommen schönen Körper nicht aus winkeligen Teilen zusammengesetzt sein können, so bewegen sich ihre Teile auch nicht lange in derselben geraden Linie. Sie ändern ihre Richtung jeden Augenblick – und ändern sie unter dem Auge des Beobachters durch eine ununterbrochen fortschreitende Abweichung».[36] Dieses weitreichende Prinzip entspricht im Hinblick auf Linienführungen einer These, die 1753 bereits William Hogarth, auf den Burke sich hier beruft, in seiner einflußreichen Schrift *Analysis of Beauty* entwickelt hatte. Hogarth führte alle Schönheit auf die Schlangenlinie zurück und nannte sie «Line of Beauty». Daß die Schlangenlinie mit weit größerem Wohlgefallen wahrgenommen wird als einerseits eine gerade Linie, andererseits eine gezackte, hat später auch die experimentelle Ästhetik Fechners nachgewiesen.

Liest man Burkes Explikationen von Schönheitsmerkmalen und deren Illustrationen, so kann man den Eindruck gewinnen, daß Schönheit ein androzentrisches Konstrukt ist. Zwar setzt Burke nicht den Mann als Maß vollkommener Schönheit, aber seine Schönheitsbeschreibungen scheinen vom Begehren des Mannes deutlich geprägt zu sein, vom Begehren des Mannes nach der Frau. In kaum einer seiner Illustrationen für Schönheitsmerkmale versäumt es Burke, die Schönheit der Frau als Beispiel anzuführen. Im Hinblick auf das Merkmal Glätte weist er auf die «glatte Haut» einer «hübschen Frau»;[37] in den Erläuterungen zum Merkmal «allmähliche Änderung» schreibt er: «Man betrachte den Teil einer schönen Frau, der vielleicht der schönste ist – den um Hals und Brust: die Glätte, die Weichheit, das leichte, unmerkliche Anschwellen; die wechselnde Oberfläche, die sich niemals auch nur an der kleinsten Stelle gleichbleibt».[38] In dem Abschnitt, der mit «Zartheit» betitelt ist, heißt es: «Die Schönheit der Frauen ist in beträchtlichem Maße ihrer Schwäche oder Zartheit zuzuschreiben und wird noch durch Schüchternheit erhöht – eine Qualität des Gemüts, die der Zartheit analog ist.»³⁹ Und zur Veranschaulichung der These «Vollkommenheit ist nicht die Ursache der Schönheit» dient allein das «weibliche Geschlecht», das «fast immer eine Idee von Schwäche und Unvollkommenheit mit sich führt.»⁴⁰ In diesem Zusammenhang gelesen, wirft die folgende Formulierung ein bezeichnendes Licht auf das Verhältnis zwischen Mann und Frau im 18. Jahrhundert: «Liebe betrifft kleine, angenehme Objekte; wir unterwerfen uns dem, was wir bewundern, aber wir lieben das, was sich uns unterwirft».⁴¹

Sind die Beschreibungen von Schönheitsmerkmalen, wie sie die Ästhetiker der Aufklärung vorgelegt haben, also mehr oder weniger verdeckter Ausdruck erotischer Männerwünsche?

Schönheit und Erotik

Die Affinitäten und Differenzen zwischen ästhetischer Lust am Schönen und erotischer Lust sind in der abendländischen Kulturgeschichte kontrovers beschrieben und eingeschätzt worden. Die Ästhetiker des 18. Jahrhunderts investierten große intellektuelle und begriffliche Anstrengungen, die ästhetische Lust von der sexuellen strikt zu unterscheiden. Das «interesselose Wohlgefallen» am Schönen, wie es Kant beschrieben hat, gilt als interesselos vor allem auch in erotischer Hinsicht. Es ist so frei und gereinigt von allem nur sinnlichen Interesse am Objekt der Lust, daß Adorno der Ästhetik Kants vorhielt, sie werde «zum kastrierten Hedonismus, zu Lust ohne Lust.»⁴² Nach Schillers Vorstellungen ist das menschliche Subjekt im ästhetischen Spiel nicht nur von den Zwängen des geistigen Formtriebes, sondern vor allem auch von den Zwängen seines sinnlichen Stofftriebes, und das heißt auch von seiner inneren Triebnatur, befreit. Beiden, Kant und Schiller, hatte Edmund Burke für solche Auffassungen schon wichtige Formulierungen geliefert. «Unter Schönheit verstehe ich die Qualität oder die Qualitäten eines Körpers, durch die er Liebe oder eine ähnliche Leidenschaft verursacht. [...] Unter Liebe verstehe ich Befriedigung, die im Gemüt beim Betrachten irgendeines schönen Dinges aufkommt, von welcher Natur dieses auch sein mag. Ich unterscheide sie von Begierde oder Sinnenlust, also von einer Energie des Gemüts, welche uns zum Besitz gewisser Objekte treibt, die uns nicht durch *Schönheit*, sondern durch ganz andere Mittel affizieren. Wir können eine sehr starke Begierde nach einer Frau von sehr wenig Schönheit haben, während die vollkommenste Schönheit von Menschen oder anderen Lebewesen, obgleich sie Liebe hervorruft, doch keineswegs so etwas wie Begierde erregt. Dies zeigt, daß sich Schönheit und die von ihr verursachte Leidenschaft, die ich Liebe nenne, von Begierde durchaus unterscheidet, obgleich Begierde bisweilen mit ihr zusammenwirken mag.»[43] Solche Unterscheidungen zwischen ästhetischer und sexueller Lust haben bis ins 20. Jahrhundert hinein fortgewirkt. Der 1914 erschienenen Ästhetik von Theodor Lipps ist allerdings deutlich anzumerken, daß sie sich inzwischen einer zunehmenden Gegnerschaft gegenübersehen. «Man beruft sich auf den sexuellen Instinkt. Das Hereinziehen desselben in die Ästhetik scheint jetzt zu einer Art von Modesache geworden zu sein.» Das ist wohl mit Blick vor allem auf Nietzsche und Freud geschrieben. Demgegenüber betont Lipps ausdrücklich, «daß das Sexuelle mit dem Ästhetischen nichts, auch nicht das allermindeste zu tun hat». In der «ästhetischen Betrachtung des menschlichen Körpers» sei das wahrnehmende Subjekt «schlechterdings nicht Mann noch Weib». Und weiter: «ich habe ein körperliches Wohlgefühl, das nirgends anders als in den wahrgenommenen Formen lokalisiert ist; ein Wohlgefühl, das ich als derjenige, der ich sonst bin, nicht haben kann; d. h. das ich nicht haben kann als Mann».[44] Noch der in vieler Hinsicht recht konservative Jacques Lacan beschreibt 1960 das Wohlgefallen am Schönen als Zustand, in dem das Subjekt vom Begehren freigestellt ist. Die «Wirkung des Schönen ist, das Begehren aufzuschieben, es zu mindern, es zu entwaffnen, wie ich sagen könnte. Die Erscheinung des Schönen schüchtert das Begehren ein, sie untersagt es.»[45]

Schon im 19. Jahrhundert hatten sich gegen solche Vorstellungen vehemente Vorbehalte artikuliert. Ein «entmanntes Schielen» nennt Nietzsches Zarathustra den angeblich interesselosen Blick auf das Schöne und fügt höhnisch hinzu: «Und was mit feigen Augen sich tasten lässt, soll ‹schön› getauft werden! Oh, ihr Beschmutzer edler Namen!»[46] Es war vor allem Friedrich Nietzsche, der in polemischer Abkehr von Schopenhauer auf der Geschlechtlichkeit ästhetischer Lust insistierte: «Ich nehme einen einzelnen Fall. Schopenhauer spricht von der *Schönheit* mit einer schwermüthigen Gluth, – warum letzten Grundes? [...] Sie ist ihm die Erlösung vom ‹Willen› auf Augenblicke – sie lockt zur Erlösung für immer ... Insbesondere preist er sie als Erlöserin vom ‹Brennpunkt des Willens›, von der Geschlechtlichkeit, – in der Schönheit sieht er den Zeugetrieb *verneint* ... wunderlicher Heiliger! Irgend Jemand widerspricht dir, ich fürchte, es ist die Natur. *Wozu* giebt es überhaupt Schönheit in Ton, Farbe, Duft, rhythmischer Bewegung in der Natur? was *treibt* die Schönheit *heraus*? – Glücklicherweise widerspricht ihm auch ein Philosoph. Keine geringere Autorität als die des göttlichen Plato (– so nennt ihn Schopenhauer selbst) hält einen andern Satz aufrecht: dass alle Schönheit zur Zeugung reize».[47] Nietzsche beruft sich hier auf Platons *Symposion*, wo es heißt: «Schicksalsmacht und Geburtshelferin ist also für die Fortpflanzung die Göttin der Schönheit. Wenn sich daher das Zeugungsbereite dem Schönen nähert, so wird es froh und von Freude durchströmt und zeugt und pflanzt sich fort.»[48]

Nietzsche war es freilich auch, der in der Freude am Schönen eine Art narzißtische Selbstverliebtheit des Menschen in seine eigenen Qualitäten erkannte.

Narzißtische Lust am Schönen

Erklärungen dafür, warum bestimmte Proportionen als schön empfunden werden, sind nicht leicht und müssen spekulativ bleiben. 1509 erschien in Venedig eine Schrift des Bologneser Mathematikers Luca Pacioli mit dem Titel *De Divina Proportione*, die schon im Titel eine Erklärung für den Goldenen Schnitt enthält, wenn auch eine hilflose. Es handelt sich demnach um eine von Gott gegebene und deshalb nicht weiter hinterfragbare Proportion. «Und Gott sah an alles, was er gemacht hatte, und siehe, es war sehr schön.»[49] Gott und das, was er geschaffen hat, sind vollkommen, und wer als Mensch Vollkommenes wahrnimmt, genießt daher, so etwa wird argumentiert, seine Teilhabe an der Größe und am Glanz Gottes. Solchen theozentrischen Erklärungen der Lust am Schönen stehen anthropozentrische gegenüber. Nach ihnen ist der Mensch das Maß der Vollkommenheit, und schön sind jene Objekte, in denen er sich in seiner Vollkommenheit mit Gefühlen selbstzufriedenen Triumphes gespiegelt sieht. So hat man auch die auf dem Goldenen Schnitt basierenden Proportionen als Entsprechungen zu denen des menschlichen Körpers interpretiert. Der römische Architekt Marcus Vitruvius Pollio beginnt seine vor über zweitausend Jahren erschienenen *Zehn Bücher über Architektur* mit dem Vorschlag, die Tempel nach dem Maße des menschlichen Körpers zu errichten. In der Renaissance wurden solche Vorstellungen wieder aufgenommen. Leonardos Studien zum menschlichen Körper, die vor allem auch die Verhältnisse des Goldenen Schnitts mit einbeziehen, sind direkte Illustrationen zu solchen Vorschlägen.[50] Der menschliche Körper ist spiegelsymmetrisch gebaut, um eine vertikale Mittelachse herum sind in gleichen Abständen zwei gleich lange Arme und Beine, zwei gleich große Ohren, Augen usw. gruppiert. In symmetrisch proportionierten Objekten erkennt er die eigenen Proportionen wieder – und in musikalischen und sprachlichen Rhythmen den regelmäßigen Takt seines Herzschlages und die Rhythmik seines Atems oder Ganges. Die weitreichenden Konsequenzen, die sich daraus für eine ästhetische Theorie ergeben, hat Friedrich Nietzsche angedeutet, wenn er schreibt: «Im Schönen setzt sich der Mensch als Maass der Vollkommenheit; in ausgesuchten Fällen betet er sich darin an [...]. Der Mensch glaubt die Welt selbst mit Schönheit überhäuft, – er *vergisst* sich als deren Ursache. Er allein hat sie mit Schönheit beschenkt, ach! nur mit einer sehr menschlich-allzumenschlichen Schönheit.... Im Grunde spiegelt sich der Mensch in den Dingen, er hält Alles für schön, was ihm sein Bild zurückwirft: das Urtheil ‹schön› ist seine *Gattungs-Eitelkeit*....»[51] Das Gefühl der Schönheit wäre, so gesehen, eine Art narzißtischer Selbstgenuß. Im Begehren nach dem Schönen sucht der Mensch in seiner Umwelt oder schafft sich künstlich Ebenbilder eigener Vollkommenheit – oder auch Wunschbilder, mit denen er Erfahrungen fehlender Vollkommenheit kompensieren kann.[52]

So verfehlt es ist, das ästhetische Wohlgefallen am Schönen von allen geschlechtlichen oder selbstbezogenen Interessen zu reinigen, so ist es umgekehrt ebenso problematisch, es lediglich als mehr oder weniger sublimierte sexuelle oder auf andere Objekte verschobene narzißtische Lust zu erklären. Der Literaturpsychologie wirft man vielfach zu Recht vor, daß sie bestimmte Erklärungsschemata verabsolutiere und unbekümmert um die Geschichtlichkeit der Literatur und literarischer Wahrnehmungen anwende. Schon der Psychoanalytiker Hanns Sachs hatte freilich die narzißmustheoretische Deutung formaler Schönheit literarhistorisch relativiert. Der Klassik gegenüber sei sie angemessener als im Hinblick auf den Sturm und Drang.[53] Die Lust am Schönen unterliegt zweifellos starken historischen Wandlungen. In der literarischen Moderne ist sie teilweise sogar, in Opposition zum klassizistischen Schönheitskult, grundsätzlich in Mißkredit geraten – nicht zuletzt aufgrund ihrer politischen, ökonomischen und sexistischen Instrumentalisierungen sowie der ästhetisch antimodernen Ressentiments, die sich immer wieder unter Berufung auf das Schöne artikulierten. Und wo heute ein Autor wie Peter Handke die Schönheit angestrengt zu rehabilitieren versucht, zeigt sich das Problematische eines solchen Projekts.[54] Eine Theorie der Lust an Literatur kann jedoch auch heute die Lust am Schönen nicht ignorieren. Dabei sind Auskünfte über sie aus vergangenen Jahrhunderten im Sinne von Selbsterfahrungsberichten durchaus ernst zu nehmen, auch wenn sie nur eine historisch eingeschränkte Berechtigung haben. Die Beschreibungen der Arten und der Gründe der Lust am Schönen fallen seit dem 18. Jahrhundert sehr unterschiedlich aus, lassen aber doch etliche Gemeinsamkeiten erkennen, die ihren Geltungsanspruch nicht verloren haben. Und manche von ihnen sind so allgemein gefaßt, daß sie genug Spielraum für historisch variable Konkretisierungen zulassen. So zum Beispiel das erstmals von Fechner systematisch entwickelte «Aesthetische Assoziationsprincip», mit dem vor ihm schon in unsystematischeren Ansätzen Hermann Lotze die narzißtische Projektion menschlicher Eigenschaften in die schöne Natur und Kunst zu erklären versuchte.

Schöne Erinnerungen

Fechners *Vorschule der Aesthetik* äußert einige Zweifel an der Vorstellung, daß es fundamentale Entsprechungen gebe zwischen menschlichen Formen und solchen Formen in der Außenwelt, die wir als schön empfinden. Doch selbst wenn dies zutreffe, könne es unterschiedlich erklärt werden. Fechner selbst nimmt an, daß «z. B. Symmetrie und goldner Schnitt desshalb gefallen können, weil wir angeborenerweise darauf eingerichtet sind, nur gefällig zu finden, was unseren eigenen Formen entspricht, so zu sagen direct in dieselben hineinpasst».[55] Damit wendet er sich gegen eine Erklärung, die der Psychologe Hermann Lotze in seiner 1868 erschienenen *Geschichte der Aesthetik in Deutschland* vorgeschlagen hatte. Der Wert «wohlgefälliger Verhältnißformen», so hatte Lotze behauptet, sei «kein ursprünglich ihnen selbst eigener», sondern «auf sie übertragen von Vorstellungen aus, an welche sie erinnern».[56] Das Wohlgefallen an schönen Formen beruht demnach also auf der assoziativen Erinnerung an die dem Menschen eigenen Formen. Bei allen Vorbehalten speziell gegenüber dieser Begründung maß Fechner dem Erklärungsmuster doch eine für die Ästhetik wegweisende Bedeutung zu. Denn Gefühle der Lust oder der Unlust seien bei der Wahrnehmung von Dingen in der Tat zu weiten Teilen durch schöne oder unschöne Erinnerungen geprägt, die mit ihnen assoziiert werden. Platons Metaphysik hatte die sinnliche Wahrnehmung schöner Dinge an die Wiedererinnerung («anamnesis») der einzigen und wahren Schönheit gebunden, die von der Seele vor ihrem Eintritt in den Körper einmal in vollkommener Reinheit geschaut worden sei. Jetzt verlegt die psychologische Ästhetik das Wiedererinnerte in die Lebenszeit irdischer Existenz.

Fechner veranschaulicht das ästhetische Assoziationsprinzip am Beispiel einer Orange. Beruht ihr ganzer optischer Reiz auf der schönen Goldfarbe und der reinen Rundung? Und warum gefällt sie besser als eine gleichfarbig lackierte Holzkugel? Zwar ist sie der optischen Wahrnehmung nur durch Form und Farbe präsent, doch wirkt sie auf unsere Sinne durch ihren Gesamteindruck, durch den «assoziierten Eindruck», der sich mit dem «direkten» verbindet. Vor allem aufgrund dieses assoziierten Eindrucks erscheint uns die Orange schöner als die gelbe Holzkugel. «In der That, sieht denn der, der eine Orange sieht, blos einen runden gelben Fleck in ihr? Mit dem sinnlichen Auge, ja; geistig aber sieht er ein Ding von reizendem Geruch, erquickendem Geschmack, an einem schönen Baume, in einem schönen Lande, unter einem warmen Himmel gewachsen, in ihr; er sieht so zu sagen ganz Italien mit in ihr, das Land, wohin uns von jeher eine romantische Sehnsucht zog. Aus der Erinnerung an all das setzt sich die geistige Farbe zusammen, womit die sinnliche verschönernd lasirt ist; indess der, der eine gelbe Holzkugel sieht, eben blos trocknes Holz hinter dem runden gelben Flecke sieht, das in der Drechslerwerkstatt gedreht und vom Lackirer angestrichen ist.»[57] Wie die Orange sei jedes wahrgenommene Ding über seinen direkten Eindruck hinaus durch die Erinnerung an alles charakterisiert, «was wir je bezüglich dieses Dinges und selbst verwandter Dinge äusserlich und innerlich erfahren, gehört, gelesen, gedacht, gelernt haben.»[58] Diese Erinnerungen knüpfen sich an den Anblick des Dinges ähnlich wie unsere Vorstellungen an ein Wort. Durch unsere Assoziationen bekommen Dinge Bedeutungen wie Wörter, werden zu Zeichen, die mehr und anderes bedeuten können, als was man direkt an ihnen wahrnehmen kann. Fechner hat damit Einsichten einer semiotisch orientierten Ästhetik vorweggenommen. Die wahrnehmbare Welt erscheint gleichsam als Text: «Ja Form und Farbe des Dinges sind so zu sagen nichts als sichtbare Worte, welche uns die ganze Bedeutung des Dinges unwillkürlich vergegenwärtigen; wir müssen freilich diese sichtbare Sprache eben so gut erst gelernt haben, um sie zu verstehen, wie die Sprache der Worte.»[59] Nach solchen Überlegungen faßt Fechner das ästhetische Assoziationsprinzip so zusammen: «Nach Massgabe nun, als uns das gefällt oder missfällt, woran wir uns bei einer Sache erinnern, trägt auch die Erinnerung ein Moment des Gefallens oder Missfallens zum ästhetischen Eindrucke der Sache bei, was mit anderen Momenten der Erinnerung und dem directen Eindrucke der Sache in Einstimmung oder Konflict treten kann».[60]

Das Gewicht bloß formalistischer Festlegungen von Schönheitsmerkmalen wird von Fechner mit diesem Assoziationsprinzip stark eingeschränkt. Für Erklärungen der Lust an literarischen Texten hat dies erhebliche Konsequenzen. Ein Bewunderer und differenzierter Kritiker Fechners, Franz von Brentano, behauptete sogar: «Besonders bei der Poesie ist schier alles assoziierte Schönheit, das Wohlgefallen am Rhythmischen macht nur ein Minimum aus.»[61] Damit ist die Wirkung formaler Schönheitsmerkmale gewiß unterschätzt, die Bedeutung inhaltlicher Assoziationen für die Lust oder Unlust am Text jedoch angemessen hervorgehoben. Was die Psychoanalyse über die Lust am Text zu sagen hat, beruht jedenfalls zu weiten Teilen auf diesem Prinzip der ästhetischen Assoziation, wobei die Psychoanalyse bekanntlich die Bedeutung jener Erinnerungen akzentuiert hat, die wir bei der Lektüre an lustvolle oder unlustvolle Kindheitserfahrungen haben. Sogar das «Wohlgefallen am Rhythmischen» kann aus dieser Perspektive als schöne Erinnerung an jene Phase mütterlicher Nähe erklärt werden, in der die sprachlichen Laute der Mutter für das Kind noch keine Wortbedeutungen hatten. «Man darf annehmen», so Walter Schönau, «daß in der ‹Magie› der lyrischen Rede etwas mitschwingt von dem archaischen Klangzauber der mütterlichen Rede, deren ‹Botschaft› für das Kind zunächst noch nicht in der Wortbedeutung enthalten ist, sondern in Rhythmus, Tempo, Dauer, Tonskala, Nuance der Töne, Klangfarbe der Stimme der Mutter. Es handelt sich also um Erinnerungen an die Zeit, als die Sprache noch nicht als Code verstanden, sondern als klangliche Begleiterscheinung der mütterlichen Körpersprache erlebt wurde.»[62] Bei Fechner sind die Kindheitserinnerungen noch kein spezielles Thema, durchaus aber bereits das Unbewußte. Der Quell, aus dem die assoziierende Phantasie schöpfe, «ist überall der ins Unbewusstsein gesunkene, darin verschmolzene, Nachklang dessen, was je im Bewusstsein war, und durch diese oder jene, äussere oder innere, Anlässe, in dieser oder jener Combination, wieder ins Bewusstsein treten kann».[63]

Das ästhetische Assoziationsprinzip hat freilich auch unabhängig von freudianischen Kategorien eine nicht zu unterschätzende Bedeutung. Dafür ein Beispiel, das dem gleicht, an dem Fechner das Prinzip veranschaulicht hat: die Schönheit der Sonne. Ingeborg Bachmann hat sie in ihrem Gedicht *An die Sonne* evoziert.

Die Schönheit der Sonne wird hier nicht durch ihre Form oder Farbe bestimmt, sondern durch Erinnerungen an Wahrnehmungen vieler anderer schöner Dinge, nicht zuletzt an die Liebe und überhaupt an das Leben, die ihrem Licht zu verdanken und deshalb mit ihr assoziiert sind. Mit Anklängen an andere literarische Hymnen an die Sonne erinnert es zugleich an *deren* Schönheit, vor allem an die der Diotima-Gedichte Hölderlins, von denen eines die «schöne Sonne»[65] anredet und in denen das Licht mit der Geliebten auf vielfältige Weise verbunden ist. Das von dem Gedicht evozierte Gefühl für die Schönheit der Sonne beruht auf dem Assoziationsprinzip, das Gefühl für die Schönheit des Gedichts selbst beruht jedoch auch auf anderen Prinzipien, nicht zuletzt auf denen der Symmetrie. Eines seiner Schönheitsmerkmale erschließt sich nur der optischen Wahrnehmung. Genau in der Mitte steht der einzelne Vers «Nichts Schönres unter der

Ingeborg Bachmann
An die Sonne

Schöner als der beachtliche Mond und sein geadeltes Licht,
Schöner als die Sterne, die berühmten Orden der Nacht,
Viel schöner als der feurige Auftritt eines Kometen
Und zu weit Schönrem berufen als jedes andre Gestirn,
Weil dein und mein Leben jeden Tag an ihr hängt, ist die Sonne.

Schöne Sonne, die aufgeht, ihr Werk nicht vergessen hat
Und beendet, am schönsten im Sommer, wenn ein Tag
An den Küsten verdampft und ohne Kraft gespiegelt die Segel
Über dein Aug ziehn, bis du müde wirst und das letzte verkürzt.

Ohne die Sonne nimmt auch die Kunst wieder den Schleier,
Du erscheinst mir nicht mehr, und die See und der Sand,
Von Schatten gepeitscht, fliehen unter mein Lid.

Schönes Licht, das uns warm hält, bewahrt und wunderbar sorgt,
Daß ich wieder sehe und daß ich dich wiederseh!

Nichts Schönres unter der Sonne als unter der Sonne zu sein ...

Nichts Schönres als den Stab im Wasser zu sehn und den Vogel oben,
Der seinen Flug überlegt, und unten die Fische im Schwarm,

Gefärbt, geformt, in die Welt gekommen mit einer Sendung von Licht,
Und den Umkreis zu sehn, das Geviert eines Felds, das Tausendeck meines Lands
Und das Kleid, das du angetan hast. Und dein Kleid, glockig und blau!

Schönes Blau, in dem die Pfauen spazieren und sich verneigen,
Blau der Fernen, der Zonen des Glücks mit den Wettern für mein Gefühl,
Blauer Zufall am Horizont! Und meine begeisterten Augen
Weiten sich wieder und blinken und brennen sich wund.

Schöne Sonne, der vom Staub noch die größte Bewunderung gebührt,
Drum werde ich nicht wegen dem Mond und den Sternen und nicht,
Weil die Nacht mit Kometen prahlt und in mir einen Narren sucht,
Sondern deinetwegen und bald endlos und wie um nichts sonst
Klage führen über den unabwendbaren Verlust meiner Augen.[64]

Sonne als unter der Sonne zu sein ...». Über und unter dem Vers erweitern sich die Strophen spiegelsymmetrisch und kontinuierlich um jeweils eine Zeile.[66] Dieses Gedicht will nicht nur (innerlich) gehört, sondern auch mit Augen angeschaut werden; sie können genau in seinem Zentrum das Wort «Sonne» wahrnehmen.

Fechners ästhetisches Assoziationsprinzip führt das Wohlgefallen bei der Wahrnehmung eines Gegenstandes auf die Erinnerung an vergangene Eindrücke des Wohlgefallens zurück. Worauf diese wiederum beruhen, wenn nicht ihrerseits auf früheren Eindrücken, bleibt allerdings offen. Die Frage nach weiteren Erklärungsmöglichkeiten für das Gefühl des Schönen hat sich damit jedenfalls nicht erledigt.

Entspannung und Befreiung durch das Schöne

Einen bedenkenswerten, auf neuere emotionspsychologische Einsichten vorausweisenden Erklärungsansatz zum Wohlgefallen am Schönen enthalten die Ausführungen von Edmund Burke. Ausgehend von physiologischen Beobachtungen über den Zustand des Körpers angesichts des Schönen, stellt er die These auf, daß das ästhetische Vergnügen seine Ursache in der Herabsetzung körperlicher Spannungen hat. Er glaubt zeigen zu können, «daß die Dinge, die wir bereits als die ursprünglichen Grundlagen der Schönheit erkannt haben, jedes für sich genommen die natürliche Tendenz haben, die Fasern zu entspannen.»[67] Auf die Frage beispielsweise, warum Glätte schön ist, antwortet Burke: «Es kann kein Zweifel daran bestehen, daß rauhe und eckige Körper die Gefühlsorgane reizen und stören, indem sie ein Schmerzgefühl verursachen, das in einer heftigen Spannung oder Zusammenziehung der Muskelfasern besteht. Dagegen führt die Berührung glatter Körper zu einer Entspannung; ein zartes Streichen mit einer glatten Hand beruhigt heftige Schmerzen und Krämpfe, befreit die leidenden Teile von ihrer unnatürlichen Spannung und hat deshalb sehr oft eine recht erhebliche Wirkung bei der Beseitigung von Schwellungen und Verstopfungen. Der Gefühlssinn wird von glatten Körpern aufs angenehmste berührt.»[68] Auf ähnliche Weise erklärt Burke, warum allmähliche Änderung schön ist. «Eine andere Haupteigenschaft schöner

Objekte besteht darin, daß ihre Oberflächenlinien laufend die Richtung ändern. Aber sie tun das durch kaum wahrnehmbare Abweichungen. Niemals erfolgt die Änderung so plötzlich, daß sie überraschen oder durch spitze Winkel einen Ruck oder eine Zuckung des Sehnerven verursachen könnte.»[69] Aber auch das, was sich wie eine gerade Linie «lange in gleicher Weise fortsetzt», steht der Wirkung des Schönen entgegen. Denn diese besteht nicht in der völligen Ruhigstellung des Körpers. Es «gibt eine Art Bewegung, die mehr entspannt als Ruhe: nämlich eine leicht schwingende Bewegung, ein Steigen und Fallen. Wiegen bringt Kinder besser zum Schlafen als absolute Ruhe. Tatsächlich gibt es in diesem Alter kaum irgend etwas, das mehr Vergnügen macht, als gemächlich auf und nieder geschwungen zu werden. Die Art, in der die Ammen mit den Kindern spielen, und das Wiegen und Schaukeln, das diese späterhin als Lieblingsvergnügen betreiben, beweist dies zur Genüge. Die meisten Leute werden die Art Empfindung kennen, die man hat, wenn man in einem bequemen Wagen schnell auf weichem Rasen fährt, bald allmählich ansteigend, bald leicht abfallend. Dies kann eine bessere Idee des Schönen geben und seine wahrscheinliche Ursache besser hervortreten lassen als irgend etwas anderes. Wenn wir dagegen eilig auf einem rauhen, steinigen, holprigen Wege dahinfahren, so kann uns der Schmerz, den wir infolge der plötzlichen Unebenheiten fühlen, zeigen, warum entsprechende Anblicke, Gefühle und Töne so sehr in Widerspruch zur Schönheit stehen.»[70] Die Rede etwa von «holprigen» Versen oder Szenenübergängen greift auf die gleiche Bildlichkeit zurück.

Führt Burke das Wohlgefallen an der Schönheit fließender Übergänge physiologisch auf den Kontrast zwischen unangenehmer Reizung bzw. Verkrampfung und angenehmer Beruhigung der Nerven zurück, so erklärt Schiller die gleichen Phänomene mit einem Prinzip, das für seine Ästhetik fundamental ist, nämlich mit dem Gegensatz zwischen unlustvollem Zwang und lustvoller Freiheit. In seinen Briefen an den Freund Christian Gottfried Körner, die unter dem Titel *Kallias oder über die Schönheit* erschienen sind, versucht auch Schiller die Wohlgefälligkeit der schönen Schlangenlinie zu erklären. «Warum wird die Schlangenlinie für die schönste gehalten? Ich habe an dieser einfachsten aller ästhetischen Aufgaben meine Theorie besonders geprüft».[71] Zum einen entspreche die Schlangenlinie jenem Prinzip, nach dem im Schönen Mannigfaltigkeit und Einheit miteinander verknüpft sind. «Es ist eine Linie, die ihre Richtung immer abändert (Mannigfaltigkeit) und immer wieder zu derselben Richtung zurückkehrt (Einheit).»[72] Diesem Prinzip entspreche jedoch auch die gezackte Linie, die weniger wohlgefällig ist. Schillers Erklärung dafür lautet so: «Nun ist der ganze Unterschied zwischen dieser zweiten und jener bloß der daß jene [die gezackte Linie] ihre Richtung ex abrupto, diese aber [die Schlangenlinie] unmerklich verändert; der Unterschied ihrer Wirkungen auf das ästhetische Gefühl muß also in diesem einzig bemerkbaren Unterschied ihrer Eigenschaften gegründet sein. Was ist aber eine plötzlich veränderte Richtung anders, als eine gewaltsam veränderte? Die Natur liebt keinen Sprung. Sehen wir sie einen tun, so zeigt es, daß ihr Gewalt geschehen ist. Freiwillig hingegen erscheint nur diejenige Bewegung, an der man keinen bestimmten Punkt angeben kann, bei dem sie ihre Richtung abänderte. Und dies ist der Fall mit der Schlangenlinie, welche sich von der oben abgebildeten bloß durch ihre *Freiheit* unterscheidet.»[73] In der gezackten Linie regiert der formale, künstliche Konstruktionszwang des menschlichen Geistes, der die Natur in ihrer Freiheit vergewaltigt.

In verschiedensten Variationen führen Theorien über die Lust am Schönen diese auf die Befreiung von unlustvollen Zwängen zurück. Vor allem für Schiller ist Schönheit mit Freiheit ganz eng assoziiert. Das Gefühl der ästhetischen Lust ist für ihn ein Gefühl der Befreiung, das Gefühl der Unlust eines der zwanghaften Abhängigkeiten. Abhängig sind wir beispielsweise von den Naturgesetzen der Schwerkraft. Schön finden wir folglich, was von den Gesetzen der Schwerkraft befreit scheint. Schöner als ein Elefant erscheint uns ein Vogel. «Ein Vogel im Flug ist die glücklichste Darstellung des durch die Form bezwungenen Stoffs, der durch die Kraft überwundenen Schwere. Es ist nicht unwichtig zu bemerken, daß die Fähigkeit über die Schwere zu siegen oft zum Symbol der Freiheit gebraucht wird. Wir drücken die Freiheit der Phantasie aus, indem wir ihr Flügel geben; wir lassen Psyche mit Schmetterlingsflügeln sich über das irdische erheben, wenn wir ihre Freiheit von den Fesseln des Stoffes bezeichnen wollen. Offenbar ist die Schwerkraft eine Fessel für jedes Organische, und ein Sieg über dieselbe gibt daher kein unschickliches Sinnbild der Freiheit ab.»[74] Das Schöne ist mit dem Eindruck der Leichtigkeit, das Häßliche mit dem der Plumpheit assoziiert. «Wenn man einen flüchtigen Blick durch das Tierreich wirft, so findet man daß die Schönheit der Tiere in demselben Verhältnis abnimmt als sie sich der Masse nähern, und bloß der Schwerkraft zu dienen scheinen. [...] Hat die Masse Einfluß gehabt auf die Form, so nennen wir diese *plump*; hat die Masse Einfluß gehabt auf die Bewegung, so heißt diese unbehülflich. Im Bau des Elephanten, des Bären, des Stiers, u.s.f. ist es die Masse, welche an der Form sowohl als an der Bewegung dieser Tiere einen sichtbaren Anteil hat. Die Masse aber muß jederzeit der Schwerkraft gehorchen».[75]

Als eine dem Naturzwang der Schwerkraft analoge Gewalt begreift Schiller die naturwüchsigen Triebzwänge, denen das menschliche Subjekt in seiner Sinnlichkeit und Körperlichkeit unterworfen ist. In der Wahrnehmung und in der Hervorbringung des Schönen erfährt es eine lustvolle Befreiung von den beschwerlichen Zwängen seiner sinnlichen Natur. Diese Vorstellung ist später von Schopenhauer auf die Spitze getrieben worden. 1819 erschien sein frühes Hauptwerk *Die Welt als Wille und Vorstellung*. Nach Schopenhauers pessimistischer Philosophie ist die gesamte Welt von einem naturwüchsigen, blinden, dunklen, rastlosen Begehren durchwirkt, dem «Willen», der eine Quelle andauernder Schmerzen und Leiden ist. Mit seiner körperlichen Existenz ist der Mensch diesen blindwütigen Zwängen des Naturwillens verbunden. Und auch sein Geist ist in der Regel nur ein Widerschein dieses Willenszwangs. Den Paragraphen 38 über «das *Wohlgefallen*, das durch die Betrachtung des Schönen erregt wird», leitet Schopenhauer mit einigen Begründungen für das Unglück ein, das mit dem Begehren verbunden ist: «Alles *Wollen* entspringt aus Bedürfnis, also aus Mangel, also aus Leiden. Diesem macht die Erfüllung ein Ende; jedoch gegen einen Wunsch, der erfüllt wird, bleiben wenigstens zehn versagt: ferner, das Begehren dauert lange, die Forderungen gehn ins unendliche; die Erfüllung ist kurz und kärglich bemessen. Sogar aber ist die endliche Befriedigung selbst nur scheinbar: der erfüllte Wunsch macht gleich einem neuen Platz; jener ist ein erkannter, dieser ein noch unerkannter Irrtum. Dauernde, nicht mehr weichende Befriedigung kann kein erlangtes Objekt des Wollens geben: sondern es gleicht immer nur dem Almosen, das, dem Bettler zugeworfen, sein Leben heute fristet, um seine Qual auf Morgen zu verlängern.»[76] Nur wenn es dem menschlichen

Geist gelingt, sich vom Zwang des Begehrens zu befreien, wenn er «die Erkenntnis dem Sklavendienste des Willens entreißt», findet er zeitweilige Erlösung von den Qualen, die das Wirken des Willens hervorruft. In der kontemplativen, von allem sinnlichen Begehren gereinigten Wahrnehmung des Schönen ist dies möglich. Im reinen Wohlgefallen am Schönen erreichen wir einen schmerzlosen Zustand vollkommener «Ruhe» und «Seligkeit», «feiern den Sabbath der Zuchthausarbeit des Wollens».[77] In enger Anlehnung an Kant schreibt Schopenhauer später: «Das eigentliche Problem der Metaphysik des Schönen läßt sich sehr einfach so ausdrücken: wie ist Wohlgefallen und Freude an einem Gegenstande möglich ohne irgendeine Beziehung desselben auf unser Wollen?» Die Möglichkeit zu dieser triebfreien Lust besteht, wie Kant es nahegelegt hatte, in der interesselosen Wahrnehmung des Schönen. Denn «ganz offenbar [erregt] das Schöne als solches unser Wohlgefallen, unsere Freude, ohne daß es irgendeine Beziehung auf unsere persönlichen Zwecke, also unseren Willen hätte.» In der ästhetischen Wahrnehmung verschwinde «der Wille ganz aus dem Bewußtsein. Er allein aber ist die Quelle aller unserer Betrübnisse und Leiden. Dies ist der Ursprung jenes Wohlgefallens und jener Freude, welche die Auffassung des Schönen begleitet.»

So fremd inzwischen die Vorstellung von der menschlichen Triebsphäre als Quelle des Leidens geworden sein mag, so aufschlußreich ist das Erklärungsschema geblieben. Denn nach Schopenhauer ist «das Glück, die Befriedigung, *negativer* Natur, nämlich bloß das Ende eines Leidens.»[78] Das Gefühl der Lust setzt demnach ein Gefühl der Unlust voraus; Lust, Glück, Befriedigung werden in der Befreiung von Unlust und Unglück empfunden, mit dem Ende eines Leidens, mit der Beseitigung des Schmerzes. «Befreiung», «Erlösung», «Entlastung» oder «Erleichterung» sind Wörter, mit denen charakteristische Aspekte der Lust am Schönen auch deshalb treffend bezeichnet sind, weil sie diese Lust nicht als etwas Statisches, sondern als Phase eines emotionalen Prozesses in den Blick rücken, eines dynamischen Wechsels von Unlust und Lust, Unglück und Glück.[79]

Nach Schiller ist das Subjekt nicht nur unlustvollen Zwängen seiner sinnlichen Natur unterworfen, sondern auch denen seiner geistigen Natur, seines «Formtriebs», seiner Rationalität und Moral, die seine sinnliche Natur zu disziplinieren versuchen. Im ästhetischen Zustand, wie ihn Schiller imaginiert, tun sich Sinnlichkeit und Vernunft gegenseitig keinen Zwang an, sondern harmonieren miteinander. Schön sind jene Kunstwerke, die weder unter dem Diktat sinnlicher Triebe noch unter formalen und moralischen Zwängen hervorgebracht oder wahrgenommen werden. Und schön ist jene Seele, in der «Sinnlichkeit und Vernunft, Pflicht und Neigung harmonieren».[80] Ein schöner literarischer Text ist demnach weder spontaner, unmittelbarer Ausdruck naturwüchsiger Affekte noch das Produkt formaler Regelzwänge und moralischer Verpflichtungen. Ein schöner Text muß, so ließe sich ergänzen, in jeder Hinsicht zwanglos erscheinen. Ihm darf weder der emotionale Druck, unter dem er entstanden ist, angemerkt werden noch die Anstrengung der formalen Gestaltung. Nur dann läßt er auch den Lesenden eine Freiheit, in der sie sich weder durch ihre Affekte überwältigen lassen noch ihren moralischen und rationalen Ansprüchen hörig sind.

Entlastung durch Schönheit

Entfernt verwandt mit Schillers Erklärungsmuster der Lust am Schönen ist ein anderes, mit dem sich Gustav Theodor Fechner in seiner *Vorschule der Aesthetik* auseinandersetzt. Es hat eine alte Tradition, macht im 19. Jahrhundert Karriere, wird dabei erheblich präzisiert und fungiert nach 1900 bei Freud als wichtiger Bestandteil einer ästhetischen Lusttheorie. Fechner nennt es das «Princip der ökonomischen Verwendung der Mittel oder des kleinsten Kraftmasses».

Fechner greift die Bemerkung eines Kollegen auf, «dass immer das den Eindruck des Schönen (Leichten, Ungezwungenen, Freien) macht, was mit dem Aufwand der möglichst geringen Muskelkraft erreicht wird». Leitet man daraus ein Schönheitsgesetz ab, dann «würde jedes Werk der bildenden Kunst, jedes Gedicht u.s.w. immer nur diejenigen Mittel verwenden dürfen, welche zur Erreichung des Zweckes erforderlich sind. Werden weitere, nicht absolut nöthige, *wenn auch an sich noch so gerechtfertigte* Mittel verwendet, so wirkt ein solcher Pleonasmus ermüdend. Giebt es doch Gedichte, wie das Mignonlied, von denen man sich sagen muss, dass in ihnen nicht ein einziges Wort anders gewählt werden dürfe, d.h. dass die wirklich gewählten

Worte die bessten sind.»[81] Diese Beobachtung, aus der manche ein Fundamentalprinzip der Ästhetik abgeleitet haben, werden von Fechner als Belege für eine Gesetzmäßigkeit angeführt, nach der es lustvoll ist, «mit möglichst geringem Kostenaufwande viel zu leisten»,[82] und wir es als unlustvoll empfinden, wenn mit relativ hohem Aufwand relativ wenig geleistet wird. Auf Sprache und Dichtung übertragen besagt dieses Prinzip: Je weniger Worte gebraucht werden, um eine bestimmte Informationsmenge zu vermitteln, um so lustvoller wirkt der Text. Oder noch einfacher gesagt: Es befriedigt uns, wenn uns mit wenig Worten viel gesagt wird; mit Unlust hingegen reagieren wir, wenn uns mit großem Wortaufwand wenig gesagt wird. Eine treffende Formulierung, ein einleuchtendes Bild kann deshalb beglücken, weil damit komplexe Sachverhalte überraschend leicht und mühelos zu erfassen sind. Dem liegt, so ergänze ich, die Vorstellung zugrunde, daß die Aufwendung von Kraft und Anstrengung mit Unlust verbunden ist. Wenn man sich nun zur Erreichung eines Ziels Kraftaufwand ersparen und die damit verbundene Unlust somit reduzieren kann, ist dies mit einem befreiten Lustgefühl verbunden. Freud hat später dieses Prinzip unter dem Begriff «Aufwandsersparnis» in seiner Theorie des Witzes und der Lachlust verwendet und dabei auf einige fundamentale Kennzeichen von Literatur generell übertragen: auf «Reim, Alliteration, Refrain und andere Formen der Wiederholung ähnlicher Wortklänge», auf Anspielungen oder auch Nachahmungen. All diese Phänomene ermöglichen den Lesenden ein «Wiederfinden des Bekannten», und das ist nach Freud insofern mit «Ersparungslust» verbunden, als die Wahrnehmung von etwas Neuem Aufwand erfordert. Sogar jene «Freude am Wiedererkennen», in der Aristoteles «die Grundlage des Kunstgenusses erblickt», wird von Freud auf diese Weise erklärt.[83]

Daß den Lesenden schon dadurch Aufwand erspart werde, daß die Wahrnehmung eines geformten Gegenstandes für sie müheloser sein kann als die eines ungeformten und daß die literarische Strukturierung der dargestellten Welt ihnen eigene Strukturierungsarbeit abnimmt, haben einige Literaturtheoretiker in der Nachfolge Freuds behauptet.[84] Dem steht freilich die Erfahrung entgegen, daß ästhetische Objekte oft nur mit erheblichem Aufwand überhaupt verstanden werden können, daß Literatur es dem Leser oft keineswegs leicht macht.

Überwindung von Schwierigkeit

Das ästhetische Prinzip der einheitlichen Verknüpfung des Mannigfaltigen beschreibt eine Art Kompromißlösung zur Befriedigung zweier verschiedener, miteinander in Konflikt stehender Bedürfnisse: eines Bedürfnisses nach Gleichförmigkeit, Orientierung, Zusammenhang und Widerspruchslosigkeit auf der einen Seite und eines Bedürfnisses nach Abwechslung, der Vermeidung von Monotonie und Langeweile auf der anderen. Daher «genügt uns eben weder die blosse Einheit, noch die zersplitterte Mannichfaltigkeit, sondern nur eine Durchbildung der einen durch die andre.»[85] In der Kombination von Einheit und Mannigfaltigkeit sieht Fechner den Reiz eines Rätselspiels gegeben: «Räthsel vergnügen uns dadurch, dass sie zu einer vorgegebenen Mannichfaltigkeit von Vorstellungen uns die einheitliche Verknüpfung in der Auflösung des Räthsels erst suchen lassen. In dem Entdecken dieser Beziehung liegt der Reiz der gelungenen Auflösung, indess in der Voraussicht, dass sich die Auflösung finden lasse, eine Vorwegnahme desselben liegt, welche in der That dazu gehört, uns am Errathen selbst Lust finden zu lassen; denn Räthsel, von denen man weiss, dass es keine Lösung dafür giebt, mag Niemand rathen, man hätte davon nur die reine Unlust eines zersplitterten Vorstellungscomplexes». Zum Rätselraten trägt also auch «das Gefallen an der Ueberwindung einer Schwierigkeit bei, der wir uns gewachsen finden, indem wir nach einem anderweiten Princip zum Bedürfniss der Einheit auch das Bedürfniss eines gewissen *Grades* der Beschäftigung haben, dabei aber die einheitliche Verknüpfung dieser Beschäftigung durch Richtung auf ein bestimmtes Ziel, selbst abgesehen von der Beschaffenheit des Zieles, verlangen; daher gar zu leicht zu errathende Räthsel uns nicht interessiren.»[86]

Solche Auffassungen haben sich bis in neuere Ansätze einer experimentellen und mathematischen Ästhetik erhalten. So haben beispielsweise die Psychologen Dietrich Dörner und Wolfgang Vehrs 1975 einen Aufsatz veröffentlicht, der diese traditionsreichen Vorstellungen aufnimmt, doch zugleich erheblich präzisiert. Mit Hilfe von Tests an Versuchspersonen haben sie nachzuweisen versucht, daß ästhetische «Reizkonfigurationen», in denen die einzelnen Teile gar nicht oder kaum geordnet sind, als ästhetisch unbefriedigend empfunden werden. Als ästhetisch unbefriedigend werden jedoch ebenfalls solche Gebilde empfunden, in denen die Teile nur zu einer sehr einfachen, sofort durchschaubaren Ordnung miteinander verknüpft sind. Als ästhetisch am befriedigendsten werden hingegen solche Reizkonfigurationen eingeschätzt, in denen die Teile zu einer komplexen, zunächst nicht leicht durchschaubaren Ordnung zusammengefügt sind. «Eine Reizkonfiguration wirkt dann ästhetisch befriedigend, wenn sie ‹schwierige› Ordnungsprinzipien enthält, die vom betrachtenden Individuum prima facie nicht erfaßt werden, schließlich jedoch aufgrund aktiver Informationsverarbeitung entdeckt werden. Ästhetische Befriedigung hängt nicht ab von der hohen, mittleren oder niedrigen ‹Ordnung› oder ‹Komplexität› einer Reizfiguration, sondern davon, daß es einem Individuum gelingt, eine zunächst hohe Unbestimmtheit einer Reizkonfiguration zu vermindern. Das ‹Prinzip der einheitlichen Verknüpfung des Mannigfaltigen› scheint uns im Gelingen der Reduktion des ‹Mannigfaltigen› auf das ‹Einheitliche› zu liegen. Die ästhetische Befriedigung stammt aus der Unbestimmtheitsreduktion.»[87] Voraussetzung für ästhetisches Wohlgefallen ist demnach also, daß zum einen der ästhetische Gegenstand überhaupt eine Ordnung erkennen läßt und daß zum anderen die Entdeckung dieser Ordnung mit Anstrengung und Aktivität verbunden ist.

Ästhetische Wahrnehmung ist in dieser Perspektive kein Zustand, sondern ein dynamischer Prozeß mit verschiedenen Phasen. Auf die Frage «Was ist schön?» antwortete Brecht: «Schön ist es, wenn man die Schwierigkeiten löst. / Schön ist also ein Tun.» Diese Sichtweise impliziert, daß ästhetischer Lust eine Unlust vorausgehen muß, die in der Wahrnehmung von Chaos und Unordnung besteht. Sie wird lustvoll aufgehoben, wenn es gelingt, das Chaos zu strukturieren. «Eine Reizkonfiguration wirkt auf den Beschauer ästhetisch befriedigend, wenn der Beschauer bei der Erfassung des in ihr enthaltenen Ordnungsgefüges zunächst Schwierigkeiten, schließlich aber Erfolg hat. Hat er von vornherein keine Schwierigkeiten [...] oder bleiben seine Bemühungen ohne Erfolg [...], so wirkt die Reizkonfiguration ästhetisch unbefriedigend.»[88]

Aus dieser Perspektive muß die von mir im Vorwort zitierte Bemerkung von Borges, ein Buch dürfe keine Anstrengung, das Glück keine Mühsal verlangen, fragwürdig erscheinen. Ein literarischer Text darf dem Lesenden nicht zu viel Mühsal abfordern – aber auch nicht zu wenig, sonst wirkt er reizlos. Wer die Machart und den Sinnzusammenhang eines Kriminalromans, einer Tragödie oder eines Sonetts sofort und gänzlich mühelos durchschaut, bleibt ohne jede Herausforderung und unbefriedigt, ähnlich einem professionellen Schachspieler, der einen Anfänger zum Gegner hat. Was Dörner und Vehrs über die Reduktion von Unbestimmtheiten in abstrakten Reizkonfigurationen ausführen, formuliert Dieter Wellershoff im Hinblick auf Literatur so: «Es ist die abgründige Unendlichkeit des Möglichen, die uns nach Sinnmustern und Ordnungsstrukturen suchen läßt, die das Chaos bändigen. Doch soll uns der Text das schwermachen. Denn entdecken wir die Ordnung zu leicht, ist das Muster zu simpel, dann empfinden wir den Text als langweilig, abstrakt und trivial.»[89] Es hängt freilich von der Kompetenz und der Bereitschaft der Lesenden ab, ob sie einen Text zu schwer oder zu simpel finden. Und ein schwieriger Text muß reizvolle Verlockungen bieten, die relativ rasch wirken und es lohnend erscheinen lassen, größere, längerfristige Anstrengungen in die Lektüre zu investieren und sie vielleicht sogar mehrfach zu wiederholen. Die Lust bei der Wiederholungslektüre kann im Entdecken und Bewältigen immer neuer Schwierigkeiten bestehen oder, wie Brecht nahelegte, darin, daß «immer wieder die Empfindungen auftreten, welche die Lösung von Schwierigkeiten bewirkt haben». Brecht hob in diesem Zusammenhang hervor, daß es unterschiedliche Arten und Grade von Schwierigkeiten gibt: «Es gibt Schwierigkeiten tieferer und weniger tiefer Art, lang und kurz dauernde, Schwierigkeiten großer und kleiner oder wichtiger und unwichtiger Gruppen. Sie zu lösen, ist ganz verschieden schön und nicht ewig schön.»[90] So wie es allerdings Spiele gibt, die auf ganz unterschiedlichem Niveau gespielt werden können, kann auch ein Text so beschaffen sein, daß er heterogenen Ansprüchen und Bedürfnissen entspricht. Die literarische Postmoderne machte sich die «Mehrfachcodierung» von Texten zum Programm, um mit demselben Text sowohl populäre Unterhaltungs- als auch akademische Auslegungsbedürfnisse zu bedienen. Der gleiche Effekt kann allerdings auch durch die Entwicklung unterschiedlicher Lektüretechniken erzielt werden. So bezieht beispielsweise dekonstruktives Lesen einen Lustgewinn daraus, einheitliche Verknüpfungen des Mannigfaltigen und Reduktionen von Unbestimmtheit immer wieder zu unterlaufen und neu in Gang zu setzen, als gäbe es nichts Unbefriedigenderes als eine einmal festgelegte Ordnung.

Kompensatorische Aufhebung realer Mangelerfahrungen

Lust entsteht aus der Befreiung von Unlust. Die Unlust kann künstlich erzeugt werden, sie kann aber auch eine lebensweltliche Erfahrung sein. Daß sie durch Schönheit ausgeglichen werden kann, konstatieren Kompensationstheorien ästhetischer Lust. Erfahrene Unlust besteht nach ihnen in diversen Leiden an der Unvollkommenheit der Welt, die unsere Wünsche unbefriedigt läßt. Im Schönen suchen wir danach eine Ersatzbefriedigung für das, was uns die Realität in der Regel vorenthält: Ordnung, Harmonie, Vollkommenheit. So hat beispielsweise unlängst wieder Odo Marquard die Kunst als schönes Narkotikum gegenüber der unschön-schmerzvollen Wirklichkeit empfohlen. Das Ästhetische vermag uns zu anästhesieren, d.h. schmerzunempfindlicher zu machen gegenüber den Leiden an der Wirklichkeit.[91] Marquard knüpft mit solchen Vorstellungen an Nietzsche und Freud an. Nach Nietzsche hat die Dichtung des schönen Scheins, der «Harmonie» und der «Einheit des Menschen mit der Natur» ihre Basis in der Erfahrung der «Schrecken und Entsetzlichkeiten des Daseins».[92] Um trotz dieser Erfahrungen überhaupt leben zu können, schaffe sich der Mensch ein entsprechendes Gegenbild in der Illusion, welche die apollinische Kunst, hierin dem Traum ähnlich, zu schaffen vermag. Die Lust am Schönen, so könnte man also sagen, besteht demnach in der Aufhebung der Unlust am Schrecklichen.

Daß das Schöne bewußt als Therapeutikum zur Befreiung von Angst eingesetzt werden kann, zeigt die im 18. Jahrhundert heftig geführte Debatte um die angemessene Darstellung des Todes.[93] In seiner *Geschichte des Todes* nennt Philippe Ariès das 19. Jahrhundert «die Zeit der schönen Tode».[94] Schon im 18. Jahrhundert beginnen nach Ariès die «Schutzwälle» von Vorstellungen und Ritualen, die den Tod in traditionalen Gesellschaften noch «vertraut und gezähmt» erscheinen lassen, deutlich an Festigkeit zu verlieren. Erste Symptome jener «großen Angst» vor dem Tod, die für moderne Gesellschaften heute kennzeichnend sei, lassen sich in dieser Zeit ausmachen. In der Romantik schließlich sei der Tod «pathetisch und schön geworden, schön wie die Natur, wie die Unermeßlichkeit der Natur, wie das Meer oder die Heide. Der Kompromiß der Schönheit ist das letzte Mittel [...], das zugleich auch ein Zugeständnis ist: es verleiht dem Phänomen, das man damit schwächen wollte, einen außerordentlichen Glanz.»[95] Der Tod erscheine nun «weder häßlich noch furchterregend. Er ist schön, und der Tote ist auch schön. [...] *Der Tod hat begonnen, sich zu verbergen [...]: er verbirgt sich unter der Schönheit.*»[96] Daß die durch Kunst erzeugte Illusion eines schönen Todes dazu dient, dem Tod seinen Schrecken zu nehmen, hat man in Literatur und Ästhetik seit dem 18. Jahrhundert immer wieder gesehen und hervorgehoben. Die Aufklärung war eine Kampagne gegen die Angst,[97] auch gegen die Todesangst. Ihr versuchte man nicht nur mit vernünftigen Argumenten, sondern auch mit der Ästhetisierung des Schreckenerregenden zu begegnen. Und man griff dabei auf das Vorbild der Antike zurück. Lessings Abhandlung *Wie die Alten den Tod gebildet* setzte dafür Maßstäbe. Sie ist ein Plädoyer dafür, den Tod nicht häßlich, sondern schön darzustellen, nicht als furchterregendes Gerippe, sondern, wie die Alten, als «Zwillingsbruder des Schlafes», als «geflügelten Jüngling, der in einer tiefsinnigen Stellung, den linken Fuß über den rechten geschlagen, neben einem Leichname stehet, mit seiner Rechten und dem Haupte auf einer umgekehrten Fackel ruhet, die auf die Brust des Leichnames gestützt ist, und der Linken, die um die Fackel herabgreift, einen Kranz mit einem Schmetterlinge hält.»[98]

Goethes Erinnerung an die befreiende Wirkung von Lessings Abhandlung illustriert am deutlichsten, was Schönheit gegen die Angst zu leisten vermag: «wir hielten uns von allem Übel erlöst [...]. Am meisten entzückte uns die Schönheit jenes Gedankens, daß die Alten den Tod als den Bruder des Schlafs anerkannt, und beide [...] zum Verwechseln gleich gebildet. Hier konnten wir nun erst den Triumph des Schönen höchlich feiern».[99] Den illusionären, gleichwohl höchst wirkungsvollen Charakter schöner Todesbilder in der Antike hat Schiller in seinem Gedicht *Die Götter Griechenlands* deutlich gesehen:

> Damals trat kein gräßliches Gerippe
> Vor das Bett des Sterbenden. Ein Kuß
> Nahm das letzte Leben von der Lippe,

> Still und traurig senkt' ein Genius
> Seine Fackel. Schöne lichte Bilder
> Scherzten auch um die Notwendigkeit,
> Und das ernste Schicksal blickte milder
> Durch den Schleier sanfter Menschlichkeit.[100]

Die Schönheit befreit nicht nur von der Todesangst, sondern auch von anderen Ängsten. In der Romantik wird das Todesmotiv mit etlichen anderen Motivbereichen verknüpft, die alle in der Geschichte menschlicher Ängste eine hervorragende Rolle spielen oder gespielt haben:[101] Nacht, unterirdische Räume, Wasser (besonders das Meer), Feuer oder vor allem auch Sexualität. Solche Verknüpfungen verweisen auf die latenten Ängste, die den romantischen Ästhetisierungen des Todes zugrundeliegen. In einem Gedicht wie Eichendorffs *Todeslust*, das die meisten der eben genannten Motive aufnimmt (Wasser, Feuer, Nacht und Tod), bleiben die alten Ängste bis zur Unkenntlichkeit unter der Schönheit verborgen:

> Bevor er in die blaue Flut gesunken,
> Träumt noch der Schwan und singet todestrunken;
> Die sommermüde Erde im Verblühen
> Läßt all ihr Feuer in den Trauben glühen;
> Die Sonne, Funken sprühend, im Versinken,
> Gibt noch einmal der Erde Glut zu trinken,
> Bis, Stern auf Stern, die Trunkne zu umfangen,
> Die wunderbare Nacht ist aufgegangen.[102]

Das Gefühl der Schönheit ist in dem Todesgedicht zwar durch keine Angst getrübt, aber es vermischt sich mit dem der Traurigkeit. Etliche Ästhetiker des 18. und 19. Jahrhunderts haben solche Gefühlsmischungen reflektiert und betont, daß Lustempfindungen durch Traurigkeit nicht beeinträchtigt werden müssen, sondern sich sogar verstärken lassen. «Wenn sich einige bittere Tropfen in die honigsüsse Schale des Vergnügens mischen», schrieb Moses Mendelssohn in seinen Briefen *Über die Empfindungen*, «so erhöhen sie den Geschmack des Vergnügens und verdoppeln seine Süßigkeiten.»[103] Der die emotionalen Effekte seines Schreibens genau kalkulierende Edgar Allan Poe berichtete über die Entstehung seines Gedichtes *Der Rabe*: «Da ich also das Schöne als mein Gebiet betrachte, richtete sich meine nächste Frage auf die Tonart ihrer vollkommensten Repräsentation – und alle Erfahrung lehrt, daß diese Tonart eine der Trauer ist. Schönheit jeglicher Art bewegt in ihrer höchsten Entfaltung die empfindsame Seele unvermeidlich zu Tränen. Melancholie ist daher die rechtmäßigste aller poetischen Tonarten.»[104] Der melancholischste Gegenstand sei der Tod, und zwar dann, wenn «er sich aufs innigste mit der Schönheit verbindet; der Tod einer schönen Frau ist also fraglos der dichterischste Gegenstand auf Erden – und ebenso zweifellos ist der geeignetste Mund für einen solchen Gegenstand der eines Liebenden, der die Geliebte durch den Tod verlor.»[105] Die Literaturwissenschaftlerin Elisabeth Bronfen hat an diese Äußerungen Poes scharfsinnige und weitreichende Überlegungen über die Zusammenhänge von Tod, Weiblichkeit und Schönheit geknüpft. Auch sie schreibt dabei der Schönheit die wohltuende, befreiende Wirkung zu, die Angst vor dem Tod zu mildern. «Wenn nämlich bei der Erörterung des Todes eine Verschleierung der Unvermeidlichkeit menschlichen Verfalls das Ziel sein sollte, so geschieht dies durch einen Rückgriff auf Schönheit. Aufgrund unserer Furcht vor Auflösung und Verfall klammern wir uns an Vorstellungen von Ganzheit, Reinheit und Unberührtheit.»[106] Das trifft zweifellos einen wichtigen Aspekt der Lust am Schönen, nicht jedoch jenen wirkungsästhetischen Sachverhalt, auf den Poes poetologischer Essay mit provozierendem Zynismus aufmerksam macht – indem er nämlich die Trauer des Liebenden und den Tod einer schönen Frau zu Bestandteilen seines emotional kalten poetologischen Kalküls erklärt. Denn nicht nur das Schöne, sondern auch das Schreckliche kann zu einer Quelle der Lust werden. Im imaginierten Tod einer schönen Frau soll die Wirkung des Schönen die des Schrecklichen nicht aufheben, sondern das Schöne und das Schreckliche sollen sich in ihren Wirkungen gegenseitig ergänzen und verstärken. Eine Voraussetzung dafür ist ein merkwürdiges Phänomen, nämlich daß das Schreckliche, das eigentlich mit großen Unlusterfahrungen verbunden ist, unter bestimmten Bedingungen lustvoll genossen werden kann. Autoren lassen ihre Figuren sterben oder am Tod einer geliebten Person leiden, um die Lesenden zu vergnügen. Das Glück beim Lesen profitiert vom Unglück.

4
Faszination des Schrecklichen

Schön traurig

Die Lust am Schönen besteht nicht zuletzt darin, daß es uns schmerzunempfindlicher machen kann gegenüber den Leiden an der Wirklichkeit. Literatur kann diesen Effekt freilich auch dann erzielen, indem sie Schmerzempfindungen künstlich hervorruft, um ihre ästhetische Macht zu deren Linderung auszuspielen. Das entspricht alten Einsichten der Rhetorik über psychische Bedürfnisse des Publikums. Der spätantike Rhetoriker Menander forderte vom Grabredner, die Zuhörer zunächst bis zu Tränen zu rühren und sodann zu trösten.[1] Die Forderung wurde zum festen Gesetz für das im 17. und noch im frühen 18. Jahrhundert ungemein beliebte Begräbnisgedicht, das «Epicedium». Dem Klageteil hatte ein Trostteil zu folgen, und es läßt sich vermuten, daß, wie ein Kenner dieses Gedichttyps formuliert, «die ästhetische Befriedigung der zeitgenössischen Leser oder Hörer eines Epicediums auf der von ihnen wahrscheinlich sehr viel stärker empfundenen Spannung von Affekterregung und Affektstillung beruht haben muß und daß im Grade dieser Spannung für sie ein Kriterium der Wertung bestanden haben mag».[2] Dieses rhetorische Spiel mit Affekten kennzeichnet keineswegs nur das Begräbnisgedicht, sondern den literarischen Umgang mit dem Tod überhaupt. Der Tod einer schönen und geliebten Frau mag dabei, wie Poe in dem zitierten Essay meinte, besonders wirkungsvoll erscheinen, ist jedoch nur eine von vielen Möglichkeiten des literarisch effektvollen Spiels mit ihm. Daß die Positionen des trauernden Mannes und der schönen Toten ebenso vertauscht werden können, zeigt die so traurige wie im wörtlichen Sinn wunderschöne und tröstlich endende Kalendergeschichte *Unverhofftes Wiedersehen* von Johann Peter Hebel. Diese Geschichte der Entdeckung eines unverwesten Leichnams im Bergwerk zu Falun hat auch Ludwig Tieck, E. T. A. Hoffmann, Friedrich Hebbel und Hugo von Hofmannsthal zur literarischen Bearbeitung angeregt. Die von Hebel erschien 1811. Ich zitiere den Text hier vollständig, weil ich noch mehrfach auf ihn eingehen werde.

Unverhofftes Wiedersehen

In Falun in Schweden küßte vor guten fünfzig Jahren und mehr ein junger Bergmann seine junge hübsche Braut und sagte zu ihr: «Auf Sankt Luciä wird unsere Liebe von des Priesters Hand gesegnet. Dann sind wir Mann und Weib, und bauen uns ein eigenes Nestlein.» – «Und Friede und Liebe soll darin wohnen», sagte die schöne Braut mit holdem Lächeln, «denn du bist mein einziges und alles, und ohne dich möchte ich lieber im Grab sein, als an einem andern Ort.» Als sie aber vor St. Luciä der Pfarrer zum zweitenmal in der Kirche ausgerufen hatte: «*So nun jemand Hindernis wüßte anzuzeigen, warum diese Personen nicht möchten ehelich zusammenkommen*» – da meldete sich der *Tod*. Denn als der Jüngling den andern Morgen in seiner schwarzen Bergmannskleidung an ihrem Haus vorbeiging, der Bergmann hat sein Totenkleid immer an, da klopfte er zwar noch einmal an ihrem Fenster, und sagte ihr guten Morgen, aber keinen guten Abend mehr. Er kam nimmer aus dem Bergwerk zurück, und sie saumte vergeblich selbigen Morgen ein schwarzes Halstuch mit rotem Rand für ihn zum Hochzeittag, sondern als er nimmer kam, legte sie es weg, und weinte um ihn und vergaß ihn nie. Unterdessen wurde die Stadt Lissabon in Portugal durch ein Erdbeben zerstört, und der Siebenjährige Krieg ging vorüber, und Kaiser Franz der Erste starb, und der Jesuitenorden wurde aufgehoben und Polen geteilt, und die Kaiserin Maria Theresia starb, und der Struensee wurde hingerichtet, Amerika wurde frei, und die vereinigte französische und spanische Macht konnte Gibraltar nicht erobern. Die Türken schlossen den General Stein in der Veteraner Höhle in Ungarn ein, und der Kaiser Joseph starb auch. Der König Gustav von Schweden eroberte russisch Finnland, und die Französische Revolution und der lange Krieg fing an, und der Kaiser Leopold der Zweite ging auch ins Grab. Napoleon eroberte Preußen, und die Engländer bombardierten Kopenhagen, und die Ackerleute säeten und schnitten. Der Müller mahlte, und die Schmiede hämmerten, und die Bergleute gruben nach den Metalladern in ihrer unterirdischen Werkstatt. Als aber die Bergleute in Falun im Jahr 1809 etwas vor oder nach Johannis zwischen zwei Schachten eine Öffnung durchgraben wollten, gute dreihundert Ellen tief unter dem Boden gruben sie aus dem Schutt und Vitriolwasser den Leichnam eines Jünglings heraus, der ganz mit Eisenvitriol durchdrungen, sonst aber unverwest und unverändert war; also daß man seine Gesichtszüge und sein Alter noch völlig erkennen konnte, als wenn er erst vor einer Stunde gestorben, oder ein wenig eingeschlafen wäre, an der Arbeit. Als man ihn aber zu Tag ausgefördert hatte, Vater und Mutter, Gefreunde und Bekannte waren schon lange tot, kein Mensch wollte den schlafenden Jüngling kennen oder etwas von seinem Unglück wissen, bis die ehemalige Verlobte des Bergmanns kam, der eines Tages auf die Schicht gegangen war und nimmer zurückkehrte. Grau und zusammengeschrumpft kam sie an einer Krücke an den Platz und erkannte ihren Bräutigam; und mehr mit freudigem Entzücken als mit Schmerz sank sie auf die geliebte Leiche nieder, und erst als sie sich von einer langen heftigen Bewegung des Gemüts erholt hatte: «Es ist mein Verlobter», sagte sie endlich, «um den ich fünfzig Jahre lang getrauert hatte, und den mich Gott noch einmal sehen läßt vor meinem Ende. Acht Tage vor der Hochzeit ist er unter die Erde gegangen und nimmer heraufgekommen.» Da wurden die Gemüter aller Umstehenden von Wehmut und Tränen ergriffen, als sie sahen die ehemalige Braut jetzt in der Gestalt des hingewelkten kraftlosen Alters und den Bräutigam noch in seiner jugendlichen Schöne, und wie in ihrer Brust nach 50 Jahren die Flamme der jugendlichen Liebe noch einmal erwachte; aber er öffnete den Mund nimmer zum Lächeln oder die Augen zum Wiedererkennen; und wie sie ihn endlich von den Bergleuten in ihr Stüblein tragen ließ, als die einzige, die ihm angehöre, und ein Recht an ihn habe, bis sein Grab gerüstet sei auf dem Kirchhof. Den andern Tag, als das Grab gerüstet war auf dem Kirchhof und ihn die Bergleute holten, schloß sie ein Kästlein auf, legte sie ihm das schwarzseidene Halstuch mit roten Streifen um, und begleitete ihn alsdann in ihrem Sonntagsgewand, als wenn es ihr Hochzeittag und nicht der Tag seiner Beerdigung wäre. Denn als man ihn auf dem Kirchhof ins Grab legte, sagte sie: «Schlafe nun wohl, noch einen Tag oder zehen im kühlen Hochzeitbett, und laß dir die Zeit nicht lange werden. Ich habe nur noch wenig zu tun, und komme bald, und bald wird's wieder Tag. – Was die Erde einmal wiedergegeben hat, wird sie zum zweitenmal auch nicht behalten», sagte sie, als sie fortging, und noch einmal umschaute.[3]

Etwas von dem «freudigen Entzücken», der «Wehmut» und den «Tränen» der am Geschehen beteiligten Menschen überträgt sich auch auf die Gefühle beim Lesen dieser rührenden Geschichte. Sie sind der Effekt nicht zuletzt jener milden Mischung aus Schönheit und Traurigkeit, die Poe bei seinem Gedicht *Der Rabe* gezielt einsetzte, nur daß in Hebels Text die schöne Leiche die eines Mannes, die Trauer die einer Frau ist. Die jugendliche Schönheit der Leiche steht, wie es Elisabeth Bronfen den Imaginationen schöner weiblicher Leichen als Funktion zugeschrieben hat, der «Furcht vor Auflösung und Verfall»[4] entgegen. Prozesse der Vergänglichkeit werden hier sowohl mit der Aufzählung historischer Katastrophen- und Todesfälle in dem halben Jahrhundert zwischen Trennung und Wiedersehen als auch mit dem Hinweis auf die körperliche «Gestalt des hingewelkten kraftlosen Alters» vor Augen geführt. Das Bild der unverwesten Leiche entspricht dagegen narzißtischen Wünschen nach eigener unvergänglicher Schönheit. Zeitüberdauernde Qualitäten des Schönen hat zudem der Text selbst. Eine strukturale Analyse kann sie gut sichtbar machen, hat jedoch keinen Blick für Arten und Gründe des Vergnügens, das durch diese Qualitäten ermöglicht wird und derartige Analysen mit motivieren dürfte.

Die strukturalistische Suche nach Oppositions- und Äquivalenzrelationen ist bei Hebels Text ziemlich ergiebig. Einige der zahlreichen Gegensätze, die den Text strukturieren, finden sich schon in Hebels Vorlage. Sie endet mit den Sätzen: «und das Volk sah mit Verwunderung die Wiedervereinigung dieses seltenen Paares, da sich das eine im Tode und in tiefer Gruft das jugendliche Aussehen, das andere beim Verwelken und Veralten des Leibes die jugendliche Liebe treu und unverändert erhalten hatte; und wie bei der funfzigjährigen Silberhochzeit der jugendliche Bräutigam starr und kalt, die alte und graue Frau voll warmer Liebe gefunden wurde.»[5] Die semantischen Oppositionen jung/alt und warm/kalt hat Hebel als strukturbildende Relationen in seinen Text übernommen. Dem «hingewelkten, kraftlosen Alter» der ehemaligen Braut ist die «jugendliche Schöne» des Bräutigams gegenübergestellt; dem «kühlen Hochzeitbett» die heiße «Flamme der jugendlichen Liebe» in der alten Frau. Hebel hat solche Gegensätze vervielfacht und durch sie den gesamten Text mit einem Netz von semantischen Oppositions- und Äquivalenzbeziehungen überzogen. Das zweimal erwähnte schwarze Halstuch, das mit dieser Farbe der schwarzen Bergmannskleidung, dem «Totenkleid», gleicht, hat einen roten Rand. Der Gegensatz von rot und schwarz entspricht dem von Liebe und Tod, dem wiederum etliche andere Oppositionen zugeordnet sind. Der Text ist insgesamt durch eine Ordnung strukturiert, in die Aussagen über Farben (rot/schwarz), Tageszeiten (Tag/Nacht bzw. Morgen/Abend), Jahreszeiten (St. Luciä, der Tag der Wintersonnenwende, vs. Johannis, die Sommersonnenwende), die Temperatur (kalt/heiß), das Alter (jung/alt) und auch die Elemente (Vitriolwasser/Feuer) eingegangen sind. Das gilt auch für die räumlichen Aussagen. Der Raum unter der Erde ist dem semantischen Bereich des Todes zugeordnet, der Raum auf der Erde dem Bereich des Lebens und der Liebe: ««Was die Erde einmal wiedergegeben hat, wird sie zum zweitenmal auch nicht behalten›, sagte sie, als sie fortging, und noch einmal umschaute.»

Die hiermit assoziierten religiösen Vorstellungen von Auferstehung und ewigem Leben verweisen auf einen dritten räumlichen Bereich, den Raum über der Erde, den des Himmels.

Verschiedene Erklärungsansätze dafür, warum der Prozeß der Entdeckung einer solchen Ordnung beim mehrfachen Lesen und weshalb die Wahrnehmung von Wiederholungen und Variationen des Gleichen mit Lust verbunden sein kann, habe ich im Kapitel über das Wohlgefallen am Schönen vorgestellt. Einige davon gehen bis auf Aristoteles zurück, der die Freude an der Nachahmung und am Wiedererkennen des Nachgeahmten zu einer grundlegenden Motivation des produktiven wie des rezeptiven Umgangs mit der Dichtkunst erklärt hatte. Zum «Beweis» dafür, daß Nachahmung Lust verschaffe, führt die *Poetik* folgende «Erfahrungstatsache» an: «Denn von Dingen, die wir in der Wirklichkeit nur ungern erblicken, sehen wir mit Freude möglichst getreue Abbildungen, z. B. Darstellungen von äußerst unansehnlichen Tieren und von Leichen.»[6] Die von Aristoteles angeführte Ursache dieser Freude, der reizvolle Effekt, in der Abbildung etwas aus der Realität Bekanntes wiederzuerkennen, ist später verschieden interpretiert worden. Der Spieltheoretiker Karl Groos begriff die Freude am Erkennen dessen, was andere nachgeahmt haben, als Lust an einer Art Rätselspiel. Jede Nachahmung stellt den Betrachter vor die Schwierigkeit, das Nachgeahmte zu erkennen. Die Lösung dieser Schwierigkeit bereite Genugtuung.[7] Freud kritisierte diese Erklärung und ersetzte sie durch eine andere. Nach ihr ist jedes Wiedererkennen von etwas Bekanntem, auch von bereits gelesenen Textstellen, lustvoll, weil dabei der Aufwand erspart wird, der mit der Wahrnehmung von etwas Unvertrautem verbunden ist.[8] In Hebels Geschichte ist die Teilhabe der Lesenden am freudigen Entzücken, mit dem die gealterte Braut in der Leiche ihren Bräutigam wiedererkennt, durch beide Erklärungsansätze gewiß nicht hinlänglich erfaßt. Aber es ist durchaus angebracht, die unverhoffte Wiedererkennenslust beim Anblick der schönen Leiche mit Lusteffekten zu vergleichen, die mit der Rezeption eines schönen Kunstwerkes verbunden sind. Denn jede Wiederholung oder Variation vorangegangener Textbestandteile ermöglicht jene freudigen und zuweilen unverhofften Wiedererkennungseffekte, auf denen das Wohlgefallen am Schönen mit beruht. Wenn man etwa von dem toten Bräutigam in seiner «jugendlichen Schöne» liest, kann es Freude machen, hier jene Attribute wiederzuerkennen, die bereits zu Beginn des Textes der jungen und schönen Braut zugeschrieben wurden, und gleich darauf die Liebe der alten Frau ebenfalls als «jugendlich» charakterisiert zu finden. Und mit Vergnügen erkennen wir in dem «schwarzseidenen Halstuch mit roten Streifen», das die Alte dem Toten gegen Ende umlegt, das «schwarze Halstuch mit rotem Rand» wieder, das die Braut ihm fünfzig Jahre vorher zum Hochzeitstag schenken wollte.

Nach Aristoteles ist die Lust an der Nachahmung und am Wiedererkennen größer als die Unlust, die der Anblick einer abgebildeten Leiche hervorruft. Deshalb können sogar Darstellungen des Häßlichen und Schrecklichen Vergnügen bereiten. Der Reiz an der Darstellung einer *schönen* Leiche wäre demnach noch gesteigert, weil sie nicht einmal durch abschreckende Unansehnlichkeit getrübt ist. Hebels Kalendergeschichte mildert den Schmerz und den Schrecken des Todes darüber hinaus durch den tröstlichen Verweis auf ein gemeinsames Leben im Jenseits. Die Lust beim Lesen besteht indes hier wie in vielen anderen Fällen wohl nicht nur in der Aufhebung des Schmerzes, sondern sogar an ihm selbst. Vor allem der Empfindsamkeitskult des 18. Jahrhunderts entwickelte ein ausgeprägtes Sensorium für die Lustquellen tränenvoller Trauer. Und nachdem sich der Einsatz dieses Genußmittels auf inflationäre Weise verbraucht hatte und zum Kitschelement herabgesunken war, wußte sogar ein so unsentimentaler Autor wie Kafka noch, daß literarische Qualität sich nicht zuletzt in der Fähigkeit zeigt, die Lesenden zu rühren. Ähnlich wie Edgar Allan Poe versuchte Kafka, glaubt man seinen eigenen Auskünften, entsprechende Effekte literarisch kalkuliert zu erzielen. «Aber an K.'s Gurgel legten sich die Hände des einen Herrn, während der andere das Messer ihm ins Herz stieß und zweimal dort drehte. Mit brechenden Augen sah noch K. wie nahe vor seinem Gesicht die Herren Wange an Wange aneinandergelehnt die Entscheidung beobachteten. ‹Wie ein Hund!› sagte er, es war, als sollte die Scham ihn überleben.»[9] Mit dieser Hinrichtung endet *Der Proceß*. In der Entstehungszeit des Romans notierte Kafka in sein Tagebuch, daß «die guten und stark überzeugenden Stellen» seiner bisherigen Werke immer davon handeln, «daß jemand stirbt, daß es ihm sehr schwer wird, daß darin für ihn ein Unrecht und wenigstens eine Härte liegt und daß das für den Leser wenigstens meiner Meinung nach rührend wird. Für mich aber, der ich glaube auf dem Sterbebett zufrieden sein zu können, sind solche Schilderungen im geheimen ein Spiel, ich freue mich ja in dem Sterbenden zu sterben, nütze daher mit Berechnung die auf den Tod gesammelte Aufmerksamkeit des Lesers aus, bin bei klarerem Verstande als er, von dem ich annehme, daß er auf dem Sterbebett klagen wird [...]. Es ist so, wie ich der Mutter gegenüber immer über Leiden mich beklagte, die beiweitem nicht so groß waren wie die Klage glauben ließ. Gegenüber der Mutter brauchte ich allerdings nicht soviel Kunstaufwand wie gegenüber dem Leser.»[10] Sowohl Poes als auch Kafkas Auskünfte über die Künstlichkeit der von ihnen kalkuliert inszenierten Affekte sind eine Provokation jener Auffassung von authentischer Erlebnisdichtung, die sich im 18. Jahrhundert zu etablieren begann und den literarischen Geschmack bis weit ins 20. Jahrhundert hinein prägte. Sie resultierte aus einem zunehmenden Unbehagen an der bloßen Rhetorik der Gefühlsvermittlung, die nicht durch echte Gefühle in der Person des Dichtenden beglaubigt schien.

Literarischer Bedarf an authentischem Schmerz

Für die frühaufklärerische Poetik Gottscheds war die rhetorische Simulation von Affekten noch kein Grund zur Unlust, solange nur die spielerische Nachahmung realer Gefühle gut war, das heißt den Kriterien der Wahrscheinlichkeit genügte. Als völlig akzeptabel gelten solche Texte, in denen «der Poet selbst die Person eines andern spielet, oder einem, der sie spielen soll, solche Worte, Gebaerden und Handlungen vorschreibt [...]. Man macht z. B. ein verliebtes, trauriges, lustiges Gedicht, im Namen eines andern; ob man gleich selbst weder verliebt noch traurig, noch lustig ist. Aber man ahmet überall die Art eines in solchen Leidenschaften stehenden Gemuethes so genau nach, und druckt sich mit so natuerlichen Redensarten aus, als wenn man wirklich den Affekt bey sich empfaende.» Das Dichten gemäß derartigen Ansprüchen setzt empirische Psychologie voraus: «Man muß hier die innersten Schlupfwinkel des Herzens ausstudiret, und durch eine genaue Beobachtung der Natur [...] angemerket haben.» Diese Lehre von der spielerischen Nachahmung der Affekte wird freilich im Verlauf des 18. Jahrhunderts durch den

Blick auf einen neueren Gedichttypus zu erheblichen Differenzierungen gezwungen, einen Gedichttypus, mit dem die Autoren, so Gottsched über diesen Sonderfall der Gefühlsdarstellung, «ihren eignen Schmerz, und nicht einen fremden vorstellen wollen». Angesprochen ist hier eine Reihe von Gedichten, in denen Ehemänner selbst den Tod ihrer Frauen beklagten.[11] Der betreffende Abschnitt aus der *Critischen Dichtkunst* beginnt so: «Die Klaggedichte, die Kanitz und Besser, auf ihre Gemahlinnen gemacht, werden sonst als besondere Muster schoen ausgedruckter Affecten angesehen. Man kann sie auch gar wohl unter diese Art der Nachahmung rechnen, ob sie gleich ihren eignen Schmerz, und nicht einen fremden vorstellen wollen.»[12] Gottsched versucht hier den Autor, der seinen eigenen Emotionen poetischen Ausdruck verleiht, im Rahmen seiner Kategorien als jemanden zu begreifen, der seinen eigenen Schmerz nachahmt, und zwar aufgrund von genauer Selbstbeobachtung.

Was Gottsched noch als einen Sonderfall anführte, bekommt Vorbildcharakter in dem Maße, in dem das Prestige des Dichtens auf der Basis eigener, authentischer Affekte wächst. 1748 erklärte ein Kritiker Gottscheds: «Wer eine Leidenschaft nicht selbst empfindet, der kann sie nicht nachahmen».[13] Die glaubwürdige Nachahmung der eigenen Gefühle dient dabei vor allem dazu, die der Leser besonders wirkungsvoll zu stimulieren. Wo die Glaubwürdigkeit fehlt und die Authentizität des dargestellten Schmerzes angezweifelt wird, hat der Autor mit Abwertungen zu rechnen, wie sie Friedrich Schlegel gegenüber Lessings *Emilia Galotti* vornahm: «ins Gemüth dringts nicht und kanns nicht dringen, weil es nicht aus dem Gemüth gekomken ist.»[14] Mit dem gleichen, jedoch ins Positive gewendeten Argument hatte Johann Jacob Bodmer die Trauergedichte der Ehemänner gelobt: Sie «beklagen den Verlust der geliebten Gemahlinnen mit so vieler Betrübniß, daß der Leser in einen gleichen Affekt geräth.»[15] Die Klaggedichte auf den Tod der eigenen Ehefrau helfen durch ihren Erfolg einen Prozeß in Gang zu setzen, in dem um der möglichst wirkungsvollen Schmerzstimulation des Lesers willen bei den Autoren ein enormer Bedarf an eigenem Schmerz entsteht, ein Bedarf, der sich durch die von natürlichen Umständen herrührenden Emotionen nicht mehr decken ließ. So oft konnten Ehefrauen oder ersatzweise Geliebte, Kinder, Eltern, Freunde gar nicht sterben, als daß sich das Bedürfnis des Poeten und seiner Leser nach authentischem Schmerz hätte ausreichend befriedigen lassen können. Techniken der künstlichen Stimulation von Trauer wie Gräberbesuche oder die Antizipation von Todesfällen (auch des eigenen) in der Phantasie sorgten da für Ersatz.[16] «Wenn einst ich todt bin», beginnt Klopstocks Ode *An Fanny* von 1748, die dann auch den Tod der Geliebten imaginiert: «Wenn du alsdann auch, meine Fanny,/ Lange schon todt bist [...].»[17] Das wohl spektakulärste Beispiel für eine künstliche Stimulation qualitätsfördernden Dichterschmerzes lieferte freilich erst das 19. Jahrhundert. Die von mir skizzierten Prozesse kosteten eine Frau das Leben, die solche von Männern entwickelten Vorstellungen verinnerlicht hatte. Auch in diesem Fall, dem der Charlotte Stieglitz, ging es um den Tod der Ehefrau eines Dichters. Sie tötete sich selbst, um ihren Mann durch den damit bei ihm ausgelösten Schmerz zu höherem Dichtertum zu befähigen.[18]

Bei aller Fragwürdigkeit einer derartigen Exaltation hatte das Phänomen, daß literarisches Glück vom Unglück profitiert, wenig moralisch Anstößiges an sich, solange der Schmerz zu Tränen rührt. Mitleidsfähigkeit gilt in christlicher Tradition als eine soziale Tugend. Lessing wies dem empfindsamen Trauerspiel, dem Spiel mit der Trauer der Rezipienten, die Aufgabe zu, sie einzuüben. Der Lustgewinn, den das Traurige zu verschaffen vermag, liegt damit nicht zuletzt in der Bestätigung eigener moralischer Qualitäten. Schon in einer 1751 in England erschienenen und 1768 ins Deutsche übersetzten Schrift mit dem bezeichnenden Titel *Von den Neigungen der Menschen, sich mit unglücklichen Gegenständen zu beschäfftigen* deckt der Verfasser im scheinbar ganz altruistischen Mitleidsgefühl eben diese narzißtische Komponente auf, wenn er schreibt: «Wir gefallen uns selbst wegen dieser Empfindungen. Wir sind uns eines innerlichen Verdienstes bewußt; und dieß ist eine beständige Quelle des Vergnügens.»[19] Der Verfasser räumte freilich ein, daß das schmerzhafte und doch ohne «den geringsten Widerwillen» empfundene Mitleid vor allem auch «geselligen Neigungen» entspricht. Andere zu bemitleiden und zu betrauern oder von anderen bemitleidet oder betrauert zu werden kann zweifellos, wie es heute in psychologischer Terminologie heißt, das Bedürfnis nach Affiliation, nach Anschluß an andere Menschen, befriedigen. In der Identifikation mit dem toten Bräutigam vermag man beim Lesen von Hebels

Geschichte mit wohliger Wärme die lebenslange Trauer und Liebe der treuen Braut genießen. Wenn die Gealterte am Ende den Jüngling mit den Worten «Schlafe nun wohl [...]. Ich komme bald, und bald wirds wieder Tag» gleichsam wie ein Kind zu Bett bringt, entspricht der Text zudem Bedürfnissen nach mütterlicher Zuwendung.[20] Eine Lustquelle der Traurigkeit liegt in der gemeinschaftsstiftenden Kraft, die das Weinen ähnlich wie das Lachen haben kann. Die Trauer verbindet nicht nur mit bemitleideten Personen, und seien diese nur fiktive Figuren, sondern auch mit allen, die ihre weich gewordenen Herzen einander in gemeinsamen Tränen öffnen. In Hebels Geschichte ist der Verweis auf die emotionale Reaktion der Zuschauenden eine Vorwegnahme möglicher Emotionen beim Lesen: «Da wurden die Gemüter aller Umstehenden von Wehmut und Tränen ergriffen». Gemeinsame Tränen befriedigen Bedürfnisse nach sozialer Nähe. Den lustvollen Mechanismus gemeinschaftlicher Identifikation einer ganzen Lesegemeinde mit den Leiden des jungen Werther hatten dieser selbst und Lotte im Roman mit ihrem gemeinsamen Unglück beim Lesen von Ossians Gesängen vorweggenommen. Als hier ein Vater den Tod seiner Kinder beklagt und deren Geister «zusammen in trauriger Eintracht» im Mondschein wandeln sieht, unterbricht ein Tränenstrom den Lesefluß: «Ein Strom von Tränen, der aus Lottens Augen brach und ihrem gepreßten Herzen Luft machte, hemmte Werthers Gesang. Er warf das Papier hin, faßte ihre Hand und weinte die bittersten Tränen. [...] Sie fühlten ihr eigenes Elend in dem Schicksale der Edlen, *fühlten es zusammen, und ihre Tränen vereinigten sich.* Die Lippen und Augen Werthers glühten an Lottens Arme; ein Schauer überfiel sie».[21] Die sublim erotische Komponente in der Vereinigung der Tränen ist unverkennbar. Und schon vorher ist die kathartische, befreiende Lust des Tränenergusses angesprochen, der Lottes gepreßtem Herzen Luft macht. Mit Blick auf die Trauergedichte von Ehemännern auf ihre toten Frauen erkannte denn auch Bodmer: «Wenn die Seele den Klagen ihren Lauf läßt, wird sie dadurch gleichsam entladen, losgebunden, und abgespannt. Mithin sieht sie die Sachen mit einem freyern Verstand an, und giebt den Vorstellungen, die ihr von andern gelindern Regungen gemacht werden, Platz.»[22]

Böse Lust

«Es ist eine allgemeine Erscheinung in unsrer Natur, daß uns das Traurige, das Schreckliche, das Schauderhafte selbst, mit unwiderstehlichem Zauber an sich lockt, daß wir uns von Auftritten des Jammers, des Entsetzens mit gleichen Kräften weggestoßen und wieder angezogen fühlen.»[23] Die Anthropologie Schillers, von dem diese Behauptung über die menschliche Natur stammt, konzedierte, daß neben dem Schönen oder dem Guten eine ganz eigenständige Quelle der Lust existiere. Die Reihung, die er dabei vornimmt, folgt dem Prinzip der Steigerung: «das Traurige, das Schreckliche, das Schauderhafte». Die Lust am Traurigen und Mitleiderregenden erscheint im 18. Jahrhundert und noch heute wenig problematisch, weil sie neuzeitlichen Prinzipien ethischer Korrektheit nicht zuwiderläuft, sondern sie sogar stützen kann. Über die Reize des Traurigen wurde daher auch relativ wenig reflektiert. Daß aber sogar das Schreckliche und das Schauderhafte genossen werden können, und zwar oft suchtartig, beunruhigte schon vor dem exzessiven Horrorkonsum per Kino, Fernsehen oder Video. Entsprechend vielfältige Überlegungen wurden dazu angestellt. Das irritierende Phänomen ist so alt wie Kunst und Literatur selbst. Einen Großteil ihrer Anziehungskraft bezieht Literatur seit jeher aus der Faszination des Schrecklichen. Die literarische Erfolgsgeschichte des Buches der Bücher, der Bibel, ist ohne die Reize der Grausamkeit kaum denkbar. Der Geschichte des Schöpfers, der mit narzißtischem Wohlgefallen sein schönes Werk betrachtet, folgen Geschichten des Bösen und der Gewalt. Homers Schlachtenbeschreibungen, die Tragödien bzw. Bocksgesänge der Antike, die auf archaischen Opferritualen gründeten, das Theater des elisabethanischen Zeitalters delektierten mit Darbietungen von Exzessen der Gewalt. Wies das aufgeklärt-empfindsame Literaturprogramm Lessings der Tragödie die Aufgabe emotionaler Einübung von humaner Mitleidsfähigkeit zu, so hatten die römischen Tragödien Senecas genau die gegenteilige Intention. Mitleid galt als Schwäche angesichts fremden Leids, Furchtsamkeit als fatale Folge; die Tragödie hatte da eine Art Desensibilisierungstraining zu bieten.[24] Was heute von der «Habitualisierungsthese»[25] der Medienwirkungsforschung als bedenkliche Konsequenz eines ausgedehnten audiovisuellen Gewaltkonsums angesehen wird, die abstumpfende Gewöhnung auch an reale Gewalt, war damals gerade erwünscht. «Tötung, Verletzung, Folterung, Verstümmelung», so schreibt der Literaturhistoriker Jürgen Wertheimer, «werden zu legitimen und eigenwertigen Gegenständen der Darstellung im Grenzbereich zwischen Spiel und Imitation. So gestaltet einerseits das Zirkusspiel Massenhinrichtungen in der Art einer abwechslungsreichen und auf Steigerung bedachten Tötungsrevue. Exekution wird zum theatralischen Spektakel. Umgekehrt kann das Theater zum Ort der Hinrichtung, der gespielte Bühnentod zum realen Tod auf der Bühne werden.»[26] Fiktion und «Reality-Show», wie man heute sagt, vermischten sich. Denn einigen Berichten nach wurde gelegentlich die Theaterrolle eines zum Tode Verurteilten zwangsweise mit einem in der Realität Verurteilten besetzt, den man dann auf offener Bühne ans Kreuz schlagen und von wilden Tieren zerfleischen ließ.

Schon Poetiken der Renaissance verglichen gelegentlich die Tragödie mit den Gladiatorenkämpfen der Antike.[27] Im 18. Jahrhundert erinnerte man immer wieder an die Wirkung öffentlicher Hinrichtungen, um das irritierende Vergnügen am Schrecklichen in der Tragödie zu erklären. Der französische Kunsttheoretiker Charles Batteux konstatierte: «Man hat schon lange gesagt, die Hinrichtung der Missethäter sey die Tragödie des gemeinen Volkes [...]. Die Römer ließen zur Lust in ihren Amphitheatern Kriegsgefangene, die von Fechtern unterrichtet waren, auftreten und sich einander ermorden. Dieß war ihre Tragödie.»[28] Goethe, der als Kind Zuschauer mehrerer Hinrichtungen wurde, hat in *Wilhelm Meisters theatralische Sendung* über die Schaulust geschrieben, die das Schafott auf die Massen auszuüben vermag, und sie ebenfalls mit der Lust an der Tragödie verglichen: «Wie viel Tausende werden unwiderstehlich nach einer Exekution, die sie verabscheuen, hingerissen, wie ängstet sich die Brust der Menge für den Übeltäter, und wie viele würden unbefriedigt nach Hause gehen, wenn er begnadigt würde und ihm der Kopf sitzen bliebe? Das sprudelnde Blut, das den bleichen Nacken des Schuldigen färbt, besprengt die Einbildungskraft der Zuschauer mit unauslöschlichen Flecken; schauernd, lüstern blickt die Seele wieder nach Jahren zu dem Gerüste hinauf, läßt alle fürchterliche Umstände wieder vor sich erscheinen und scheut es sich selbst zu gestehen, daß sie sich an dem gräßlichen Schauspiele weidet. Viel willkommner sind jene Exekutionen, welche der Dichter veranstaltet.»[29]

Die Schilderung ist ein Beispiel unter vielen dafür, wie sich in das Eingeständnis eigener Schaulust am Gewalttätigen und Grausamen schlechtes Gewissen, Scheu und Scham mischen. Die *Bekenntnisse* des Augustinus hatten dafür fast anderthalb Jahrtausende vorher ein Muster gegeben – mit der Beschreibung des in der Arena eines römischen Amphitheaters sitzenden Zuschauers, der sich der kollektiven Lust am Schrecklichen vergeblich zu entziehen versucht: «Als man nun angekommen war und sich niedergesetzt hatte, flackerte überall bereits die wildeste Lust. Er aber schloß die Pforten seiner Augen und untersagte seinem Geist, an diesen Greueln Anteil zu nehmen. [...] Als bei einem Zwischenfall des Kampfes das ganze Volk in ungeheures Geschrei ausbrach, wurde er so erschüttert, daß er [...] die Augen aufschlug. [...] Da ward seiner Seele eine schwere Wunde. [...] denn sobald er das Blut sah, durchdrang ihn wilde Gier, konnte er sich nicht mehr abwenden [...], hatte seine Wonne an dem Kampf und berauschte sich an grausamer Wollust.»[30] Solche Bekenntnisse erscheinen glaubwürdiger als mancher Versuch, Darstellungen des Schrecklichen und ihre Rezeption ethisch zu legitimieren. Viele Selbstrechtfertigungen von Präsentationen der Grausamkeit in alten wie in neuen Medien, die sich als Abschreckung vor oder Anklage gegen Gewaltsamkeit ausgeben, wirken ziemlich verlogen. Doch auch noch so unverdächtige, in glaubwürdig guter Absicht vorgenommene Darstellungen des Entsetzlichen sind nicht davor geschützt, mit jener heimlichen und zugleich unheimlichen Lüsternheit aufgenommen zu werden, wie sie Goethe beschrieben hat. Sibylle Tönnies hat unlängst unter dem Titel *Die scheußliche Lust* einen bemerkenswerten Kommentar zur vielbesuchten Ausstellung über die Verbrechen der deutschen Wehrmacht während des Zweiten Weltkrieges veröffentlicht. Er macht sich mit den politisch dubiosen Verunglimpfungen dieser Ausstellung und deren Initiatoren nicht gemein, bekennt sich vielmehr zur Militarismuskritik Kurt Tucholskys und lehnt die Ausstellung dennoch ab. Denn die Aufklärung über die Verbrechen sei eine Sache, das Betrachten der Bilder eine andere. Ihm hafte ein «Voyeurismus mit sadistischen Anteilen» an, behauptet Tönnies und fügt hinzu: «Ich will mit dieser Behauptung nicht andere denunzieren, sondern von mir selbst auf andere schließen. Ein Blick in die tiefergehende Psychologie zeigt, daß innerhalb dieses Komplexes ein scheußlicher Lustanteil nicht pathologisch, sondern normal ist. Der Mensch, der archaische Restbestände weiterführt, baut gewisse Anteile seines Selbstbewußtseins darauf auf, daß er ein potentieller Töter ist. Diese Tatsache zu ignorieren heißt, ihr Vorschub zu leisten. Der Anblick von Getöteten wird normalerweise ambivalent erfahren: nicht nur als Mitleid und Abscheu erregend, sondern auch als Stärkung des mit seiner Todesangst beschäftigten Ego. [...] Die Abbildung von Tötungshandlungen berührt tiefere Seelenschichten, in denen nicht nur politisch korrekte Empfindungen, sondern auch Lust frei wird.»[31] Mit dieser Lust lasse sich beispielsweise auch die seitenlange Beschreibung einer Vierteilung lesen, mit der Michel Foucault sein Buch *Überwachen und Strafen* einleitet, die Schilderung von Grausamkeiten in Konzentrationslagern oder die Darstellung von Kriegen, auch wenn diese gegen Krieg gerichtet ist.

Die damit angesprochenen Probleme bewegten bereits das 18. Jahrhundert zu andauernden Auseinandersetzungen. Daß es neben der und im Unterschied zur Lust am Schönen eine anders geartete Lust an Natur, Kunst und Literatur gibt, konnte man in jener aufklärerischen Zeit, in der sich die Ästhetik als eine neue Disziplin etablierte, nicht übersehen. Die Ästhetik definierte sich zwar in erster Linie als eine Theorie des Schönen, war sich aber bewußt, daß die Lüste der Wahrnehmung nicht auf die Lust am Schönen zu begrenzen sind. Sie war in weit ausgeprägterem Maße, als es die lange Zeit von klassizistischen Normen geprägte Literaturwissenschaft zu bemerken vermochte, von Beginn an eine doppelte Ästhetik, eine des Schönen und eine des Schrecklichen.[32] Die Lust am Schrecklichen wurde im 18. Jahrhundert vor allem unter dem Begriff des «Erhabenen» debattiert. Die Ästhetik des Erhabenen wie die des Mitleids war ein Versuch, die Lust am Schrecklichen von dem Verdacht des moralisch Anstößigen zu befreien, und man kann sie mit guten Gründen als einen theoretisch aufwendigen Akt kollektiver Rationalisierung, Verdrängung oder Maskierung des Bösen verstehen.[33] Dennoch formulieren die Theorien des Erhabenen über das Vergnügen am Schrecklichen auch Einsichten, auf die man noch heute mit Gewinn zurückgreifen kann.

Gemischte Gefühle des Erhabenen

Unter dem Begriff des «Erhabenen» untersuchen die Ästhetiken eine Art von Lust, die sich mit der Unlust des Schreckens mischt, ein «gemischtes Gefühl», wie Schiller es nennt, eine Mischung aus positiven und negativen Gefühlen, von Lust und Angst, Glück und Unglück. Edmund Burke nennt dieses Gefühl «delightful horror», der Psychoanalytiker Michael Balint später «Angstlust». In den achtziger Jahren hat Jean-François Lyotard, dem der Begriff und die Theorie des Erhabenen im Umkreis der postmodernen Ästhetik eine neue Konjunktur verdanken,[34] das Gefühl des Erhabenen im Anschluß an Edmund Burke so beschrieben: «Das Schöne gewährt eine positive Lust. Aber es gibt eine andere Art der Lust, und diese ist an etwas gebunden, das stärker ist als die Befriedigung: an den Schmerz und das Nahen des Todes. [...] Diese ganz und gar geistige Leidenschaft heißt im Lexikon Burkes: Schrecken. Und dieser Schrecken ist an Beraubungen gebunden: Beraubung des Lichts: Schrecken der Finsternis; Beraubung des Nächsten: Schrecken der Einsamkeit; Beraubung der Sprache: Schrecken des Schweigens; Beraubung der Gegenstände: Schrecken der Leere; Beraubung des Lebens: Schrecken des Todes.»[35] Burke beschreibt die Merkmale erhabener Objekte, die Angstlust hervorrufen können, jeweils im Kontrast zu den Merkmalen des Schönen: «Erhabene Objekte sind riesig in ihren Dimensionen, schöne aber verhältnismäßig klein. Schönheit verlangt Glätte und Ebenheit; das Große kann rauh und ungehobelt sein. Schönheit muß die gerade Linie vermeiden, darf aber von ihr nur unmerklich abweichen; das Große liebt in vielen Fällen die gerade Linie, läßt aber, wenn es einmal von ihr abweicht, auch eine sehr starke Abweichung zu. Schönheit darf nicht dunkel, das Große muß finster und düster sein. Schönheit muß licht und zart, das Große muß fest und sogar massiv sein.»[36]

Wie die Theorien des Schönen können sich die Theorien des Erhabenen auf die Merkmale der gefühlsauslösenden Objekte richten oder auch auf die Beschaffenheit der Gefühle im wahrnehmenden Subjekt. Kant zeigt sich primär an den Gefühlen des Erhabenen interessiert, verzichtet jedoch nicht darauf, Merkmale und anschauliche Beispiele von Objekten anzuführen, die dazu geeignet sind, solche Gefühle hervorzurufen: «Kühne überhangende gleichsam drohende Felsen, am Himmel sich auftürmende Donnerwolken, mit Blitzen und Krachen einherziehend, Vulkane in ihrer ganzen zerstörenden Gewalt, Orkane mit ihrer zurückgelassenen Verwüstung, der grenzenlose Ozean, in Empörung gesetzt, ein hoher Wasserfall eines mächtigen Flusses».[37] In seinen vorkritischen *Beobachtungen über das Gefühl des Schönen und Erhabenen* unterscheidet Kant das Schöne und das Erhabene voneinander wie Tag und Nacht: «Nacht ist *erhaben*, der Tag ist *schön*.»[38] Und neben der Differenz von Nationalcharakteren ist es die Geschlechterdifferenz, die mit dieser Begriffsopposition beschrieben wird: «Derjenige, so zuerst das Frauenzimmer unter dem Namen des *schönen Geschlechts* begriffen hat, kann vielleicht etwas Schmeichelhaftes haben sagen wollen, aber er hat es besser getroffen, als er wohl selbst geglaubt haben mag. Denn, ohne in Erwägung zu ziehen, daß ihre Gestalt überhaupt feiner, ihre Züge zärter und sanfter, ihre Miene im Ausdruck der Freundlichkeit, des Scherzes und der Leutseligkeit bedeutender und einnehmender ist, als bei dem männlichen Geschlecht [...], so liegen vornehmlich in den Gemütscharaktere dieses Geschlechts eigentümliche Züge, die es von dem unseren [!] deutlich unterscheiden und die darauf hauptsächlich hinauslaufen, sie durch das Merkmal des *Schönen* kenntlich zu machen.»[39] Kurzum: Die Merkmale des Körpers und des Charakters von Frauen sind tendenziell schön, die von Männern erhaben. Und auch zur Lustempfindung des Schönen hält das 18. Jahrhundert das weibliche Subjekt für prädestiniert. Die Fähigkeit zur Lust am Erhabenen wird hingegen vor allem dem Mann zugeschrieben. Noch in Michael Balints psychoanalytischer Theorie des «thrills», der «Angstlust», wird der Persönlichkeitstyp des «Philobaten», der im Gegensatz zum furchtsamen, sich an Sicherheit gewährende Objekte anklammernden «Oknophilen» mutig und offen für Gefahren ist, eng mit «Männlichkeit» assoziiert. Der Erhabenheitskult ist ein Männlichkeitskult. Im 20. Jahrhundert repräsentieren ihn Autoren wie Filippo Tommaso Marinetti und vor allem auch Ernst Jünger mit ganz offen ausgesprochener Frauenfeindlichkeit.[40]

Eine Wirkung des Erhabenen kann am besten als «überwältigend» bezeichnet werden. Erhaben ist, was uns zu überwältigen droht. Vor allem der Mann wird jedoch für fähig gehalten, dieser Bedrohung etwas entgegenzusetzen, sich über sie zu erheben.

Und dieses Vermögen kann das unlustvolle Gefühl der Bedrohung in eine Lust am Funktionieren der geistigen Gegenkräfte verwandeln. Schiller hat das in seiner Schrift *Über den Grund des Vergnügens an tragischen Gegenständen* so beschrieben: «Das Gefühl des Erhabenen besteht einerseits aus dem Gefühl unsrer *Ohnmacht* und Begrenzung, einen Gegenstand zu umfassen, anderseits aber aus dem Gefühl unsrer *Übermacht*, welche vor keinen Grenzen erschrickt, und dasjenige sich *geistig* unterwirft, dem unsre sinnlichen Kräfte unterliegen.»[41] Die Lust am Erhabenen ist im 18. Jahrhundert die Lust an der geistigen Überlegenheit gegenüber gewaltigen, oft Schrecken erregenden Phänomenen, die das Subjekt in seinem sinnlichen Fassungsvermögen überwältigen. Sie ist die Lust des Autonomie beanspruchenden Subjekts, solchen Eindrücken standhalten zu können, ihnen gegenüber die eigene Überlegenheit beweisen zu können. Die Konfrontation mit dem Schrecklichen ist eine Art «Katastrophentraining»,[42] eine Art Verhaltenstherapie zur Schreckensbewältigung, wie sie heute ziemlich erfolgreich zur Überwindung pathologischer Ängste betrieben wird. Die Lust an der Angst ist eine Lust an der eigenen Fähigkeit, sie abzuwehren und zu bewältigen. In einem neueren psychologischen Beitrag zur Streß- und Emotionsforschung mit dem Titel *Bewältigung und Wohlbefinden* haben Hannelore Weber und Lothar Laux gegenüber älteren Theorieansätzen hervorgehoben, «daß in bestimmten Streß-Situationen beim Einsatz geeigneter Bewältigungsformen unangenehme Gefühlszustände nicht nur in ihrer Intensität (etwas) reduziert oder bis zur neutralen Null-Lage abgeschwächt, sondern sogar durch positive Emotionen abgelöst werden können. In der Antizipation einer Bewährungssituation zum Beispiel wird häufig Angst empfunden, weil die Möglichkeit des Scheiterns nicht ausgeschlossen werden kann. Bewältigungsformen (z. B. Entspannung, positive Selbstinstruktionen, problemzentriertes Handeln) können angstreduzierend wirken und schließlich Stolz über die Leistung, ja sogar Triumphgefühle hervorrufen.»[43] Ähnliche Einsichten wurden schon im 18. Jahrhundert formuliert. In der *Kritik der Urteilskraft* schreibt Kant: «wir nennen diese Gegenstände gern erhaben, weil sie die Seelenstärke über ihr gewöhnliches Mittelmaß erhöhen, und ein Vermögen zu widerstehen von ganz anderer Art in uns entdecken lassen, welches uns Mut macht, uns mit der scheinbaren Allgewalt der Natur messen zu können.»⁴⁴ «Erhaben» ist für Kant eigentlich nicht irgendein Gegenstand der Wahrnehmung, sondern das Subjekt, das sich mit seiner «Seelenstärke» über die sinnliche Gewalt von außen kommender Eindrücke zu erheben vermag, sich über sie erhaben fühlen kann. «Also ist die Erhabenheit in keinem Dinge der Natur, sondern nur in unserm Gemüte erhalten, sofern wir der Natur in uns, und dadurch auch der Natur (sofern sie auf uns einfließt) außer uns, überlegen zu sein uns bewußt werden können. Alles, was dieses Gefühl in uns erregt, wozu die *Macht* der Natur gehört, welche unsere Kräfte auffordert, heißt alsdenn (obzwar uneigentlich) erhaben». Erhaben erscheinen sie uns «durch das Vermögen, welches in uns gelegt ist, jene ohne Furcht zu beurteilen, und unsere Bestimmung als über *dieselbe* erhaben zu denken.»⁴⁵ Erhabenheitsgefühle werden durch zunächst furchterregende Herausforderungen hervorgerufen, denen der Mensch sich jedoch gewachsen fühlt, bei denen er über sich selbst hinauswächst, die Größe und Macht der schreckenerregenden Gegenstände für sich selbst in Anspruch nimmt.⁴⁶ Einen Aspekt der Angstlust begreift denn auch Balint später als ein Gefühl der Allmacht. Dieses Gefühl hat, in psychoanalytischer Perspektive, insofern regressiven Charakter, als es auf eine frühkindliche Phase der Entwicklung zurückgeht. In ihr lebt das Kind in der Illusion, daß der Befriedigung seiner Wünsche nichts entgegensteht.⁴⁷

Zu den Phänomenen, die im 18. Jahrhundert unter dem Stichwort des Erhabenen immer wieder angeführt werden, gehört vor allem auch der Tod. Er stellt die Autonomie des Subjekts am radikalsten in Frage und löst dadurch am meisten Angst aus. Schiller erklärt ihn in seiner Schrift *Über das Erhabene* zum Prüfstein menschlicher Freiheit überhaupt. «Gegen alles, sagt das Sprüchwort, gibt es Mittel, nur nicht gegen den Tod. Aber diese einzige Ausnahme, wenn sie das wirklich im strengsten Sinne ist, würde den ganzen Begriff des Menschen aufheben. Nimmermehr kann er das Wesen sein, welches will, wenn es auch nur Einen Fall gibt, wo er schlechterdings muß, was er nicht will. Dieses einzige schreckliche, *was er nur muß und nicht will*, wird wie ein Gespenst ihn begleiten und ihn, wie auch wirklich bei den mehresten Menschen der Fall ist, den blinden Schrecknissen der Phantasie zur Beute überliefern; seine gerühmte Freiheit ist absolut Nichts, wenn er auch nur in einem einzigen Punkte gebunden ist.»⁴⁸

Im 18. Jahrhundert wird die Angst vor dem Tod in Literatur und Philosophie vor allem auch als Angst vor dem Autonomieverlust des Subjekts beschrieben. Der überwältigende Schrecken des Todes läßt sich, wie ich im vorigen Kapitel gezeigt habe, durch Schönheit mildern, er kann jedoch auch zum Inbegriff des Erhabenen werden, wenn es dem Subjekt gelingt, ihm standzuhalten. Kann man sich über den Schrecken des Todes erhaben fühlen, wird er zu einer Quelle der Lust. Da letztlich vielleicht jede Angst eine Angst vor dem Tod ist, ist jede Angstlust ein lustvolles Spiel mit dem Tod. Wir kennen es in unendlich vielen Erscheinungsformen: in römischen Sklaven- und Tierkämpfen, im spanischen Stierkampf, in öffentlichen Schauspielen der Hinrichtung, wie sie in Europa noch im 18. Jahrhundert üblich waren. Wir erkennen es wieder in der Schaulust bei Katastrophen, in der Lust an gefährlichen Bergbesteigungen, Fallschirm- oder Bungee-Sprüngen, in abgeschwächter Form auch in den Jahrmarktsvergnügungen der Geister- oder Achterbahnfahrten. Wir kennen dieses lustvolle Spiel mit dem Tod und der Todesangst jedoch auch aus den permanenten Darstellungen von Gewalt und Grausamkeit, Unglücksfällen und Katastrophen in Literatur, Malerei oder Film. Im Kriminalroman ist der Mord, im Schauerroman die unheimliche, potentiell tödliche Bedrohung charakteristischer Bestandteil der Lust am Text. Ein lustvolles Spiel mit dem Tod betreibt jedoch vor allem auch eine der angesehensten literarischen Gattungen, für die der tödliche Ausgang der Handlung konstitutiv ist: die Tragödie.

Moralische Lust und der Triumph der Aufklärung

Was ist das für ein merkwürdiges Vergnügen, mit dem wir daran teilnehmen, wie ein Autor seine tragische Figur sterben, also gleichsam öffentlich exekutieren läßt? Darauf versuchte neben vielen anderen Friedrich Schiller in seiner schon mehrfach zitierten Schrift *Über den Grund des Vergnügens an tragischen Gegenständen* Auskunft zu geben. Nach Schiller ist dieses Vergnügen ein moralisches. Von «moralischem Vergnügen» oder «moralischer Lust» spricht er immer wieder. Daß es eine moralische Lust an Literatur und nicht nur an ihr gibt, mag heute befremdlich erscheinen. Sie ist uns aber zumindest aus unserer

Kindheits- und Jugendlektüre vertraut, und sie hat sich auch in der Lektüre der Erwachsenen, wenn auch oft in subtileren Formen, durchaus erhalten. Ich meine das Gefühl der Erleichterung, der Genugtuung oder sogar des Triumphes, wenn die Guten siegen und die Bösen vernichtet werden. Wo im 17. und noch im 18. Jahrhundert Prinzipien der «Poetischen Gerechtigkeit»[49] ausdrücklich gefordert wurden, begründete man sie nicht zuletzt mit Lust- und Unlustgefühlen. «Dann wann/ in Schauspielen/ die Tugend nicht belohnt/ und die Laster nicht gestrafft erscheinen/ so ist solches ärgerlich».[50] So steht es in der Barock-Poetik Sigmund von Birkens. Und Gottsched erklärte noch 1728, bevor er selbst wie viele andere die «Poetische Gerechtigkeit» verspottete, daß ein «kluger Poet» in der Tragödie «die Unschuld doch zuletzt als eine Siegerin in vollem Glücke abbildet, und dadurch bey wohlgearteten Gemüthern eine allgemeine Freude erwecket.»[51] In den *Kinder- und Hausmärchen* der Brüder Grimm hat sich das Prinzip noch vollkommen erhalten. In *Hänsel und Gretel* gibt es die «böse Hexe», die ein Brothäuslein gebaut hat, um die Kinder herbeizulocken. «Wenn eins in ihre Gewalt kam, so machte sie es tot, kochte es und aß es, und das war ihr ein Festtag.»[52] Zu einem festlichen, wenn auch grausamen Triumph für Leser oder Zuhörer wird das Märchen, wenn es Gretel gelingt, die Hexe zu überlisten: «Sie stieß das arme Gretel hinaus zu dem Backofen, aus dem die Feuerflammen schon herausschlugen. ‹Kriech hinein›, sagte die Hexe, ‹und sieh zu, ob recht eingeheizt ist, damit wir das Brot hineinschießen können.› Und wenn Gretel darin war, wollte sie den Ofen zumachen, und Gretel sollte darin braten, und dann wollte sie's auch aufessen. Aber Gretel merkte, was sie im Sinn hatte, und sprach: ‹Ich weiß nicht, wie ich's machen soll; wie komme ich da hinein?› ‹Dumme Gans›, sagte die Alte, ‹die Öffnung ist groß genug, siehst du wohl, ich könnte selbst hinein›, krappelte heran und steckte den Kopf in den Backofen. Da gab ihr Gretel einen Stoß, daß sie weit hineinfuhr, machte die eiserne Tür zu und schob den Riegel vor. Hu! da fing sie an zu heulen, ganz grauselich; aber Gretel lief fort, und die gottlose Hexe mußte elendiglich verbrennen.»[53]

In *Der Wolf und die sieben jungen Geißlein* werden alle Geißlein, bis auf eines, vom Wolf gefressen. Sie leben im Bauch allerdings weiter, man schneidet dem schlafenden «Ungetüm den Wanst auf»,[54] sie springen alle lebendig heraus, dem Wolf wird der Bauch mit Wackersteinen gefüllt, er geht nach dem Aufwachen durstig zu einem Brunnen. «Und als er an den Brunnen kam und sich über das Wasser bückte und trinken wollte, da zogen ihn die schweren Steine hinein, und er mußte jämmerlich ersaufen. Als die sieben Geißlein das sahen, kamen sie herbeigelaufen, riefen laut: ‹Der Wolf ist tot, der Wolf ist tot!› und tanzten mit ihrer Mutter vor Freude um den Brunnen herum.»[55] An dieser Freude der Unschuldigen über den Tod des Bösen haben auch die Lesenden Anteil. Und etwas von dieser moralischen Befriedigung mag ebenso das Publikum öffentlicher Hinrichtungsszenerien empfunden haben.

Die moralische Lust am schrecklichen Tod in der Tragödie gründet allerdings auf komplexeren Voraussetzungen. Die tragische Figur, mit deren Tod die Zuschauer konfrontiert sind, verkörpert nicht das Böse. Es sind Figuren, die lieber aus freier Wahl zu sterben bereit sind, als gegen ein Sittengesetz zu verstoßen. Oder es sind Figuren, die gegen ein moralisches Gesetz verstoßen, um mit einem höherwertigen Gesetz in Übereinstimmung zu bleiben. Ihr Tod verursacht dem Zuschauer zwar ein Unlustgefühl des Schmerzes, doch zugleich das moralische Lustgefühl, die «Macht des Sittengesetzes» bestätigt zu sehen. Schiller skizziert als Beispiel dafür die Geschichte eines Kommandanten, «dem die Wahl gelassen wird, entweder die Stadt zu übergeben oder seinen gefangenen Sohn vor seinen Augen durchbohrt zu sehen».[56] Wenn er sich dazu entscheidet, den Tod des Sohnes in Kauf zu nehmen, «weil die Pflicht gegen sein Kind der Pflicht gegen sein Vaterland billig untergeordnet ist», seien wir zwar zunächst empört, «daß ein Vater dem Naturtriebe und der Vaterpflicht so widersprechend handelt, aber es reißt uns bald zu einer süßen Bewunderung hin, daß sogar ein moralischer Antrieb, und wenn er sich selbst mit der Neigung gattet, die Vernunft in ihrer Gesetzgebung nicht irre machen kann».[57] Ein positives Gefühl der Bewunderung konnten früher solche Märtyrerfiguren auslösen, die vor dem Schrecken des Todes allen sittlichen Anfechtungen gegenüber standhaft bleiben oder die sich, wie etwa Emilia Galotti, durch den freiwilligen Tod einer sittlichen Verfehlung zu entziehen versuchen. Im 18. Jahrhundert sah das Bürgertum menschliche Freiheit vor allem durch moralische Kraft konstituiert. «In der Würde der moralischen Unverletzlichkeit, die sich im gräßlichsten Unglück und im tragischsten

Unrecht bewährt, konzentriert sich der erhabene Kern der bürgerlichen Menschen.»[58] Moralische Lust ist demnach eine Lust an der Freiheit des eigenen Geistes gegenüber allen äußeren und inneren Zwängen. Und wo solche Zwänge unüberwindlich werden, bleibt als letzter Akt des eigenen Autonomiebeweises immerhin die freiwillige Unterwerfung unter sie. Sich angesichts der erschreckenden Naturgewalt des Todes als autonomes Subjekt zu behaupten ist unter bestimmten Umständen nicht anders möglich, «als sich derselben freiwillig unterwerfen».[59]

Daß die Lust am Schrecklichen mit moralischen Lustgefühlen verbunden sein kann, zeigt heute noch die Gattung des Kriminal- und Detektivromans. Ohne den Schrecken eines Mordes kommt sie kaum aus. Die lustvolle Befriedigung bei der Lektüre beruht nicht zuletzt darauf, daß der Mörder der gerechten Strafe zugeführt und damit die sittliche Ordnung wiederhergestellt wird. Hinzu kommt, daß die Unlustgefühle der Unsicherheit und Bedrohung, die ein unerkannt und frei herumlaufender Mörder auszulösen vermag, in das Lustgefühl einer beruhigenden Sicherheit überführt werden. Befriedigt wird bei der Lektüre von Kriminal- und Detektivromanen jedoch zugleich auch das rationale Ich. Denn es ist die kombinatorische Intelligenz des den Mord aufklärenden Detektivs, an der der Leser teilhat. Je grauenhafter und empörender das Verbrechen ist, desto größer ist der Triumph aufgeklärter Rationalität, die der Detektiv verkörpert. In den Geschichten von Edgar Wallace, so glossierte Alfred Polgar einmal ironisch deren Machart, «werden äußerst komplizierte Missetaten schlechter Menschen durch äußerst komplizierte Gegenzüge guter Menschen vereitelt oder zumindest aufgedeckt und der Bestrafung zugeführt. Es geschehen in solchem Wallace-Buch ganz unerklärliche Dinge ... bis zum letzten Kapitel, in welchem dann die bitter entbehrten, durch ihr Fehlen überaus erregenden Zusammenhänge sich offenbaren, Stück für Stück, und die Kausalität lieblich aufgeht wie der Vollmond, im Leser so selige Entspannung auslösend, ein solches Glücksgefühl des Endlich-Verstehens, ein so lustvolles ‹Aha!›, daß man fast von einem geistigen Orgasmus sprechen könnte.»[60] Dem 1889/90 in England einsetzenden Massenkonsum von Detektivgeschichten gingen wohl nicht zufällig die Morde von «Jack the Ripper» voraus, die eine ganze Stadt in Angst versetzten. Die literarische Kriminalistik bot da den verunsicherten Lesern ein Gefühl der Sicherheit und der Macht aufklärerischer Vernunft, das in der Realität fehlte.⁶¹

Darin, daß sich angesichts überwältigenden Schreckens das moralische Über-Ich oder auch das rationale Ich in ihrer Überlegenheit lustvoll zu behaupten vermögen, bestehen freilich nicht die einzigen Quellen des Vergnügens am Schrecklichen. Es ist wohl der großen Vielfalt möglicher Lüste am Schrecklichen zu verdanken, daß dessen Darstellungen in Literatur, Kunst oder Film sich einer nahezu grenzenlosen Beliebtheit erfreuen. Zugleich sind diese Lüste bis heute Gegenstand zahlreicher kontroverser Theorien. Sie schließen sich nicht unbedingt gegenseitig aus, sondern decken oft nur verschiedene Aspekte auf. Die Erfolgsgeschichte ganzer literarischer Gattungen läßt sich wohl nur mit der Vielzahl gleichzeitig wirksamer Lustquellen erklären, die sie bereithalten. Der Literaturwissenschaftler Carl Pietzcker hat am Beispiel des Detektiv- und des Kriminalromans aus psychoanalytischer Perspektive komprimiert zusammengefaßt, wie eine Gattung dem dynamischen Zusammenspiel sehr heterogener Bedürfnisse entgegenkommt: «Das Thema des Verbrechers, der dann gejagt wird, befriedigt z. B. die Lust am Verbrechen, die Lust an der Bestrafung des Verbrechers, d. h. die Lust an der Abwehr der eigenen Impulse, es befriedigt die Lust an der Jagd auf den Gegner und dabei die Lust am Spiel des Intellekts und an dessen Überlegenheit. Die verschiedenen Ausprägungen des Detektiv- und des Kriminalromans zielen nun nach einer oder nach mehreren dieser Lustquellen bei jeweils unterschiedlicher Akzentuierung. Je mehr die Lust hier aus verbotenen Quellen stammt, desto deutlicher muß auch die Abwehr organisiert sein. So erhält in der Regel dort, wo das Verbrechen – d. h. die Identifikation mit dem Verbrecher – Lust bereitet, auch die Bestrafung des Verbrechers besonderes Gewicht. Und so muß dort, wo die Verfolgung eines Menschen ausgekostet wird, die unmittelbare Befriedigung durch intellektuelle Leistung kaschiert und abgewehrt werden, oder dadurch, daß die eindeutig Bösen umkommen und die eindeutig Guten siegen, oder z. B. dadurch, daß der Verbrecher nicht durch den Jäger umkommt, sondern durch eigene Schuld, daß er sich also selbst richtet – worin sich wiederum ein Wunsch erfüllt.»⁶² Solche Überlegungen entsprechen, wo sie eine Lust an der Bestrafung eigener krimineller Impulse unterstellen, psychoanalytischen Masochismus-Theorien. In der kulturwissenschaftlich erweiterten Form, wie sie Theodor Reik 1940 in einer umfangreichen Abhandlung vorgelegt hat, können sie literaturwissenschaftlichen Forschungen zur Lust am Schrecklichen viele Anregungen geben. Denn die Masochismus-Theorie und die psychologische Ästhetik des Schrecklichen stehen vor einem ähnlichen Paradox. Der Titel von Reiks Buch formuliert es: *Aus Leiden Freuden*. Schon Freud fand masochistische Neigungen besonders «rätselhaft», weil sie dem Prinzip der «Vermeidung von Unlust und Gewinnung von Lust» zu widersprechen scheinen.[63] Masochistische Persönlichkeiten tun durchaus etwas Ähnliches wie Autoren und ihre Leser. Es scheint, als ließen sie sich vom Unglück geradezu magisch anziehen. Reik hat das anschaulich beschrieben: «Es ist so, wie wenn sich ein widriges Schicksal gegen sie verschworen hätte, als fielen sie der Tücke des Objekts oder der vielen Objekte, die ihre Bahn kreuzen, zum Opfer. Die analytische Untersuchung erweist aber, daß die Personen jene Unglücksfälle oder Leiden in einem großen Ausmaße selbst unbewußt inszeniert [...] haben.» Die Inszenierung des Unglücks durch Literatur erfolgt zwar bewußt, doch ist durchaus damit zu rechnen, daß in die literarischen Leidens- und Schreckensphantasien auch unbewußte Anteile eingehen. Worin liegt in masochismustheoretischer Perspektive die Anziehungskraft des Unglücks? «Die Antwort lautet: in der Befriedigung eines unbewußten Strafbedürfnisses, das als Reaktion auf verbotene Wünsche und Impulse im Ich erscheint.»[64] Die masochistische Lust ist mithin vor allem auch eine moralische Lust. Die mit moralischen Triumphgefühlen verbundene Bestrafung des Bösen richtet sich hier nicht gegen andere, sondern gegen die eigene Person. Freud verwandte den Begriff «moralischer Masochismus» und bezeichnete mit ihm die «wichtigste Erscheinungsform des Masochismus».[65] Die verbotenen Wünsche, für die der moralische Masochist sich selbst zu bestrafen wünscht, sind zum einen libidinöser Art. Daß Autoren Figuren, die lieben, permanent sterben lassen und daß dies den Lesenden, die sich mit ihnen identifizieren, ein schmerzhaftes Vergnügen bereitet, findet so eine weitere Erklärungsmöglichkeit. In Hebels *Unverhofftes Wiedersehen* beantwortet die Frage, was der ehelichen Vereinigung des jungen Brautpaares als Hindernis entgegenstehen könne, der Tod. Anders als in *Tristan*, *Romeo und Julia*, *Werther*, *Die Wahlverwandtschaften*, *Madame Bovary*, *Effi Briest* oder *Der Tod in*

Venedig ist hier allerdings kaum eine Spur von ‹Anstößigkeit› der Liebenden zu finden – es sei denn, die Geschichte evoziert, wie die Verwandlung der jungen Braut in eine mütterliche Frau nahelegen könnte, ödipale Wünsche. Ihnen stünde dann der Vater in Gestalt des Todes entgegen.

Verbotene Wünsche sind vor allem aber auch aggressiver Art. In masochistischen Phantasien verschieben sich kulturell unerwünschte Aggressionen gegen andere auf die eigene Person. Man bestraft sich selbst auf destruktive Weise für die gegen andere gerichteten destruktiven Impulse. In dieser Perspektive sind die grausamen Bestrafungen der bösen Hexe, des bösen Wolfes oder des skupellosen Mörders Bestrafungen der bösen und mörderischen Tendenzen in der eigenen Person, die sich zuvor in der literarischen Phantasie ausleben konnten.

Daß Inszenierungen und Darstellungen des Schrecklichen, wie diese Sichtweise wohl mit Recht unterstellt, auch gänzlich moralwidrige Bedürfnisse befriedigen können, ist einer der Gründe dafür, daß sich die Aufklärung des 18. Jahrhunderts in ihren hohen moralischen Ansprüchen von der Lust am Schrecklichen immer wieder maßlos irritiert zeigte. Diese Irritation setzt sich noch heute in den Diskussionen über die Gewalt in den Medien fort.

Aggressionslust

Unabhängig davon, ob aggressive Bedürfnisse angeboren oder erworben sind, steht fest, daß es sie gibt. Und sie lassen sich vor allem dann befriedigen, wenn die Leser oder Zuschauer von schreckenerregenden Gewalttaten sich nicht mit den Opfern, sondern mit den Tätern identifizieren. Das offene Ausleben aggressiver Wünsche ist im Prozeß der Zivilisation allerdings zunehmend tabuiert worden. Das zivilisierte Subjekt hat in sich, wie Norbert Elias im Anschluß an Freud beschrieben hat, eine Kontrollapparatur herausgebildet, die das Ausagieren von Affekten um der gegenseitigen Sicherheit und Berechenbarkeit willen blockiert. «Das Leben wird in gewissem Sinne gefahrloser, aber auch affekt- oder lustloser, mindestens, was die unmittelbare Äußerung des Lustverlangens angeht; und man schafft sich für das, was im Alltag fehlt, im Traum, in Büchern und Bildern einen

Ersatz: so beginnt der Adel auf dem Wege der Verhöflichung Ritterromane zu lesen, so sieht der Bürger Gewalttat und Liebesleidenschaft im Film.»[66] Literarische Texte oder Filme verwenden mehr oder weniger subtile Techniken, aggressive Bedürfnisse auf eine Weise zu befriedigen, die die Ansprüche des Über-Ich nicht allzu stark verletzt oder, noch besser, ebenfalls erfüllt. Dies geschieht, wenn aggressive Gewaltakte moralisch gerechtfertigt erscheinen. Aggressive oder sogar grausame Aktionen lassen sich ohne Einspruch des Über-Ich genießen, wenn sie beispielsweise aus Notwehr geschehen oder wenn die Opfer aufgrund ihrer Bösartigkeit oder Gefährlichkeit keinerlei Mitleid verdienen, wenn Grausamkeiten vorgeblich im Dienste einer guten Sache und zur Beseitigung eines unerträglich erscheinenden Übels begangen werden. Phantasien über kollektive Katastrophen apokalyptischen Ausmaßes entsprechen in der Tradition religiöser Apokalypsen moralischen und aggressiven Bedürfnissen zugleich. In der Identifikation mit der strafenden Instanz eines göttlichen Wesens oder der mißhandelten Natur findet die selbstgerechte Empörung über die Verfehlungen der Menschheit ihre Befriedigung.[67] Und wo es in literarischen Texten oder Filmen moralisch fragwürdige Figuren sind, die ungehemmt Grausamkeiten begehen, läßt sich deren Darstellung umso schuldloser genießen, je stärker man sich über die Untaten entrüsten kann.

Psychoanalytisch versierte Textinterpreten haben ein geschärftes Sensorium für die verdeckte Befriedigung aggressiver Wünsche entwickelt. Wenn etwa Hänsel und Gretel auf Initiative der herzlosen Stiefmutter im Wald ausgesetzt werden, Gretel es dann schafft, daß die gottlose Hexe elend verbrennen muß, und am Ende des Märchens, wenn die Kinder nach Hause zurückgekehrt sind, ganz beiläufig zu erfahren ist, daß die Stiefmutter inzwischen gestorben ist, dann liegt es aus psychoanalytischer Perspektive natürlich nahe, daß das Märchen Todeswünsche lesender Kinder befriedigt, die immer Anlässe haben, ihren Müttern böse zu sein.

Die massenhaft verbreitete Lust am Kriminalroman beruht ebenfalls keineswegs nur auf der Befriedigung darüber, daß die kriminalistische Rationalität und die Gerechtigkeit am Ende über den Verbrecher gesiegt haben. Damit wird doch auch verdeckt, daß der Leser in der partiellen Identifikation mit den Verbrechern eigene kriminelle Energien und gänzlich amoralische

Bedürfnisse ausleben kann. Dieter Wellershoff kommentierte dieses Phänomen in einem Essay zur Theorie des Kriminalromans so: «Mord muß es sein, als affektive Belohnung für eine im Endeffekt langweilige und bedrückende Sache, die Wiederherstellung der gewohnten Ordnung. Alle wollen das, und alle wollen es auch nicht. Denn alle Menschen sind mit einem unterdrückten Teil ihres Wesens Feinde der Kultur. Sie gewährt ihnen Sicherheit, aber sie mutet ihnen auch Verzichte zu, die dem Luststreben der Psyche unerträglich erscheinen. [...] Mord ist die blutige Rückkehr des Verdrängten.»[68]

Daß die Darstellung des Schrecklichen eine Befriedigung kulturell unterdrückter Affekte erlaubt, ist freilich von denen, die dies so gesehen haben, durchaus unterschiedlich bewertet worden. Für die einen, die sich auf antike Tragödientheorien und den vielinterpretierten Begriff der Katharsis berufen, bewirkt die Darstellung des Schrecklichen im Rezipienten eine befreiende, orgiastische und sozial unschädliche Affektentladung, ein Gewitter der Gefühle, dessen reinigende Kraft schon Aristoteles als lustvoll beschrieben hatte.[69] Solche Vorstellungen sind im 20. Jahrhundert von der Theatertheorie unter dem Einfluß Nietzsches und der Hysteriestudien Breuers und Freuds im Umkreis der Wiener Moderne aktualisiert worden.[70] 1903 erschien Hermann Bahrs *Dialog vom Tragischen*, in dem er die antike Tragödie «eine entsetzliche Kur der Erinnerung an alles Böse» nannte: Sie erinnere «ein durch Kultur krankes Volk, woran es nicht erinnert sein will, an seine schlechten Affekte, die es versteckt, an den früheren Menschen der Wildheit, der im Gebildeten, den es jetzt spielt, immer noch kauert und knirscht, und reißt ihm die Ketten ab und läßt das Tier los, bis es ausgetobt hat» und die Zuschauer «durch Erregung beschwichtigt» sind.[71] Was Bahr hier beschrieben hat, war eine Vorform jenes «Theaters der Grausamkeit», das der Surrealist Antonin Artaud in den dreißiger Jahren propagierte. Die Aufgabe dieses Theaters sei es, «das Hervorbrechen einer latenten Tiefenschicht von Grausamkeit» zu ermöglichen. Das Theater könne so gleichsam «zur kollektiven Entleerung von Abszessen»[72] benutzt werden.

Lust an der Ich-Auflösung

Begriff man im Umkreis der Aufklärung die Lust am Erhabenen als eine Lust des autonomen Subjekts, den überwältigenden Eindrücken des Schreckenerregenden geistig standhalten, sich ihnen gegenüber als überlegen und frei beweisen zu können, so setzte sich im Verlauf des 19. Jahrhunderts schon in der Romantik, doch verstärkt seit Nietzsche eine andere Lusterfahrung durch: die Lust des an seinen krampfhaften Autonomieansprüchen leidenden Subjekts, überwältigt zu werden; eine rauschhafte, orgiastische Lust an der Auflösung der das vernünftige und moralische Ich von seiner Umwelt und der eigenen Natur trennenden Grenzen; eine Lust am Verschmelzen mit dem ‹Anderen der Vernunft›; eine regressive Lust, die die Individuation und Isolation des modernen Subjekts rückgängig macht;[73] eine Todeslust, die in Freuds Konzeption des Todestriebs zur Rückkehr vom Organischen zum Anorganischen eine theoretische Erklärung erhielt. Nietzsche hat diese Lust als eine Erholung, eine Befreiung von den Anstrengungen beschrieben, die das Streben nach Macht sonst kostet: «Gerade für jene Menschen, welche am hitzigsten nach Macht streben, ist es unbeschreiblich angenehm, sich *überwältigt* zu fühlen! Plötzlich und tief in ein Gefühl, wie in einen Strudel hinabzusinken! Sich die Zügel aus der Hand reissen zu lassen, und einer Bewegung wer weiss wohin? zuzusehen! Wer es ist, was es ist, das uns diesen Dienst leistet, – es ist ein grosser Dienst: wir sind so glücklich und athemlos und fühlen eine Ausnahme-Stille um uns wie im mittelsten Grunde der Erde. Einmal ganz ohne Macht! Ein Spielball von Urkräften! Es ist eine Ausspannung in diesem Glück, ein Abwerfen der grossen Last, ein Abwärtsrollen ohne Mühen wie in blinder Schwerkraft. Es ist der Traum des Bergsteigers, der sein *Ziel* zwar oben hat, aber unterwegs aus tiefer Müdigkeit einschläft und vom *Glück des Gegensatzes* – eben vom mühelosesten Abwärtsrollen – träumt.»[74]
Das ist eine anschauliche Anwendung jenes Erklärungsschemas, das Freud später unter dem Begriff der «Aufwandsersparnis» anwendet. Die Lust des Ich, sich vom Kraftaufwand seiner Selbstbehauptungsanstrengungen befreit zu fühlen, ist jedoch insofern immer auch mit Angst verbunden, als sich das Subjekt der Moderne dabei in seinen Autonomieansprüchen bedroht fühlt. Und bedroht fühlt es sich vor allem durch die Macht des Todes, der

Sexualität und aller vernunftwidrigen Affekte. Sie ist anziehend und schreckenerregend zugleich – wie die Macht des Dionysischen, die Friedrich Nietzsche in seiner die ästhetische Moderne maßgeblich mitbegründenden Schrift *Die Geburt der Tragödie aus dem Geist der Musik* evozierte. Die moralische Lust an der Tragödie wies Nietzsche hier in ihre Schranken. «Wer die Wirkung des Tragischen aber allein aus diesen moralischen Quellen ableiten wollte, wie es freilich in der Aesthetik nur allzu lange üblich war, der mag nur nicht glauben, etwas für die Kunst damit gethan zu haben.» Nietzsches amoralistische Theorie ästhetischer Lust lehnt es ab, «in das Gebiet des Mitleids, der Furcht, des Sittlich-Erhabenen überzugreifen».[75] Im Rückgriff auf die antike Tragödientheorie und -kultur begreift er die Lust am Tragischen vor allem auch als eine dionysische Lust am rauschhaften Leben, das alles Häßliche, Disharmonische und Grausame mit einschließt. Thomas Mann hat in seiner Novelle *Der Tod in Venedig* im Rückgriff auf Nietzsche diese dionysische Lust ausdrücklich in ihrer Mischung aus Angst und Faszination begriffen und in jenem Traum veranschaulicht, in dem die zivilisierte, um Autonomie ringende Psyche Gustav von Aschenbachs in sich zusammenbricht. Aschenbach träumt von dem orgiastischen und grausigen Zug des Dionysos: «Angst war der Anfang, Angst und Lust und eine entsetzte Neugier nach dem, was kommen wollte. Nacht herrschte, und seine Sinne lauschten; denn von weither näherte sich Getümmel, Getöse, ein Gemisch von Lärm: Rasseln, Schmettern und dumpfes Donnern, schrilles Jauchzen dazu und ein bestimmtes Geheul im gezogenen u-Laut, – alles durchsetzt und grauenhaft süß übertönt von tief girrendem, ruchlos beharrlichem Flötenspiel, welches auf schamlos zudringende Art die Eingeweide bezauberte.» Vergeblich versucht der Träumende den überwältigenden Lockungen zu widerstehen, «bis zuletzt das Seine zu schützen gegen den Fremden, den Feind des gefaßten und würdigen Geistes». Doch die Anziehungskraft der Orgie aus Sexualität und Gewalt ist stärker: «seine Seele begehrte, sich anzuschließen dem Reigen des Gottes. Das obszöne Symbol, riesig, aus Holz, ward enthüllt und erhöht: da heulten sie zügelloser die Losung. Schaum vor den Lippen, tobten sie, reizten einander mit geilen Gebärden und buhlenden Händen, lachend und ächzend, stießen die Stachelstäbe einander ins Fleisch und leckten das Blut von den Gliedern. Aber mit ihnen, in ihnen war der Träumende nun und dem fremden Gotte gehörig. Ja, sie waren er selbst, als sie reißend und mordend sich auf die Tiere hinwarfen und dampfende Fetzen verschlangen, als auf zerwühltem Moosgrund grenzenlose Vermischung begann, dem Gotte zum Opfer. Und seine Seele kostete Unzucht und Raserei des Unterganges.»[76]

Kompensationstheorie der Angstlust

Im Blick auf die Gattung des Schauerromans entwickelte Richard Alewyn die These, daß «das Aufkommen der Literarischen Angst [...] ein Indiz dafür [ist], daß sich die Angst aus dem Leben zu verflüchtigen beginnt.»[77] Während man noch weit in unser Jahrtausend hinein reale Angst vor Dämonen, Gespenstern, Nacht und Gewitter als sozusagen normal belegen kann, werden diese Ängste infolge der theoretischen und praktischen Rationalisierung der Natur zunehmend abgebaut, bis schließlich die Angstanlässe zu einer Quelle der Lust werden können. Hatte man bisher Nacht, Wald, Gebirge oder Gewitter literarisch gemieden, so werden sie in der zweiten Hälfte des 18. Jahrhunderts zu bevorzugten Gegenständen der Dichtung. In diese Zeit fällt die Entstehung der Gattung des Schauerromans in England, die um die Jahrhundertwende den literarischen Geschmack in ganz Europa beeinflußt. Alewyn sieht den Schauerroman als Produkt der Aufklärung und als Reaktion auf sie zugleich. Als Produkt insofern, als den Unheimlichkeiten und Verrätselungen am Romanschluß zumeist die natürliche Erklärung folgt; als Reaktion, sofern das Bedürfnis des Menschen nach Angst nicht mehr genug befriedigt werden konnte. Alewyns Anregungen sind inzwischen vielfach aufgegriffen, weitergeführt, auf eine breitere literarhistorische Materialgrundlage gestellt und manchmal nicht unwesentlich modifiziert worden.[78] Die Schrecken, die der englische Schauerroman zu vermitteln bemüht war, hatten, wie eine lesenswerte Arbeit von Horst Conrad ausführt, ihre Realitätsbasis nicht in der zeitgenössischen Wirklichkeit ihrer Rezipienten. Das poetologische Regelsystem dieser Gattung verbot es, die Angstanlässe in der aktuellen Gegenwart des aufgeklärten Lesers anzusiedeln. Abgelegene Schlösser und Ruinen als Schauplätze, das Mittelalter und der Absolutismus als historischer Hintergrund des Schreckens gehörten nicht zur Lebenswelt des angelsächsischen Lesers, nur noch zu seinen Erinnerungen. «Überwunden wurde die Naturangst durch wachsende technische Verfügungsgewalt über die Natur. Die Furcht vor unbegrenzter politischer Gewalt verlor durch die fortschreitende Institutionalisierung des öffentlichen Lebens, durch Sekurität verheißende Organisationsformen wie Polizei und beginnende Rechtsstaatlichkeit an Aktualität. Angst wurde erst dann zu einem Thema der Literatur, als sie mit ihrem Gegenteil paktieren konnte, der Sicherheitsgewißheit.»[79] Erst als die Angst nicht mehr Ausdruck unmittelbarer eigener Betroffenheit war, konnte sie zu einer Quelle der Lust werden. Der Schauerroman gestaltete Ängste, «die nur noch in kontinentalen, katholisch geprägten Ländern wie Spanien und Italien aktuell waren. [...] Aus diesem Grunde spielte das Geschehen im Schauerroman mit Vorliebe in romanischen Ländern. Der heraufbeschworene Schrecken war immer der Schrecken anderer in anderen, unaufgeklärten Ländern. Die Gewißheit, daß der Leser der politischen und kirchlichen Willkür, von der er las, in der Realität nicht mehr begegnen konnte, machte die Angst genießbar. Mit der Angst anderer genoß er unterschwellig die Fortschritte der eigenen ‹glorious revolution›.»[80]

Hier vermischen sich zwei verschiedene Erklärungsmuster. Das eine unterstellt, daß dem Menschen ein fixes Angstpotential angeboren ist, oder etwas allgemeiner: ein Bedürfnis nach erregender Stimulation seiner Affekte, gerade auch solcher, die mit Gefühlen des Schmerzes und der Unlust verbunden sind. Denn im Gegensatz zum eher ruhigen Wohlgefallen am Schönen und mehr noch als Trauer, Trost oder Stolz über die Bewältigung einer Herausforderung sind Ekel, Angst oder Entsetzen dazu geeignet, die Gemüter zu erregen. Wo im 18. Jahrhundert die Ästhetik des Erhabenen weniger an der Erhebung des Geistes als an der Intensivierung emotionaler Erregung interessiert war, sieht Lyotard die ästhetisch moderne und avantgardistische Suche nach Schockeffekten vorgezeichnet, die von Kunst «keinen ethischen Gewinn» erwartet.[81] Mit der um Fragen der Moral unbekümmerten Annahme, daß dem Menschen ein Grundbedürfnis nach Erregung eigen ist, hatte schon 1719 Jean-Baptiste Dubos in seinem ungemein einflußreichen, 1760 ins Deutsche übersetzten Werk *Kritische Betrachtungen über die Poesie und die Mahlerey* das merkwürdige Phänomen zu erklären versucht, daß die durch Kunst hervorgerufene Lust «oft einem Leiden ähnlich ist, und sich bisweilen mit allen Kennzeichen des lebhaftesten Schmerzens äussert. Die beyden Künste der Poesie und Mahlerey erhalten niemals mehr Beyfall, als wenn es ihnen gelingt, schmerzhafte Empfindungen in uns zu erregen.»[82] Wie später Karl Groos die Lust am Spiel und Karl Bühler die «Funktionslust» aus einem allgemeinen Drang nach Betätigung erklärte, so führte Dubos im Anschluß an psychologische Erwägungen von René Descartes und Thomas Hobbes[83] dieses Phänomen auf einen Betätigungsdrang der Seele zurück. Der sei so stark, daß er auch dann Befriedigung suche, wenn sie mit Schmerz verbunden ist. Denn die Menschen «fürchten sich vor der verdrüßlichen und langen Weile, welche die Unthätigkeit nach sich zieht, weit mehr, als vor diesen Schmerzen».[84] Ihnen «sind die Martern, die sie fühlen, wenn sie ganz und gar ohne Leidenschaften leben sollen, weit unerträglicher, als die Martern, welche die Leidenschaften nur jemals zu erwecken vermögend sind.»[85] Schlimmer als der Schrecken ist demnach also der Horror vacui, die emotionale Leere. Es gibt allerdings Möglichkeiten, die mit der Vertreibung der Langeweile verbundenen Kosten gering zu halten, also Genuß ohne Reue zu verschaffen. Kunst stellt sie zur Verfügung. Literatur und Malerei sind in der Lage, «die schlimmen Folgen, welche die meisten Leidenschaften mit sich führen, von dem, was sie angenehmes haben, abzusondern».[86] Das durch Kunst vermittelte Schreckliche wirke zwar nicht so stark wie die reale Präsenz des Schrecklichen, doch reiche die Wirkung aus, um den Beschäftigungsdrang zu befriedigen. Der erregende Effekt der Kunst hat gegenüber dem der Realität sogar etliche Vorzüge.

Hier setzt das andere Erklärungsmuster für die Lust am Schrecklichen an, das Conrad verwendet. Denn zugleich mit dem Genußmittel der Erregung stellt die durch Literatur künstlich erzeugte Angst ein weiteres zur Verfügung: das Gefühl der Sicherheit.

Sichere Distanz als Bedingung und Quelle von Angstlust

In fast keiner Theorie der Angstlust fehlt der Hinweis, daß es zu den Bedingungen dieser Lust gehört, ein Sicherheitsgefühl zu haben. Nur wenn wir fest damit rechnen können, daß die Achterbahn stabil ist, daß der Fallschirm sich öffnen wird, daß das Seil beim Bungee-Jumping nicht reißt, setzen wir uns der Geschwindigkeits- oder Höhenangst lustvoll aus. Balint beschreibt «drei charakteristische Haltungen» bei allen Vergnügungen an Angsterregendem: «a) ein gewisser Betrag an bewußter Angst, oder doch das Bewußtsein einer wirklichen äußeren Gefahr; b) der Umstand, daß man sich willentlich und absichtlich dieser äußeren Gefahr und der durch sie ausgelösten Furcht aussetzt; c) die Tatsache, daß man in der mehr oder weniger zuversichtlichen Hoffnung, die Furcht werde durchgestanden und beherrscht werden können und die Gefahr werde vorübergehen, darauf vertraut, daß man bald wieder unverletzt zur sicheren Geborgenheit werde zurückkehren dürfen. Diese Mischung von Furcht, Wonne und zuversichtlicher Hoffnung angesichts einer äußeren Gefahr ist das Grundelement aller Angstlust *(thrill).*»[87] Das Sicherheitsgefühl ist auch dann garantiert, wenn das Schreckenerregende sich nur in der literarisch, bildnerisch oder filmisch stimulierten Phantasie ereignet. Der Theaterzuschauer, konstatiert Freud, identifiziert sich in seinen Wünschen und starken Affekten mit dem Helden eines Stückes «nicht ohne Schmerzen, Leiden und schwere Befürchtungen, die fast den Genuß aufheben [...]. Daher hat sein Genuß die Illusion zur Voraussetzung , das heißt die Milderung des Leidens durch die Sicherheit, daß es erstens ein anderer ist, der dort auf der Bühne handelt und leidet, und zweitens doch nur ein Spiel, aus dem seiner persönlichen Sicherheit kein Schaden erwachsen kann.»[88] Wie beim Spielen[89] oszilliert beim Lesen oder Schauen das bewegte Bewußtsein zwischen dem Glauben an die reale Präsenz des imaginierten Geschehens und dem Wissen um dessen illusionären Schein.[90] Wir tauchen freiwillig in ihn ein und haben die Freiheit, wieder aus ihm aufzutauchen und Distanz zu gewinnen. Wir können die Augen schließen, das Buch zuklappen und uns sicher im Sessel sitzen fühlen. Die panische Fluchtreaktion des Publikums bei der von den Brüdern Lumière gefilmten «Ankunft eines Zuges im Bahnhof von La Ciotat» hatte ihren Grund nur in der Unerfahrenheit mit dem neuen Medium. Auch im Kino macht, wie Siegfried Kracauer 1940 über *Das Grauen im Film* ausführte, die mimetische Inszenierung des Schreckenerregenden Erfahrungen zugänglich, die in der Realität traumatisierend wären.[91] Literatur und Kino haben die Rezeptionsbedingungen der Angstlust wiederholt reflektiert und spielerisch außer Kraft gesetzt. In dem Film *Targets* von Peter Bogdanovich erschießt der Mörder während eines Horrorfilms durch ein Loch in der Leinwand des Autokinos einen Zuschauer nach dem anderen.[92] Die Sicherheit der realen Kinobesucher ist damit natürlich nicht tangiert, aber das Gefühl für sie einigen Irritationen ausgesetzt. Die Macht der Angstphantasie ist nicht zu unterschätzen. Dennoch ermöglicht die mediale Vermittlung des Schrecklichen in der Regel eine Distanz, die jener gleicht, die man als Zuschauer eines in der Ferne sich ereignenden Katastrophenszenarios hat, und ein Sicherheitsgefühl, wie wenn man in einen schwindelerregenden Abgrund blickt und sich dabei an einem Geländer festhalten kann.[93] Dann kann man sich vom Schrecklichen innerlich erschüttern lassen, ohne von den damit verbundenen Risiken real betroffen zu sein. Es gibt einige Verse von Lukrez, die diese Situation thematisieren und dabei eine Theorie der Lust am Schrecklichen formulieren, die später immer wieder aufgegriffen wurde:

Süß ist's, anderer Not bei tobendem Kampfe der Winde
Auf hochwogendem Meer vom fernen Ufer zu schauen;
Nicht als könnte man sich am Unfall andrer ergötzen,
Sondern dieweil man es sieht, von welcher Bedrängnis man frei ist.
Süß auch ist es, zu schauen die gewaltigen Kämpfe des Krieges
In der geordneten Schlacht, vor eignen Gefahren gesichert.[94]

Nach der psychologischen These, die diese Verse enthalten, besteht die Lust am Schrecklichen nicht in Schadenfreude darüber, daß anderen ein Unglück passiert, sondern darin, daß man sich bewußt wird, «von welcher Bedrängnis man frei ist», oder daß man «vor eignen Gefahren gesichert» ist. Erst in der Konfrontation mit den Schrecken, die andere zu erleiden haben, bemerken wir mit Erleichterung, woran wir uns schon allzu sehr gewöhnt haben: daß es uns in der Regel relativ gutgeht, wir in einigermaßen gesicherten Verhältnissen leben, daß es uns zumindest bessergeht als denen, die in das schreckliche Geschehen involviert sind. Thomas Bernhard hat in dem Roman *Beton* dieses Erklärungsschema auf eine Weise konkretisiert, die etwas von der Lust begreiflich machen kann, die man bei der Lektüre gerade auch seiner Texte empfindet: «Tatsächlich richten wir uns an einem noch unglücklicheren Menschen sofort auf. Und unsere

Krankheit, selbst unsere Todeskrankheit, ist beinahe nichts.»[95] Wer ein Krankenhaus als Besucher betritt, empfindet seine eigene Gesundheit als nicht mehr ganz so selbstverständlich und kann ein Glücksgefühl darüber entwickeln. Wer, in der Literatur oder im Leben, einen Toten vor sich hat oder jemanden sterben sieht, kann ein Triumphgefühl darüber entwickeln, daß er selbst noch lebt. Elias Canetti hat in *Masse und Macht* dieses psychische Phänomen als einen «elementaren Triumph» beschrieben: «Der Augenblick des *Überlebens* ist der Augenblick der Macht. Der Schrecken über den Anblick des Todes löst sich in eine Befriedigung auf, denn man ist nicht selbst der Tote.»[96] Goethe griff wiederholt auf ein ähnliches Erklärungsschema der Lust am Schrecklichen zurück. In seiner *Novelle* wird diese Lust reflektiert. Auf einem Jahrmarkt betrachten der Fürst und die Fürstin ein Gemälde, auf dem ein Tier auf einen Mohren losspringt und ihn zu zerreißen droht. Der Fürst kommentiert das Bild mit den Worten: «Es ist wunderbar [...], daß der Mensch durch Schreckliches immer aufgeregt sein will. [...] Es ist an Mord und Totschlag noch nicht genug, an Brand und Untergang; die Bänkelsänger müssen es an jeder Ecke wiederholen. Die guten Menschen wollen eingeschüchtert sein, um hinterdrein erst recht zu fühlen, wie schön und löblich es sei, frei Atem zu holen.»[97]

Die Lust am Schrecklichen ist ein weiteres Beispiel dafür, daß es sich dabei eigentlich nicht um *eine* Lust, sondern um je unterschiedliche und phasenverschobene Mischungen aus verschiedenen Lüsten handelt. Die moralische Lust kann sich mit aggressiver Lust vermischen, die Lust an der Ich-Auflösung mit der Lust an der eigenen Ich-Stärke, die Lust an der intensiven Bewegung der eigenen Emotionen mit der Befriedigung über die eigene Sicherheit. Die Lust am Schrecklichen ist dabei oft auch mit der Lust an der Spannung kombiniert.

5

Spannungskunst und Glückstechniken

Achtung und Mißachtung der Spannung

«Er weiß auf die Folter zu spannen – und es fertig zu bringen, daß wir's ihm danken.»[1] Mit diesem Satz beschrieb Thomas Mann die Spannung in Kleists Erzählungen, um sie den amerikanischen Lesern zu empfehlen. Ein paradoxes Phänomen ist da angedeutet: Wir haben zu danken, weil wir offensichtlich Lust empfinden, auf die Folter gespannt zu werden. In dieser Paradoxie gleicht die Lust an der Spannung der am Erhabenen und Schrecklichen. Auch sie ist ein gemischtes Gefühl aus Lust und Unlust.[2] Und oft ist das beigemischte Gefühl der Unlust ebenfalls das der Angst. «Besorgnis, Schrecken, das Grauen vor dem Rätselhaften» sind, so Thomas Mann, für die Spannung in Kleists Erzählungen kennzeichnend. Daß Spannungsgefühle auch in physiologischer Hinsicht Angstgefühlen gleichen, hat 1903 der dänische Psychologe Carl Lange hervorgehoben, der die Emotionspsychologie und mit ihr auch die Ästhetik des «Kunstgenusses» auf eine organische Basis zu stellen versuchte: «Die Spannung ist der Angst nahe, der Freude in einzelnen Punkten verwandt: Mit der Angst hat sie die vasomotorische Haupterscheinung, die krampfhafte Zusammenziehung der Gefässmuskeln und anderer unwillkürlicher Muskeln gemeinsam, dagegen fehlt ihr die beim Schreck so ausgeprägte Lähmung der willkürlichen Muskeln, vielmehr ist die Spannung durch ruhe- und ziellose willkürliche Muskelthätigkeit ausgezeichnet. Das entspricht ganz der Rolle der Spannung in der Auffassung der Alltagspsychologie, für diese ist sie ja ein Schweben zwischen Furcht und Hoffnung, die Unruhe vor einer Entscheidung, welche uns entweder Freude oder Schmerz bringen kann.»[3]

Was hier als «Alltagspsychologie» deklariert ist, entspricht ganz dem traditionsreichen Spannungsbegriff der Rhetorik. Für sie ist «Spannung» eine mit Hoffnung und Furcht, «mit spes und metus des Zuschauers spielende Ausprägung der ‹Metabasis›»,[4] wobei «Metabasis» den Wechsel vom Glück zum Unglück oder vom Unglück zum Glück meint. Im extremen, doch in der Literatur überaus beliebten, weil mit großer Zuverlässigkeit wirksamen Fall ist die Furcht eine Furcht vor dem Tod, die Hoffnung eine Hoffnung, bedrohliche Situationen zu überleben.

Wie die Angstlust ist schließlich auch die Lust an Spannung ein Phänomen, das in seiner Bedeutung weit über die Bereiche der Literatur, der visuellen und auditiven Künste oder auch des Spiels hinausreicht. Mehr noch als die Lust am Schrecklichen entspricht die Lust an Spannung Erfahrungen der realen Lebenspraxis: in der Erwartung bedeutsamer Ereignisse, in Krisen- und Konfliktsituationen, in der Konfrontation mit Unbekanntem oder vor der aufgeschobenen Befriedigung elementarer Bedürfnisse.[5] Das alles sind die Stoffe, aus denen spannungsvolle Literatur gemacht ist. Wo das reale Leben zu wenig an spannungserregenden Situationen bietet, stehen vielfältige Möglichkeiten zu ihrer künstlichen Inszenierung bereit. Wie die Lust am Schrecklichen wird die Lust an der Spannung denn auch vielfach kompensationstheoretisch erklärt. Der als Literaturtheoretiker immer anregende und psychologisch versierte Dieter Wellershoff schreibt in einem Essay zum Thema: «Unüberschaubare, widersprüchliche Situationen und Prozesse mit ungewissem Ausgang versetzen uns in Spannung. Umgekehrt erzeugen Alltagstrott, dauernde Wiederholungen des Gleichen, Risikolosigkeit und Voraussehbarkeit Langeweile. Psychologen bezeichnen Situationen, in denen man sich auf seine Gewohnheiten verlassen kann, als gut definiert. [...] Es ist ein großer Überlebensvorteil in einer stabilen, gemeinsamen Welt zu leben, in der fast alles voraussehbar und erwartbar ist, denn das erleichtert die Verständigung und die Zusammenarbeit und gibt fast dem ganzen Leben die beruhigende Problemlosigkeit der Routine./ Doch inmitten der Sicherheit einer gut definierten, geregelten Welt droht die entgegengesetzte Gefahr, daß das Leben so fade und schematisch wird, als fände es gar nicht mehr statt. [...] Die Menschen antworten auf ihre zivilisatorische Befriedung und Domestikation, indem sie sich künstliche Risiken und Herausforderungen schaffen».[6]

Die Herausforderungen, die durch Literatur inszeniert werden, sind freilich nicht unbedingt schreckenerregend, die literarischen Spiele mit der Spannung nicht immer Phantasiespiele mit dem Tod. Die Konfrontation mit dem Schrecklichen ist für Spannung keineswegs konstitutiv.[7] Die Kunst des spannenden Erzählens, bemerkt Thomas Mann, bestehe darin, «zu unterhalten noch mit dem, was eigentlich langweilig sein müßte, zu spannen selbst mit dem der Sache nach Altvertrauten, dessen Verlauf und Ausgang jeder schon kennt».[8] Es gibt ganz unterschiedliche Arten der Spannung und der Lust an ihnen. Was ihnen gemeinsam ist, bleibt noch zu bestimmen, unterscheidet sie indes deutlich vom «Erhabenen» und von der Lust an der Angst.

Thomas Manns exponierter Hinweis auf die Spannung in Kleists Erzählungen mag auch daran erinnern, daß das Lesen von Literatur nicht in erster Linie dem Willen zur Erkenntnis, sondern dem Lustprinzip folgt. Für die weitgehende Ignoranz der Literaturwissenschaft gegenüber der Lust an ihren Gegenständen ist es symptomatisch, daß sie dem Begriff «Spannung» in den letzten Jahrzehnten nur spärliches Interesse entgegengebracht und daß sie literarische Spannung, wenn überhaupt, mit intellektualistischen Kategorien untersucht hat, die der Komplexität und Dynamik psychischer Prozesse nicht gerecht werden.

Im Gegensatz zur Lust am Erhabenen und am Schrecklichen ist die Spannungslust, obwohl ihr Anteil an den Lüsten des Lesens weit größer und universaler ist, von der Literaturwissenschaft wenig beachtet und untersucht worden. Kaum ein literarischer Text kommt ohne sie aus, und doch steht Spannung in der Hierarchie literaturwissenschaftlicher Interessen, auch da, wo sie der Psychologie gegenüber aufgeschlossen sind,[9] heute weit unten. In einschlägigen Sachwörterbüchern zur Literatur findet man unter dem Begriff nur knappe Beiträge, in den meisten ist er gar nicht erst verzeichnet.[10] Symptomatisch für die Gründe des Desinteresses ist folgender kurzer Lexikoneintrag: «In der Dichtung dient die S.[pannung] jedoch lediglich als Mittel; zum Selbstzweck wird sie in der Schundlit.»[11] Wo Spannung «lediglich als Mittel» akzeptiert wird, das in der «Dichtung» irgendwelchen höheren Zwecken untergeordnet bleibt, da kann sie auch in der Wissenschaft von dieser «Dichtung» nur eine untergeordnete Rolle spielen. In erstrangiger Literatur gilt sie als zweitrangiges, nur in zweitrangiger Literatur als erstrangiges Phänomen.

Es ist in der Tat auffällig: Die wenigen wissenschaftlichen Reflexionen und Untersuchungen zum Begriff und Phänomen der Spannung, die in den letzten zwanzig Jahren erschienen sind, beziehen sich zumeist auf den Film und auf solche Texte, die gemeinhin nicht dem Bereich der «Hochliteratur» zugeordnet werden: auf Kinder- und Jugendbücher[12] sowie auf Kriminal-, Detektiv- und Schauerromane,[13] und sie stammen zum anderen vielfach von Verfassern mit pädagogischen und literaturdidaktischen Interessen.[14]

Nur eine hochangesehene literarische Gattung konnte in den letzten Jahrzehnten auch Literaturwissenschaftler dazu animieren, sich eingehender mit Spannung zu beschäftigen: das Drama.[15] An diese Arbeiten über dramatische Spannung vor allem knüpfe ich zunächst an, versuche an ihnen einige Defizite aufzuzeigen, die für eine Literaturwissenschaft, die sich zum Teil immer noch ein hartnäckiges Psychologie-Tabu verordnet hat, typisch sind, und setze den heute dominierenden Explikationen des Begriffs «Spannung» eine von der Psychoanalyse angeregte Perspektive entgegen.

Der Begriff «Spannung» ist gewiß kein genuin literaturwissenschaftlicher, poetologischer oder kulturwissenschaftlicher Terminus. Er ist ein alltagssprachlicher Begriff, im Deutschen abgeleitet vom Verb «spannen», das ursprünglich soviel wie «dehnen, straff anziehen, ziehend befestigen» bedeutet. In diesem Sinn zieht ein spannender Text oder ein spannendes Spiel die Aufmerksamkeit des Rezipienten oder Mitspielers fest an sich, «fesselt» ihn.[16] Für literaturwissenschaftliche Spannungsanalysen bleiben solche etymologisch inspirierten Begriffsexplikationen von begrenztem Wert. Erhellender ist es zu beachten, daß der Begriff «Spannung» zwischen diversen Fachsprachen zirkuliert, vor allem als physikalischer, doch u.a. auch als soziologischer oder psychologischer. Was also ist Phänomenen, die als elastische, elektrische oder mechanische Spannung, als soziale oder psychische Spannung bezeichnet werden, gemeinsam?

Elektrische Spannung entsteht, wenn zwei gegensätzlich geladene Körper, die aufgrund ihrer gegenseitigen Anziehung miteinander verbunden sind, voneinander entfernt werden. Es muß eine gewisse Kraft aufgewendet werden, um die Körper voneinander zu trennen. Diese Kraft wird im Zustand der Spannung gleichsam aufbewahrt. Als eine Art Kraftpotential vermag die elektrische Spannung die Elektronen in einem Leiter in Bewegung zu setzen, also Strom fließen zu lassen, der in Energie umgesetzt werden kann. Mit elastischer Spannung verhält es sich ähnlich. Es gibt kaum eine lexikalische Explikation des Spannungsbegriffs, die nicht den Bogen oder die Armbrust, der bzw.

die gespannt wird, zur Veranschaulichung anführt. Es muß Kraft aufgewendet werden, um den Bogen zu spannen. Der gespannte Bogen hat ein Kraftpotential, das den Pfeil in Bewegung setzen kann. Im Zustand der Spannung, so kann man mit Blick sowohl auf die zwei sich anziehenden, doch voneinander getrennten Körper als auch auf den gespannten Bogen sagen, wird ein Körper daran gehindert, eine von ihm gesuchte Bewegung auszuführen: die Bewegung der beiden gegensätzlich geladenen Körper aufeinander zu, die von der Sehne zusammengezogenen Enden eines elastischen Bogenholzes voneinander weg. Gemeinsam ist solchen im Zustand der Spannung gesuchten, doch behinderten Bewegungen zwar nicht die Richtung, aber doch das Ziel, in eine Gleichgewichtslage zu kommen. Im Grimmschen Wörterbuch heißt es denn auch über den wissenschaftlichen Gebrauch des Spannungsbegriffs: «Zustand eines elastischen Körpers, dessen kleinste Teilchen aus der Gleichgewichtslage gebracht sind und vermöge ihrer Elastizität nun dahin zurückzukehren suchen.» Die gesuchte Bewegung nimmt die Richtung, die den oder die Körper in eine Gleichgewichtslage bringt. Den Zustand in dieser Gleichgewichtslage kann man als «entspannten» bezeichnen.

Wo Psychologen den Spannungsbegriff gebrauchen, lehnen sie sich oft an physikalische Modelle an. Ein Beipiel dafür ist Sigmund Freud, dessen neurophysiologische Anfänge sich in einer Sprache erhalten haben, die mit Kategorien wie «Spannung», «Abfuhr», «Widerstand», «Erregung» und «Hemmung» arbeitet. Solche Begriffe bezogen sich auf die Energieverteilung im Nervensystem und auf die nach der Mechanik fester Körper vorgestellten Bewegungsabläufe der Neuronen. Indem Freud dieses physikalistische Programm und dessen Terminologie einer mentalistischen Uminterpretation zugänglich machte, konnte ein Begriff wie «Spannung» auch als psychologischer gebraucht werden. Mentalistische Ausdrücke wie «Trieb», «Erregung», «Unlust», «Lust», «Wunsch» werden mit physikalischen kombiniert, mit «Energiemenge», «Spannung», «Entladung», «Abströmen von Energie».[17] Noch Freuds Explikation des «Todestriebs» in *Jenseits des Lustprinzips* folgt ganz der physikalischen Vorstellung von elektrischer Spannung: «Irgend einmal wurden in unbelebter Materie durch eine noch ganz unvorstellbare Krafteinwirkung die Eigenschaften des Lebenden erweckt. Vielleicht war es ein Vorgang, vorbildlich ähnlich jenem anderen, der in einer gewissen Schicht der lebenden Materie später das Bewußtsein entstehen ließ. Die damals entstandene Spannung in dem vorher unbelebten Stoff trachtete danach, sich abzugleichen; es war der erste Trieb gegeben, zum Leblosen zurückzukehren.»[18]

Als metaphorisches Modell hat der physikalische Spannungsbegriff auch für die Literatur und Literaturtheorie eine große Anziehungskraft. Dafür ein Beispiel: Es gibt ein klassisches Schauspiel, in dem an der spannendsten Stelle, für die regelgerecht die dritte Szene des dritten Aufzugs reserviert ist, eine Armbrust gespannt wird. – Die elastische Spannung der Armbrust ist hier nicht nur ein Handlungselement, sondern zugleich Bild der literarischen Spannungsdramaturgie und der psychischen Spannung der beteiligten Personen wie der Rezipienten. Wilhelm Tell, so heißt es in Schillers Regieanweisung, «spannt die Armbrust»; von Ulrich von Rudenz heißt es etwas später, er habe «die ganze Zeit über in der heftigsten Spannung gestanden und mit Gewalt an sich gehalten». Der Ausdruck «mit Gewalt an sich gehalten» liefert hier eine psychologische Erläuterung des vorangehenden Spannungsbegriffs. Die gesuchte Bewegung des Affekts ist von Rudenz zurückgehalten worden. Darüber hinaus bedient er sich in seinem verbalen Affektausbruch, seinem Protest gegenüber dem Landvogt, auch noch des Bildes eines gespannten Bogens: «Zu weit getrieben/ verfehlt die Strenge ihres weisen Zwecks,/ und allzustraff gespannt zerspringt der Bogen.»[19]

In dieser Szene zirkuliert der Spannungsbegriff also zwischen physikalischen, psychologischen und poetologischen Ebenen. Und was die Psyche des Rezipienten angeht, so ist auch sie davon direkt tangiert. Die Szene spielt mit Furcht und Hoffnung des Zuschauers, der Furcht, daß Tell seinen Sohn töten könnte, und der Hoffnung, daß die Gefahr vorübergeht.

In der Tradition der Rhetorik und der ihr nahen Poetik verband sich das Wissen über Möglichkeiten des Stils und der Textstrukturierung mit der Affektenlehre. Wie stimuliert man mit bestimmten Kunstgriffen bestimmte Affekte im Zuhörer? Diese Art zu fragen legt es nahe, Spannungsanalysen als Textanalysen zu koppeln mit analytischen Reflexionen über dynamische Abläufe in der Psyche der Rezipienten. Textanalytisches und psychologisches Begriffsinventar haben sich denn auch immer wieder ergänzt. Ein grundlegender Aufsatz Karl Büchlers von 1908 greift auf die physiologische Psychologie Wilhelm Wundts zurück, nach der jeder Apperzeptionsakt mit einem Spannungsgefühl einhergeht.[20] Heinz-Lothar Borringo wiederum rekurriert in seiner 1980 erschienenen Monographie über *Spannung in Text und Film* auf die Feldtheorie des amerikanischen Gestaltpsychologen Kurt Levin.[21] Jedes Individuum steht danach in einem dynamischen Feld von Faktoren, die in ihrer Gesamtheit sein Verhalten beeinflussen. Jedem Element in einer Menge wahrgenommener Dinge entspricht eine spezifische Kraft; die Gesamtheit dieser Kräfte strebt zu einem Zustand der Ausgeglichenheit und Ordnung. Unausgeglichenheit bzw. Unordnung wird subjektiv als Spannung, als Dissonanz erlebt und führt daher zu einer Umstrukturierung des Feldes. Vor einer Spannungssituation ist dieses Feld zunächst durch das Prinzip harmonischer Ordnung gekennzeichnet.[22] Texte, die Spannung erzeugen, bringen für den Rezipienten «Unordnung» in dieses Feld. Der Rezipient entwickelt das Verlangen, Ordnung und Einheit wiederherzustellen. Der spannende Text intensiviert dieses Verlangen, indem er ihm mit bestimmten Strategien einige Zeit lang entgegenarbeitet, ihm Hindernisse in den Weg legt.

Der psychologiefeindlichen Mentalität der meisten Literaturwissenschaftler entspricht es, wenn Manfred Pfister in seinem Standardwerk zur Dramenanalyse betont, daß in seiner Darstellung «Spannung nicht primär als Kategorie des Rezeptionsprozesses im äußeren Kommunikationssystem [zwischen realen Autoren und Lesern] behandelt werden soll, sondern als innertextuelle Relationierung, als ‹Spannungspotential› des dramatischen Textes selbst.»[23] Auch Pfister kommt freilich nicht ohne psychologische Annahmen über den Rezipienten aus. Sie orientieren sich an informationsästhetischen Gesichtspunkten, die szientistischen Ansprüchen an Exaktheit am ehesten zu genügen scheinen. Das «Spannungspotential» eines Textes ergibt sich nach Pfister «immer aus einer nur partiellen Informiertheit von Figuren und/oder Rezipienten in bezug auf folgende Handlungssequenzen. [...] Spannung realisiert sich also immer im ‹Spannungsfeld› von Nichtwissen und antizipierender Hypothese aufgrund gegebener Informationen.»[24] Pfister greift mit dieser Erklärung des Spannungsbegriffs auf Einsichten zurück, die jedem vertraut sind. «Spannung» ist mit «Ungewißheit» eng assoziiert. Das lateinische Verbum «suspendere», von dem der englische Suspense-Begriff abgeleitet ist, bedeutet nicht nur «aufhängen», «in der Schwebe halten», sondern auch «in Ungewißheit lassen».

Spiel mit Informationen

Literarische Techniken der Spannungserzeugung spielen systematisch und auf vielfältige Weise mit der mehr oder weniger großen Informiertheit der literarischen Figuren und der Leser. Als spannend wird ein Text empfunden, wenn man nicht genau weiß, aber geradezu begierig wissen will, wie es in der Zukunft weitergeht oder wie sich ein vergangenes dunkles, geheimnisvolles Geschehen wirklich abgespielt hat. Andeutungen oder Vorausdeutungen stimulieren den Rezipienten dazu, Vermutungen über zukünftige oder vergangene Ereignisse anzustellen und erfahren zu wollen, ob sie richtig oder falsch waren. Dem entsprechen etliche literaturwissenschaftliche Versuche, verschiedene Arten von Spannung zu unterscheiden. So hat man der «Zukunftsspannung, die auf den Fortgang und auf den Ausgang einer angelaufenen Ereigniskette gerichtet ist», die «Geheimnis- oder Rätselspannung» gegenübergestellt, «die sich auf bereits geschehene, aber dem Leser in ihren wichtigsten Umständen noch nicht bekannte Ereignisse bezieht».[25] Dominiere die Zukunftsspannung in «Thrillern», so die Geheimnis- oder Rätselspannung im Detektivroman, der darin dem «analytischen Drama» gleiche.[26] Bertolt Brecht hat die Gegensätze zwischen dem aristotelischen und dem epischen Theater in den dreißiger Jahren auch als Differenzen zwischen unterschiedlichen Arten der Spannung beschrieben: der «Spannung auf den Ausgang» und der «Spannung auf den Gang» der Handlung.[27] Etwa zur gleichen Zeit hatte Clemens Lugowski in der Analyse der Novellen Boccaccios eine ähnliche Differenzierung vorgenommen: «Man kann nun zwei Arten von Spannung unterscheiden. Die eine geht auf das ‹Ob überhaupt›: *Ob* der Streich *überhaupt* gelingen wird, *ob* die Liebe *überhaupt* ein glückliches Ende nehmen wird usw. Die andere geht auf das ‹Wie›: *wie* der Streich gelingen wird, *wie* das glückliche Ende aussehen wird.»[28] Im *Decamerone* wird die Spannung des «Ob überhaupt» u.a. dadurch vernichtet, daß zu jedem der zehn Tage, an denen die Geschichten erzählt werden, ein Handlungsmuster angekündigt wird und jeder Novelle eine Skizze des erzählten Geschehens vorangestellt ist. Am vierten Tag «wird von dem traurigen Ende einiger Liebenden erzählt». Und was sich da die sieben Damen und drei Herren während der großen Pest im Jahr 1348 auf dem Landgut bei Florenz erzählen, kündigt dann jeweils etwas genauer ein Satz wie der folgende an: «Tancredi, Fürst von Salerno, tötet den Geliebten seiner Tochter und schickt ihr sein Herz in einer goldenen Schale; sie schüttet vergiftetes Wasser darüber und trinkt es und stirbt also.»[29] Man liest diese Novellen also nicht mit gespannter Erwartung auf den Ausgang der Handlung, die Spannung beschränkt sich vielmehr darauf, daß man wissen will, *wie* es im einzelnen zu diesem Ausgang kommt. Das literarische Spannungspotential scheint damit zwar reduziert zu sein, doch setzt «die Ausschaltung der Spannung des ‹ob überhaupt›» andere Lesegenüsse frei, die durch eine Übermacht der Spannung auf den Ausgang allzu sehr an den Rand gedrängt würden. «Hier liest man nicht mehr (oder noch nicht) atemlos, mit klopfendem Herzen, man ist von vornherein seiner Sache gewiß, und die Haltung des Aufnehmenden ist vielmehr lächelnde Überlegenheit, feinschmeckerisches Entzücken an der vielfältigen Ornamentik der Begebenheiten, an der reichen Fülle des Daseins.»[30] Die mildere Wie-Spannung hat für Literatur eine Bedeutung, die vielfach unterschätzt wird. Die zahllosen Bearbeitungen mythischer Stoffe setzen bei den Rezipienten die Kenntnis vom Ausgang der Handlung voraus. Das gleiche gilt für jede Inszenierung eines kanonischen Dramentextes, aber auch für jede Wiederholungslektüre. Und schon die Kenntnis der Gesetzmäßigkeiten der Gattung läßt den Zuschauer einer Tragödie nicht im ungewissen darüber, daß der Held sterben muß, gibt dem Leser des Kriminalromans von Anfang an die Sicherheit, daß der Verbrecher überführt wird und der Detektiv oder Kommissar alle Gefahren übersteht.[31] In Verstexten geben metrische Regeln oder auch Reimschemata Informationsvorgaben, die nur offenlassen, wie die zu erwartenden Abfolgen von langen bzw. betonten und kurzen bzw. unbetonten Silben oder festgelegte Lautwiederholungen realisiert werden.

Dennoch bleibt bei diesen vorgegebenen Gewißheiten noch viel Raum für spannungsvolle Ungewißheiten. Bei allen Unterschieden in der Beschreibung von Spannungsarten gibt es einen Konsens darüber, daß Texte ihre Spannung aus dem Umstand gewinnen, daß sie den Leser partiell uninformiert lassen. Spannungsanalysen versuchen eine Erklärung dafür zu liefern, warum wir einen begonnenen Lektüreprozeß fortsetzen wollen. Wir tun es deshalb, vermutet Dieter Wellershoff, «weil wir Unvollständigkeiten, Lücken, fehlende Zusammenhänge schlecht ertragen und die angedeuteten Linien so weit ausziehen möchten, bis sich eine Gestalt ergibt.»[32] Der Psychologe Dietrich Dörner, der ein Computermodell der ‹Seele› zur Simulation psychischer, besonders auch emotionaler Prozesse entwickelt und dabei im Anschluß an Fechner auch ästhetische Lustempfindungen einbezieht, erklärt die Reduktion von Unbestimmtheit zu einem der fundamentalen Bedürfnisse des Menschen. Die Wahrnehmung von Unbestimmtheit in der Struktur ästhetischer Objekte ist auch mit Spannungsgefühlen verbunden, ihre Reduktion in einem erfolgreichen Problemlösungsverhalten mit Entspannung.[33] In linguistischer Terminologie entspricht das dem Prozeß der «Disambiguierung», in dem beim Lesen und Verstehen von mehrdeutigen Wörtern und Sätzen Eindeutigkeit hergestellt wird. Schon die «Bruchstückhaftigkeit und Unselbständigkeit» eines einzelnen Satzes kann, wie Wellershoff am Beispiel eines Romananfangs von Patricia Highsmith veranschaulicht, im Leser eine «weiterdrängende Kraft» entfalten.[34] Sie beruht auf dem Bedürfnis, Informationsbruchstücke zu komplettieren. Ältere Syntaxtheorien haben auf die angeblich für die deutsche Sprache besonders charakteristische Potenz verwiesen, spannungsvolle Satzstrukturen zu bilden, und zwar dadurch, daß «besonders eng miteinander verbundene Komponenten des Satzes voneinander getrennt werden. Die Spannung entsteht eben, wenn die semantische und syntaktische Erwartung, die durch die Einführung irgendeiner Satzkomponente hervorgerufen wird, nicht sogleich befriedigt wird.»[35] Im Vergleich zu dem ‹spannungslosen› Satz «Man müßte genauer untersuchen, mit welchen syntaktischen Mitteln Spannung erzeugt wird» ist demnach der folgende, in dem «müßte» und «genauer untersuchen» voneinander getrennt werden, syntaktisch weit spannungsvoller: «Man müßte, denn das entspräche der großen Bedeutung dieses Phänomens, die syntaktischen Mittel, mit denen Spannung erzeugt wird, genauer untersuchen.» Es gibt eine Vielzahl stilistischer Mittel, innerhalb eines Satzes durch das Hinauszögern erwarteter Informationen subtile Spannungseffekte zu erzielen. Ihre Analyse kann für die Untersuchung literarischer Spannungstechniken in vieler Hinsicht Modellcharakter haben. Die Syntax in Kleists Erzählungen, in Thomas Bernhards Romanen oder in der Prosa Franz Kafkas liefert dafür ergiebige Beispiele.

«Wenn irgendeine hinfällige, lungensüchtige Kunstreiterin in der Manege auf schwankendem Pferd vor einem unermüdlichen Publikum vom peitschenschwingenden erbarmungslosen Chef monatelang ohne Unterbrechung im Kreise rundum getrieben würde, auf dem Pferde schwirrend, Küsse werfend, in der Taille sich wiegend, und wenn dieses Spiel unter dem nichtaussetzenden Brausen des Orchesters und der Ventilatoren in die immerfort weiter sich öffnende graue Zukunft sich fortsetzte, begleitet vom vergehenden und neu anschwellenden Beifallsklatschen der Hände, die eigentlich Dampfhämmer sind – [...].»[36] Bis hierhin hat der Leser von Kafkas Prosaskizze *Auf der Galerie* auf die syntaktische und semantische Komplettierung des Satzes zu warten. Der Spannungseffekt beruht freilich auf Mechanismen, die ähnlich bei jeder Lektüre funktionieren, wenn auch in der Regel nicht so auffällig und wirkungsvoll. Sie bleiben vielmehr weithin unbewußt. In einer der wenigen Monographien zum Spannungsphänomen hat der amerikanische Literaturwissenschaftler Eric S. Rabkin 1973 unter dem Titel *Narrative Suspense* zwischen unbewußter Spannung, die durch die Sprache, den Stil und die ästhetische Struktur eines Textes erzeugt wird («Subliminal Suspense»), und bewußter Spannung, die durch die Handlungsführung hervorgerufen wird («Plot-Suspense»), unterschieden. Unbewußt spannungsvoll sind alle Lektüreprozesse, insofern sie dazu drängen, einzelne Wörter oder Satzteile zu ganzen Sätzen, Sätze zu ganzen Texten zusammenzufügen. Unbewußt ist dieser Vorgang deshalb, weil er uns selbstverständlich geworden ist; wir denken nicht an ihn bei unserer «automatisierten» Lektüretätigkeit. Untersuchungen zur Wahrnehmungspsychologie bestätigen diese Beobachtung: «Leseabläufe sind der Introspektion in der Regel nicht zugänglich, weil sie weitgehend vorbewußt und automatisch stattfinden.»[37] Daß wir einzelne bedeutungstragende Zeichen so zu ergänzen versuchen, daß sie in ihren textuellen und kontextuellen Gesamtzusammenhängen begriffen werden können, kennzeichnet allerdings sowohl die Lektüre normalsprachlicher als auch die literarischer Texte. Beim Lesen normalsprachlicher Texte ist in höherem Maße vorhersehbar, wie eine noch unvollständige Verkettung von Zeichen weitergeführt wird. In der poetischen Sprache ist dagegen ständig mit Abweichungen vom normalen Sprachgebrauch zu rechnen, mit Überraschungen, stilistischen Besonderheiten, und wir warten deshalb im Prozeß der Lektüre mit noch größerer Ungewißheit darauf, was auf das bislang Gelesene folgen wird.[38] Die Automatismen des gewöhnlichen Lesens werden dadurch gestört und wohl doch in stärkerem Maße bewußt, als Rabkin annimmt.[39]

Das Fiktionale literarischer Texte hat den gleichen Effekt. Die fiktive Welt, in die wir mit Beginn der Lektüre eines literarischen Textes eintreten, «is always a new world, as the whole world is new to a child. Of course the adventure of reading is suspenseful».[40] Und noch etwas anderes macht die Lektüre poetischer Texte potentiell spannender als die von normalsprachlichen. Im alltäglichen Leben und Sprechen empfinden wir Ereignisse und Informationen als spannend, die wir als besonders bedeutungsvoll wahrnehmen. Wenn hingegen ein poetischer Text ein Gebilde ist, in dem kein Zeichen zufällig oder überflüssig ist, sondern vielmehr in oft vielfältige Beziehungen zu anderen Zeichen und zur Gesamtstruktur des Textes tritt, die entschlüsselt werden wollen, dann erscheint uns alles am Text bedeutungsvoll. Jedes Zeichen will im Hinblick auf die vorangehenden und noch folgenden Zeichen verstanden sein.

Spannungsanalysen können Literaturwissenschaftler darauf verweisen, daß jene für sie vielfach selbstverständlich gewordene Art der Analyse und Interpretation, die nach wiederholter Lektüre ein abgeschlossenes Werk in seiner Gesamtstruktur im Blick hat, erhebliche Defizite aufweist. Sie klammert den zeitlichen Ablauf des Lesens aus, den Prozeß, in dem der Lesende dem Text Teilinformationen entnimmt, seine Vermutungen über Textverläufe und -bedeutungen ständig überprüft und modifiziert.[41] Welches Gewicht der temporäre Informationsstand des Rezipienten für die Techniken der Spannungserzeugung hat, ist von Alfred Hitchcock – zumindest einmal muß man ihn, wo von Spannung die Rede ist, anführen – im Gespräch mit François Truffaut an einem Beispiel illustriert worden. Hitchcock erklärt hier den Unterschied zwischen «Suspense» und «Überraschung»:

«Wir reden miteinander, vielleicht ist eine Bombe unter dem Tisch, und wir haben eine ganz gewöhnliche Unterhaltung, nichts Besonderes passiert, und plötzlich, bumm, eine Explosion. Das Publikum ist überrascht, aber die Szene davor war ganz gewöhnlich, uninteressant. Schauen wir uns jetzt den Suspense an. Die Bombe ist unterm Tisch, und das Publikum weiß es. Nehmen wir an, weil es gesehen hat, wie der Anarchist sie dahin gelegt hat. Das Publikum weiß, daß die Bombe um 1.00 Uhr explodieren wird, und jetzt ist es 12.55 – man sieht eine Uhr –. Dieselbe unverfängliche Unterhaltung wird plötzlich interessant, weil das Publikum an der Szene teilnimmt. Es möchte den Leuten auf der Leinwand zurufen: Reden Sie nicht über so banale Dinge, unter dem Tisch ist eine Bombe und gleich wird sie explodieren! Im ersten Fall hat das Publikum 15 Sekunden Überraschung beim Explodieren der Bombe. Im zweiten Fall bieten wir ihm 5 Minuten Suspense. Daraus folgt, daß das Publikum informiert werden muß, wann immer es möglich ist.»[42]

Daß das Publikum zeitweise besser informiert ist als die Figuren, hat den Spannungseffekt der Furcht um das Wohlergehen der Betroffenen. Es kann dabei hier wie bei vielen anderen Texten und Filmen zudem ein Gefühl der wissensmäßig privilegierten Überlegenheit genießen.[43] Zumindest partiell uninformiert muß das Publikum allerdings bleiben, um Spannung empfinden zu können. Wird die Bombe wirklich explodieren? Wird sie vorher entdeckt? Verlassen die Gefährdeten vorher den Raum? Werden sie verletzt, gar getötet?

Die Kopplung von Spannungsanalysen mit Analysen des jeweiligen Informationsstandes der Figuren und/oder Rezipienten hat nicht nur den Vorzug, einige für das Phänomen Spannung konstitutive Sachverhalte zu treffen, sondern sie läßt sich auch relativ klar und intersubjektiv nachvollziehbar handhaben. Ein 1971 erschienener Versuch, die Intensität dramatischer Spannung zu messen, zeigt etwas von der Anziehungskraft dieser Art von Spannungsanalyse – doch auch von ihrem eingeschränkten Erkenntniswert. Ich stelle den Versuch kurz vor und unternehme dann meinerseits den Versuch, den informationsästhetischen Ansatz der Spannungsanalyse durch einen anderen, einen bedürfnisorientierten, zu ersetzen oder vielmehr in ihm «aufzuheben».

Wenn Spannung auf einem Mangel an Information und dem Wunsch beruht, ihn zu beseitigen, dann lassen sich Spannungsmomente im Text in einer Form wiedergeben, die einen Informationsmangel des Sprechenden und seinen Wunsch, ihn zu beseitigen, als gegeben voraussetzt: in der Form der Frage. Sie ist der Ausgangspunkt für den Versuch, dramatische Spannung zu errechnen. «Die Spannung wird größer, wenn die Zahl der Fragen wächst, und verringert sich mit der Lösung der aufgeworfenen Fragen.»[44] Dieser Annahme entsprechend formulieren Ivan und Judith Fónagy für jede Szene von ihnen untersuchter Dramen eine Reihe von Fragen, die sich dem Lesenden oder dem Zuschauer aufdrängen. Je länger eine dieser Fragen unbeantwortet bleibt, desto weiträumiger wird der Spannungsbogen. Je mehr Fragen an einer Stelle aufgeworfen sind, desto höher ist hier die Spannungsintensität. Auf die besagten Szenen des *Wilhelm Tell* angewendet, käme dieses Analyseverfahren u.a. zu folgenden Frageformulierungen: Wird Tell schießen? Wenn ja, wird er treffen? Wenn er nicht trifft, wird er den Sohn töten? Warum nimmt er den zweiten Pfeil aus dem Köcher? Wenn er trifft, wird Gessler sein Versprechen halten? Für den Leser bzw. Zuschauer wird die Beantwortung der Frage dadurch aufgeschoben – ein typischer Suspense-Effekt –, daß, nachdem Tell angelegt hat, ein langer Disput zwischen Rudenz und Gessler einsetzt, der neue Fragen aufwirft.

Die Ergebnisse solcher Analysen, wie sie von den beiden Fónagys durchgeführt wurden, suggerieren zwar gleichsam mathematische Exaktheit, doch erscheinen sie intuitiv recht fragwürdig: Ist Shakespeares *König Lear* wirklich fast doppelt so spannend wie *Hamlet*, und ist Racines *Iphigenie* sogar mehr als doppelt so spannend, wie es die Analysen der Verfasser nahelegen? Pfister hat sowohl an solchen Ergebnissen als auch an den Parametern Kritik geübt, die den Messungen der Spannungsintensität zugrundegelegt wurden. Wichtige Faktoren, von denen die Intensität des Spannungspotentials abhängt, hätten die Verfasser nicht berücksichtigt, so etwa die Frage, wie weit der Leser oder der Zuschauer sich mit einer fiktiven Figur identifiziere oder wie hoch das Risiko sei, mit dem die handelnden Figuren leben. Ich möchte im folgenden noch weiter gehen und dem informationsästhetischen Ansatz einen anderen gegenüberstellen. Mit jenem gemeinsam hat dieser allerdings einen zentralen Sachverhalt, der es erlaubt, beide zu integrieren. Spannung beruht, wie bereits dargelegt, auf partiellem Mangel an Information und auf dem Wunsch, ihn aufzuheben. Am Zusammenspiel von Mangelerfahrung und Wunsch im Zustand der Spannung hält das andere Modell fest. Es bleibt jedoch nicht auf den Mangel an Information fixiert. Daß durch Mangelerfahrungen vielfältiger Art ebenso vielfältige Wünsche produziert werden, die den Menschen bis zu ihrer Erfüllung im Zustand der Spannung halten, ist eine das zweite Modell konstituierende Grundannahme.

Wunsch und Mangel

Ich erinnere noch einmal an die Definition der Rhetorik, nach der Texte bei der Erregung von Spannung mit *spes* und *metus* (Hoffnung und Furcht) des Rezipienten spielen. Der Begriff «Hoffnung» läßt sich auch durch andere ersetzen: durch «Wunsch» etwa, «Bedürfnis» oder auch «Begehren». Vom «Begehren» spricht in diesem Zusammenhang beispielsweise – nicht Jacques Lacan, sondern – Otto Ludwig, der sich u. a. als Verfasser der Erzählung *Zwischen Himmel und Erde* literarischer Techniken der Spannungserzeugung gekonnt bediente. In seinen Romanstudien spricht er diesen Techniken folgende Wirkung zu: «Wir werden gewonnen, etwas leidenschaftlich zu begehren [...]; dieses Begehren wird immer leidenschaftlicher durch Hindernisse.»[45] Was ist das für ein Begehren, das von Texten stimuliert werden kann? Wie wird es stimuliert? Und wie werden ihm Hindernisse in den Weg gelegt?

Nach Freud wird die literarische Phantasie, die der Autoren und die der Leser, generell aus dem Mangel geboren. «Man darf sagen, der Glückliche phantasiert nie, nur der Unbefriedigte. Unbefriedigte Wünsche sind die Triebkräfte der Phantasien». So das berühmte Diktum aus dem Aufsatz *Der Dichter und das Phantasieren*.[46] Erhellendes zum Zusammenspiel von Mangelerfahrung und Wunschproduktion findet sich auch in den Schriften von Georges Bataille und Jacques Lacan. Bataille hat wiederholt darauf hingewiesen, daß die Tabuisierung eines Lustobjekts, das Verbot also, die Lust auf dieses Objekt ins Unermeßliche zu steigern vermag.[47] Nach Lacan wird das Begehren dadurch permanent in Bewegung gehalten, daß sich das Begehrte ihm immer wieder entzieht.[48] Es gibt wie im realen Leben so auch in der Literatur subtile Mittel, Wünsche dadurch zu wecken, daß vorübergehend Gefühle des Mangels erzeugt werden, die den Wunsch nach ihrer Beseitigung wecken. Dazu gehört auch die hedonistische Kunst, Wünsche dadurch zu intensivieren, daß ihre dann um so lustvollere Befriedigung künstlich verzögert wird. Thomas Mann hat in *Buddenbrooks* am Beispiel der Musik die Gleichartigkeit ästhetischer und erotischer Spannungskunst veranschaulicht. Hanno hat hier eine kleine musikalische «Phantasie» komponiert und spielt sie an seinem achten Geburtstag vor. Den Schluß liebt er besonders: Ein leiser e-Moll-Akkord «wuchs, er nahm zu, er schwoll langsam, langsam an, im forte zog Hanno das dissonierende, zur Grundtonart leitende cis herzu, und während die Stradivari wogend und klingend auch dieses cis umrauschte, steigerte er die Dissonanz mit aller seiner Kraft bis zum fortissimo. Er verweigerte sich die Auflösung, er enthielt sie sich und den Hörern vor. Was würde sie sein, diese Auflösung, dieses entzückende und befreite Hineinsinken in H-Dur? Ein Glück ohnegleichen, eine Genugtuung von überschwenglicher Süßigkeit. Der Friede! Die Seligkeit! Das Himmelreich! ... Noch nicht ... noch nicht! Noch einen Augenblick des Aufschubs, der Verzögerung, der Spannung, die unerträglich werden mußte, damit die Befriedigung desto köstlicher sei ... noch ein letztes, allerletztes Auskosten dieser drängenden und treibenden Sehnsucht, dieser Begierde des ganzen Wesens, dieser äußersten und krampfhaften Anspannung des Willens, der sich dennoch die Erfüllung und Erlösung noch verweigerte, weil er wußte: Das Glück ist nur ein Augenblick ...» Und «dann war die Wonne nicht mehr zurückzuhalten. Sie kam, kam über ihn; und er wehrte ihr nicht länger. Seine Muskeln spannten sich ab, ermattet und überwältigt sank sein Kopf auf die Schultern nieder, seine Augen schlossen sich, und ein wehmütiges, fast schmerzliches Lächeln unaussprechlicher Beseligung umspielte seinen Mund».[49]

Thomas Manns Analogisierung von musikalischer und sexueller Spannungslust ist in mehrfacher Hinsicht aufschlußreich. Zum einen entspricht sie der Einsicht, daß die Befriedigung der Wünsche auch ihr Ende mit sich bringt, zumindest ihr vorläufiges, daß das Ende jeden Begehrens in seiner Erfüllung liegt. Die Romanszene wirft damit ein erhellendes Licht auf die Ökonomie menschlicher Lust- und Glücksmöglichkeiten. Daß das Glück nur ein Augenblick ist, hat Freud später in seiner Schrift über *Das Unbehagen in der Kultur* ähnlich gesehen: «die Absicht, daß der Mensch ‹glücklich› sei, ist im Plan der ‹Schöpfung› nicht enthalten. Was man im strengsten Sinne Glück heißt, entspringt der eher plötzlichen Befriedigung hoch aufgestauter Bedürfnisse und ist seiner Natur nach nur als episodisches Phänomen möglich. Jede Fortdauer einer vom Lustprinzip ersehnten Situation ergibt nur ein Gefühl von lauem Behagen; wir sind so eingerichtet, daß wir nur den Kontrast intensiv genießen können, den Zustand nur sehr wenig. Somit sind unsere Glücksmöglichkeiten schon durch unsere Konstitution beschränkt.»[50]

Nach Freuds «Lustprinzip» haben alle psychischen Aktivitäten, also auch die des Lesens, das Ziel, Unlust zu vermeiden und Lust zu verschaffen. Spannung wird dabei als Unlustgefühl klassifiziert. Nach Freud geht Lust mit Spannungsverminderung einher, Unlust mit Erhöhung der Spannung. Schon Fechner konstatierte in Form jener Analogisierung von physikalischen und psychischen Prozessen, die auch für Freud charakteristisch ist, daß «Verwandlung von Spannkraft, Potenzialenergie in lebendige Kraft mit Lust, die umgekehrte Verwandlung mit Unlust behaftet ist».[51] Wie kommt es dann, daß Spannung manchmal geradezu süchtig genossen wird, daß wir es lustvoll auf uns nehmen, zu beklemmenden Mangelerfahrungen stimuliert zu werden, deren Aufhebung oft quälend lang hinausgeschoben wird und zuweilen gar nicht stattfindet? Freud selbst konzedierte in den zwanziger Jahren, «daß es lustvolle Spannungen und unlustige Entspannungen gibt. Der Zustand der Sexualerregung ist das aufdringlichste Beispiel einer solchen lustvollen Reizvergrößerung, aber gewiß nicht das einzige.»[52] Für Hanno Buddenbrook muß die Spannung «unerträglich» werden, «damit die Befriedigung desto köstlicher sei». Eine Bedingung dafür, daß ein Zustand der Unlust als Lust empfunden werden kann, ist, so illustriert es Thomas Mann, in der Regel die hohe Wahrscheinlichkeit, daß der Zustand der Unlust nach absehbarer Zeit aufgehoben wird und in einen (zumindest vorübergehenden) Zustand der Lust umschlägt. In die Phase der Unlust mischt sich die Vorfreude auf deren Aufhebung. Doch noch eine andere Bedingung von intensiven Lustgefühlen veranschaulicht die Szene: Es gibt keine Lust ohne vorangehende Unlust, keine Entspannung ohne Spannung. Schon Epikurs Hedonistik beschrieb bestimmte Formen der Lust als Aufhebung der Unlust. Und Kant schrieb in seiner *Anthropologie in pragmatischer Hinsicht* unter der Überschrift «Vom Gefühl der Lust und Unlust» den im Druck hervorgehobenen Satz: «Also muß vor jedem Vergnügen der Schmerz vorhergehen», und er fügte hinzu: «Auch kann kein Vergnügen unmittelbar auf das andere folgen».[53]

Einfache Kompensationstheorien ästhetischer Lust erklären diese aus dem Kontrast zu Unlusterfahrungen in der realen Lebenswelt. Das Phänomen der ästhetischen Spannung zeigt hingegen, daß Unlusterfahrungen auch künstlich erzeugt werden können. Die unerträgliche Spannung, die Hanno empfindet, ist von ihm selbst inszeniert. Im Gegensatz zu Freud scheint es mir also angebracht, die Mangelerfahrungen, die er als Triebkräfte lustvoller Phantasien begreift, nicht immer in der Lebenswelt der phantasierenden Autoren oder Leser zu lokalisieren, sondern zu beachten, daß oft erst der Text im phantasierenden Leser und vielleicht auch im Autor selbst eine Mangelerfahrung kalkuliert hervorruft, um den Wunsch nach Aufhebung des Mangels, mithin zum gespannten Weiterlesen, zu stimulieren. Über die Identifikation mit mangelleidenden Helden etwa erlebt er, selbst sicher im Sessel sitzend, einer tödlichen Gefahr ausgesetzt zu sein; glücklich verliebt, eine tabuisierte Frau zu begehren; real gesund, unter einer Krankheit zu leiden. Nach Freud phantasiert nur der Unglückliche. Wenn der Leser (oder auch der Autor) jedoch nicht unglücklich ist, muß er sich durch Literatur unglücklich machen lassen, damit seine Wünsche und Phantasien in Bewegung geraten.

Das Unglück oder die Unlust des gespannten Lesers besteht dabei freilich keineswegs nur in einem Mangel an Informiertheit, wie es der informationsästhetische Spannungsbegriff unterstellt. Thomas Manns Beispiel aus der Musik zeigt, daß es unter anderem auch Dissonanzen sein können, die als spannungsvoll bis hin zur Grenze des Erträglichen empfunden werden können. In Literatur können solche Dissonanzen durch unaufgelöste Brüche, Widersprüche, Inkonsistenzen und Paradoxien formaler wie inhaltlicher Art, den Widerstreit konträrer Perspektiven, Konflikte zwischen oder innerhalb von Figuren, die Differenz zwischen Figuren- und Rezipientenwissen oder die Unvereinbarkeit gleichrangiger Werte erzeugt werden. Die Frage, *ob* und *wie* Dissonanzen aufgelöst werden, ist zumindest in Thomas Manns Beispiel sekundär. Weit wichtiger für das Spannungsphänomen ist der immer dringlichere Wunsch, *daß* sie aufgelöst werden. In den fünfziger Jahren hat Leon Festinger in seiner einflußreichen *Theorie der kognitiven Dissonanz* so etwas wie ein psychologisches Gesetz unterstellt, daß Widersprüche zwischen Einstellungen und tatsächlichem Verhalten, zwischen alten und neuen Erfahrungen oder Inkonsistenzen zwischen Überzeugungen als unangenehm wahrgenommen werden und daher das Bedürfnis erzeugen, sie zu vermeiden oder zu reduzieren.[54] Unlusterfahrungen solcher Dissonanzspannungen und Lustgefühle bei ihrer Auflösung fließen auch in die Lektüre literarischer Texte ein. Ihr Spiel mit Mangelerfahrungen und Bedürfnissen der Leser reicht freilich weit darüber hinaus. Jene anthropologischen Bedürfnisse, die grundlegend für die Existenzerhaltung (Hunger, Durst) und die Arterhaltung (Liebe, Sexualität) sind, haben eine ebenso fundamentale Bedeutung für literarische Spannung. Der informationsästhetische Spannungsbegriff amputiert intellektualistisch die Komplexität menschlicher Wünsche, die literarische Phantasien hervorbringen, auf den Willen zum Wissen. Wir wollen aber nicht nur wissen, *ob* Tell den Apfel und nicht den Sohn trifft, sondern wir wünschen, *daß* er den Apfel trifft. Wir wollen nicht nur wissen, *ob* Rudenz und Berta sich in diesem Stück vereinen, sondern wünschen, *daß* sie sich vereinen. Spannung basiert zumeist auf der Kombination des Bedürfnisses, unlustvolle Unbestimmtheit zu reduzieren, mit anderen Bedürfnissen. Wenn Julio Cortázar seinen Roman *Rayuela* mit der Frage beginnt «Ob ich die Maga finden würde?», ist des Lesers Wunsch zu wissen sogleich mit dem Wunsch, die begehrte Frau möge gefunden werden, kombiniert.

Literarische Texte erzeugen also Spannung, indem sie im Leser, oft über die Identifikation mit einer Figur des Textes, die Erfahrung eines Mangels stimulieren, die wiederum das Begehren hervorbringt, den Mangel zu beseitigen. Dieses Begehren stößt auf Hindernisse und wird dadurch wachgehalten oder sogar noch gesteigert. Die Energie des Begehrens löst sich auf, wenn es sein Ziel erreicht hat oder an der Erreichung des Ziels endgültig gescheitert ist. Das deckt sich mit den Beschreibungen narrativer Grundmuster, wie sie von formalistischen Erzähltheoretikern vorgelegt wurden. «Die ideale Erzählung», so Tzvetan Todorov, «beginnt mit einer Phase der Ruhe, in die irgendeine Kraft plötzlich störend eingreift. Das hat den Verlust des Gleichgewichts zur Folge. Durch eine in entgegengesetzter Richtung wirkende Kraft wird das Gleichgewicht wiederhergestellt. Dieses zweite Gleichgewicht ähnelt dem ersten, ohne mit ihm identisch zu sein.»[55]

Der Verlust des Gleichgewichts ist mit Mangel- bzw. Unlusterfahrungen verbunden; die Wiederherstellung des Gleichgewichts mit Lust. Oft beginnt ein narrativer Text gleich mit der Darstellung einer spannungsvollen Mangelsituation. Ihr folgt der Versuch, den Mangel zu beheben; der Versuch endet erfolgreich oder erfolglos.

Spannung durch Trennung

Auf eine ungemein beliebte Art, dieses Handlungsmuster spannungsvoll zu konkretisieren, möchte ich abschließend eingehen. Im *Erdbeben in Chili* trennt Kleist zunächst zwei, die sich lieben und die schon durch die Anfangsbuchstaben ihrer Namen zusammengehören: Jeronimo und Josephe. Das Gesetz des Vaters und das der Kirche unterbinden die weitere Vereinigung beider. Der Tod soll sie endgültig trennen. Da stürzt das Erdbeben wie eine Revolution alle Verhältnisse um und bewirkt, daß die Liebenden in einer paradiesischen Szenerie wieder glücklich vereint sein dürfen. Auch aus diesem Paradies werden sie wieder vertrieben. Damit greift Kleist auf eine Urszene mythischer und literarischer Trennungsgeschichten zurück.

«Erzählen heißt spannen», schreibt Thomas Mann in seinem Essay über Kleist. Erzählen heißt, seit es Literatur gibt, auch trennen. Die Trennung des Odysseus von seiner Heimat und seiner Frau hält Homers *Odyssee* in spannungsvoller Bewegung. Die «Heimkehr eines lange fern von der Heimat und der Familie gewesenen Mannes», so steht es in einem Lexikon literarischer Motive unter dem Stichwort «Heimkehrer», «ist eine der spannungsgeladenen Grundsituationen, die sich immer wieder ereignen und die Anteilnahme der Miterlebenden auf sich lenken».[56] Es ist immer wieder die gleiche Geschichte, die da in Mythen und Dichtungen, aber auch von Philosophen und nicht zuletzt von Psychoanalytikern in zahllosen Variationen erzählt wird: die der Vertreibung aus dem Paradies oder aus der symbiotischen Einheit mit der Mutter. In der Literatur der Zeit, aus der auch Kleist stammt, nimmt das Erzählen und Theoretisieren über Einheitsverluste geradezu obsessive Formen an: Dem Entwicklungsmuster «ursprüngliche Einheit – Trennung bzw. Entzweiung – Suche nach neuer Einheit» folgen die Dichtungen und Dichtungstheorien Schillers, Goethes, der gesamten Romantik und der idealistischen Philosophie. Individuelle Lebensgeschichten und die gesamte Gattungsgeschichte werden nach diesem Muster erzählt.[57] Daß dabei die zahlreichen Trennungsgeschichten ihre ungeheure Attraktivität auch der Lust an der Spannung verdanken, ist allerdings bislang kaum gesehen worden. «Warum», fragt Kant, «schließt ein Liebesroman mit der Trauung, und weswegen ist ein ihm angehängter Supplement-Band (wie im Fielding), der ihn, von der Hand eines Stümpers, noch in der Ehe fortsetzt, widrig und abgeschmackt? Weil Eifersucht, als Schmerz der Verliebten, zwischen ihre Freuden und Hoffnungen, *vor* der Ehe Würze für den Leser, *in* der Ehe aber Gift ist; denn, um in der Romansprache zu reden, ist ‹das Ende der Liebesschmerzen zugleich das Ende der Liebe›»[58] – und zugleich das Ende erzähler Liebesgeschichten. Liebesromane und -geschichten sind unendliche Variationen von Trennungsgeschichten.[59] In seinem zuerst 1939 in Paris erschienenen Buch *Die Liebe und das Abendland* konstatiert der Schweizer Kulturhistoriker Denis de Rougemont: «Die glückliche Liebe hat in der abendländischen Kultur keine Geschichte.»[60] Und im Blick auf den Tristan-Mythos: «Was ist also der wahre Gegenstand der Legende? Die Trennung der Liebenden? Ja, aber im Namen der Leidenschaft und um der Liebe zu eben der Liebe willen, die sie quält, um sie zu erheben, sie zu verklären – auf Kosten ihres Glücks und selbst ihres Lebens». Nicht jedoch auf Kosten der Spannungslust am Text. «Keines der Hindernisse, auf das sie treffen, ist, objektiv gesehen, unüberwindlich, und doch verzichten sie jedesmal auf den Versuch, es zu überwinden. Sie verpassen sozusagen keine Gelegenheit, sich voneinander zu trennen. Ist kein Hindernis da, so erfinden sie eines: das blanke Schwert, Tristans Heirat. Sie erfinden diese Hindernisse wie zu ihrem Vergnügen, obwohl sie darunter leiden. Tun sie es also um des Vergnügens des Dichters und des Lesers willen?»[61] Gewiß. Rougemont scheint hier zu ahnen, daß die unglückliche Liebesgeschichte nicht als Beleg für seine kulturpessimistischen Verdikte über den Verfall abendländischer Ehemoral taugt, sondern literarischen Gesetzen des Vergnügens folgt. Künstlich und kalkuliert stimulieren literarische Texte Trennungsunlust und damit zugleich das Begehren nach lustvoller Vereinigung. Die Intensität der Vereinigungslust steht in direkter Abhängigkeit vom Ausmaß der zuvor stimulierten

Trennungsunlust. Da Lust keine Ewigkeit kennt, muß der Text abbrechen, wo er sein Maximum an lustvoller Entspannung erreicht. Die Hochzeit, nicht nur in der Komödie, ist ein klassisches Mittel der Spannungsauflösung, aber auch der Tod – zuweilen beides zugleich. Im Phantasma des Liebestodes versuchen Texte zuweilen so etwas wie eine ewige Vereinigungslust zu versprechen, sie selbst jedoch müssen hier enden – wie Goethes Roman *Die Wahlverwandtschaften*, der nach vielen inszenierten Trennungen mit den Worten schließt: «So ruhen die Liebenden nebeneinander. Friede schwebt über ihrer Stätte, heitere, verwandte Engelsbilder schauen vom Gewölbe auf sie herab, und welch ein freundlicher Augenblick wird es sein, wenn sie dereinst wieder zusammen erwachen.»[62] Oder wie Johann Peter Hebels Kalendergeschichte *Unverhofftes Wiedersehen*. Hier ist der Tod zunächst eine Macht, die die Liebenden trennt, schließlich aber auch die Bedingung ihrer ewigen Vereinigung. Die Geschichte ist ein Musterbeispiel für den Wechsel von literarisch stimulierter Trennungsunlust und Vereinigungslust, die hier auch mit der Auflösung formaler Spannungen einhergeht.

Entspannende Wiedervereinigungen der Getrennten wie in Goethes *Wahlverwandtschaften* und Hebels *Unverhofftes Wiedersehen* sind in der literarischen Moderne allerdings selten geworden. Nicht die Auflösung, sondern die Aufrechterhaltung der Spannung über das Textende hinaus erscheint der Ästhetik der Moderne angemessener.[63] «Beim sogenannten offenen Schluß, der die Widersprüche, die Vieldeutigkeit und Ungewißheit, die uns zu Anfang in das Geschehen, die Geschichte hineingezogen haben, auf einem neuen Niveau der Erfahrung wiederherstellt, dauert die Spannung über das Ende hinaus an.»[64]

Dem entspricht die Einsicht, daß die harmonische Vereinigung des Getrennten mit dem Tod eng assoziiert ist. Das spannungslose ist ein totes Kunstwerk. Völlige und dauerhafte Entspannung ist nur in tödlicher Ruhe zu haben. Trennung, Spannung, Differenz hingegen bedeuten Leben. Und dem Leben sind lustvolle Entspannungen nur partiell und vorübergehend gegönnt. Die literarische Lust an der Spannung ist mithin auch eine Lust am Leben. Das gilt ähnlich für die Lust am Lachen.

6

Lachlust

Witze

In einer anspruchsvollen Zeitschrift mit vornehmlich weiblichen Adressaten war vor einiger Zeit folgender «Frauenwitz des Monats» zu lesen: «Was ist ein Mann in Salzsäure? Ein gelöstes Problem!»[1]

Witze, die nachträglich erklärt werden müssen, haben die beabsichtigte Wirkung verfehlt. Für Literaturwissenschaftler, Ethnologen oder Psychologen kann die Analyse von Witzen jedoch äußerst aufschlußreich sein. Und einer literaturwissenschaftlichen Hedonistik zeigen Witz und Lachlust in exemplarischer Weise vieles von dem, was zu den Arten, Gründen und Bedingungen der Lust an Literatur generell gehört. Die Lust am Spiel, am Schrecklichen, an der Spannung oder an der Erotik sind auch möglicher Bestandteil der Lachlust. «Was ist ein Mann in Salzsäure?» Mit der Frage, auch wenn sie nicht ernst gemeint ist, wird eine Technik der Spannungserzeugung benutzt. Ein Informationsmangel wird suggeriert und damit das Bedürfnis geweckt, ihn aufzuheben. Viele Witze funktionieren so. «Was ist ein Mann im Knast?» Man wartet gespannt auf die Antwort. Sie lautet: «Artgerechte Haltung.»[2] Die Aufhebung der Spannung erfolgt so plötzlich und überraschend, daß der mit ihr verbundene Lusteffekt jene eruptive Dynamik bekommt, die dem Lachen eigen ist. «Das Lachen ist ein Affekt aus der plötzlichen Verwandlung einer gespannten Erwartung in nichts.»[3] Mit dieser immer wieder zitierten Formulierung hatte Kant den lustvollen Lachaffekt zu erklären versucht. Der eingangs zitierte Witz ist außerdem ein Beispiel dafür, daß es auch eine Lachlust am Schrecklichen gibt. Und die Lust am Witz ist nicht zuletzt eine Lust am Spiel. «Ein gelöstes Problem» enthält ein Wortspiel mit der Doppeldeutigkeit von «gelöst». Die Vorstellung eines chemischen Prozesses wird mit der eines Problemlösungsprozesses kurzgeschlossen. Beide Witze kehren zudem spielerisch die aggressive Tendenz frauenfeindlicher Männerwitze um: Was ist eine Frau in Salzsäure…

Der Witz ist nur eine von vielen Möglichkeiten, Lachlust hervorzurufen, allerdings eine dominante. Sich als Literaturwissenschaftler mit ihm auseinanderzusetzen ist nicht nur deshalb legitim, weil Witzelemente vielfach Bestandteile literarischer Texte sind, sondern weil der Witz selbst eine literarische Gattung ist. Daß man sich in Gesellschaften mit erfundenen Geschichten vergnügt, ist seit den von der Druck-, Radio-, Film- und Fernsehtechnik ermöglichten Unterhaltungsformen seltener geworden. Witze sind die letzte lebendig gebliebene Form des mündlichen Geschichtenerzählens, die nicht vom Aussterben bedroht ist, eine letzte Gattung lebendiger Volksdichtung,[4] die, wie früher Mythen, Märchen oder Sagen, keine individuellen Autoren kennt, sondern Ausdruck eines kollektiven Bewußtseins ist. Mit ihren rasch sich wandelnden Moden verraten Witze nicht nur viel über den, der sie erzählt und sie lustig findet, sondern auch über die Zeit und die Gesellschaft, in der sie zirkulieren. Untersuchungen zur Lachlust können, wie Untersuchungen zur Lust an Literatur generell, dazu beitragen, Literaturgeschichte als Mentalitätsgeschichte zu schreiben.

Man kann über Witze lauthals lachen und sie zugleich sehr ernst nehmen. In ihren psychischen und sozialen Funktionen hat sie nicht allein Sigmund Freud einer umfangreichen Untersuchung für wert geachtet. Doch ist seine 1905 erschienene Schrift *Der Witz und seine Beziehung zum Unbewußten* ein Markstein für die vielfältigen soziologischen, psychologischen, philosophischen, ästhetischen, literaturwissenschaftlichen oder volkskundlichen Forschungen zur Lachlust geworden. Wer über Arten und Gründe der Lachlust reflektiert, kann Freuds Forschungsbeitrag kaum umgehen, sollte sich jedoch nicht nur auf ihn stützen.

Befreiung von äußeren Zwängen

«Jeder Witz ist eine winzige Revolution.»[5] Diese knappe Formulierung George Orwells weist auf einen für Witze charakteristischen Sachverhalt. Witze setzen Augenblicke lang vorgegebene gesellschaftliche Normen außer Kraft, sie befreien von sozialen Zwängen. Im Akt des Lachens brechen unterdrückte Antriebe und Wünsche hervor, deren Erfüllung in der sozialen Realität auf Widerstände stößt.

Daß die befreiende Aufhebung von Zwängen mit Lustgefühlen verbunden ist, ist eine der grundlegenden Annahmen etlicher Spiel- und Schönheitstheorien. Als Lust an der Befreiung wurde vielfach auch die Lust am Lachen begriffen, und zwar als Befreiung von äußeren und inneren Zwängen.

Unter dem Eindruck des stalinistischen Zwangssystems untersuchte der sowjetische Literaturtheoretiker Michail M. Bachtin das anarchische, autoritätswidrige Potential der mittelalterlichen Lachkultur. Er versuchte zu zeigen, wie ihre karnevalistischen Festlichkeiten und Bräuche in die Literatur übertragen wurden. Diese Lachkultur stand im Zeichen einer Freiheit, die auf Feiertage begrenzt war und sich von den Zwängen des Alltags scharf abhob. «Die Freiheit des Lachens [...] verschmolz mit der festlichen Atmosphäre, sie ging mit der Genehmigung des Fleisches, des Specks und des geschlechtlichen Lebens einher. Die feiertägliche Befreiung des Lachens und des Leibes kontrastierte schroff mit der vergangenen oder bevorstehenden Fastenperiode.» Die Karnevalsfestlichkeiten der Feiertage setzten «gleichsam das ganze offizielle System mit allen seinen Verboten und hierarchischen Schranken zeitweilig außer Kraft. Für kurze Zeit trat das Leben aus seiner üblichen, gesetzlich festgelegten und geheiligten Bahn und betrat den Bereich der utopischen Freiheit.»[6] Das karnevalistische Lachen des Volkes war «das Moment des Sieges über jede Gewalt, über die irdischen Herrscher, über die Mächtigen der Erde, über alles was knechtet und begrenzt».[7] Die hierarchisch geordneten Gegensätze des zwanghaften Alltagssystems waren aufgelöst: «Der Karneval vereinigt, vermengt und vermählt das Geheiligte mit dem Profanen, das Hohe mit dem Niedrigen, das Große mit dem Winzigen, das Weise mit dem Törichten.»[8] Die Gesetze, Verbote und Beschränkungen des persönlichen Lebens wurden zeitweilig außer Kraft gesetzt. Und mit der Befreiung von autoritären Verboten ging auch die Befreiung von der Angst einher, mit der sie gestützt werden. «Der mittelalterliche Mensch empfand im Lachen besonders scharf den Sieg über die Furcht [...] vor allem Geheiligten und Verbotenen [...], vor der Macht Gottes und vor der Macht der Menschen, vor den autoritären Geboten und Verboten, vor Tod und Vergeltung im Jenseits, vor der Hölle».[9]

Noch im 20. Jahrhundert spiegeln sich die einschüchternden Zwangsmechanismen sozialer Systeme in politischen Witzen.[10]

In totalitären Staaten bildeten sie eine subversive Lachkultur, die von den Machthabern als staatszersetzend mit Brutalität bekämpft wurde. Totalitäre Systeme verstehen keinerlei Spaß. In der Zeit des Nationalsozialismus richtete sich der Zorn der Parteiführer auf den Witzbold. Er wurde strafrechtlich verfolgt. Viele kamen in Gestapohaft, manche ins KZ. Eine Frau, die sich im November 1944 den Witz erlaubte, die Fleischknappheit komme vom Mangel an Schlachttieren, weil die Schafe arbeiten, die Ochsen an der Front und die Schweine in der Partei sind, hatte noch Glück, mit nur drei Wochen Gefängnis bestraft zu werden. Angeblich gab es damals Listen, auf denen Witze mit dem jeweils dazugehörigen Strafmaß verzeichnet waren. Diese harten Strafen sind selbst Thema von Witzen geworden: «Haben Sie schon gehört? Die Partei hat ein Preisausschreiben für die besten Witze gestartet. Erster Preis: Zwanzig Jahre Dachau.»

Aller staatlichen Gewalt vermochte der politische Witz indes zu trotzen. Zwanghaft unterdrückte Wünsche und Gedanken scheinen sich einen Weg ins Freie bahnen zu müssen, in Träumen und Phantasien, in alltäglichen Fehlleistungen – und in Witzen. Da sie anders als Träume öffentlich wirksam sind, haßt und verfolgt sie der totalitäre Staat, doch hat er es schwer, sie gleichzuschalten. Mündlichkeit und anonyme Autorschaft kommen ihnen zur Hilfe. Man erzählt sie sich nur im kleinen Kreis, unter Freunden, hinter vorgehaltener Hand, geflüstert. «Brief einer Berliner Arbeiterfamilie an die Verwandten im Ausland: ‹Uns geht es gut. Hitler führt uns einer besseren Zukunft entgegen. Fritz, der das Gegenteil behauptet hat, wird morgen beerdigt.›» – Nur in Form eines Flüsterwitzes wie diesem hätte der Mann unbeschadet das Gegenteil behaupten können.

Politische Witze antworten auf die aggressive Übermacht vielfach mit offener Gegenaggression – bis hin zu terroristischen Todeswünschen: «Eine alte Frau schrieb Hitler einen Glückwunsch zu seinem Geburtstag. – In dem Brief heißt es: ‹Ich wünsche Ihnen alles, was das deutsche Volk Ihnen seit Jahren wünscht.› – Tags darauf wurde sie wegen Anstiftung zum Mord verhaftet.»

Die winzige Revolution, die der Witz nach Orwell vollführt, besteht häufig auch im direkten Angriff gegen höhergestellte Persönlichkeiten. In der Witzphantasie erlaubt sich der Schwächere gegenüber dem Mächtigen Worte und Taten, die er in Wirklichkeit nie wagen würde. «Angestellter zum Chef: ‹Ich würde gern heute mittag zu einer Beerdigung gehen.› Chef: ‹Zu welcher?› Angestellter: ‹Zu Ihrer!›»

Viele Witze entspringen den Rachephantasien des sozial Unterlegenen gegenüber dem Druck, den der Überlegene in der Realität auf ihn ausübt. Typische Witzsituationen hierfür sind Gespräche zwischen Lehrer und Schüler, Prüfer und Prüfling oder Richter und Angeklagtem. «Richter zum Angeklagten: ‹Für Ihren Bildungsgrad haben Sie eine ganz annehmbare Auffassungsgabe und Intelligenz.› Angeklagter: ‹Ich würde das Kompliment gern zurückgeben, aber ich stehe unter Eid!›» Der sozial Schwächere übernimmt in solchen Witzen oft die Rolle des Ebenbürtigen oder sogar Überlegenen; die sozialen Hierarchien sind eingeebnet, revolutioniert. Der Witzhörer fühlt sich von seinen unter dem täglichen sozialen Druck erlebten Ängsten in der Identifizierung mit der schlagfertigen und unerschrockenen Witzfigur im Augenblick des Lachens lustvoll befreit.

Befreiung von inneren Zwängen

Bachtins machtkritische Verklärung der mittelalterlichen Lachkultur und deren Transformationen in Romane der Neuzeit waren gegen das Lachverbot im Stalinismus der vierziger Jahre gerichtet.[11] Aktualisierenden Charakter haben bei Bachtin auch die verdeckten theoretischen Anleihen bei der im Stalinismus tabuierten Psychoanalyse. Sie sind da sichtbar, wo er das Lachen als Befreiung nicht nur von äußeren, sondern auch von inneren Zwängen beschreibt. «Das Lachen befreit nicht nur von der äußeren Zensur, sondern vor allem vom großen inneren Zensor, von der in Jahrtausenden dem Menschen anerzogenen Furcht vor dem Geheiligten, dem autoritären Verbot, dem Vergangenen, vor der Macht.»[12]

Norbert Elias hat im Anschluß an Freud die These vertreten, daß das menschliche Subjekt im Prozeß seiner Zivilisierung eine «Selbstzwangapparatur»[13] in seinem eigenen Inneren installiert habe. Daß äußere Zwänge verinnerlicht werden, geschieht im Mittelalter allerdings noch nicht in dem Ausmaß wie in der Neuzeit und vor allem seit dem Jahrhundert der Aufklärung. Mit der Neuzeit erst bilden sich die subjektgeschichtlichen Voraussetzungen für Freuds Lachtheorie heraus. In seinen wortspielerischen Unsinnselementen ist der Witz eine lustvolle Befreiung von der Zwanghaftigkeit, mit der das rationale Ich alles Sprechen und Schreiben auf seine sprachliche Korrektheit und logische Sinnhaftigkeit hin kritisch kontrolliert. Zugleich können im Akt des Lachens sexuelle oder aggressive Wünsche ihre Befreiung von jenem Zensurdruck genießen, den das moralisch zivilisierte Über-Ich fortwährend auf sie ausübt.

Der Witz ermöglicht, wie Freud schreibt, «die Befriedigung eines Triebes (des lüsternen und feindseligen) gegen ein im Wege stehendes Hindernis, er umgeht dieses Hindernis und schöpft somit Lust aus einer durch das Hindernis unzugänglich gewordenen Lustquelle.»[14] Die folgenden Witze überwinden das Hindernis der ehelichen Moral. Deren so offene Ablehnung erregt bei denen ein befreiendes Gelächter, die diese Moral selbst insgeheim als Lustbeschneidung empfinden. «Ein Sexualforscher fragt eine junge Frau: ‹Was halten Sie von der Liebe?› – ‹Liebe?› sagt sie langsam. ‹Ich weiß gar nicht, was das ist.› – ‹Aber gnädige Frau ...?› – ‹Wirklich, so ist es – ich habe meinen Mann nämlich noch nicht ein einziges Mal betrogen.›» Oder: «Ein Vater von vier Kindern beginnt einen schrecklichen Verdacht zu schöpfen und sagt eines Tages zu seiner Frau: ‹Emma, ich glaube, der Paul ist nicht von mir!› – ‹Wie kannst du so etwas behaupten›, entrüstet sich die Frau, ‹gerade der Paul ist von dir!›» Situationen, in denen der verheimlichte Seitensprung plötzlich ans Tageslicht kommt, bieten den Witzerzählern ein schier unerschöpfliches Repertoire. Ein zusätzlicher Lacheffekt ist da zu erzielen, wo sich die Ehepartner gegenseitig betrügen. Hier fällt auch noch das Mitleid oder Schuldgefühl gegenüber dem Betrogenen weg, das vielleicht das Vergnügen an Ehebruchsgeschichten sonst zu hemmen vermag. «‹Stell Dir vor, gestern komme ich spät nach Hause. Die Haustür wird geöffnet, ich denke, das ist das Dienstmädchen, und will es küssen.› – ‹Ja und weiter?› – ‹Aber es ist meine Frau! Sie schiebt mich sanft zurück und sagt: Nicht jetzt, Liebling, mein Mann kann jeden Moment nach Hause kommen.›»

Daß auch der sexuelle Witz aus dem Mangel geboren wird, erklärt vielleicht die besondere Empfänglichkeit für ihn während der Pubertät. In dieser Lebensphase stehen die Triebansprüche in besonders krassem Mißverhältnis zu dem, was sozial möglich und erlaubt ist. Doch verbirgt sich hinter dem sexuellen Witz weit mehr als ein bloß entwicklungspsychologisches Problem. Das Bedürfnis nach solchen Witzen hängt auch von der sexuellen Liberalität einer Gesellschaft ab. Ähnlich wie der Psychologe Witze zu Persönlichkeitstests verwendet, kann der Kulturwissenschaftler die Beliebtheit bestimmter Witzarten als Hinweis auf Erziehungsprinzipien und Moralvorstellungen einer Gesellschaft interpretieren. So konstatiert der Volkskundler Lutz Röhrich in seinem für das Thema einschlägigen Buch eine auffällige Freude der Deutschen an Fäkal- und Analwitzen. Dies sei eine Reaktion auf ein hierzulande übermäßig strenges und frühes Toiletten-Training, bei dem dem Kleinkind sein Vergnügen an Verdauungsvorgängen rigide ausgetrieben und in Ekel umgewandelt wird. Die Härte und das Zwanghafte in der deutschen Erziehung zur Reinlichkeit lasse im Witz unterdrückte frühkindliche Lustquellen wirksam werden.[15]

Zu den Kennzeichen der neuzeitlichen Zivilisation generell gehören die vielfach zwanghaften Ansprüche des zivilisierten Subjekts, die Kontrolle und Autonomie gegenüber dem eigenen Körper zu bewahren. Schon der körperliche Akt des Lachens steht dem entgegen. Das Lachen läßt sich nur partiell beherrschen; es unterliegt nicht dem eigenen Willen. Man *muß* lachen, und was dabei im Körper vorgeht, läßt sich kaum steuern: «Beim Lachen und mehr oder weniger auch beim Lächeln gibt es klonische Spasmen des Zwerchfells, gewöhnlich etwa achtzehn an der Zahl, und eine Kontraktion der meisten Gesichtsmuskeln. [...] Der Unterkiefer vibriert oder ist zurückgezogen (zweifellos um möglichst viel Luft in die sich aufblähenden Lungen zu lassen), und der Kopf wird bei sehr starkem Gelächter zurückgeworfen; der Oberkörper streckt sich und neigt sich sogar etwas zurück, bis (und das tritt bald ein) Ermattung und Schmerz im Zwerchfell und der Bauchmuskulatur den Körper zur Entlastung deutlich beugen lassen. Das ganze arterielle Gefäßsystem weitet sich, so daß durch die Wirkung der Hautkapillaren Erröten des Gesichts und des Halses und manchmal auch der Kopfhaut und der Hände eintritt. Aus demselben Grund treten die Augen oft etwas hervor, und die Tränendrüse tritt in Aktion, aber gewöhnlich nur so weit, daß die Augen ‹glänzen›, oft jedoch auch so stark, daß die Tränen ihre Kanäle ganz überschwemmen.»[16]

Seit dem 18. Jahrhundert wurde ästhetische Lust immer wieder auch physiologisch begründet. Nach dieser Erklärung lösen ästhetische Reize auf belebende Weise Bewegungen des Körpers aus. Solche Argumente sahen sich im Hinblick auf die Lachlust am stärksten bestätigt.[17] Kant wollte die Lachlust als ein rein körperliches Vergnügen verstanden wissen. Die Körperbewegung des Lachens beschrieb er als «eine wechselseitige Anspannung und Loslassung der elastischen Teile unserer Eingeweide, die sich dem Zwerchfell mitteilt [...]: wobei die Lunge die Luft mit schnell einander folgenden Absätzen ausstößt.» Diese «der Gesundheit zuträgliche Bewegung» sei die «eigentliche Ursache des Vergnügens» am Witz.[18] In seiner Physiologie des Lachens stellte Herbert Spencer 1860 das Gesetz auf: «nervöse Erregung tendiert immer zur Umsetzung in Muskelerregungen [...]. Gefühls- und Sinneserregungen tendieren zur Erzeugung von körperlichen Bewegungen.»[19] Wie starkes Leid entlädt sich mächtige Freude über den Körper. Diese Umsetzung wird von Spencer auch als eine Befreiung beschrieben, als plötzliches «Überströmen einer eingesperrten geistigen Erregung». Sowohl das Muskelsystem als auch die inneren Organe leisten dabei ihren «Beitrag zur Entladung».[20] Darin gleicht die befreiende, kathartische Wirkung des Lachens der des Weinens oder dem «Abzittern» der Angst, wie es der Psychoanalytiker Theodor Reik beschrieben hat.[21]

Witze dienen wie Revolutionen der Lösung von Spannungen. Lachen befreit, Lachen ist gesund.[22] Lachen bricht psychosomatische Verkrampfungen auf und wird daher zu therapeutischen Zwecken eingesetzt.[23] Wer nicht mehr zu lachen imstande ist, geht psychisch genauso zugrunde wie der, der nicht mehr träumen kann. Lachen befreit vom Unbehagen an einer Zivilisation, die in hohem Maße auf den Verzicht individueller Wunscherfüllung angewiesen ist. Bei allzu heftigem Lachen kann die Lust mit Scham einhergehen. Dem zivilisierten Subjekt ist unkontrollierte Körperlichkeit peinlich. Seinen Ansprüchen auf Selbstkontrolle und Autonomie erscheint es vielfach angemessener, nicht mit dem ganzen Körper zu lachen, sondern nur mit dem Gesicht, am besten nur zu lächeln.[24] Benimm-Bücher des 19. Jahrhunderts erlaubten Frauen zu lächeln, aber nicht zu lachen. Zudem war die Mode des Korsetts dazu geeignet, die heftigen Körperreaktionen des Lachens zu unterbinden.[25] Das Lachen ist wie das Weinen potentiell eine unlustvolle Kränkung des Autonomie beanspruchenden modernen Subjekts. Im Lachen und im Weinen erfährt es, mit Helmuth Plessner gesprochen, daß es nicht nur einen Körper hat, sondern ein Körper ist. Plessner beschreibt Lachen und Weinen als «unbeherrschte und ungeformte Eruptionen des gleichsam verselbständigten Körpers».[26] Sie entziehen sich der bewußt intendierten symbolischen Verständigung.

Sich beim Lachen nicht mehr als Herr im eigenen Hause zu erfahren wird vom Ich als kleine Katastrophe empfunden. Nach Plessner läßt sich das Subjekt von ihr allerdings nicht dauerhaft überwältigen, sondern macht sich in solcher Ausnahme- und Extremsituation seine sonstige Autonomie gegenüber dem eigenen Leib bewußt. Sich überwältigen zu lassen kann indes auch Lust bereiten. Sie beruht möglicherweise darauf, daß die Anstrengung fortfällt, sich als autonomes Subjekt behaupten zu müssen. Dies entspräche jedenfalls einer psychischen Gesetzmäßigkeit, mit der Fechner die Lust am Schönen erklärte, Nietzsche die Lust an der rauschhaften Ich-Auflösung und Freud vor allem die Lachlust.[27]

Ersparungslust und Kompromißbildungen

«Ersparungslust» oder mit Lust verbundene «Aufwandsersparnis» sind zentrale, doch von der psychoanalytischen Literaturwissenschaft und wohl überhaupt von der Psychoanalyse in der Nachfolge Freuds wenig beachtete Begriffe in dessen Schrift über den Witz. Sie stellen ein fundamentales Erklärungsmuster, einen geradezu universalen Beschreibungsschlüssel für Unlust- und Lustgefühle bereit. Nach dieser Erklärung wird Lust dann empfunden, wenn ein anstrengender, dauerhaft geleisteter Aufwand an psychischer Energie mehr oder weniger plötzlich «überflüssig» bzw. «gespart» wird, z.B. der Aufwand an logischer Denk- und sprachlich korrekter Formulierungsarbeit, der Aufwand zur Unterdrückung verbotener Wünsche oder der belastende «Affektaufwand» etwa des Mitleids, der Angst und der Scham.

Die Theorie der Aufwandsersparnis hat weniger den Energiehaushalt des Es im Blick als vielmehr den des Ich und des Über-Ich. Diese müssen viel Kraft aufwenden, um die aus den Tiefen des Subjekts hervorflutenden Ströme moral- und rationalitätswidriger Impulse einzudämmen. Wenn ihnen plötzlich etwas von diesem Aufwand erspart bleibt, ist das erleichternd. Schon die geforderte Kürze von Witzen verweist darauf, daß mit wenig

Formulierungsaufwand große Effekte erzielt werden sollen. So sind es denn auch vor allem sprachliche Verdichtungen, die Freud an den Witztechniken beschreibt. Daß er die Techniken dieser literarischen Gattung so detailliert analysiert und dabei ihre lustvermittelnden Funktionen stets mitreflektiert, macht seine Schrift zum attraktiven Paradigma für das Projekt einer literaturwissenschaftlichen Hedonistik.

Ich illustriere im folgenden einige Witztechniken, wie sie Freud beschrieben hat, an Elfriede Jelineks Roman *Lust*. Der Roman ist für eine literaturwissenschaftliche Hedonistik insofern eine Herausforderung, als er das mit dem Titel gegebene Versprechen überhaupt nicht einzuhalten scheint. Er ist nach Auskünften der Autorin aus der gescheiterten Absicht hervorgegangen, als Gegenstück zu Georges Batailles *Geschichte des Auges* weibliche Pornographie zu schreiben, einen Text also, mit und in dem die Frau (als Autorin, literarische Figur oder auch Leserin) Subjekt statt Objekt sexueller Lust ist.[28] Daraus ist ein antipornographischer Roman geworden, der zumindest in sexueller Hinsicht nur Unlust hervorrufen will. Nach Überwindung nicht unerheblicher Schwierigkeiten erschließen sich der Lektüre jedoch andersgeartete Lustquellen. Der Roman ist ein Konglomerat von Anspielungen und kryptischen Zitaten, das den detektivischen Spürsinn geeigneter Mitspieler herausfordert. Im Erkennen der zahlreichen intertextuellen Bezüge können sie ihre literarische Kompetenz beweisen und genießen. Leichter zu erkennen sind die zahllosen Anspielungen auf geläufige Redewendungen. Zum Beispiel auf die, «das Angenehme mit dem Nützlichen zu verbinden». Jelinek zitiert die auf Horaz zurückgehende Wendung in entstellter Form, wenn es heißt, der von Männern geheiligte Sport verbinde «das Unnütze mit dem Unangenehmen».[29] Oft fordern die Anspielungen in ihrer Häufung und Dichte zwar einen hohen Grad an Aufmerksamkeit, sind aber ohne literarisches Wissen zu erkennen: «Seine Verbindung ist nicht schlagend ein Beweis für sich selbst, aber was sich nicht schlägt, das neckt sich.»[30] Zum einen werden hier die vertrauten Wendungen «schlagende Verbindung» und «schlagender Beweis» kombiniert, zum anderen ersetzt «nicht schlägt» dann noch das Wort «liebt» aus der bekannten Redensart «Was sich liebt, das neckt sich.»

«Modifikation bekannter Redensarten, Anspielung auf Zitate» rechnet Freud zu jenen Techniken des Witzes, denen gemeinsam ist, «daß jedesmal etwas Bekanntes wiedergefunden wird [...]. Dieses Wiederfinden des Bekannten ist lustvoll, und es kann uns wiederum nicht schwerfallen, solche Lust als Ersparungslust zu erkennen, auf die Ersparung an psychischem Aufwand zu beziehen.»[31] Welche Art von Aufwand beim «Wiederfinden des Bekannten» lustvoll erspart wird, hat Freud nicht genauer ausgeführt, doch hat er wohl den kognitiven Aufwand, den jede strukturierende Wahrnehmung von etwas Neuem und Unbekanntem erfordert, im Blick. Die Lust am Wiedererkennen von Bekanntem ist freilich nur Teilaspekt eines weit umfassenderen Lust-Spiels, das Jelineks literarische Techniken inszenieren. Die meisten lassen sich mit Begriffen von Freuds Schrift über den Witz angemessen beschreiben. Ausführlich analysiert sie beispielsweise, welche Technik und welche Art von Lust einer witzigen Formulierung Heines mit folgendem Wortlaut zugrunde liegt: «er [Rothschild] behandelte mich ganz wie seinesgleichen, ganz famillionär».[32] Rothschild behandelt sein Gegenüber zugleich familiär und mit der gönnerischen Herablassung eines Millionärs. «Familiär» und «Millionär» werden durch «famillionär» ersetzt und verdichtet. Die Analyse läßt sich ohne weiteres übertragen auf manche der zahlreichen Wortspiele in Jelineks Roman. Eines davon steht in dem Nebensatz: «[...] ohne daß getobt oder lärmentiert würde.»[33] Wie bei «famillionär» liegt bei «lärmentiert» ein, so Freud, «sprachlicher Verdichtungsvorgang mit Ersatzbildung durch ein Mischwort»[34] vor. «Gelärmt» und «lamentiert» werden zu «lärmentiert» verdichtet. Ein anderer Satz verdichtet den «Betrieb», in dem gearbeit wird, und den «Geschlechstrieb» zu dem Mischwort «Geschlechtsbetrieb».[35] Der lustvolle Effekt basiert nach Freuds Erklärungsmuster auf der überraschenden Ersparung von Formulierungsaufwand.

Viele Sätze und Passagen in Jelineks «Lust» haben den Charakter von Witzen, die freilich nicht abrupt enden, sondern weitergeführt und in neue überführt werden. «Die meisten Männer kennen die Biographie ihres Autos besser als die Autobiographie ihrer Frauen. Was, bei Ihnen ist das umgekehrt? Sie kennen sich selbst so gut wie die einfache Person, die Sie täglich runderneuert? Als Lebensabdecker Ihre alten Gummis wegräumt? Dann können Sie sich glücklich setzen!»[36] Alle literarischen Verfahrensweisen, die Jelinek hier verwendet, hat Freud als Techniken des Witzes beschrieben: die Umordnung des gleichen sprachlichen Materials («Auto» und «Biographie»), die doppelsinnige Verwendung von Wörtern (u. a. «Gummi» als Autoreifen und als Kondom) oder die Verdichtung durch lautliche Modifikation («glücklich setzen» modifiziert «glücklich schätzen»).

Bei Witzen mit Wortspielen besteht nach Freud «die Technik darin, unsere psychische Einstellung auf den Wortklang anstatt auf den Sinn des Wortes zu richten». Das entspreche der Neigung des Kindes, «hinter gleichem oder ähnlichem Wortlaut gleichen Sinn zu suchen, die zur Quelle vieler von den Erwachsenen belachter Irrtümer wird. Wenn es uns dann im Witz ein unverkennbares Vergnügen bereitet, durch den Gebrauch des nämlichen Wortes oder eines ihm ähnlichen aus dem einen Vorstellungskreis in einen anderen, entfernten zu gelangen [...], so ist dies Vergnügen wohl mit Recht auf die Ersparung an psychischem Aufwand zurückzuführen. Die Witzeslust aus solchem ‹Kurzschluß› scheint auch um so größer zu sein, je fremder die beiden durch das gleiche Wort in Verbindung gebrachten Vorstellungskreise einander sind, je weiter ab sie von einander liegen, je größer also die Ersparung an Gedankenweg durch das technische Mittel des Witzes ausfällt. Merken wir übrigens an, daß sich der Witz hier eines Mittels der Verknüpfung bedient, welches vom ernsthaften Denken verworfen und sorgfältig vermieden wird.»[37]

Permanent stimuliert Jelinek durch Verwendung lautlich gleicher oder ähnlicher Wörter zur Assoziation unterschiedlicher Bedeutungsbereiche. So wird z. B. die Einengung der Frau durch den Haushalt (Abwaschen des Geschirrs) und der Zwang, der ihrer ‹Natur› (gleich einem an den Wagen angespannten Pferd) vom Mann angetan wird, durch die doppelsinnige Verwendung des Wortes «Geschirr» verbunden: «Sie läuft frei, ohne Leine. Das ungewaschene Geschirr ist ihr vom Kopf abgestreift. Jetzt hört sie es nicht mehr, das vertrauliche Klirren und Klingen der Schellen an ihrem Zaumzeug.»[38] Auf ähnliche Weise werden im gesamten Text die «Vorstellungskreise» der Sexualität, der Technik, der Wirtschaft, der Kultur, des Essens, des Sports, der Religion oder der Kunst miteinander kurzgeschlossen.

Auf die sowohl ökonomische als auch sexuelle Vormacht des Ehemanns verweist etwa das Wortspiel: «Der Direktor sorgt für den Warenkorb und ist Hahn im Korb.»[39] Durch den Doppelsinn des Verbs «kosten» und dessen lautliche Nähe zu «kosen» werden die Vorstellungskreise von Erotik, Kulinarik und Ökonomie assoziiert, wenn von «Wesen» die Rede ist, die «miteinander gekost und einiges gekostet haben.»[40] Die von Jelinek immer wieder hergestellte Verbindung von männlichen Objektbeziehungen zur Frau und zum Auto wird mit sprachlich minimalem Aufwand suggeriert, wenn die sexuellen Aktivitäten des Mannes als «heftige Kolbenstöße»[41] bezeichnet werden oder wenn die Autorin ihn wünschen läßt: «Sie soll ihn einmal in aller Ruhe vollzapfen lassen! Super!»[42] Viele Wortspiele Jelineks haben eine populärpsychoanalytische Gewitztheit, insofern sie einzelnen Wörtern oder Vorstellungskomplexen eine sexuelle Zweitbedeutung zuschreiben. So bekommt der Autotank eine vaginale, der Einfüllstutzen eine phallische Bedeutung. Die Psychoanalyse hat den wortspielerischen Witz, den sie untersucht, zum Teil selbst gefördert, und Autoren wie Arno Schmidt oder eben auch Elfriede Jelinek haben sich davon anregen lassen.

Witze sind nach Freud auf vielfältige Weise dazu geeignet, Aufwand zu ersparen. Grundlegend für sie ist die spielerische «Lust am Unsinn», die sich «dem Drucke der kritischen Vernunft» widersetzt. Sie profitiert vom «Reiz des von der Vernunft Verbotenen».[43] Unsinnige Wortspiele sparen den Aufwand sinnvollen Denkens und Formulierens und setzen dadurch Lust frei. Freud nennt sie eine «erste Vorstufe des Witzes».[44] Auf ihr ist diese Lust noch erkauft mit der Unlust des rationalen Ich, das sein Verlangen nach Sinnzusammenhang nicht befriedigt findet. Der «Scherz», den Freud als zweite Vorstufe des Witzes einschätzt, und der «harmlose Witz» bieten da eine Art Kompromißlösung: «es gilt nun den Lustgewinn des Spieles durchzusetzen und dabei doch den Einspruch der Kritik, der das Lustgefühl nicht aufkommen ließe, zum Schweigen zu bringen. Zu diesem Ziele führt nur ein einziger Weg. Die sinnlose Zusammenstellung von Worten oder die widersinnige Anreihung von Gedanken muß doch einen Sinn haben. Die ganze Kunst der Witzarbeit wird aufgeboten, um solche Worte und solche Gedankenkonstellationen aufzufinden, bei denen diese Bedingung erfüllt ist.»[45] Die so beschriebene Witzarbeit ist einerseits eine lustvolle Destruktion von gewöhnlichen, als zwanghaft empfundenen Formen der Sinnkonstruktion, andererseits konstruiert sie selbst Sinn auf überraschend neue, den Bedürfnissen des Ich entsprechende Weise. Versieht der «Scherz» den spielerischen Unsinn lediglich mit einem nicht besonders gehaltvollen, aber zumindest für das Ich akzeptablen Sinn, so befriedigt der «harmlose Witz» die Bedürfnisse des Ich mit der Neuschöpfung eines substantielleren Sinns in höherem Maße.

Zwischen scherzhaften und harmlosen Witzelementen sind viele Wortspiele in Jelineks *Lust* angesiedelt. Die für das Ich nicht mehr akzeptable Grenze zum puren Unsinn überschreiten sie selten; ihr Sinn im Unsinn geht freilich in seiner Substanz über den von bloßen Kalauern oft kaum hinaus, wenn etwa die lautlich fast identischen, doch semantisch unzusammenhängenden Wörter «Sekte» und «Sekt» zu der Aussage verbunden werden, daß ein «Herr von der Sekte der Genießer mit Sekt gegen Ihre Tür klopft».[46] Oder wenn in der Wiederholung des Wortstammes «heim» und der Suffixkombination «lichkeit» auf folgende Weise gespielt wird: «die Frau kann es einem schon heimelig machen, bevor sie es einem durch Heimlichkeiten oder Anhänglichkeit heimzahlt.»[47]

«Die Psychogenese des Witzes hat uns belehrt», so Freud, «daß die Lust des Witzes aus dem Spiel mit Worten oder aus der Entfesselung des Unsinns stammt und daß der Sinn des Witzes nur dazu bestimmt ist, diese Lust gegen die Aufhebung durch die Kritik zu schützen.»[48] Die Neuschöpfung von Sinn aus spielerischem Unsinn hat freilich oft weit mehr zu bieten als die bloße Absicherung gegen Einsprüche des Ich. «Eifersucht ist eine Leidenschaft, die mit Eifer sucht, was Leiden schafft.» Wie dieses bekannte, auch von Freud zitierte Wortspiel zeigt, kann die Neuschöpfung von Sinn so geistvoll sein, daß sie dem Ich selbst einen ihm gemäßen Lustgewinn verschafft.

Der Einwand tangiert jedoch nicht die weitergehende These Freuds, daß die durch Witztechniken freigesetzte Lust wie generell der «ästhetische Lustgewinn» vielfach nur eine Art «Vorlust» ist, die, wie er wenige Jahre später in dem Vortrag *Der Dichter und das Phantasieren* formulierte, «die Entbindung größerer Lust aus tiefer reichenden psychischen Quellen» ermöglicht.[49] Die Witztechniken und die durch sie vermittelte Vorlust lockern nach Freud Hemmungen, die der Entbindung größerer Lüste entgegenstehen. Insbesondere sexuelle und aggressive «Tendenzen» im Seelenleben sind es, deren Unterdrückung durch die Witztechniken aufgehoben werden kann und deren

Freisetzung mit Lust verbunden ist. Der Witz kämpft also gleichsam in drei Stadien um eine Lust der Befreiung: «Er beginnt als Spiel, um Lust aus der freien Verwendung von Worten und Gedanken zu ziehen.» Wenn ihm dann in einem zweiten Stadium die Vernunft «dieses Spiel mit Worten als sinnlos und mit Gedanken als unsinnig verwehrt», macht er der Vernunft listige Zugeständnisse, indem er sich zum sinnvollen Scherz wandelt und zum gedanklich gehaltvollen, doch noch harmlosen, untendenziösen Witz. Schließlich steht er in einem dritten Stadium «großen, mit der Unterdrückung kämpfenden Tendenzen bei, um nach dem Prinzip der Vorlust innere Hemmungen aufzuheben».[50] Freud nennt also diejenigen Witze «tendenziös», die im Dienste unterdrückter Wünsche stehen, und er unterscheidet dabei zwischen dem obszönen, dem aggressiven und dem zynischen Witz. Wenn die Witzelemente in Jelineks *Lust* nicht bloß scherzhaft oder harmlos sind, sondern eine «Tendenz» haben, dann dominiert in ihnen nicht etwa die obszöne, sondern die aggressive. Sie richtet sich gegen den Mann, den Herrn in Familie, Wirtschaft und Gesellschaft (der witzig sprechende Vorname des Fabrikdirektors und Ehemanns verdichtet diese Tendenz noch einmal; er heißt Hermann), gegen die Macht des Patriarchats, gegen die trivial- und hochliterarischen Mythen, die diese Macht stabil halten, und gegen einen obszönen Diskurs, in dem sich sexuelle Gewalt artikuliert.

Die Figuren in Jelineks *Lust* haben nichts zu lachen; die Lesenden durchaus. Zumindest scheinen Lacheffekte intendiert zu sein. Der Lacherfolg hängt von ganz unterschiedlichen Faktoren ab, die in Textqualitäten und in Rezeptionsbedingungen zu suchen sind. Im Fall von Jelineks Roman steht ihm nicht zuletzt entgegen, daß sich die Techniken des Witzes, der auf Kürze angelegt ist, in der permanenten Wiederholung erschöpfen. Und manches, was da als witzig offeriert wird, überschreitet nicht das Niveau harmloser Kalauer oder, nur mit umgekehrter Tendenz und Stereotypenbildung, das von Männerwitzen über Frauen.

Selbstaufwertung durch Entwertung anderer

In der lange Zeit vorwiegend von Männern geprägten Witzkultur ist es oft die Frau, vornehmlich die Ehefrau, die zum Objekt von Feindseligkeiten wird. Der anfangs zitierte Witz über das in Salzsäure gelöste Männerproblem kehrt nur um, was sich an männlichen Aggressionen gegen Frauen in zahllosen Witzen artikuliert: «Mann zum Apotheker: ‹Ich hätte gern Arsen.› Apotheker: ‹Haben Sie ein Rezept?› – ‹Nein, aber ich kann Ihnen ein Foto von meiner Frau zeigen.›» Untersuchungen über das Bild der Frau in der Geschichte des Witzes ergeben kein erfreuliches Bild männlicher Witzkultur.[51] Weit entfernt von offiziell geltenden Werten gegenseitigen Respekts erscheinen die Vertreterinnen des anderen Geschlechts als garstige Xanthippen, dämliche Autofahrerinnen oder aber als insgeheim liebesbesessene und mannstolle Geschöpfe männlicher Wunschprojektionen wie Ängste. Dieser Mechanismus ist auch bei ethnischen Witzen gut zu beobachten. Es sind jeweils die ethnischen Minderheiten, die zu bevorzugten Zielscheiben aggressiver Witze werden. Durch sie werden gängige Vorurteile bestätigt oder verstärkt: Juden sind geldgierig, Schotten geizig, Ostfriesen dumm, Indianer blutrünstig, Iren versoffen, Neger faul.

Die Lust an solchen Witzen ist mit Hinweisen auf das Vergnügen an Wortspielen und auf die Befreiung aggressiver Tendenzen aus den Fesseln zivilisierter Affektdisziplinierung nur unzureichend erfaßt. Und auch Freuds zweites Erklärungsmuster, nach dem die abrupte Befreiung von Disziplinierungsanstrengungen mit Lust verbunden ist, greift hier zu kurz. Es muß zumindest ein weiteres Erklärungsmuster herangezogen werden. Freud verwendet es in seinen Analysen zur Komik und zum Humor.

Als potentiell komisch werden menschliche Schwächen, Unzulänglichkeiten, Widersprüche, Ungereimtheiten, Mißgeschicke oder Fehler empfunden. Ein komisches Potential haben Abweichungen von Normen und gängigen Erwartungen. Jemand stolpert, verspricht sich, verheddert sich, verhält sich nicht situationsangemessen. Darüber kann gelacht werden. Denn im Unterschied zu einer tragischen Verfehlung verursacht der lächerliche Fehler, so Aristoteles, «keinen Schmerz und kein Verderben».[52] Lachanlässe werden in der Realität vorgefunden, sie lassen sich aber auch künstlich erzeugen, unter anderem durch Literatur. In jedem Fall beruht nach Freud das Lachen auf einem Vergleich einer «anderen Person mit dem eigenen Ich», ist das Lachen «Ausdruck der lustvoll empfundenen Überlegenheit»,⁵³ der Vergrößerung des eigenen Wertes. «Was hat der Anblick eines Menschen, der auf dem Eis oder dem Pflaster stürzt, der am Ende eines Trottoirs stolpert, denn so Ergötzliches an sich», fragt Baudelaire in seiner Schrift *Vom Wesen des Lachens* und gibt die Antwort: «Der Ausgangspunkt ist folgender: *ich stürze nicht; ich gehe aufrecht; mein Fuß ist fest und sicher. Ich würde nicht die Dummheit begehen, nicht zu sehen, wo ein Trottoir aufhört.*»⁵⁴ Mit moralischem Hochmut lacht man über die Verfehlungen und Laster anderer, mit einem Überlegenheitsgefühl des Ich über logische Denkfehler oder realitätsunangemessene Verhaltensweisen. Wenn Don Quijote Windmühlen für Riesen hält, genießen wir im Lachen über ihn die Überlegenheit eigenen besseren Wissens. Komödien versetzen die Zuschauer gerne in diese überlegene Position der Besserwissenden.

«Die Komoedie ist nichts anders, als eine Nachahmung einer lasterhaften Handlung, die durch ihr laecherliches Wesen den Zuschauer belustigen, aber auch zugleich erbauen kann.»⁵⁵ Dieser Komödiendefinition, die Gottsched unter Berufung auf Aristoteles formulierte, entspricht das überlegene Verlachen des moralisch Unvernünftigen. Auch wenn diese Art der Lachlust schon im 18. Jahrhundert vehement in Frage gestellt wurde, lebt sie in der Theorie und Praxis des Lachens weiter fort. Henri Bergsons um 1900 erschienene Aufsätze über das Lachen sind dafür ein Beispiel. Stellte die Frühaufklärung das Lachen in den Dienst der «Moral», so sieht die vitalistische Philosophie der Jahrhundertwende das Lachen auf der Seite des «Lebens». Als gut gilt nun, was lebendig ist. Der lebendige Organismus des einzelnen und der Gesellschaft zeichnet sich durch ‹Tugenden› der Spannkraft, der Geschmeidigkeit und der Wandlungsfähigkeit aus. Vom überlegenen Standpunkt des Lebens aus verlacht man das Unlebendige an Menschen: Steifes, Gebrechliches, nur mechanisch Funktionierendes, sich Wiederholendes. Bergsons Lachtheorie zeigt sich wie die Gottscheds kaum an einer Erklärung der Lust, sondern vor allem an der sozialen Funktion des Lachens interessiert. Sie begreift es als Erziehungsmaßnahme, als Bestrafung und Stigmatisierung «mangelnder Anpassung ans Leben der Gemeinschaft». Verlacht werden menschliche Unvollkommenheiten, die «von selbst die Tendenz [haben], sich im Kampf ums Dasein zu eliminieren». Lachen sei eine «soziale Geste». «Durch die Furcht, die es einflößt, steuert es den Exzentrizitäten, hält bestimmte Kräfte höherer Ordnung beständig gespannt und in wechselseitiger Durchdringung, die sonst leicht sich absondern und einschlafen würden, kurz, es macht alles geschmeidig, was an mechanischer Starrheit auf der Oberfläche des sozialen Körpers noch vorhanden ist.»[56] In ihrer sozialdarwinistischen Fundierung ist diese Lachtheorie zweifellos höchst problematisch.[57] Bergson selbst zeigt sich über die ethischen Implikationen irritiert und konzediert, daß die von ihm beschriebene Form des Verlachens «nicht aus guter Gesinnung zu kommen braucht. Es soll demütigen, einschüchtern, was ihm nicht gelingen würde, wenn nicht die Natur für diesen Zweck auch in den besten Menschen einen Rest von Niedertracht oder wenigstens Bosheit belassen hätte.» Doch wie so oft habe auch hier «die Natur das Böse in den Dienst des Guten gestellt.»[58] Und das Gute ist der gesunde, lebenskräftige Organismus der Gesellschaft.

Die Ausführungen Bergsons erhellen, wenn auch mit wenig Distanz, Fragwürdigkeiten sozialpsychologischer Mechanismen einer Lachlust, die mit der Herabsetzung anderer verbunden ist. Denn mit ihr bestätigen oder gewinnen nicht nur einzelne Subjekte ihre Überlegenheitsgefühle gegenüber anderen, sondern ganze Gruppen und Gesellschaften. Gemeinsames Lachen ist auch deshalb intensiver und lustvoller, weil sich jeder einzelne in seinem Überlegenheitsgefühl durch die Mitlachenden bestärkt sieht.

Die das Selbstwertgefühl lustvoll heraufsetzende Herabsetzung anderer ist nicht nur ein Phänomen des Lachens. Scharfe Kritik beispielsweise, auch wenn sie bitterernst vorgetragen wird, kann für den Kritiker, für diejenigen, die mit ihm übereinstimmen, oder für jene, die mit dem Kritisierten in Konkurrenzbeziehungen stehen, ebenfalls selbstwertsteigernd sein. Das Verlachen ist freilich, ähnlich wie das Polemisieren, das Lästern oder das Denunzieren, entlastet vom Aufwand argumentativer Anstrengungen und daher potentiell lustvoller.

Dem Genuß an der Bestätigung oder Vergrößerung des Überlegenheitsgefühls entspricht das Vergnügen an der Verminderung von Unterlegenheitsgefühlen. Es profitiert von einer schier unerschöpflichen Quelle des Komischen: dem plötzlichen Prestigeverfall hochgestellter oder sich eine hohe Stellung anmaßender Persönlichkeiten und ihrer Leistungen. Die von Platon überlieferte Anekdote über den Fall des Philosophen Thales von Milet illustriert dies: «So erzählt man sich von Thales, er sei, während er sich mit dem Himmelsgewölbe beschäftigte und nach oben blickte, in einen Brunnen gefallen. Darüber habe ihn eine witzige und hübsche thrakische Dienstmagd ausgelacht und gesagt, er wolle da mit aller Leidenschaft die Dinge am Himmel zu wissen bekommen, während ihm doch schon das, was ihm vor der Nase und den Füßen läge, verborgen bleibe.»[59] In der Identifikation mit der bodenständigen Dienstmagd können die Lesenden den eigenen Wert heraufgesetzt sehen, während sie den Wert des berühmten Mannes und seiner philosophischen Höhenflüge herabgesetzt finden. Etablierte Werthierarchien, die mit Entgegensetzungen von Höhe und Tiefe, Mann und Frau, Herr und Knecht, Geist und Körper, Theorie und Praxis, Ernst und Lachen gebildet sind, setzt die Anekdote spielend außer Kraft. Auch wenn Thales nicht wirklich gefallen ist, macht sie ihn zur komischen Figur. Etliche der von Freud beschriebenen Mittel, etwas lächerlich zu machen, verfahren nach einem ähnlichen Prinzip: «Karikatur, Parodie und Travestie, sowie deren praktisches Gegenstück: die Entlarvung, richten sich gegen Personen und Objekte, die Autorität und Respekt beanspruchen, in irgendeinem Sinn *erhaben* sind. Es sind Verfahren der Herabsetzung, wie der glückliche Ausdruck der deutschen Sprache besagt.»[60] Besonders beliebt ist das Verfahren, gegen die Erhabenheit des menschlichen Geistes die Niederungen des Körpers und seiner Bedürfnisse geltend zu machen. Komisch wirkt ein hochpathetischer Redner, der plötzlich niesen muß, oder eine Leichenpredigt, in der es heißt: «Er war tugendhaft und wohlbeleibt.» Das Komische rührt daher, erklärt Bergson, der diese Beispiele anführt, «daß unsere Aufmerksamkeit unvermittelt von der Seele auf den Körper gelenkt wird.»[61] Durch Inszenierungen des Komischen können solche Aufmerksamkeitsverschiebungen künstlich herbeigeführt werden. Sie zielen vielfach darauf, wie Freud zusammenfaßt, «die Würde des einzelnen Menschen» herabzusetzen, «indem sie auf seine allgemeinmenschliche Gebrechlichkeit, besonders aber auf die Abhängigkeit seiner seelischen Leistungen von körperlichen Bedürfnissen aufmerksam machen. [...] Ferner gehören alle Bemühungen hierher, hinter dem Reichtum und der scheinbaren Freiheit der psychischen Leistungen den monotonen psychischen Automatismus bloßzulegen.» Damit werden Unterlegenheitsgefühle durch die Erkenntnis vermindert: «Dieser und jener gleich einem Halbgott Bewunderte ist doch auch nur ein

Mensch wie ich und du.»[62] Von Kaiser Karl dem Großen ist nicht bekannt, daß er an Rheumatismus gelitten hätte. Indem Wilhelm Busch ihm dieses Leiden andichtete, erzielte er den von Freud beschriebenen Effekt:

> Carolus Magnus kroch ins Bett,
> Weil er sehr gern geschlafen hätt'.
> Jedoch vom Sachsenkriege her
> Plagt ihn ein Rheumatismus sehr.[63]

Witz und Komik der Psychoanalyse

Die Psychoanalyse unterstellt den manifesten Bedeutungen von Wörtern, Bildern und Geschichten vielfach eine latente Zweitbedeutung mit meist sexuellem Sinn. Damit verwendet sie jene wortspielerischen Techniken und erzielt jene Wirkungen, die sie an Witzen untersucht. In gleicher Weise hat sie auch an den Inszenierungen des Komischen und deren Effekten teil. Sie selbst macht entlarvend auf die Abhängigkeit seelischer Leistungen von körperlichen Bedürfnissen aufmerksam und lenkt den Blick auf komische Fehlleistungen des geschwächten Bewußtseins. Das führt einerseits, wie Freud bemerkte, zu empfindlichen Kränkungen menschlicher Größenansprüche,[64] andererseits bereitet es ein Vergnügen, das die Erfolgsgeschichte der Psychoanalyse mit begründet haben dürfte. Freud hat die Affinität psychoanalytischer Techniken zu denen des Witzes und der Inszenierung des Komischen erkannt, doch nur beiläufig auf sie verwiesen. Jede Aufdeckung des Unbewußten wirke «auf uns überhaupt als ‹komisch›», schreibt er und fügt in einer Fußnote hinzu: «Viele meiner neurotischen, in psychoanalytischer Behandlung stehenden Patienten pflegen regelmäßig durch ein Lachen zu bezeugen, daß es gelungen ist, ihrer bewußten Wahrnehmung das verhüllte Unbewußte getreulich zu zeigen, und sie lachen auch dann, wenn der Inhalt des Enthüllten es keineswegs rechtfertigen würde.»[65] Das Lachen der Patienten interpretiert Freud als Bestätigung psychoanalytischer Einsichten. In seiner Vieldeutigkeit wäre es freilich genauerer Analysen wert, und nicht nur als Patient, sondern auch als Leser kann man sich über manche Gewitztheiten psychoanalytischer Entlarvungen amüsieren. Wenn Goethe von seiner Reise «gen Italien» schreibt und ein psychoanalytisch ambitionierter Biograph dies als «Genitalien» liest oder wenn der Autor seinen göttergleichen Helden Prometheus sagen läßt: «Hier sitz' ich, forme Menschen/ Nach meinem Bilde» und eine psychoanalytische Interpretation darin – in Erinnerung an kindliche Erfolgserlebnisse in der analen Phase – die Reproduktion eines schöpferischen Aktes auf der Toilette entdeckt,[66] dann kann das mögliche Lachen darüber mehrere Gründe haben. Einer davon liegt in der überraschenden Herabsetzung eines Kulturheroen auf ein allzumenschliches Niveau.

Komik der Herabsetzung und Heraufsetzung

Ein Aufsatz von Hans Robert Jauß *Über den Grund des Vergnügens am komischen Helden* unterscheidet im Anschluß an und in Distanz zu Freud vom Komischen des auf seine Kreatürlichkeit herabgesetzten Helden das Komische eines anderen Heldentypus, mit dem eine «Heraufsetzung» der menschlichen Natur vorgenommen wird. Er ist in den Lachgestalten Gargantua und Pantagruel der Romane von Rabelais verkörpert. Die groteske Komik dieser Romane hatte Bachtin als Musterbeispiele für die «Karnevalisierung der Literatur», für die Transformation mittelalterlicher Lachkultur in den Roman begriffen. Jauß beruft sich auf Bachtin, wenn er schreibt: «Die groteske Komik entspringt der Heraufsetzung des Kreatürlichen und Materiell-Leiblichen auf ein Niveau, das den Abstand zwischen dem Leser oder Betrachter und dem Helden in einem lachenden Einvernehmen aufgehen läßt, das von der ‹Lachgemeinde› als Befreiung des Sinnlichen oder als Triumph über Gewalten der normativen Welt und in alledem als Sich-Durchsetzen des Lustprinzips erfahren werden kann.»[67] Diesen Typus des komischen Helden verlacht man nicht. Man lacht nicht über ihn, sondern mit ihm. Er gleicht dem Typus des «Kynikers», wie ihn Peter Sloterdijk beschrieben hat. Dieser provoziert die herrschende Ordnung der Kultur «von unten», führt ein «Dasein im Widerstand, im Gelächter, in der Verweigerung, in der Berufung auf die ganze Natur und das volle Leben».[68] Der Prototyp des Kynikers, Diogenes, avanciert in Sloterdijks großem Essay zum komischen Helden postmoderner Vernunftkritik: Er ist frech, witzig, heiter, rebellisch, unseriös, plebejisch, erotisch ungehemmt, körperlich schamlos, kurzum: unzivilisiert, also dem «eigentlichen Leben»[69] nahe. Dem entspricht seine Art des Lachens. Für ihn ist es «bezeichnend, so laut und ungeniert zu lachen, daß die feinen Leute den Kopf schütteln.» Dieses Gelächter «kommt aus den Eingeweiden, es ist animalisch fundiert und gibt sich hemmungslos.» Es ist ein Lachen, bei dem «kein Ich mehr übrigbleibt [...], sondern nur eine heitere Energie, die sich feiert.»[70] Die Lust, mit ihm zu lachen, liegt in jener Befreiung von Hemmungen, die Freud zwar nicht unter dem Begriff der Komik, aber unter dem des Witzes beschrieb.[71]

Die Unterscheidung einer «Komik der Herabsetzung» und einer grotesken «Komik der Heraufsetzung» hat unlängst Bernhard Greiner in seiner umfassenden Monographie über *Die Komödie* aufgegriffen, weitergeführt und zur Klassifikation diverser Lachtheorien von Hobbes bis Bachtin verwendet.[72] Die Unterscheidung hat freilich deutliche Schwächen. Ihr entgeht, daß auch das groteske Lachen *mit* einem komischen Helden ein herabsetzendes Lachen *über* andere ist und damit ebenfalls am Lusteffekt der gesteigerten Überlegenheit bzw. verminderten Unterlegenheit teilhat. Dieses Lachen setzt zwar nicht den Helden herab, aber diejenigen Autoritäten, die dieser verlacht. Die Anekdote über Thales von Milet enthält in Ansätzen beide Heldentypen. Thales ist der komische Held, über den wir lachen, die Magd eine komische Heldin, mit der wir lachen. Thales steht für das Hohe, das herabgesetzt, die Magd für das Kreatürliche, das heraufgesetzt wird und sich überlegen zeigt. Die Komik der Herab- und die der Heraufsetzung bedingen sich gegenseitig. Nur die Standpunkte unterscheiden sich, von denen aus die Lachenden sich jeweils überlegen fühlen, der Standpunkt des vernünftigen Kopfes und der des vernunftwidrigen Körpers.

Erhabenes Lachen

Baudelaire entwertete den Hochmut des Verlachens, indem er ihm selbst lächerliche Züge zuschrieb. «Ist es doch allbekannt, daß die Vorstellung der eigenen Überlegenheit bei allen Insassen der Narrenhäuser ins Maßlose entwickelt ist. Mir sind noch keine Narren der Demut bekannt geworden.»[73] Es gibt allerdings eine andere Überlegenheitslust, die von jeder Verlachlust deutlich zu unterscheiden ist. Das überlegene kann auch ein sympathetisches und nachsichtiges Lachen sein, etwa wenn man in den Schwächen der anderen die eigenen erkennt. Es kann ein Lachen sein, mit dem man sich unberührt und frei von allen starken Affekten zeigt, frei von Angst, Haß, Ärger, Neid oder Trauer und auch von hinreißender Freude. Hier genießt der Lachende oder Lächelnde eine über alle Widrigkeiten und Erregungen erhabene Position. Nicht nur Freud hat sie als Kennzeichen des Humors beschrieben. Im Humor, so veranschaulicht er diese Art der Erhabenheit, nimmt das Subjekt die überlegene Position des Erwachsenen gegenüber einem Kind ein. Alle Ängste erscheinen ihm zu kindlicher Belanglosigkeit verkleinerbar. «Der Humor hat nicht nur etwas Befreiendes wie der Witz und die Komik, sondern auch etwas Großartiges und Erhebendes [...]. Das Großartige liegt offenbar im Triumph des Narzißmus, in der siegreich behaupteten Unverletzlichkeit des Ichs. Das Ich verweigert es, sich durch die Veranlassungen aus der Realität kränken, zum Leiden nötigen zu lassen, es beharrt dabei, daß ihm die Traumen der Außenwelt nicht nahe gehen können».[74] Schiller stellte aufgrund des erhabenen Zustandes, in den das Lachen den Menschen versetzen kann, den Wert der Komödie zeitweilig über den der Tragödie. Der Tragiker zeige «durch beständige Erregung», der Komiker «durch beständige Abwehrung der Leidenschaft seine Kunst». Das Ziel der Komödie sei das «höchste», das der Mensch erreichen könne: «frei von Leidenschaft zu sein, immer klar immer ruhig um sich und in sich zu schauen, überall mehr [...] über Ungereimtheit zu lachen als über Bosheit zu zürnen oder zu weinen.»[75] Die Komödie kann uns in einen göttergleichen, «höheren Zustand» versetzen: «Unser Zustand in der Komödie ist ruhig, klar, frei, heiter, wir fühlen uns weder tätig noch leidend, wir schauen an und alles bleibt außer uns; dies ist der Zustand der Götter, die sich um nichts menschliches bekümmern, die über allem frei schweben, die kein Schicksal berührt, die kein Gesetz zwingt.»[76]

Die Unberührtheit von Affekten hat Freud mit der Nüchternheit ökonomischer Begriffe als lustvolle Ersparung von Gefühlsaufwand beschrieben. Daß es insbesondere das Unlustgefühl der Angst ist, das dem Lachenden mit überraschender Plötzlichkeit erspart bleibt, hat neben vielen anderen Friedrich Nietzsche hervorgehoben. Um seine anthropologische Begründung zu verstehen, muß man sich vor Augen halten, daß das Komische dem Beängstigenden nahesteht. Das Lachen ist insofern auch eine Lust am Unglück, als das Komische auf überraschenden Mißgeschicken, Fehlern, Unglücksfällen beruht. Die Magd lacht, wenn Thales in den Brunnen fällt. Das Unglück hält sich jedoch in Grenzen. Der Unglücksfall ist kein Todesfall. Man kann darüber schadenfroh lachen, solange er, wie es Aristoteles zur Bedingung machte, «kein Verderben verursacht». In der Lachlust liegt nicht zuletzt eine Komponente der Erleichterung, der Befreiung von der Befürchtung, daß Schlimmeres hätte passieren können. In Anlehnung an die aristotelische Unterscheidung zwischen Tragödie und Komödie stellte Nietzsche der beängstigenden Wirkung des Tragischen die angstbefreiende des Komischen gegenüber: «Wenn man erwägt, dass der Mensch manche hunderttausend Jahre lang ein im höchsten Grade der Furcht zugängliches Thier war und dass alles Plötzliche, Unerwartete ihn kampfbereit, vielleicht todesbereit sein hiess, ja dass selbst später, in socialen Verhältnissen, alle Sicherheit auf dem Erwarteten, auf dem Herkommen in Meinung und Thätigkeit beruhte, so darf man sich nicht wundern, dass bei allem Plötzlichen, Unerwarteten in Wort und That, wenn es ohne Gefahr und Schaden hereinbricht, der Mensch ausgelassen wird, in's Gegentheil der Furcht übergeht: das vor Angst zitternde, zusammengekrümmte Wesen schnellt empor, entfaltet sich weit, – der Mensch lacht. Diesen Uebergang aus momentaner Angst in kurz dauernden Uebermuth nennt man das *Komische*.»[77]

Die befreiende Verwandlung von Angst in Lachen ist freilich nicht auf die Wahrnehmung nur geringfügiger Unglücksfälle beschränkt. Sie kann auch in der Konfrontation mit Katastrophen erfolgen, angesichts derer sich die Angst keineswegs als überflüssig erweist. Voraussetzung dafür ist allerdings, daß solche Katastrophen auf das kleine Ausmaß komischer Harmlosigkeit heruntergespielt werden. Eine jüngere Kritik an komiktheoretischen Übernahmen des aristotelischen Harmlosigkeitspostulats formuliert dies so: «Wir lachen nicht unbedingt nur über harmlos-komische Gegenstände, sondern genauso über eine harmloskomische Darstellung nicht-harmloser Gegenstände.»[78] Die komische Verharmlosung großer Unglücksfälle kann als eine Art Psychotechnik verstanden werden, die eingesetzt wird, um sich vom Schrecken nicht überwältigen zu lassen.

Schwarzer Humor und das Groteske

Viele Witzarten lassen sich als Verarbeitung und Bewältigung tiefsitzender Ängste interpretieren. Mit makabren Geschichten über Kranke und Tote, mit Kannibalen-, Mörder-, Selbstmörder-, Unfall- oder Irrenwitzen, bei denen einem eigentlich das Lachen vergehen müßte, versucht man sich eine humorvolle oder auch zynische Distanz zu Geschehnissen zu schaffen, die permanente Quellen menschlicher Angst sind. «‹Frau Meier, Ihr Mann ist von einer Dampfwalze überfahren worden.› – ‹Ich bin gerade in der Badewanne, schieben Sie ihn mir bitte unter der Tür durch.›» Von den aggressiven Tendenzen dieses Witzes einmal abgesehen, ist es die frappierende Affektlosigkeit, die ein befreiendes Lachen auslösen kann. Es ist jene Affektlosigkeit, die auch dem «Galgenhumor» eigen ist. Wenn ein zum Tode Verurteilter am Montag zur Hinrichtung geführt wird und sagt: «Na, die Woche fängt gut an», dann beweist er damit Humor und demonstriert anderen, daß man sich auch über den Schrecken des eigenen Todes zu erheben vermag. Dieses Beispiel führte Freud gleich mehrfach an,[79] und André Breton berief sich darauf 1939 im Vorwort seiner *Anthologie des Schwarzen Humors*. Er zitierte Freud hier wiederholt, unter anderem mit dem Satz: «Dieser wenig intensiven Lust schreiben wir – ohne recht zu wissen, warum – einen hochwertigen Charakter zu, wir empfehlen sie als besonders befreiend und erhebend.»[80] Es ist eine Art von Lust, die auch Adorno hoch bewertet und als das einzige «Glück» akzeptiert, das wahre Kunst vermitteln könne. Adorno verweist dabei ausdrücklich auf das surrealistische Programm. Die dort erhobene Forderung, «daß die finstersten Momente der Kunst etwas wie Lust bereiten sollen», bedeute nichts anderes, «als daß Kunst und ein richtiges Bewußtsein von ihr Glück einzig noch in der Fähigkeit des Standhaltens finden.»[81] Schwarzer Humor[82] führt den geradezu provokant angstfreien Umgang mit Angsterregendem vor. In ihm beweist sich das Ich lustvoll eine Stärke, die sich durch die bedrohliche Realität nicht erschüttern läßt. Die «Leugnung der Realität» geht, so interpretierte Breton diesen Humor im Anschluß an Freud, mit einer «grandiosen Bejahung des Lustprinzips» einher.[83]

In Bretons Anthologie sind drei Erzählungen Kafkas abgedruckt. Kafka gehört wie Thomas Bernhard[84] oder Ingeborg

Bachmann[85] zu jenen großen Autoren des 20. Jahrhunderts, deren Werke durch und durch von Angst geprägt sind, dem Schrecken jedoch, was oft übersehen wurde, als Gegengewicht das Lachen entgegenstellen. «Das Fürchterliche ist ja auch immer lächerlich», sagt eine Romanfigur Thomas Bernhards.[86] Daß es lächerlich *gemacht* werden muß, um ihm leichter standhalten zu können, weiß dieser Autor nur zu gut. Das Komische am Schrecklichen wird von ihm immer wieder künstlich hervorgebracht – einer Einsicht entsprechend, die in Bernhards autobiographischer Erzählung *Ein Kind* der Ich-Erzähler vom verehrten Großvater vermittelt bekommt: «Das Leben sei eine Tragödie, bestenfalls könnten wir sie zur Komödie machen.»[87] Die vielen kleinen und großen Unglücksfälle, von denen diese Jugenderinnerungen permanent erzählen, werden denn auch immer wieder so präsentiert, daß man über sie lachen kann. Das einzige Buch des genialen, wenn auch erfolglosen Großvaters geht nicht einfach verloren, sondern wird von einer verhungerten Ziege aufgefressen. Und ein Flugzeug, dessen Absturz der Junge beobachtet, stürzt nicht lediglich auf die Erde, sondern ausgerechnet auf einen Schweinestall. Bernhards Kunst der grotesken Übertreibung stilisiert auch kleinere Übel zur großen «Katastrophe». Eine ist «ungeheuerlicher» als die andere, und jede die «furchtbarste». Eine einzige «Katastrophe» ist auch der Ort Wolfsegg, in dem der Ich-Erzähler des Romans *Auslöschung* aufgewachsen ist. Bernhard hat hier seine groteske «Übertreibungskunst» und deren komische Wirkung mehrfach selbstironisch thematisiert;[88] so auch in einem Dialog des Erzählers mit seinem Schüler Gambetti. Die Reaktion auf das Wort «grauenhaft» ist hier ein Lachen: «Wolfsegg ist ein Puppenhaus, habe ich zu Gambetti gesagt, seine Umwelt nichts anderes als eine Puppenwelt, die von meiner Mutter geführt wird, rücksichtslos, unmenschlich, ja grauenhaft. Gambetti hatte laut aufgelacht und mich einen maßlosen Übertreiber genannt, mich als typisch österreichischen Schwarzmaler bezeichnet, als grotesken Negativisten.» Was der Erzähler dem dann entgegenhält, bestätigt dem Leser nur Gambettis Bild: «Daraufhin hatte ich gesagt, daß meine *Über*treibungen in Wahrheit und in Wirklichkeit maßlose *Unter*treibungen seien, daß Wolfsegg, so wie ich es ihm beschreibe, in Wirklichkeit noch eine Idylle sei gegen das, was Wolfsegg wirklich ist.»[89] Die Übertreibungskunst mit ihren komischen Effekten ist in ähnlicher Weise kennzeichnend für die Prosa Franz Kafkas. Und auch hier ist sie ein Mittel, zum dargestellten Schrecken Distanz zu gewinnen. Dem Schrecken der Verhaftung begegnet Josef K. mit der Überlegung, daß man «das ganze als Spaß ansehn» könne. Vielleicht brauche er nur «den Wächtern ins Gesicht zu lachen und sie würden mitlachen». Und «war es eine Komödie, so wollte er mitspielen.»[90] Merkmale einer Komödie hat dieser Roman in der Tat. In ihm wird viel gelacht, und es wurde, wie Max Brod berichtet, auch über ihn gelacht, als Kafka seinen Freunden das erste Kapitel vorlas. Kafka «selbst lachte so sehr, daß er weilchenweise nicht weiterlesen konnte. – Erstaunlich genug, wenn man den fürchterlichen Ernst dieses Kapitels bedenkt.»[91] Den Zusammenhang von existentieller Bedrohung und grotesker Komik haben Kafkas expressionistische Zeitgenossen in ihren Texten wiederholt reflektiert. Der Protagonist in einer grotesken Erzählung Albert Ehrensteins sagt über sich: «Man glaubt ich sei lustig? Ja! Herzzerreißend lustig! Dies alles ist nichts als Galgenhumor. Und Furcht.»[92] Eine Figur aus Alfred Lichtensteins Erzählungen gibt den Rat: «Wenn die Traurigkeit in Verzweiflung ausartet, soll man grotesk werden. Man soll spasseshalber weiterleben. Soll versuchen, in der Erkenntnis, daß das Dasein aus lauter brutalen hundsgemeinen Scherzen besteht, Erhebung zu finden.»[93] Lichtenstein selbst ist nicht zuletzt in seinen Gedichten grotesk geworden. *Die Dämmerung* heißt das bekannteste. Es gehört zusammen mit Jakob van Hoddis' *Weltende* zu den Texten, die mit ihrer zunächst beliebig wirkenden Aneinanderreihung scheinbar ganz unzusammenhängender und unvereinbarer Realitätsbestandteile zu Musterbeispielen grotesker Komik in der expressionistischen Lyrik wurden. In der Wirkung des Grotesken liegen seit jeher Angst und Lachen ganz nah beieinander. Wolfgang Kayser definierte das Groteske ähnlich wie Freud das Unheimliche. Zum Grotesken gehöre, «daß, was uns vertraut und heimisch war, sich plötzlich als fremd und unheimlich enthüllt. [...] Das Grauen überfällt uns so stark, weil es eben unsere Welt ist, deren Verläßlichkeit sich als Schein erweist.»[94] Bachtin hat Kayser vorgeworfen, daß er mit dieser existentialistisch geprägten Definition ganz auf die Erscheinungsformen des Grotesken in der Romantik und der Moderne fixiert sei, die völlig anders gearteten vor der Zeit der Romantik jedoch ignoriere. «Die mittelalterliche und die Rennaissance-Groteske sind vom karnevalistischen Weltempfinden durchdrungen, sie befreien die Welt von allem Entsetzlichen und Furchterregenden, machen sie fröhlich und hell.»[95] Die grotesken Elemente in van Hoddis' Lyrik können beispielhaft zeigen, daß solche Grenzziehungen zwischen vorromantischer und moderner, zwischen lachen- und angsterregender Groteske fragwürdig sind. Einige seiner Gedichte hat Breton in die *Anthologie des Schwarzen Humors* aufgenommen, nicht jedoch *Weltende*. Es hätte ebenfalls gut hineingepaßt. Der Titel evoziert apokalyptische Ängste, wie sie seinerzeit von Zeitungen anläßlich der Wiederkehr des Halleyschen Kometen, aber auch von literarischen Texten vielfältig vermittelt wurden. Die beiden Strophen selbst setzen sie hingegen außer Kraft:

> Dem Bürger fliegt vom spitzen Kopf der Hut,
> In allen Lüften hallt es wie Geschrei.
> Dachdecker stürzen ab und gehn entzwei
> Und an den Küsten – liest man – steigt die Flut.
>
> Der Sturm ist da, die wilden Meere hupfen
> An Land, um dicke Dämme zu zerdrücken.
> Die meisten Menschen haben einen Schnupfen.
> Die Eisenbahnen fallen von den Brücken.[96]

Grotesk ist hier, neben dem «spitzen Kopf» des Bürgers, die Vermischung ganz unterschiedlicher und zunächst zusammenhanglos wirkender Ereignisse. Doch auch wenn man erkannt hat, daß jeder Vers einen vom Unwetter verursachten Unglücksfall beschreibt, wirkt die Kombination großer Unglücksfälle mit kleinen widersinnig. Über die großen kann nach der aristotelischen Harmlosigkeitsregel eigentlich nicht gelacht werden, über das Mißgeschick des Bürgers durchaus. Durch die Zusammenstellung wird jedoch das Gewicht der großen Unglücksfälle verringert. Ob Dachdecker zu Tode stürzen oder Dachziegel entzweigehen, ob der Hut davonfliegt oder die Flut steigt, ob die Menschen Schnupfen haben oder Eisenbahnen verunglücken: alles erhält gleichermaßen geringes Gewicht. Das im Titel angekündigte Weltende reduziert sich auf das Format eines Kinderspiels. Die apokalyptischen Schreckenserwartungen können sich in befreiendes Lachen auflösen. Es ist in der Identifikation mit dem Sturm der entfesselten Natur zugleich ein aggressives und schadenfrohes Verlachen der zivilisierten Schutzvorrichtungen von Hüten, Dächern und Dämmen. In seiner Erinnerung an den kollektiven Glücksrausch, den das Gedicht mit seiner grotesk verfremdeten Unglückskette unter den Expressionisten hervorrief, hob Johannes R. Becher anschaulich gerade auch die von Angst befreiende Wirkung hervor: «Alles, wovor wir sonst Angst oder gar Schrecken empfanden, hatte jede Wirkung auf uns verloren.» Und mit der Befreiung genossen die jungen Autoren der Schilderung nach eine ungeheure Vergrößerung ihres Selbstwertgefühls. «Wir fühlten uns wie neue Menschen [...]. Wir standen anders da, wir atmeten anders, wir gingen anders, wir hatten, so schien es uns, plötzlich einen doppelt so breiten Brustumfang, wir waren auch körperlich gewachsen, spürten wir, um einiges über uns selbst hinaus, wir waren Riesen geworden».

Die Erinnerung verweist freilich darüber hinaus auf ein anders geartetes Glücksgefühl. Von den acht Zeilen ging eine gemeinschaftsstiftende Wirkung aus: «Wir riefen sie uns gegenseitig über die Straße hinweg zu wie Losungen, wir saßen mit diesen acht Zeilen beieinander [...] und sprachen sie gegenseitig vor uns hin». Die Verse hatten einen Solidarisierungseffekt gegenüber der verachteten «Welt stumpfer Bürgerlichkeit», aus der sich diese Generation gemeinsam «emporgehoben» fühlte.[97]

Lachlust als Solidaritätserlebnis

Lachen befriedigt das Bedürfnis nach sozialer Nähe. Die gemeinsam Lachenden bilden eine Gemeinschaft, in der sich der einzelne lustvoll aufgehoben fühlen kann. «Das freieste Lachen», konstatiert Bergson, «setzt immer ein Gefühl der Gemeinsamkeit, fast möchte ich sagen, der Hehlerschaft mit anderen Lachern, wirklichen oder nur vorgestellten, voraus.»[98] Und Bachtin beschreibt als Kennzeichen karnevalesker Lachkultur: «der freie, intim-familiäre, zwischenmenschliche Kontakt. Das ist ein wichtiges Moment des karnevalistischen Weltempfindens. Die Menschen, sonst durch die unüberwindbaren Schranken der Hierarchie getrennt, kommen auf dem öffentlichen Karnevalsplatz in familiäre Berührung miteinander.»[99]

Lachlust ist angemessen nur zu erklären, wenn man sie auch als ein sozialpsychologisches Phänomen begreift. Beim mündlichen Erzählen von Witzen kennen sich Erzähler und Zuhörer, wechseln ihre Rollen, sprechen von Angesicht zu Angesicht miteinander und beobachten ihre Reaktionen. Schon Freud hat im fünften Kapitel seiner Abhandlung den Witz als sozialen Vorgang beschrieben, der individualpsychologisch nur unzureichend zu analysieren sei. Wer einen Witz kennt oder erfindet, kann sich nicht allein damit vergnügen. «Mit der Witzarbeit ist der Drang zur Mitteilung des Witzes unabtrennbar verbunden, ja dieser Drang ist so stark, daß er sich oft genug mit Hinwegsetzung über wichtige Bedenken verwirklicht.»[100] Auch der Zuhörer vermag leichter und herzlicher in Gemeinschaft als allein zu lachen. Denn Lachen steckt bekanntlich an, nicht zuletzt deshalb, weil die Grimasse der Lachenden selbst Merkmale des Komischen hat. Zudem lassen sich die inneren Bedenken gegen den Normverstoß, den sich ein aggressiver oder ein obszöner Witz leistet, müheloser überwinden, wenn man von anderen darin unterstützt wird. Schon daß man mit dem spontanen Gelächter sonst vielleicht schamhaft verheimlichte Schichten der eigenen Emotionalität preisgibt, bewirkt, daß man sich näherkommt. Die durch das Erzählen von Witzen verbundenen Individuen werden zu einer Art konspirativen Vereinigung, in der man sich gegenseitig zur Revolte gegen die bedürfnisunterdrückenden Tabus einer Gesellschaft Mut macht. Gemeinsames Lachen reduziert die Schuldgefühle, weil man sieht, daß die Mitlachenden sich ebenfalls schuldig machen. Geteilte Schuld ist halbe Schuld, geteilte Lust doppelte Lust. Dazu bedarf es freilich schon von vornherein einer gewissen Homogenität der Gruppe. Schon Freud erkannte als eine zentrale Voraussetzung für das Vergnügen am Witz die psychische Übereinstimmung zwischen Erzähler und Zuhörer. «Jeder Witz verlangt so sein eigenes Publikum, und über die gleichen Witze zu lachen, ist ein Beweis weitgehender psychischer Übereinstimmung.»[101] Wem sie fehlt, wenn andere lachen, der ist von dem Vergnügen ausgeschlossen. Die Lust gemeinschaftlichen Lachens korrespondiert mit der Unlust derer, die sich an ihm nicht beteiligen können. Dieter Wellershoff hat sie anschaulich beschrieben: «Eine der unangenehmsten, bedrückendsten Alltagssituationen ist es, in eine Runde von Witzeerzählern zu geraten und nicht lachen zu können. Wer nicht lacht, der sieht die Lacher. Und ihre rotangelaufenen Gesichter, die lauten, dröhnenden, auf das Stichwort der Pointe gemeinsam explodierenden Stimmen, die sich zurückwerfenden Oberkörper, die rüttelnden Schultern, die aufgerissenen Münder, die auf den Tisch bumsenden Fäuste oder aufklatschenden Hände wirken in ihrer Hemmungslosigkeit abstoßend und aggressiv. [...] Das Lachen der Gruppe ist eine gegenseitige Verstärkung im Lachen, aber auch eine Drohung an die Nichtlacher. Stimmt man nicht ein, kann man den stimulierenden Signalen nicht folgen und den Gruppenkonsens nicht durch entsprechende Ausdruckserscheinungen bestätigen, dann wird man gefragt, was mit einem los sei. Man ist ein Spielverderber, ein Störenfried, man hat sich verdächtig gemacht irgendeines verborgenen Vorbehaltes, einer Fehlhaltung, eines Defizits und gilt als ein potentieller Feind der Gruppe. Wer nicht mitlachen kann, ist kein zuverlässiger Mensch, man hat Anlaß, ihm zu mißtrauen.»[102] Die Solidaritätslust des Lachens hat, wie diese Schilderung deutlich macht, ihre Grenzen. Sie können mehr oder weniger eng gezogen sein.

Wertungsprobleme: Lust und Moral

Der Literaturwissenschaftler Michael Böhler hat in einem instruktiven Aufsatz über das Lachen vorgeschlagen, die Qualität von Witzen nach ihrer sozialintegrativen Reichweite zu bestimmen. «Der gute Witz hat eine universalistische Integrationstendenz, der schlechte Witz ist dagegen in seiner Integrationsreichweite beschränkt und partikularistisch, er umfaßt u.U. nur die projektiven Normen und Werthaltungen einer geschlossenen kleinen Gruppe. Dieser Witz ist es denn auch, der als degradierend und feindselig empfunden werden kann – von all jenen nämlich, welche das referentielle Normensystem nicht zu teilen vermögen.»[103] Unter sozialethischen Gesichtspunkten hat dieser Bewertungsmaßstab einige Plausibilität. Die Lust indes ist dabei allenfalls indirekt ein Kriterium der Güte. Gut, so könnte man immerhin folgern, sind Witze oder auch Komödien, die nicht oder nur in schwachem Maße die Tendenz haben, andere von der Lachlust auszuschließen. Gut ist, worüber möglichst viele lachen können und was möglichst wenigen Unlust bereitet. Für das auf solche Weise mit hedonistischen Maßstäben begründete Werturteil ist die Intensität der Lachlust jedoch kein Gesichtspunkt. Der in Praxis und Theorie der Komik versierte Robert Gernhardt merkte einmal an: «Die angemessene Kritik an einem komischen Werk wird immer lauten: Ich habe darüber nicht lachen können.»[104] Nuancierungen sind natürlich möglich: Ich habe kaum lachen können, habe laut lachen müssen usw. Wo indes «der sittliche Wert der Komik» betont wird, so Gernhardt, werte man das «Lustmoment» ab.[105] Immer wieder vergleicht er Komik mit Pornographie. Beide haben vor allem ein Ziel: Lust. Komik, die keine Lachlust hervorruft, hat ihr Ziel ebenso verfehlt wie Pornographie, die keine sexuelle Lust erregt. Wie anderen etablierten Genres auch entsprechen ihnen, nach einer von Gernhardt gewitzt aufgestellten Typologie, bestimmte Weisen des Körpers, «sich zu entladen und zu entleeren»: Der «Porno» setze auf «Erguß», die Komödie wolle, daß Tränen gelacht werden oder man vor Lachen in die Hose macht.[106] Wenn Gernhardt Pornographie gegenüber der Komik abwertet, dann nicht mit sittlichen, sondern mit hedonistischen Maßstäben: «Das Ziel ist immer das gleiche, doch der Weg muß nach Maßgabe der Möglichkeiten wechseln. Bei der Pornographie, die nur ein Thema hat, ist die Möglichkeit der Abwechslung begrenzt, von einem bestimmten Punkt an wird der Wechsel innerhalb des Genres komisch bzw. nerv- und lusttötend, so in den endlosen Aufzählungen endloser Perversitäten in den nicht enden wollenden ‹120 Tagen von Sodom› von de Sade.»[107]

Das ist bewußt keine moralische Wertung. Diese wird von Gernhardt programmatisch zurückgewiesen. Das Verhältnis zwischen Ästhetik und Moral, zwischen Lust und Sittlichkeit ist freilich sehr viel komplizierter geartet, als daß man das eine gegen das andere einfach ausspielen könnte. Die Lust am Text ist, wie Freuds Witztheorie exemplarisch zeigt, das Ergebnis komplexer Kompromißbildungen. In ihnen können die Ansprüche des Ich wie die des Über-Ich zum Teil umgangen oder gleichsam überlistet, doch nicht vollkommen ignoriert werden. Rationalität und Moral sind Faktoren, die der ästhetische Hedonismus in sein Kalkül einzubeziehen hat. Was einem aus ethischen Gründen völlig zuwider ist und hohe moralische Unlust bereitet, vermindert in der Regel auch die ästhetische Genußbereitschaft. Moralische Entrüstung ist als Bekundung eines Unlustgefühls auch unter hedonistischen Gesichtspunkten ernst zu nehmen. Die Feststellung, daß man unter seinem Niveau gelacht habe, mag nur nachträglich die zuvor erlebte Lachlust herabmindern, doch bei allzu stark empfundenen Niveauunterschreitungen kommt das Lachen erst gar nicht auf. Verhält es sich mit der Lektüre jener Literatur, die erotischen und sexuellen Lustgewinn verspricht, ähnlich? Die Verheißung, mit der de Sade *Die hundertzwanzig Tage von Sodom* einleitet, scheint dem zu widersprechen. Sie unterstellt ein Bedürfnis nach dem absoluten, von jedem «ehrenhaften Sinnengenuß» gereinigten Bösen: «Nun, lieber Freund und Leser, bereite dein Herz und deinen Geist für den schmutzigsten Bericht, der je gegeben wurde, seit die Welt existiert. Ein ähnliches Buch findet sich weder bei den Alten, noch bei den Modernen. Halte dir vor Augen, daß jeder ehrenhafte Sinnengenuß [...] ausdrücklich aus dieser Sammlung verbannt bleibt und daß, wenn du zufällig auf einen solchen treffen solltest, dies nur geschieht, wenn er von einem Verbrechen begleitet oder durch eine Niedertracht gefärbt ist.»[108]

7
Erotische und pornographische Lust

Text, Erotik, Körper

«Das Lesen ist, liebe Leserin, eine sexuelle Tätigkeit.» So leitet die Literaturwissenschaftlerin Cora Kaplan einen Aufsatz über *Lesen, Phantasie, Weiblichkeit* ein. Sie beruft sich auf ihre eigene Lesebiographie. Während der Pubertät habe sie das erotische Potential einer zwanghaft gewordenen Lektüretätigkeit kennengelernt. «Narrative Freuden verloren ihre Unschuld; Erwachsenenbücher mit ihren packenden Szenarien von Verführung und Treuebruch hielten mich in Bann. Ich las mit klopfendem Herzen und umherwandernden Händen und reduzierte Achtbares auf einen elementaren Bestand von Handlungsabläufen.» Bei dieser Art zu lesen wurden ihr alle Bücher gleich. Als «Teil meiner sexuellen und emotionalen Initiation bestätigten und konstruierten sie meine Weiblichkeit.» Ob ihre Autoren Dickens oder Zola hießen: «Ich allein wußte, daß ich sie um des sentimentalen und sexuellen Rausches willen verschlang.»[1]

Vielleicht gibt es überhaupt keine Literatur ohne erotisches Potential. Nach Huizingas Kulturtheorie des Spiels korrespondiert das «bewußte oder unbewußte Ziel» von Literatur, «mit dem Worte die Spannung zu erregen, die den Hörer oder Leser gefesselt hält», mit dem ständig wiederkehrenden Substrat spannungsvoller «Situationen des Kampfes oder der Liebe, oder beides durcheinander».[2] Der Spieltheoretiker Karl Groos erklärte die «starke Gefühlswirkung des Rhythmus» in Musik und Literatur nicht zuletzt als «Aufwühlen sexueller Regungen, die auch in dem reinsten musikalischen Genuss noch nachzittern».[3] So unterschiedlich geartet die Lüste sind, die Literatur zu vermitteln vermag, etwas von erotischer und sexueller Lust ist ihnen wohl stets beigemischt. Wieland läßt seinen Philosophen Aristipp die gegen alle Platoniker gerichtete Auffassung formulieren, «auch das geistigste Vergnügen sei im Grunde sinnlich und teile den Organen des Gefühls eine Art angenehmer Bewegung mit, deren Ähnlichkeit und Verwandtschaft mit andern körperlichen Wollüsten von jedem sich selbst genau Beobachtenden nicht verkannt werden könne».[4] Nietzsche hatte für die Bemühungen Kants und Schopenhauers, das Wohlgefallen am Schönen von jedem sexuellen Begehren zu reinigen, nur Spott übrig.[5] In einer Notiz zur «Genesis der Kunst» erklärte er, das Vollkommene und Schöne wirke als Erinnerung eines «verliebten Zustandes und seiner Art zu sehen». Und: «Das *Verlangen nach Kunst und Schönheit* ist ein indirektes Verlangen nach den Entzückungen des Geschlechtstriebes».[6] Und was das Vergnügen am tragischen Unglück angeht, so konstatierte Freud, daß das «Austoben der eigenen Affekte» nicht nur, dem Katharsisbegriff entsprechend, den Genuß «der Erleichterung durch ausgiebige Abfuhr» ermögliche, sondern auch den «der sexuellen Miterregung», die wohl «als Nebengewinn bei jeder Affekterweckung abfällt».[7] Die Tragödie und die Komödie standen einmal im erotisch lustvollen Kontext dionysischer Feste. Dichtung und Gesang waren mit ihren erotisierenden Potenzen früher generell stärker als heute eingebettet in diverse Künste des «Liebesspiels». Daß der Begriff «Spiel» in vielen Sprachen etymologisch nachweisbare erotische Konnotationen hat, dafür gibt Huizinga etliche Belege.[8] Und wie «Spiel» ist auch «Spannung» eng mit erotischen Bedeutungsaspekten assoziiert. Manche Beschreibungen eines Dramenaufbaus und der Leistungen seiner einzelnen «Akte» nehmen sich nicht von ungefähr wie Schilderungen eines Sexualaktes in seinen verschiedenen Phasen aus. In Deskriptionen der klassischen «Technik des Dramas», wie sie zum Beispiel Gustav Freytag vorgelegt hat, ist alles auf den «Höhepunkt» konzentriert, dem diverse «Leidenschaften» des begehrenden Helden und «erregende Momente» vorangehen. Der Beginn des Dramas führt nach Freytag die Helden «grade in dem Augenblick» vor, «wo durch eine äußere Anregung oder eine innere Gedankenverbindung der Anfang von einem großen Gefühl oder Wollen sich in ihnen ausdrückt. Dies ist die Einleitung eines jeden Dramas, in der Regel der erste Akt. Die beiden folgenden Akte zeigen, wie in den Helden des Stückes nach und nach die Leidenschaft immer heftiger aufgeht, wie ihr Verlangen durch äußere Umstände begünstigt oder durchkreuzt wird, bis endlich, in der Regel im dritten Akt, die volle Gluth ihres Gefühls und Willens sich in einer That concentrirt. Dieser Moment ist der Höhepunkt des Dramas».[9] Brecht verglich in seinem *Kleinen Organon für das Theater* das Drama unverblümt mit dem «Beischlaf». Die Unterscheidung «von einer hohen und einer niedrigen Art von Vergnügungen» sei der Kunst nicht angemessen. Es gebe nur «schwache» und «starke» Vergnügungen. «Die letzteren, mit denen wir es bei der großen Dramatik zu tun haben, erreichen ihre Steigerungen, etwa wie der Beischlaf sie in der Liebe erreicht; sie sind verzweigter, reicher an Vermittlungen, widersprüchlicher und folgenreicher.»[10] Der Satz entspricht, nebenbei gesagt, der gängigen Unterscheidung von Sexualität und Erotik.

Wo man in jüngeren Literaturtheorien das erotische Potential von Literatur suggestiv hervorzuheben versucht, kombiniert man das Wort «Text» in allen möglichen, mehr oder weniger diffusen Variationen mit dem Wort «Körper». Roland Barthes' Fragmente über *Die Lust am Text* machten auch in dieser Hinsicht Schule. «Die Lust am Text, das ist jener Moment, wo mein Körper seinen eigenen Ideen folgt – denn mein Körper hat nicht dieselben Ideen wie ich.»[11] Der Text selbst wird zum sinnlich anziehenden Körper, zum «Textkörper».[12] Der Text könne sich «in Form eines Körpers enthüllen».[13] Die «Lust des körperlichen Striptease» gleiche der «des erzählerischen Hinauszögerns».[14] In Barthes' Metaphorik wird auch der «Satz ein Körper»,[15] und ebenso die Sprache: Der lustvolle Text suche «die Verknüpfung von Körper und Sprache».[16] Im Umgang mit seiner «Muttersprache» sei der Schriftsteller «jemand, der mit dem Körper seiner Mutter spielt».[17]

Mit einer noch exzessiveren Verwendung der Körpermetaphorik wartet Hart Nibbrig in seinen vor allem von Barthes, Derrida und Lacan inspirierten Notizen auf – unter dem Titel *Die Auferstehung des Körpers im Text*. Vom «Text-Körper» ist hier wiederholt die Rede.[18] Der Autor weiß freilich, daß er metaphorisch schreibt, daß der Text kein Körper ist, sondern allenfalls die Phantasie eines (erotischen) Körpers evozieren oder körperliche Reaktionen auslösen kann. Das Ende des Buches interpretiert ein Bild von René Magritte, das die Differenz zwischen Text und Körper sinnlich erfahrbar macht. Auf dem Bild sieht der Betrachter einen Spiegel. In ihm erblickt er jedoch nicht seinen Körper, sondern die Wörter «corps humaine». «Schrift ersetzt das Bild des Körpers», kommentiert Hart Nibbrig. «Wo das Auge, ein Körper-Bild erwartend, umspringen muß auf den Text, wird ihm die bildliche Erfüllung seiner Erwartung verweigert und zugleich negativ zurückgespiegelt, daß das, was es erwartet, der Körper, abstrakt geworden ist und daß es im Grunde schon von ihm abgesehen hat. Lesen heißt dann: ihn suchen.»[19]

Die andauernde Suche, die unendliche Sehnsucht, das unstillbare Begehren nach etwas Abwesendem und Unerreichbarem ist ein romantisches Motiv, das, vermittelt über die Psychoanalyse Lacans, in gegenwärtigen Sprach- und Literaturtheorien fortlebt. In ihrer Sicht funktioniert die menschliche Sprache aufgrund eines Mangels: Wir versuchen mit ihr, uns abwesende Zustände, Dinge oder Personen präsent zu machen, was jedoch nie vollkommen gelingen kann. In der Unvollkommenheit der Sprache läßt sich jedoch zugleich ein Vorzug sehen: Sie hält das Begehren in ständiger Bewegung.

Nach diesem Muster hatte bereits Freud die literarische Phantasietätigkeit erklärt. Triebkräfte der Phantasien, die zu immer neuen und hochwertigen Kulturleistungen geformt werden können, seien unbefriedigte Wünsche, vor allem ehrgeizige und erotische. Erotische und pornographische Literatur resultiert demnach aus einer erotisch und sexuell unbefriedigenden Wirklichkeit. Die literarische Phantasie ersetzt eine abwesende Person. Nicht eine real gegenwärtige Person stimuliert zu erotischer Lust, sondern eine imaginierte.

Scham und Verhüllung

Pornographische Literatur liest man, so heißt es, nur mit einer Hand; sie liefere der Phantasie die Stimulanz zu autoerotischer Aktivität mit der anderen. Das trifft die Realität des Pornographiekonsums gewiß nur zum Teil. Pornographie dient auch der sexuellen Stimulation in geschlechtlichen Beziehungen, die dieser bedürfen, und möglicherweise läßt sich durchaus vorhandene Lust durch sie noch intensivieren.[20]

In einer Hinsicht zumindest unterscheidet sich die pornographische Phantasie jedoch von der dichterischen, wie sie Freud vor Augen hat. In Pornographie artikulieren sich sexuelle Wünsche in unverhüllter Form. Nimmt man Freud wörtlich, dann können pornographische Texte den Lesenden eigentlich keine Lust bereiten. Der Tagträumer verbirgt seine Phantasien vor anderen sorgfältig, «weil er Gründe verspürt, sich ihrer zu schämen». Und «selbst wenn er sie uns mitteilen würde, könnte er uns durch solche Enthüllungen keine Lust bereiten. Wir werden von solchen Phantasien, wenn wir sie erfahren, abgestoßen oder bleiben höchstens kühl gegen sie.» Die Leistung des Dichters bestehe daher zum einen darin, das in peinlicher Weise Abstoßende bloß persönlicher und egoistischer Wünsche durch deren Abänderung und Verhüllung zu reduzieren, zum anderen darin, den Lesern durch formale Qualitäten des Textes einen «ästhetischen Lustgewinn» zu verschaffen, in ihnen damit eine Art «Vorlust» zu stimulieren, um den Widerstand, sich anstößigeren Lüsten zu überlassen, herabzusetzen.[21]

Die Scham- und Peinlichkeitsschwellen, die die ungehemmte Artikulation erotischer Wünsche und Phantasien blockieren, sind freilich individuell und kulturell variabel. Ludwig Marcuse hat in seiner Geschichte der Skandale, die inzwischen kanonisch gewordene Texte wie Flauberts *Madame Bovary*, D. H. Lawrences *Lady Chatterley*, Henry Millers *Wendekreis des Krebses* oder Schnitzlers *Reigen* auslösten, die einmal als obszön geltenden «Stellen» aus Friedrich Schlegels *Lucinde* herausgesucht. Als besonders unflätig wurde diese empfunden: «Wenn er sie im Zauberschein einer milden Dämmerung hingegossen sah, konnte er nicht aufhören, die schwellenden Umrisse schmeichelnd zu berühren; und durch die zarte Hülle der ebenen Haut die warmen Ströme des feinen Bluts zu fühlen.» Und als frevelhafte Umkehrung der natürlichen Geschlechterordnung klagte man an, daß die Liebenden, wie Schlegel schrieb, «die Rollen vertauschten» und mit Lust wetteiferten, ob ihr «die schonende Heftigkeit des Mannes besser gelingt» oder ihm die «anziehende Hingebung des Weibes».[22]

Jene Phantasien, die nach Freuds Vorstellung literarischer Abänderungs- und Verhüllungstechniken bedürfen, sind gewiß anstößigerer Art. Ob diese Techniken von Autoren bewußt oder unbewußt gehandhabt werden, ließ Freud in seinem Vortrag offen. Psychoanalytische Literaturinterpretationen tendieren dazu, die dem Bewußtsein verborgenen Entstellungen verbotener Wünsche herauszuarbeiten. Sie müssen dem Bewußtsein entzogen bleiben, so argumentiert man, weil sie zu anstößig sind, um von ihm überhaupt zur Kenntnis genommen zu werden. Die literarische Bearbeitung verbotener Wunschphantasien, und dazu gehören vornehmlich die inzestuösen, erfolgt in dieser Sicht auf ähnliche Weise wie die Traumarbeit: durch Verdichtungen, Verschiebungen und Ersetzungen. Wer als psychoanalytischer Interpret etwa in Hebels *Unverhofftes Wiedersehen* eine Inzestphantasie aufzudecken glaubt, unterstellt dem Autor, daß er solche unbewußten Verhüllungstechniken angewandt habe. Die Mutter wäre demnach zur Braut entstellt worden, die erst nach dem Tod des Jünglings als mütterliche Figur in Erscheinung treten darf. Der Vater wiederum, der der Vereinigung von Mutter und Sohn entgegensteht, wäre durch die Figur des Todes ersetzt.

Weil solche latenten Bedeutungen und die Mechanismen ihrer Entstellung unbewußt sind, lassen sie sich jedoch schwer nachweisen. Durchsichtiger sind jedenfalls die bewußten Entstellungs- und Verhüllungstechniken, mit denen die Peinlichkeit sexueller Phantasien gemildert wird. Die einfachste ist die Aussparung sexueller Handlungen. Max Frisch reduziert die Anstößigkeit der Inzestphantasie in *Homo Faber* nicht zuletzt dadurch, daß er die Darstellung der sexuellen Handlung verweigert: «Das Mädchen fand damals (daran erinnere ich mich) zum ersten Mal, daß ich uns beide ernst nehme, und küßte mich wie nie vorher. [...] Ich redete vom Tod und Leben, glaube ich, ganz allgemein, und wir waren beide aufgeregt, da wir noch nie eine dermaßen klare Mondfinsternis gesehen hatten, auch ich nicht, und zum ersten Mal hatte ich den verwirrenden Eindruck, daß das Mädchen, das ich bisher für ein Kind hielt, in mich verliebt war. Jedenfalls war es das Mädchen, das in jener Nacht, nachdem wir bis zum Schlottern draußen gestanden hatten, in mein Zimmer kam –»[23] Diese Art von Gedankenstrich ist durch Kleists Novelle *Die Marquise von O...* berühmt geworden. «Dieser Gedankenstrich des preußischen de Sade», schrieb Gottfried Benn, «dürfte der gewaltigste der deutschen Literaturgeschichte sein.»[24] Im Kampfgetümmel rettet ein russischer Offizier die Marquise vor «den schändlichsten Mißhandlungen». «Der Marquise schien er ein Engel des Himmels zu sein. Er stieß noch dem letzten viehischen Mordknecht, der ihren schlanken Leib umfaßt hielt, mit dem Griff des Degens ins Gesicht, daß er, mit aus dem Mund vorquellendem Blut, zurücktaumelte; bot dann der Dame, unter einer verbindlichen, französischen Anrede den Arm, und führte sie, die von allen solchen Auftritten sprachlos war, in den anderen, von der Flamme noch nicht ergriffenen, Flügel des Palastes, wo sie auch völlig bewußtlos niedersank. Hier – traf er, da bald darauf ihre erschrockenen Frauen erschienen, Anstalten, einen Arzt zu rufen; versicherte, indem er sich den Hut aufsetzte, daß sie sich bald erholen würde; und kehrte in den Kampf zurück.» [25] Erst am Ende der Geschichte wissen die Lesenden, was mit dem Gedankenstrich ausgespart ist: die Szene einer Vergewaltigung.

Auf völlig andere Weise hat Goethe das Anstößige einer Vergewaltigungsphantasie mit unterschiedlichen Kunstgriffen so stark herunterspielen können, daß man sie noch in meiner Generation unbedenklich in der Schule von kleinen Mädchen singen ließ: in *Heidenröslein*.

> Sah ein Knab' ein Röslein stehn,
> Röslein auf der Heiden,
> War so jung und morgenschön,
> Lief er schnell, es nah zu sehn,
> Sah's mit vielen Freuden.
> Röslein, Röslein, Röslein rot,
> Röslein auf der Heiden.
>
> Knabe sprach: Ich breche dich,
> Röslein auf der Heiden!
> Röslein sprach: Ich steche dich,
> Daß du ewig denkst an mich,
> Und ich will's nicht leiden.
> Röslein, Röslein, Röslein rot,
> Röslein auf der Heiden.
>
> Und der wilde Knabe brach
> 's Röslein auf der Heiden;
> Röslein wehrte sich und stach,
> Half ihr doch kein Weh und Ach,
> Mußt' es eben leiden.
> Röslein, Röslein, Röslein rot,
> Röslein auf der Heiden.[26]

Den naiven, kindlichen Ton und das verblümte Sprechen über Sexualität hat Goethe aus älteren Volksliedern übernommen. Die ständige Wiederholung der Verkleinerungsform, vor allem im Refrain, vermindert das Ausmaß der sexuellen Gewalttat so weit, daß es fast übersehen werden kann. «Die Verharmlosung», so kommentierte Ruth Klüger das Gedicht, «entsteht dadurch, daß der Vergewaltiger, also ein ausgewachsener, zumindest geschlechtsreifer Mann, als ‹wilder Knabe› einherkommt, daß die Tat symbolisch an einer Blume ausgeführt wird, obwohl deutlich Kraftmeier und schwächeres Mädchen gemeint sind, und daß im hingeträllerten Refrain [...] der Terror verplätschert.»[27]

Eine Poetik literarischer Darstellungen sexueller Handlungen ist bisher nicht geschrieben worden. In Ansätzen immerhin machte sie im 19. Jahrhundert Karl Rosenkranz zum Bestandteil seiner *Ästhetik des Häßlichen*. Goethes *Heidenröslein* wäre in seinen Kategorien ein obszönes Gedicht. Apodiktisch legte er fest: «Alle Darstellung der Scham und der Geschlechtsverhältnisse in Bild oder Wort, welche nicht in wissenschaftlicher oder ethischer Beziehung, sondern der Lüsternheit halber gemacht wird, ist obszön und häßlich».[28] Gleiches gelte für die Darstellung von Brutalität, zumal wenn sie sich mit Lust mische: «Die Brutalität ist roh, weil sie gegen die Freiheit mit gewaltsamer Willkür, also *grausam*, verfährt und weil sie in diesem Verhalten zugleich *Lust* empfindet. Grausamkeit wird im Brutalen zur Wollust, Wollust zur Grausamkeit. Je berechneter die Gewalt in ihrer Grausamkeit, je raffinierter die Schwelgerei in ihrer Wollust, um so brutaler werden sie – und ästhetisch um so häßlicher.»[29] Goethes Gedicht hat freilich viele Merkmale des Schönen. Sie dienen dazu, der Phantasie das Abstoßende zu nehmen und sie damit genießbar zu machen. Das Gedicht verwendet zu diesem Zweck jedoch noch ein anderes Mittel: die Zweideutigkeit. Welche Bedeutung sie für die Darstellung sexueller Inhalte hat, ist bekannt. Rosenkranz hat sich eingehender mit ihr auseinandergesetzt: «Um das Obszöne zu mildern, wendet der Geist die List der *Zweideutigkeit* an, d.h. der mehr oder weniger verdeckten und versteckten Anspielung auf unvermeidliche zynische Verrichtungen oder auf die geschlechtlichen Verhältnisse des Menschen. Die Zweideutigkeit ist ein indirektes Anschauen dessen, was uns Scham einflößt. Sie entspringt offenbar selber aus dieser Scham, indem sie ihr zugleich durch das Eingehen auf die Geschlechtsverhältnisse widerspricht, verhüllt aber diese Unschamhaftigkeit durch Formen, die zunächst einen anderen Sinn einzuschließen scheinen, sich jedoch leicht in eine andere Version übersetzen lassen. Das Spiel der Phantasie kann sich daher hier gerade in witzigen Analogien recht hervortun.»[30] In der Tat werden Darstellungen sexueller Handlungen oft in witzigen und komischen Formen präsentiert, die es ermöglichen, das Peinliche mit Lachen zu überspielen, auch in Pornographie.

Unverhüllte Lust

Techniken der Verhüllung verwenden pornographische Texte jedoch nur in geringem Ausmaß.[31] Einer von Anaïs Nin, den ich im folgenden wiederholt als Beispiel zitiere, beginnt so: «*Louis konnte nicht* schlafen. Er wälzte sich im Bett auf dem Bauch, barg das Gesicht im Kopfkissen und rieb sich an den heißen Laken, als liege er auf einer Frau. Als diese Reibung jedoch die Glut in seinem Körper nur schürte, hielt er inne.»[32] Die Wünsche zeigen sich in pornographischen Texten meist gänzlich unverhüllt, und die *ästhetische* Lust, die sie vermitteln, hält sich in der Regel sehr in Grenzen. Widerlegt also die offenkundig dennoch massenhaft mit Lust konsumierte Pornographie Freuds Theorie? Sie schränkt ihren Geltungsbereich zumindest ein. Freuds Annahmen können jedoch nach wie vor erklären, warum sich viele von Pornographie abgestoßen fühlen. Noch in den literaturwissenschaftlichen Definitionen der «Pornographie» und des «Obszönen» bekundet sich die verbreitete Aversion ihr gegenüber. Literatur- und Sexualwissenschaftler waren sich da weitgehend einig. Der Sexualwissenschaftler Iwan Bloch definierte 1906: «Obszön ist nur dasjenige Buch, welches einzig und allein, ausschließlich zum Zwecke der geschlechtlichen Erregung verfaßt wurde, dessen Inhalt auf die Erweckung der groben tierischen Sinnlichkeit im Menschen abzielt.»[33] Kopfzerbrechen bereitete gelegentlich die Abgrenzung zwischen dem Pornographischen und Obszönen. Das Obszöne verletze das Scham- und Sittlichkeitsempfinden, Pornographie hingegen sei schamindifferent, definiert die 1987 erschienene *Sexualästhetik* Peter Gorsens. Sie könne einen «Kompromiß zwischen Anstand und sexueller Stimulanz» eingehen.[34] Schon 1927 hatte der Literaturhistoriker Paul Englisch in seiner grundlegenden *Geschichte der erotischen Literatur* die Definition um das Moment der moralischen Provokation erweitert: «Obszön ist alles, was in bewußtem Gegensatz zur herrschenden Moral zum Zwecke der physiologischen Reizung der Geschlechtsnerven verfaßt und diesen Zweck zu erfüllen geeignet ist.»[35]

Wie auch immer: Pornographie ist die einzige Textsorte, der

selbst Literaturwissenschaftler eine primär luststimulierende Wirkung zuschreiben, allerdings nur, um sie damit zu disqualifizieren. Sie diene dem «ausschließlichen Zweck sexueller Stimulation», heißt es fast wörtlich übereinstimmend in zwei verbreiteten Sachwörterbüchern der Literatur.[36] Sogar die empirische Sexualforschung hat nicht die Mühe gescheut, «eine hohe positive Korrelation zwischen der Einstufung als ‹pornographisch› und der Einstufung als ‹sexuell erregend› ($r = .73$)» nachzuweisen.[37] Die ausschließliche Absicht der sexuellen Erregung wurde entscheidendes Kriterium zur Abgrenzung von Pornographie und Kunst. In der stereotyp wiederkehrenden, auch juristisch relevanten Frage «Ist das Kunst oder Pornographie?» wiederholt sich etwas von der Gegenüberstellung von Kunst und Vergnügen, die ein Grund dafür ist, daß Literaturwissenschaft die Lust am Text lange Zeit so hartnäckig ignoriert hat. Es mutet zuweilen komisch an, wie gerade literaturwissenschaftliche Verteidiger der Pornographie die Lust am Text, in diesem Fall die sexuelle, ignorieren oder allenfalls zu etwas Sekundärem deklarieren. «Pornografische Literatur, die den Namen Dichtung verdient», erweise sich «als Darstellung und künstlerische Verwirklichung einer Erkenntnis.»[38] Das Schreiben de Sades wolle als «verzweifelter Appell» verstanden werden. Sein Werk stehe «im Dienst einer geistigen und sinnlichen Reinigung».[39] Um «der philosophischen Wahrheit willen» lasse es die Handlungen der Personen von Verbrechen und Perversionen bestimmen».[40] Noch in jüngster Zeit befand der amerikanische Kulturhistoriker Robert Darnton in einem Beitrag über das «Goldene Zeitalter der Pornographie» zwischen 1650 und 1800, die Pornographie oder erotische Literatur enthalte «eine Menge Wertvolles. Wie die meisten verbotenen Früchte hat sie als Nahrung fürs Denken gedient». Sie habe «gutes Denkmaterial» geliefert. Sex sei in ihr «nicht einfach nur Thema, sondern auch ein Instrument, um Dinge aufzubrechen und ihr Inneres zu erkunden.»[41] Darnton räumt zwar an einer Stelle ein, daß die «Sexbücher» des 18. Jahrhunderts «in erster Linie geschrieben wurden, um Männer zu erregen»,[42] seine ganze Darstellung verkehrt jedoch solche Prioritäten. In einem der bedeutendsten pornographischen Werke des 18. Jahrhunderts, *Thérèse philosophe*, gehen, wie Darnton beschreibt, «Sex und Philosophie den ganzen Roman hindurch Hand in Hand. Die Figuren masturbieren und kopulieren und diskutieren dann über Ontologie und Moral, um für die nächste Runde des Genießens wieder Kräfte zu tanken. 1748 war diese Erzählstrategie vollkommen sinnvoll, weil sie zeigte, wie die Wollust den Weg zur Aufklärung [...] ebnen konnte.»[43] Darnton verteidigt die Pornographie gegen feministische Verurteilungen, wie sie am radikalsten Andrea Dworkin[44] vorgebracht hat. In *Thérèse philosophe* habe die Titelheldin «dem Voyeurismus und der Masturbation zu verdanken, daß sie den Klimbim der Religion hinter sich zu lassen und Philosophin zu werden vermag».[45] Therese notiert, nachdem sie die Masturbation in ihr Leben integriert hat: «Die Finsternis meines Geistes zerstreute sich, und allmählich lernte ich, folgerichtig zu denken und zu urteilen.»[46] Sexualität erweise sich in diesen Büchern «letztlich nicht nur als gut fürs Denken, um der Ausbeutung von Frauen durch Männer, sondern um der Ausbeutung überhaupt Widerstand leisten zu können.» Sexualität diene hier «nur als Vehikel für Sozialkritik».[47] Es war wohl umgekehrt: Das Denken und die Sozialkritik und überhaupt alle guten aufklärerischen Absichten pornographischer Romane lieferten nur den Vorwand und die Legitimation für das primäre Ziel, die Erregung sexueller Lust.

Ludwig Marcuse machte schon vor den sexualemanzipatorischen Impulsen der Studentenbewegung auf die Fragwürdigkeit jener liberalen Verteidigungen erotischer, pornographischer oder obszöner Literatur aufmerksam, die deren künstlerische Qualitäten oder deren Erkenntniswert hervorhoben und sich dabei bemüßigt fühlten, ihre erregende Kraft zu entschuldigen. «Haben die großen Künstler nie aus Wollust geschaffen und ihren Lesern nie Wollust verschafft? Jedenfalls haben sie ‹die Reaktionsfähigkeit› immer gereizt. Generationen von Lesern Shakespeares und Schillers und Byrons und Dostojewskijs danken den Meistern ungeheure Steigerungen der Emotionen. Mit Ausnahme der sexuellen? Indem die sogenannten Liberalen leugneten, daß die große Literatur die erotische Phantasie stachle, verdeckten sie höchst illiberal einen ihnen unbequemen Zustand der Dinge. Sie wollten unter keinen Umständen den Boden der Tradition verlassen, die vorschrieb: das Geschlechtliche ist nur zugelassen, wenn es im poetischen Äther verdunstet.»[48] Claudia Gehrke, die feministische Propagandistin weiblicher Pornographie, hat diese Einstellung pointiert und spöttisch so zusammengefaßt: «wenn die Kunst da ist, ist die Sexualität nicht mehr da.»[49]

Aufwertungen der Pornographie um 1968

Den Programmatikern der Postmoderne ging es um die Überwindung solcher Dichotomien. Zwar betrieb auch Susan Sontag eine Art ästhetische Ehrenrettung mancher pornographischer Romane, doch stellte sie deren sexuelle Erregungsqualitäten nicht hintan. «Ihre berüchtigte Intention, die Leser sexuell zu erregen, ist in Wahrheit eine besondere Form der Bekehrung. Pornographie, die den Anspruch erheben kann, als ernsthafte Literatur betrachtet zu werden, will auf die gleiche Weise ‹erregen› wie Bücher, die eine extreme Form der religiösen Erfahrung vermitteln, ‹bekehren› wollen.»[50] Vieles von dem, was man der Pornographie an ästhetischen Mängeln vorwerfe, erweise sich als höchst funktional im Hinblick auf das Ziel. Und die sexuelle Erregung des Lesers sei schließlich kein Fehler. «Die körperlichen Empfindungen, die ungewollt im Leser erweckt werden, enthalten etwas, das die ganze Erfahrung seiner Menschlichkeit – und seiner Grenzen als Persönlichkeit und als Körper – betrifft. [...] Die Pornographie ist – genau wie die Science-Fiction – ein Zweig der Literatur, der auf Desorientierung, auf psychische Verwirrung ausgerichtet ist.»[51] Neben dem Western und dem Science Fiction Roman rehabilitierte Leslie Fiedler etwa zur gleichen Zeit die Pornographie als eine lustbetonte «Form der Pop-Art», die «dem Laster näher steht als der Kunst». Ihre Aufwertung sollte mit dazu beitragen, die Kluft zwischen Vergnügen und Kunst, zwischen Massen- und Eliteliteratur zu schließen. Über Pornographie müsse allerdings mit einem Begriffsapparat gesprochen werden, «der unserer Zeit angemessener ist als die ausgediente Fähigkeit, zwischen hoher und niederer Kunst zu unterscheiden.» Vor allem sei Wert darauf zu legen, daß es sich um echte Pornographie handele. «Die Standardformen heterosexueller Kopulation, normal oder ‹poetisch› vermittelt, sind verflucht altmodisch, wenn nicht gar ein bißchen lächerlich; wir fordern Fellatio, Analverkehr und Flagellation, um sicher zu gehen, daß wir Pornographie vor uns haben und keine Liebesgeschichte.»[52]

Um 1968 war die postmoderne Aufwertung der Pornographie von sexualemanzipatorischen und politischen Ansprüchen begleitet. Symptomatisch dafür ist Dieter Wellershoffs kleiner Aufsatz *Fesselung und Entfesselung* mit dem Untertitel «Über Liebesroman und Pornographie». Dem populären Liebesroman setzt Wellershoff eine pornographische Phantasie entgegen, die um 1968 mit dem Anspruch auftrat, mit der sexuellen Befreiung auch die politische voranzutreiben. Während im gesellschaftskritischen Roman des 19. Jahrhunderts Liebe noch eine normensprengende Kraft gewesen sei, «die das Individuum aus allen geltenden Ordnungen herauslöste und in eine meist tödliche Selbsterfahrung hineinriß, wird sie heute von den stereotypen Dramaturgien des Trivialromans als harmlose Konvention verwaltet und funktioniert im Happy-End als schönster Lohn für die Anpassung».[53] Wellershoff zitiert als Gegenbeispiel den Roman *Die Liebesfakultät* von Odette Newman. Der französische Verleger des Romans beruft sich im Vorwort unter anderem auf Leslie Fiedler, Herbert Marcuse und Wilhelm Reich. Im Gegensatz zum trivialen Liebesroman imaginiert die pornographische Phantasie hier, so Wellershoff, «eine Gesellschaft der totalen Promiskuität, in der jeder mit jedem sexuellen Kontakt sucht und niemand einem Reiz widerstehen kann».[54] Pornographische Phantasien seien mehr als Masturbationsträume von Frustierten. Das «ist eine Argumentation, die schon im Dienst der Verdrängung steht. Auf Kosten einer stärker oder auch nur manifest beschädigten Minderheit leugnet sie das Ausmaß der allgemeinen Frustration. Unbefragt bestätigt sie so das vom psychoanalytischen Revisionismus (Erich Fromm, Karen Horney u.a.) aufgestellte Ideal der ‹Reife›, das sich selbst der Verdrängung verdankt und deren unauffälliges Instrument ist. Diese Vorstellung vom erwachsenen Menschen, der seine Sexualität befriedigend ins soziale Muster integriert hat und dabei gesund, genußfähig und produktiv ist, erinnert an die Anpassungsideologie der trivialen Liebesromane. Auch hier wird das Glück zu einer Sache der richtigen Lebensführung und des richtigen Bewußtseins, also zu einer fordernden Norm, deren grundsätzliche Erfüllbarkeit nicht in Frage steht.»[55] Dem setzt Wellershoff die Vorstellung eines «unaufhörlichen Werdeprozesses» entgegen, «der auf immer neuem Erfahrungsniveau die Spannung zwischen den nie zu stillenden kindlichen Lustwünschen und den Forderungen der Realität und das heißt vor allem der Gesellschaft auszugleichen versucht.»[56]

Die sexuelle Liberalisierungs- und Revolutionseuphorie der späten sechziger und der frühen siebziger Jahre hat inzwischen nachgelassen. Der Abbau von Sexualtabus führte zur Erschließung neuer Arbeitsmärkte. Die Strafrechtsreform legalisierte und förderte eine vorher schon vorhandene pornographische Waren- und Medienwelt. Die Pornographiediskussion hat mittlerweile andere Schwerpunkte. Sie steht vor allem im Rahmen feministischer Debatten. Peter Gorsen hat die Entwicklung gut zusammengefaßt: «erst die feministische Kritik hat den aggressiven Untergrund der pornographischen Triebmodellierung in seiner ganzen Tragweite für den weiblichen Lebenszusammenhang gesehen. In einer von patriarchalen Wertvorstellungen dominierten Gesellschaft ist es zwangsläufig die Frau, die als hauptsächliches Objekt der Aggression, und der Mann, der als hauptsächlicher Aggressor erscheint. Die Triebmodellierung der Geschlechter im kapitalistischen Verwertungsprozeß trifft daher die Frau besonders hart, da sie zusätzlich der Befriedigung spezifisch männlicher Bedürfnisse zu dienen hat.»[57] Die feministische Pornographiekritik, wie sie in radikaler Form von Andrea Dworkin und in Deutschland von der Zeitschrift Emma, in etwas gemäßigterer von Susanne Kappeler vorgebracht wurde, wäre aus der Perspektive einer literaturwissenschaftlichen Hedonistik als öffentliche Bekundung vehementer Unlust zu untersuchen. Daß sie nicht unbedingt repräsentativ für Lust- und Unlustempfindungen von Frauen ist, hat sich in den unter Frauen geführten Debatten gezeigt. Sie haben das Verdienst, nachdrücklich die Aufmerksamkeit auf die Frage nach geschlechtsspezifischen Lüsten gelenkt zu haben. Gefragt wurde nach unterschiedlichen Reaktionsweisen von Männern und Frauen auf Pornographie, nach geschlechtsspezifischen Sexualphantasien und nach einer den Bedürfnissen von Frauen angemessenen Form von Pornographie. Das kommt der schon von Freud formulierten Einsicht entgegen, daß die Wünsche, die die literarische Phantasietätigkeit in Bewegung setzen, «verschieden je nach Geschlecht, Charakter und Lebensverhältnissen» sind.[58]

Geschlechterdifferenzen der Lust

Frauen lesen anders. Unter diesem Titel, der auch «Männer lesen anders» hätte lauten können, führte Ruth Klüger etliche Beispiele aus Kunst und Literatur an, die ihre gleich mit dem ersten Satz formulierte These illustrieren sollen: «Bücher wirken anders auf Frauen als auf Männer.»[59] Vor allem auch die Pornographie und die heutige Pornographiedebatte seien geeignet, die Geschlechterdifferenzen des Lesens und des Lesevergnügens auf exemplarische Weise deutlich zu machen. Gerade «in der geschlechtsspezifischen Beschränktheit dieser Texte und der Debatten, die sie entzünden», zeichnen sich «die Konturen erotischen Lesens» ab, «die auch in unserem Umgang mit der höheren Literatur eine nicht geringe Rolle spielen. Wir wissen spätestens seit Sigmund Freud, daß Kreativität einer sublimierten Erotik entspringt. Und wir wissen von der modernen Literaturtheorie, daß Lesen nicht nur Nachvollzug, sondern kreativ ist. Wenn es stimmt, daß wir auch als erwachsene, erfahrene Leser und Leserinnen dem Identifikationsprinzip nie entgehen, so ist der Kern oder auch der Gott eines solchen engagierten Lesens der Eros. Da überschneidet und scheidet sich männlich und weiblich und wird es, so meine ich, auch bei fortschreitender Gleichheit sozialer Rollen tun.»[60] Die Geschlechterdifferenzen des Lesens machen sich, wie Klüger vermutet, vor allem bei der Wahrnehmung von Kunstinhalten bemerkbar und bei der Identifikation mit bestimmten Personen. Die Forderung hingegen, ein Kunstwerk vornehmlich in seinen ästhetischen Qualitäten wahrzunehmen, könne dazu dienen, geschlechtsspezifische Bedürfnisse herunterzuspielen und zu verdecken. «Dazu ein Beispiel aus der bildenden Kunst. Fast jede große Kunstgalerie hat ein Gemälde aufzuweisen, das den ‹Raub der Sabinerinnen› darstellt. Und bei jeder Führung wie auch in den Katalogen heißt es, man möge die Komposition bewundern, den Farbkontrast würdigen. Nur: Wir blicken auf einen Gewaltakt, von muskulösen Männern an halbnackten Frauen verübt, unwilligen Menschen, die von stärkeren verschleppt werden. Ich höre zu, ich schaue hin, und ich frage mich betreten: Warum sagt niemand etwas zum Inhalt?»[61] Es gehe nicht darum, die künstlerischen Techniken zu ignorieren; «nur möchte ich *außerdem* die Inhaltsfrage stellen. Denn es liegt doch auf der Hand, daß Männer und Frauen ein solches Sujet unterschiedlich betrachten, und wir hegen gerechte Zweifel, wenn die Experten uns versichern, daß das Gemälde mit erotischen Machtansprüchen nur minimal zu tun habe.»[62] Klüger räumt an späterer Stelle freilich ein, dem Unbehagen an der Verletzung des weiblichen Körpers könne «ein erotischer Reiz innewohnen, der auch Frauen gefällt. ‹Der Raub der

Sabinerinnen› kann masochistische ebenso wie sadistische Phantasien, und alles, was dazwischen liegen mag, befriedigen.»[63]

Damit sind Fragen aufgeworfen, um deren angemessene Beantwortung in der heutigen Pornographiedebatte heftig gerungen wird. Für eine literaturwissenschaftliche Hedonistik hat sie exemplarischen Charakter. «Pornographie ist die literarische Form, wo die biologische Verschiedenheit der Geschlechter am ehesten zur Geltung kommen müßte, da sie ja diejenige Literatur ist, die Körperlichkeit am stärksten betont. Pornographie wird daher unter allen Umständen von Männern und Frauen immer anders gelesen werden.»[64] Mit ihrem Rückgriff auf die «biologische Verschiedenheit der Geschlechter» entspricht Klüger gewiß nicht dem gegenwärtigen Stand der Einsichten über die kulturellen Konstruktionen von Männlichkeit und Weiblichkeit, die gerade auch den Körper umfassen.[65] Und auch die Annahme, daß «männliche Leser sich mit dem Helden, weibliche Leser mit der Heldin identifizieren, verkennt die Komplexität des seelischen Geschehens und geht von der unrealistischen Vorstellung einer gesicherten und stabilen Geschlechtsidentität aus».[66] Die Frage nach Geschlechterdifferenzen der Lust hat sich damit freilich nicht erledigt.

Empirisch belegt ist jedenfalls, daß gegenwärtig Männer in weit größerem Ausmaß Pornographie konsumieren als Frauen, daß die Aversion gegen Pornographie bei Frauen verbreiteter ist als bei Männern, daß aber auch viele Frauen sich gerne von Pornographie erregen lassen. Doch «Frauen wollen eine andere Pornographie. Die (männliche) Inszenierung der Sexualität, wie sie bislang für Pornofilme typisch ist, wird als unangenehm empfunden. Da pornographische Bilder aber offensichtlich doch eine gewisse Faszination ausüben, plädieren diese Frauen für eine andere (weibliche) Pornographie.»[67] Die gleichen Texte, Bilder oder Filme können zwar unterschiedlichen Bedürfnissen entsprechen, doch resultiert aus der Unterschiedlichkeit von Bedürfnissen auch der Wunsch nach unterschiedlichen Texten. Über die erotischen und sexuellen Bedürfnisunterschiede zwischen Männern und Frauen gibt es etliche empirisch mehr oder weniger gut belegte Hypothesen. Solange man sie nicht essentialistisch als Aussagen über die «Natur» von Frauen oder von Männern fehlinterpretiert, sondern sie als Annahmen über kulturell variable Prägungen ansieht, sind sie vielleicht akzeptabel, wenn auch ständig zu überprüfen. Demnach haben, was den Pornographiekonsum angeht, Männer eher voyeuristische, Frauen eher exhibitionistische Bedürfnisse. «Pornographie, so besagen vorliegende Untersuchungsberichte, spricht Frauen in vergleichbarer Intensität an, wenn die sozialen Bezüge der Sexualität berücksichtigt sind. (Bindung an den Partner, keine Normverletzung).»[68] Für Männer stehe das Begehren, für Frauen das Begehr*werden* im Vordergrund anregender Vorstellungen.[69] Neben solchen zumeist auf der Basis empirischer Umfragemethoden gewonnenen Ergebnissen stehen einzelne Auskünfte artikulationsfähiger Personen. Zum Beispiel die von Luce Irigaray. «In der Pornographie kommen frauenspezifische Sehnsüchte nicht vor.» Oder: «Pornographie wirkt oft als Gottesdienst für den Phallus.»[70] Schon vor diesen Äußerungen in einem erhellenden Interview für den 1978 erschienenen Band *Les femmes, la pornographie, l'érotisme* schrieb sie in *Das Geschlecht, das nicht eins ist*: «Die in der Pornographie eingesetzten Lusttechniken sind – zumindest bisher? – der Lust der Frauen kaum zweckdienlich. Der Erektions- und Ergußzwang, die übermäßige Bedeutung, die der Größe des Glieds beigemessen wird, die genormte Dürftigkeit der Gesten, der auf eine nach Löchern unterteilte Fläche reduzierte Körper sowie Gewalt und Vergewaltigung zwingen die Lust eventuell herbei – Frauen sind da begabt – nur was für eine Lust?»[71]

Daß Pornographie, die von Frauen geschrieben oder inszeniert wird, Leserinnen Besseres zu bieten hat, wurde von Pornographiekritikerinnen vielfach bezweifelt.[72] Ihr biologisches Geschlecht verhindere nicht, männliche Blickweisen und Darstellungsstandards selbst zu verinnerlichen oder unter hohem Anpassungsdruck zu übernehmen. «Diese im Grunde zutiefst resignative Auffassung, daß alles so durchsetzt sei von diesen die Opferrolle festschreibenden Bildwelten, daß keine eigenen Bilder mehr möglich seien, zementiert diese Opferrolle.»[73] So kommentierte die *konkursbuch*-Verlegerin Claudia Gehrke diese Argumentationsweise. Aus der Kolonialisierung von Frauenköpfen durch die Macht der Männerphantasien hat Elfriede Jelinek die literarische Konsequenz gezogen, keinen pornographischen Roman zu schreiben, sondern eine antipornographische Karikatur davon, bei dessen Lektüre den Lesenden die sexuelle Lust vergeht. Gehrke zieht seit etwa einem Jahrzehnt eine andere Konsequenz: die «Produktion eigener Bilder» auch «auf die Gefahr hin, *nicht anders* zu sein.»[74]

Entspricht zum Beispiel die Pornographie einer Anaïs Nin spezifisch weiblichen Wünschen? Ist sie anders als die jener Machart, die Irigaray beschrieben hat. Kurz vor ihrem Tod hat Nin im September 1976 die späte Veröffentlichung ihrer «Erotika», die sie Anfang der vierziger Jahre als Auftragsarbeiten für einen Dollar pro Seite geschrieben hatte, in aufschlußreicher Weise gerechtfertigt: «Diese Erotika, die ich ja nur als Unterhaltung und auf Bestellung verfaßte, unter dem Druck eines Auftraggebers, der mir aufgetragen hatte, ‹die Poesie wegzulassen›, schrieb ich unter dem Eindruck einer von Männern verfaßten Literatur. Deshalb glaubte ich immer, ich hätte die weibliche Sache verraten. Aber wenn ich nun diese, vor so langer Zeit verfaßten Texte wieder lese, merke ich, daß meine eigene Stimme nicht ganz unterdrückt war, denn in vielen Passagen sprach ich intuitiv in der Sprache der Frau und schilderte sexuelles Erleben aus weiblicher Sicht. Am Ende entschloß ich mich zu einer Veröffentlichung der Erotika, weil sie die ersten Schritte einer Frau auf ein Gebiet belegen, das bisher nur Männern überlassen war.»[75] Eine der pornographischen Erzählungen Nins, deren Beginn ich schon zitiert habe, trägt den Titel *Die Frau in den Dünen*. Ich zitiere aus ihr noch ausführlicher, und zwar nicht nur um analytischer Einsichten willen, wie es sexual- und pornographiewissenschaftliche Forschung gerne vorgibt, sondern um damit bei den Lesenden möglicherweise Lust zu erregen. In literaturwissenschaftlichen Schriften werden schließlich auch schöne, schreckliche, traurige oder komische Texte nicht in der Absicht zitiert, ihnen ihre Wirkungsmöglichkeiten zu nehmen. Sie sollen freilich reflektiert werden.

Der erregte Mann in Nins Geschichte verläßt Bett und Haus, wandert ziellos umher, nähert sich einer Hütte, in der noch Licht brennt. «Die Jalousien waren heruntergelassen, aber nicht fest geschlossen; daher konnte er in das Zimmer hineinsehen.» Seinem Blick bietet sich «eine höchst erstaunliche Szene»: ein großes, zerwühltes Bett, ein nackter Mann «und eine Frau, ebenfalls nackt, von der Louis nur den Rücken sah, die sich vor diesem Pascha wand und schlängelte und so großes Vergnügen an dem fand, was sie mit ihrem Kopf zwischen seinen Beinen tat, daß ihr Hinterteil bebte und zuckte, daß sich die Muskeln ihrer Beine spannten, als mache sie sich sprungbereit./ Dann und wann legte der Mann ihr die Hand auf den Kopf, als wolle er ihrer Raserei Einhalt tun: Er versuchte, sich ihr zu entziehen. Da sprang sie jedoch behende auf und kauerte sich über sein Gesicht. Jetzt machte er keine Bewegung mehr. Sein Gesicht befand sich unmittelbar unter ihrem Geschlecht, das sie ihm, vorgebeugt und den Bauch herausgepreßt, offen darbot./ Da er sich unter ihr nicht rühren konnte, war sie es, die sich seinem Mund näherte, der sie bis jetzt noch nicht erreicht hatte. Louis sah, wie das Geschlecht des Mannes sich aufrichtete und anschwoll, wie er versuchte, sie ganz zu sich heranzuziehen. Doch sie verhielt dicht über ihm und genoß den Anblick ihres eigenen schönen Leibes, ihrer Haare und ihres Geschlechts, die seinem Mund so nahe waren./ Dann senkte sie sich langsam auf ihn nieder und beobachtete mit geneigtem Kopf, wie sein Mund zwischen ihren Beinen verschwand. Diese Stellung behielten sie sehr lange bei. Louis befand sich in so großer Erregung, daß er das Fenster verlassen mußte. Wäre er länger geblieben, er hätte sich zu Boden werfen und sein brennendes Verlangen stillen müssen, und das wollte er nicht.»[76]

Die «Szene», nur eine Art Vorspiel für das folgende, ist nicht zuletzt darin pornographietypisch, daß sie die voyeuristische Position, die ohnehin von Pornographiekonsumenten eingenommen wird, im Text selbst reproduziert. Die voyeuristische Schaulust gilt als «männlich». «Den männlich-voyeuristischen Blick», schreibt Claudia Gehrke, «zeichnet aus, daß die Person des Betrachters im Dunkeln bleibt, in sicherer Distanz zum Angeschauten. Er, der Betrachter, ist niemals sichtbar, nur das Betrachtete wird entkleidet, entkleidet sich.»[77] Die sichere Distanz ist zwar generell kennzeichnend für die Leselust oder auch die Schaulust im Kino[78] und vielfach auch eine notwendige Bedingung des Vergnügens, im Umgang vor allem mit Pornographie bekommt sie jedoch zusätzlich die sexualisierte Bedeutung, die dem Begriff des Voyeurismus eigen ist.

Der Einschätzung, daß der voyeuristische Blick eher typisch männlich sei, ließe sich entgegenhalten, daß es in pornographischen Texten sehr häufig Frauen sind, denen dieser Blick zugeschrieben wird. Doch können diese natürlich als Projektionsfiguren männerspezifischer Wünsche fungieren. In John Clelands *Memoiren der Fanny Hill* hört die noch unerfahrene Protagonistin ein Rumoren in der Schlafkammer. «Augenblicklich erhob ich mich und schlich leise an die Tür, wo ich mich so postierte, daß ich alles genau sehen, aber selbst nicht entdeckt werden konnte. Da erschien auch schon die Vorsteherin unseres Klosters mit einem jungen, schlanken Grenadier...» Was das Mädchen dann sieht, erregt sie so, daß sie das tut, was dem männlichen Umgang mit pornographischer «One-Hand-Literatur» nachgesagt wird: «Während die beiden in der Hitze der Aktion verharrten, stahl sich meine Hand fast von selbst unter meine Röcke, und meine Finger, die wie Feuer waren, griffen nach dem Mittelpunkt all meiner Empfindungen.»[79]

Nins pornographische Phantasie ist anders geartet. Auch sie ermöglicht ‹männliche› Schaulust, und das sogar in potenzierter Form. Die Akteurin in der Szene ist nicht nur Blickobjekt des Voyeurs, sondern präsentiert darüber hinaus ihr Geschlecht dem Blick des Partners. In der Identifikation mit ihr kann bei den Lesenden jedoch auch die ‹weibliche› Lust, sich anschauen zu lassen, das exhibitionistische und narzißtische Vergnügen, sich zu zeigen, erregt werden.[80] Der Text spricht die narzißtische Komponente dieser Lust sogar direkt an. Als die Frau den Mann noch auf Blickdistanz hält und ihm die Berührung verweigert, genießt sie zusammen mit seinem Blick den eigenen Anblick ihres Körpers: «Doch sie verhielt dicht über ihm und genoß den Anblick ihres eigenen schönen Leibes, ihrer Haare, ihres Geschlechts, die seinem Mund so nahe waren.»

Empirische Untersuchungen glauben nachgewiesen zu haben, daß Pornographie, in der Frauen nicht nur passives Objekt männlicher Aktivitäten sind, von weiblichen Konsumenten in höherem Maße akzeptiert wird.[81] In Nins Erzählung übernehmen die Frauenfiguren eine dominante Rolle, sind nicht Objekte männlicher, sondern Subjekte ihrer eigenen Lust. Nachdem sich der Voyeur von der Hütte entfernt hat, trifft er in den Dünen auf eine Frau. Die beiden nähern sich einander behutsam an, und dann läßt die Autorin die Frau das weitere Geschehen bestimmen: «Mit rauher Stimme verlangte sie: ‹Streck deine Zunge heraus, ganz weit!›/ Er gehorchte. Abermals rief sie: ‹Ganz heraus! Ganz weit...› – wie im Fieber –, und als er gehorchte, durchzuckte ein Gefühl seinen Körper, als recke sich sein Penis der Frau entgegen, strecke sich bis in sie hinein. Sie ließ ihren Mund offen, zwei schlanke Finger um seinen Penis gelegt, die Beine erwartungsvoll gespreizt./ Louis befand sich in höchster Erregung, das Blut jagte durch seinen Körper bis in den Penis. Der sich versteifte./ Die Frau wartete. Sie nahm sein Glied nicht sofort. Sie ließ ihn dann und wann mit seiner Zunge die ihre berühren. Sie ließ ihn hecheln wie einen läufigen Hund, sein ganzes Sein sich öffnen, sich ihr entgegenrecken. Er betrachtete den roten Mund ihres Geschlechts, offen und wartend, und plötzlich wurde er so sehr von der Heftigkeit seines Verlangens geschüttelt, daß sich sein Penis endlich ganz aufrichtete. Er warf sich, seine Zunge in ihrem Mund, auf sie und stieß kraftvoll in sie hinein.»[82]

Wie kurz zuvor schon überkommt den Mann jedoch eine Schwäche, die im Text durch nichts motiviert scheint. Im Hinblick auf die Wünsche der Frau ist dieses plötzliche Versagen seiner Kraft jedoch höchst funktional. Während der Mann «zutiefst gedemütigt» ist, sagt die Frau «seltsamerweise» zärtlich: «Wir haben viel Zeit». Ein Wort, das der Text mehrfach wiederholt, heißt «warten». «Sie war sehr erregt, aber sie wollte sich zurückhalten und auf ihn warten.» Er fragt sie atemlos: «Willst du es? Willst du es?» Und sie antwortet: «Ja, gib es mir, aber mach es langsam, noch nicht kommen! So hab ich's gern – immer und immer wieder.»

Zu behaupten, daß die pornographische Phantasie von Anaïs Nin spezifisch ‹weiblichen› Bedürfnissen entspricht, wäre eine essentialistische Festschreibung, die sowohl individuelle als auch kulturell variierende Bedürfnisdifferenzen bei Frauen wie bei Männern ignorierte. Nins Pornographie steht jedoch zumindest den «Lusthervorbringungstechniken»[83] fern, denen Irigaray die Qualität abspricht, die Lust von Frauen anzusprechen. Hier gibt es weder den «Ergußzwang» in der raschen Folge, wie sie beispielsweise Clelands *Fanny Hill*-Phantasie inszeniert, noch «Gewalt und Vergewaltigung». Und auch der in gängigen Pornofilmen so knapp bemessene Zeittakt, der, wie Irigaray kritisiert, weiblicher Lustentwicklung fremd sei,[84] findet sich in Nins Phantasie gerade nicht.

Techniken und Zeichen sexueller Erregung

Roland Barthes schrieb mit abschätzigem Blick auch auf Pornographie: «Der Text der Lust ist nicht zwangsläufig der, der von Lust berichtet, der Text der Wollust ist niemals der, der eine Wollust erzählt. Die Lust der Darstellung ist nicht an ihren Gegenstand gebunden».[85] Hiermit ist jene ästhetische Einstellung gegenüber Kunst und Literatur postuliert, der Ruth Klüger vorwarf, daß mit ihr Fragen nach Textinhalten und damit auch nach wichtigen geschlechtsspezifischen Aspekten des Lesevergnügens bestenfalls sekundäre Bedeutung haben. Die Lust am Text ist in den Beschreibungen Barthes' denn auch in der Tat ein geschlechtsneutrales Phänomen. Seine Typologie der Lustleser unterscheidet Fetischisten, Zwangsneurotiker, Paranoiker und Hysteriker,[86] von erotischen Inhalten sieht sie jedoch ebenso ab wie von Männlichkeit oder Weiblichkeit. Und auch die literarischen Techniken erotischer und sexueller Luststimulation bekommen sie nicht in den Blick. Zumindest der pornographische Text der Wollust ist immer der, der die Wollust erzählt. «Ihr warmes zitterndes Fleisch breitete sich erschauernd unter mir. Von Kopf zu Füßen fühlte ich mich von Wollust umfangen. Ich preßte meinen Mund auf den ihrigen. Unsere Finger waren ineinander verschlungen, im selben Beben zuckend, in einer Verstrickung verschränkt. Während ich den Duft ihres Haares und den Hauch ihrer Lippen einsog, fühlte ich mich vor Wonne vergehen.»[87] Solches erzählt der Protagonist in Flauberts *November* über seinen Besuch eines Freudenmädchens. «Pornographie» im wörtlichen Sinne ist das insofern, als der dem Griechischen entlehnte Begriff ein Schreiben (graphein) über (oder von) Dirnen (porne) bedeutet.[88] Die Inhalte von Pornographie sind damit fixiert. Die sexuelle Lust *am* Text wird in erster Linie durch die Darstellung sexueller Lust *im* Text vermittelt.

Wie das Lachen oder das Weinen können die Ausdrucksformen sexueller Erregung eine ansteckende Wirkung entfalten. Dem tragen die literarischen Techniken Rechnung. In pornographischen Texten scheint alles darauf anzukommen, möglichst glaubhaft zu machen, daß die dargestellten Personen sehr große Lust empfinden. Diese soll sich auf die Lesenden übertragen. Eine Pornographie-Konsumentin erklärte in einem der zahllosen Interviews, die die empirische Pornographieforschung durchgeführt hat: «Es macht mich total heiß, wenn ich sehe, wenn eine Frau unheimlich erregt ist. [...] Die Erregung der Frau überträgt sich dann auf mich.»[89] Bei den Dreharbeiten zu pornographischen Filmen werden den Schauspielerinnen und Schauspielern stets Bekundungen höchster Lust abverlangt. In der Literatur, die sexuelle Erregung als ihr primäres Ziel hat, muß der Autor Analoges in der Beschreibung seiner Figuren leisten. Die von ihm gesetzten Zeichen der Lust im einzelnen zu analysieren wäre eine weitere Aufgabe der noch ungeschriebenen Poetik literarischer Darstellungen sexuellen Handelns. Sie reichen von ausdrücklichen Verbalisierungen von Lust bis hin zu einer körperlichen Zeichensprache, deren Bestandteile über die Jahrhunderte hinweg ziemlich gleich geblieben sind. In einer Passage, die Darnton aus *Thérèse philosophe* zitiert, bleibt die Lust zunächst bloße Behauptung. Die Titelheldin beobachtet von einem Versteck aus, wie ein Priester einem Mädchen eine spirituelle Penetration mit der Kuttenkordel des hl. Franziskus vortäuscht: «‹Oh mein Vater!› rief Eradice aus, ‹welche Lust stachelt mich an! Ja, ich genieße himmlisches Glück›». Im folgenden wird ihre leidenschaftliche Erregung zusätzlich durch stammelndes Sprechen beglaubigt. «Ich sehe ... die ... En...gel. Stoßen Sie zu ... stoßen Sie nur ... Ah, aha! ... Ah! Guter ... heiliger Franziskus! Verlaß mich nicht! Verlaß mich nicht! Ich fühle den ... Strick, den Strick ... ich kann nicht mehr ... ich vergehe!»»[90] Stammeln, Stöhnen, Seufzen, Schreien, konvulsivisches Zucken, angeschwollene, gerötete und feuchte Körperteile gehören zum festen Repertoire einer solchen Rhetorik der Lust.

Die Kunsthistorikerin Sigrid Schade stellte im Hinblick sowohl auf den Pornofilm als auch auf die Erotik in der Bildenden Kunst die «Frage nach der Tauglichkeit körpersprachlicher Zeichen» der Lust. «Hilflos erzeugt der Pornofilm Beweise dessen, was nicht beweisbar ist, nämlich Lust.» Und «da die Lust der Frau noch weniger oder gar nicht ‹beweisbar› ist, muß sie Zeichen produzieren, die wenigstens darauf verweisen könnten. Stöhnen, Schreie, unwillkürliche Bewegungen etc. sind nun aber genauso geeignet wie ungeeignet Lust wie Schmerz darzustellen. [...] Auf der Ebene der Repräsentation findet also eine unentwegte Verschiebung von Körperzeichen bei beiden Geschlechtern statt, die darauf basiert, daß diese eindeutig scheinen, aber nicht erfüllen, was sie versprechen.»[91] Sie müssen deshalb permanent wiederholt und variiert werden. In Anaïs Nins Erzählung löst sich nach einem lange anhaltenden Zittern, Zucken, Beben, Auf- und Abschwellen der Glieder die literarische und sexuelle Spannung in einem gemeinsamen befreienden Schrei. Akustische Zeichen der Lust hatte sich der Text bis dahin aufgespart. Vom Rauschen der Brandung, von einem Lachen und von einigen Wortwechseln abgesehen, war während der nächtlichen Stunden zuvor kaum etwas zu hören. «Als er diesmal in ihr war, begann er zu zittern, bis er, wild und heftig, endlich kam. Um selber auch zur Erfüllung zu kommen, stieg sie fast auf ihn. Sie schrien gemeinsam.»[92]

Ausblick

Wer liest, will Lust. Es gibt viele andere Namen für das, was wir beim Lesen suchen: Vergnügen, Spaß, Genuß, Entspannung, Wohlgefühl, Freude, Glück. Doch wie «Lust» läßt jeder dieser Namen offen, was damit im einzelnen gemeint ist. Es gibt eine Vielfalt von Bedürfnissen, die sich mit Literatur lustvoll befriedigen lassen: das Begehren nach Schönheit, nach emotionaler Erregung, nach befreiendem Lachen, nach kontemplativer Ruhe, nach moralischer Erbauung oder auch nach dem Glück der Erkenntnis. Etliche andere Bedürfnisse lassen sich durch Literatur zwar intensivieren, aber nur außerliterarisch befriedigen. Vielleicht beruht der Wiederholungszwang, mit dem die meisten pornographischen Texte die Höhepunkte sexueller Lust aneinanderreihen, auf der Vergeblichkeit, die mit ihnen evozierten Lustversprechungen selbst einzulösen.

In diesem Buch habe ich versucht, einige Grundüberlegungen zu einer literaturwissenschaftlichen Hedonistik zu entwickeln. Es unterstellt, daß das Lesen – und auf etwas andere Weise auch das Schreiben von Literatur – primär hedonistischen Prinzipien folgt. Hedonismus oder auch Eudaimonismus heißt, das eigene Handeln an dem Ziel zu orientieren, Lust oder Glück zu erlangen und Unlust oder Unglück zu vermeiden. Hedonistik wiederum nenne ich eine Bündelung wissenschaftlicher Fragestellungen, die menschliche Aktivitäten in ihrer hedonistischen Orientierung untersucht. Literaturwissenschaftliche Hedonistik fragt nicht in erster Linie danach, was literarische Texte bedeuten und wie sie ihre Bedeutung hervorbringen, sondern untersucht, was sie an Lustangeboten bereitstellen, welche Bedürfnisse sie mit welchen Mitteln zu befriedigen imstande sind. Da Texte selbst kein Begehren und kein Lustempfinden haben, sondern nur Menschen, befaßt sich literaturwissenschaftliche Hedonistik mit Texten *und* mit Menschen, begreift Philologie konsequent als Humanwissenschaft.

Mit ihren Fragestellungen bewegt sie sich zum einen in der Tradition antiker Philosophie. Dieser sind die Begriffe «Hedonismus» oder auch «Eudaimonismus» zu verdanken, und sie hat in ihren permanenten Reflexionen über Arten und Gebrauch der Lüste[1] Anleitungen zu einer Lebenskunst gegeben, die noch heute Maßstäbe setzen. Solche Anleitungen bestanden nicht aus einer universellen Gesetzgebung, die für jeden das Erlaubte und Verbotene detailliert und konkret festgelegt hätte, sondern sie dienten der Entwicklung einer Geschicklichkeit, einer «Kunst» des gelungenen Lebens. Sie zielten, wie Michel Foucault formulierte, auf eine «Ästhetik der Existenz», das heißt auf eine «Lebensweise», deren Wert nicht auf ihrer Übereinstimmung mit einem Verhaltenscode oder der Reinigung von unreinen Lüsten beruht, sondern «vielmehr auf gewissen allgemeinen formellen Prinzipien im Gebrauch der Lüste, auf ihrer Aufteilung, Begrenzung und Hierarchisierung»,[2] auf der Rücksicht auch auf vorhandene Bedürfnisse, passende Gelegenheiten, soziale und individuelle Voraussetzungen.

In der intensiven, von Renaissance und Humanismus vorbereiteten Aneignung antiker Philosophie wies die aufgeklärte Anthropologie des 17. und 18. Jahrhunderts dem Begriffspaar Lust und Unlust erneut einen zentralen Stellenwert zu.[3] Davon ist auch jene philosophische Disziplin geprägt, die sich in der Zeit der Aufklärung konstituiert und die eine weitere wichtige Anregungsquelle literaturwissenschaftlicher Hedonistik ist: die Ästhetik. Sie war von Beginn an auch eine psychologische Disziplin, und zeitgleich mit ihr bildete sich die «Erfahrungsseelenkunde», also die empirische Psychologie heraus. Sie ist das dritte Fundament literaturwissenschaftlicher Forschungen zur Lust am Text.

Im 19. Jahrhundert legte Gustav Theodor Fechner mit seiner von Freud und noch heute von manchen namhaften Psychologen hoch geschätzten, doch von der Literaturwissenschaft bislang fast völlig ignorierten *Vorschule der Aesthetik* einen Versuch vor, die Fragestellungen philosophischer Ästhetik mit rationalen und methodischen Prinzipien induktiver Psychologie zu verknüpfen. Die Grundlage dieser psychologischen Ästhetik bildet freilich die hedonistische und eudaimonistische Philosophie der Antike. Die «wichtigste Frage» der Ästhetik, erklärt Fechner, werde immer lauten: Warum gefällt oder mißfällt etwas. Und das Gefallen sei ein Gefühl der Lust, das Mißfallen eines der Unlust. Zu den zentralen Aufgaben der Ästhetik gehöre es daher, «den besonderen inneren und äusseren Ursachen der Lust und Unlust nachzugehen, Gesetze ihrer Entstehung unter besondern Verhältnissen aufzusuchen».[4] Das Grundgesetz dieser Ästhetik ist das Grundgesetz menschlichen Handelns überhaupt, und das klingt zunächst sehr einfach. «Man begehrt ja, was Lust gewährt, und flieht, was schmerzlich ist.» So lapidar hatte es Aristoteles in der *Nikomachischen Ethik* formuliert. Mit Recht, so erklärte er, «halten alle Menschen das glückselige Leben für lustvoll und verbinden die Glückseligkeit mit der Lust». Schon der Umstand, «daß alles, Tier und Mensch, nach der Lust verlangt und strebt, ist ein Zeichen, daß sie in gewissem Sinne das höchste Gut ist». Schon der nächste Satz freilich demonstriert, daß die Sache komplizierter ist: «Wie aber nicht dieselbe Natur und derselbe Habitus für alle ohne Unterschied der beste ist oder dafür gehalten wird, so trachten auch nicht alle nach derselben Lust».[5] Der antike Hedonismus und Eudaimonismus war nie ein Denken in einfachen Reiz-Reaktions-Schemata, sondern setzte menschliche Subjekte mit der Fähigkeit voraus, die langfristigen Folgen ihres Handelns in komplexen Zusammenhängen strategisch zu bedenken, Subjekte, die sich nicht spontanistisch augenblicklichen Lust- und Unlustimpulsen unterwerfen, sondern kalkuliert mit ihnen so umzugehen verstehen, daß ihre ganze Existenz eine Art Kunstwerk wird, angesichts dessen in der Gesamtbilanz das erfahrene Glück stärker wiegt als das Unglück.[6]

An derart komplexe Formen des Hedonismus und Eudaimonismus knüpfte auch Fechners Ästhetik an. Die zunächst höchst einfache Formulierung des Lustprinzips geht bei ihm rasch in zunehmende Differenzierungen über: «Allgemein gesprochen strebt der Mensch nach Glück, sei es, dass man Lust oder Lustbedingungen unter Glück versteht; zieht daher auch allgemein gesprochen die Lust der Unlust, die grössere der kleineren Lust, die kleinere Unlust der grösseren Unlust vor, und überträgt diess auf die Bedingungen der Lust und Unlust; indem er mehr oder weniger mit der Gegenwart auch die Folgen bedenkt.» Denn der «gegenwärtige Lustertrag kann ja von einem grösseren Unlustertrag, der gegenwärtige Unlustertrag von einem grössern Lustertrag in Folgen überboten werden.»[7] So könne beispielsweise die Lust am mäßigen Genuß der am unmäßigen deshalb vorgezogen werden, weil der maßlose Genuß eine unlustvolle Störung der Gesundheit befürchten läßt. Und unter eudaimonistischen Gesichtspunkten könne es sogar angebracht sein, vom eigenen

Lustzustand zugunsten des gesamten Lustzustandes der Menschheit abzusehen. Denn die Rücksicht auf das eigene Wohl sei von der Rücksicht auf das Wohl des Ganzen nicht zu trennen, «weder im unmittelbaren Gefühl noch im Hinblick auf die Folgen».[8] Hier eröffnet sich das weite Feld der Debatten über das Verhältnis zwischen Lust und Moral, Ästhetik und Ethik.

Fechner gibt an einer Stelle zu bedenken, ob es nicht sinnvoll sei, die Ästhetik als eine «umfassende Lehre von Lust und Unlust» zu konzipieren, als eine Lehre, «welche die gesammten Lust- und Unlustverhältnisse der Welt, innere wie äußere, nach ihren begrifflichen und gesetzlichen Beziehungen, Verkettungen, Entstehungsweisen und Eingriffsweisen verfolgt».[9] Gegenüber einer derart umfassenden «Hedonik» beschränkt Fechner dann jedoch seine Ästhetik «auf die Seite der Lust und Unlust, sofern solche unmittelbar an von Aussen erweckten Vorstellungen und Empfindungen hängt».[10] Entsprechend konzentriert sich literaturwissenschaftliche Hedonistik auf Arten und Gründe von Lust- und Unlustgefühlen, die von literarischen Texten hervorgerufen werden. Sie ist spezialisiertes Teilgebiet einer allgemeinen Lust- und Glücksforschung. Leselust und Leseglück sind Gefühlszustände, die einerseits den gleichen Gesetzmäßigkeiten folgen wie Lust- und Unlust-, Glücks- und Unglücksgefühle sonst auch, die andererseits jedoch eigenen Bedingungen unterliegen.

Zu den allgemeinen Einsichten über die ‹Natur› der Lust und des Glücks, denen Autoren mit ihren literarischen Texten mehr oder weniger bewußt und mehr oder weniger gekonnt Rechnung tragen, gehört, daß Lust und Glück nicht dauerhaft und oft nicht auf direktem Weg zu haben sind. Lust will Ewigkeit, doch die ist ihr versagt. Lust- und Glücksgefühle sind transitorische Stadien eines dynamischen Prozesses, in dem sie mit Unlustgefühlen ständig wechseln und sich vermischen. Lust besteht vielfach in der Aufhebung vorangegangener Unlust. Diverse Erfahrungen eines Mangels gehen mit dem Begehren einher, ihn zu beseitigen: Hunger mit dem Wunsch zu essen, Durst mit dem zu trinken. Und der Genuß des Essens und des Trinkens ist in seiner Intensität nicht zuletzt vom Ausmaß vorangegangener Unlust abhängig. Literarische Texte stimulieren vielfach kalkuliert Unlustgefühle, um dadurch deren um so lustvollere Aufhebung zu ermöglichen.

In den vielfältigen Auskünften, die Menschen im Verlauf der

Kulturgeschichte über Lust- und Glückserfahrungen gegeben haben, kehrt eine Komponente immer wieder: die Befreiung. Glücks- und Lustgefühle scheinen mit Gefühlen der Befreiung ganz eng assoziiert zu sein: allgemein mit der Befreiung von Unlust, konkreter mit der Erlösung von diversen Übeln: des Schmerzes, der Angst oder auch der Langeweile, mit der kathartischen Reinigung von unliebsamen Affekten, mit der Befreiung von Anstrengung, mit Entlastung und Erleichterung, der Ersparnis von Aufwand, der Auflösung von Spannungen und von Zwängen. Dem entspricht auch die metaphorische Rede von «entfesselter Lust». Wo Kunst und Literatur als Spiel begriffen werden, ist es zum einen die Freiwilligkeit, die als Basis ästhetischer Lust hervorgehoben wird, und zum anderen die Entlastung von alltäglichen Realitätszwängen in einem künstlich geschaffenen Freiraum, in dem die Spielenden nur selbstgewählten Regelzwängen unterworfen sind. Spätestens seit Schillers ästhetischer Spieltheorie sind die Reflexionen und Forschungen über Bedingungen der Lust und des Glücks Reflexionen über Zwang und Freiheit, und sie haben dabei bis hin zur Ästhetik der Postmoderne stets auch kulturtheoretische, soziale und politische Implikationen.

Was als unlustvoller Zwang und als lustvolle Befreiung erfahren wird, divergiert dabei jedoch erheblich. In antiken Anleitungen zum kunstvollen und souveränen Gebrauch der Lüste wie in den Ästhetiken des 18. Jahrhunderts dominiert ein Freiheitswille, dem jede gleichsam sklavische Abhängigkeit von körperlichen Bedürfnissen eine pathogene Quelle der Unlust ist, die asketische oder mäßigende Beherrschung sinnlicher Lüste hingegen eine lustvolle Bestätigung der eigenen Autonomie und ein Gesundheitsgarant. Spätestens seit Nietzsche hingegen wird diese Form der Selbstbeherrschung ihrerseits eher als zwanghaft deklariert, Lust vor allem als Befreiung des Körpers aus den Fesseln der Moral beschrieben. Die Unlust an kulturellen und zivilisatorischen Zwängen artikulierte sich allerdings nicht erst in der ästhetischen Moderne. Schon der antike Hedonismus hatte ganz unterschiedliche, ja konträre Ausprägungen. Bereits hier finden sich Ansätze zu einer Nivellierung geltender Hierarchien von Lustarten, die auf die Priorität der körperlichen Lust und die Entkoppelung von Lust und Moral hinausläuft.[11] Gegen Ende des 19. und im Verlauf des 20. Jahrhunderts wiederum werden die Autonomieansprüche menschlichen Geistes nicht überall und ganz zurückgewiesen. Die erstaunliche Sympathie, mit der beispielsweise Foucault in seinem Spätwerk die antiken Formen der moralischen Subjektkonstituierung als Kampf um Herrschaft über die körperlichen Begierden beschreibt,[12] ist vielleicht symptomatisch dafür, daß inzwischen sogar unter den körperlustfreundlichen Protagonisten postmoderner Vernunft- und Subjektkritik Einstellungen Respekt finden, die man von ihnen unwiderruflich verabschiedet glaubte.

Der Blick auf die Literaturgeschichte seit der Antike liefert viele Bestätigungen für Freuds These, daß literarische Texte Kompromißbildungen sind, die nicht nur den Ansprüchen unterschiedlicher Subjekte, sondern auch divergierenden Bedürfnissen innerhalb einzelner Subjekte genügen. Sie sind das mehr oder weniger gelungene Ergebnis strategischer Abwägungen über Gewinne und Kosten diverser Lust- und Unlustanreize, die erst in ihrer Abfolge, ihrer Dichte, Häufung oder Verknappung, ihrer Vermischung und ihrer jeweiligen Gewichtung einen Gesamteindruck des Gefallens oder Mißfallens hinterlassen. Fechner stellte das «Princip der ästhetischen Schwelle» auf, demzufolge Lust- oder Unlustreize sowie unsere Empfänglichkeit für sie einen gewissen Grad erreichen müssen, damit die Reize überhaupt zu spüren sind. Die Wiederholung gleicher Reize kann die Empfänglichkeit für sie so herabsetzen, daß nur mit ihrer Verstärkung die Schwelle überschritten werden kann. Lust- oder Unlustreize, von denen jeder einzelne allein unter der Schwelle der Aufmerksamkeit bleibt, können vereint die Schwelle überschreiten. Aus dieser Einsicht leitete Fechner ein weiteres Prinzip ab, auf das auch Freud sich ausdrücklich berief: das «Princip der ästhetischen Hülfe oder Steigerung». Es besagt, daß die geeignete Kombination einzelner Lustreize deren isolierte Wirkungen um ein Vielfaches verstärken kann. Fechner veranschaulicht dies so: «Ein Gedicht, in einer fremden Sprache gehört, gewährt noch den vollen Eindruck von Versmass, Rhythmus, Reim, aber ohne den angeknüpften Sinn. Dieser Eindruck ist wohlgefälliger als der eines regellosen Kauderwelsch von Worten, aber diese Wohlgefälligkeit ist für sich so gering, dass man ihr ohne den Sinn gar keinen erheblichen ästhetischen Werth beilegen möchte, und übersteigt sogar für sich allein nicht leicht die Schwelle der Lust. Doch verlieren die schönsten Gedichte allen oder fast allen Reiz, wenn man ihren Inhalt in prosaischer Redeform wiedergiebt, indem der Sinn ohne Versmass, Rhythmus, Reim ebenfalls nicht die Schwelle der Lust übersteigt. [...] Indem sich aber beide Factoren der Wohlgefälligkeit zum Uebersteigen der Schwelle oder im Steigen oberhalb der Schwelle helfen, entsteht ein positives Lustresultat, welches mit der ästhetischen Wirkung der einzelnen Factoren an Grösse unvergleichbar ist.»[13] Das gleiche gilt für das Zusammenwirken unlustvoller Reize: «Wenn eine Rede, die uns wegen ihres Inhaltes nicht gefällt, auch noch mit einer unangenehmen Stimme vorgetragen wird, so wird sie vollends unausstehlich.»[14]

Das sind sehr einfache Beispiele für ein in literarischen Texten hochkompliziertes Zusammenspiel heterogener Reizkomponenten. Eine literaturwissenschaftliche Hedonistik muß sie einerseits analytisch zu trennen und ihre Wirkungsmöglichkeiten isoliert zu bestimmen versuchen. Das ist schon schwierig genug. Sie müßte andererseits die Effekte ihres Zusammenwirkens zu erkennen versuchen. Das ist noch weit schwieriger, zumal die Möglichkeiten zur literarischen Bedürfnisbefriedigung abhängig sind von den Praktiken und Möglichkeiten des außerliterarischen Gebrauchs von Lüsten.

Empirische Tests und Befragungsmethoden bleiben angesichts der Komplexität literarischer Lustvermittlung relativ hilflos und führen vielfach nur zu banalen Ergebnissen. Es ist kein Zufall, daß die meist einfach strukturierte Pornographie bislang wohl die literarische Gattung (auch den Film rechne ich zur Literatur) ist, über die am meisten empirisch geforscht worden ist. Fechners psychologische Ästhetik ist da, wo sie wirklich die von ihm geforderte experimentelle Ästhetik «von unten» ist, relativ simpel im Vergleich zu seinen theoretischen Reflexionen. Erfahrungslos sind diese jedoch nicht. Sie beruhen auf den im Lauf der Geschichte angesammelten Erfahrungen anderer sowie auf der Systematisierung intuitiver und selbstreflexiver Einsichten, die sich von anderen nachvollziehen lassen. Ich selber habe gelegentlich auf Ergebnisse und Theorien empirischer Psychologie verwiesen, jedoch keine empirische Forschung im strengen Sinn betrieben. Meine ‹Versuchspersonen› und ‹Interviewpartner›, von denen ich Auskünfte über Lust- und Unlustreaktionen auf literarische Texte oder Kunstwerke erhalten habe, sind zum größten Teil längst tot. Das mag methodisch fragwürdig sein, kann jedoch einer Hypothesenbildung dienen, die der genaueren empirischen Überprüfung bedarf. Und es gibt in der Tat kaum eine Hypothese empirischer Emotionsforschung, die nicht schon spekulativ längst von anderen vorgedacht worden wäre. Literaturwissenschaftliche Hedonistik wird auf geeignete Formen empirischer Psychologie angewiesen sein, jedoch weiterhin auch auf einen Erfahrungsaustausch über die Zeiten hinweg, schon wegen der Beschränktheit unseres gegenwärtigen Erfahrungshorizontes und auch deshalb, weil sie sonst ein wertvolles Potential an kompetenten Auskunftgebern verlieren würde. Bei allen Schwierigkeiten, die mit den Beantwortungen von Fragen nach Arten und Gründen der Lust an Literatur verbunden sind, wäre der Verzicht auf sie ein Ausweichen der Literaturwissenschaft vor dem, was an ihrem Gegenstand wohl das Wichtigste ist.

Anmerkungen

Vorwort

1. Eagleton: Einführung, S. 184.
2. Zitiert nach Kreuzer: Vom Glück und Unglück, S. 9.
3. Johann Wolfgang von Goethe: Werke. Hamburger Ausgabe. Bd. 4. München 1981, S. 411.
4. Noelle-Neumann: Stationen der Glücksforschung.
5. Borges: Das Buch, S. 260 u. 259.
6. Franz Kafka: Briefe 1902–1924. Frankfurt a.M. 1975, S. 27f.
7. Siehe dazu die Streitschrift von Wittstock: Leselust.
8. Brecht: Nachträge zum Kleinen Organon für das Theater, S. 290.
9. Freud: Studienausgabe Bd. 10, S. 197. Freud leitete 1914 mit dieser Bemerkung seine Studie über die Moses-Statue des Michelangelo ein.
10. Die Arbeiten sind im Literaturverzeichnis angeführt.

1. Lust an Literatur und die Lustlosigkeit der Literaturwissenschaft

1. Zitate nach Wittmann: Geschichte des deutschen Buchhandels, S. 186f. – Zur damaligen «Lesesucht-Diskussion» vgl. weiterhin Schön: Verlust der Sinnlichkeit, vor allem S. 46–49 und die weiterführenden Literaturhinweise. – Etliche historische Dokumente zum Thema enthält die Anthologie von Hart Nibbrig: Warum lesen?; sowie Schmid: Zeit des Lesens.
2. Johann Wolfgang von Goethe: Werke. Hamburger Ausgabe. Bd. 6. München 1981, S. 115.
3. Die Übersetzung ist (bis auf das erste Wort des vorletzten Verses) übernommen aus Dante Alighieri: Die göttliche Komödie. München 1957 (3. Aufl. der Lizenzausgabe Darmstadt 1990), S. 28f.
4. D. A. F. de Sade: Ausgewählte Werke. Hg. v. M. Luckow. Frankfurt a.M. 1972, S. 213.
5. Jurgensen: Beschwörung und Erlösung, S. 421.
6. Giacomo Casanova: Briefe. Bd. 2. Berlin 1970, S. 175 (Brief vom 27.7.1792).
7. C. M. Wieland: Sämmtliche Werke IV. Hamburg 1984, S. 21.
8. Gustave Flaubert: Madame Bovary. München 1980, S. 167.
9. Karl Philipp Moritz: Anton Reiser. Ein psychologischer Roman. Hg. v. E.-P. Wieckenberg. München 1987. Zitate S. 151, 15.

10 Freud: Das Unbehagen in der Kultur, S. 212.
11 Siehe u.a. Csikszentmihalyi: flow-Erlebnis. Und: Csikszentmihalyi: Flow. Vgl. Muth: Leseglück als Flow-Erlebnis; Schön: Mentalitätsgeschichte des Leseglücks.
12 Nell: Lost in a Book, S. 199ff.
13 Kurt Tucholsky: Moment beim Lesen. In: Gesammelte Werke. Bd. 10. Reinbek 1975, S. 64.
14 Michael Ende: Die unendliche Geschichte. Stuttgart 1979, S. 11.
15 Ebd., S. 426.
16 Ernst Augustin: Der amerikanische Traum. Frankfurt a.M. 1989, S. 19f.
17 Wellershoff: Eine Dame ohne Unterleib, S. 111f.
18 Zitiert nach Eco: Postmodernismus, Ironie und Vergnügen, S. 81.
19 Vgl. v.a. die kritischen Beiträge dazu in Heckmann: Angst vor Unterhaltung?
20 Vgl. dazu u.a. Schulte-Sasse: Kritik an der Trivialliteratur. – Bürger: Zur Dichotomisierung von hoher und niederer Literatur.
21 Der Vortrag ist, in einer später etwas überarbeiteten Fassung, zusammen mit den damaligen Reaktionen auf ihn jetzt auch abgedruckt in Wittstock: Roman oder Leben, S. 14–39. Das Nachwort von Wittstock zeigt, wie eng die zuvor von ihm in der «Neuen Rundschau» (3/1993) initiierte Debatte über den Zustand der deutschen Gegenwartsliteratur in die Postmoderne-Diskussion eingebunden ist.
22 Zitiert nach der Fassung in: Christ und Welt, 13. September 1968.
23 Italo Calvino: Wenn ein Reisender in einer Winternacht. München 1986, Zitate S. 7, 13f.
24 Damit beginnt die Streitschrift von Uwe Wittstock: Leselust, die über die Debatte informiert und sie fortführt. Vgl. auch schon Reich-Ranicki: Der doppelte Boden, hier v.a. S. 38ff.
25 Barthes: Die Lust am Text, S. 7, 51.
26 Zu den Ausnahmen gehört der Versuch einer analytisch-distanzierten Rekonstruktion der Fragmente in Heydebrand, Winko: Einführung in die Wertung von Literatur, S. 292–296.
27 Miall: Anticipation and feeling.
28 Vgl. dazu Ulich: Das Gefühl, S. 23ff.; Alfes: Literatur und Gefühl, S. 72ff.
29 Hansen: Emotional Processes.
30 Vgl. die oben angeführten Arbeiten von Nell und Hansen. Zu den literaturwissenschaftlichen Ausnahmen gehören (von dem in Deutschland kleinen Kreis psychoanalytisch orientierter Literaturwissenschaftler abgesehen) zwei neuere Arbeiten, die bei einem ähnlichen Befund zur Theorie- und Sprachlosigkeit der Literaturwissenschaft gegenüber emotionalen Aspekten des Lesens (und

Schreibens) sehr verschiedene Wege einschlagen: die an Lacan orientierte Arbeit von Keitel: Von den Gefühlen beim Lesen, und die an der Kognitionspsychologie orientierte von Alfes: Literatur und Gefühl.
31 Vgl. in Heydebrand, Winko: Einführung in die Wertung von Literatur, den Abschnitt «Hedonistische wirkungsbezogene Wertmaßstäbe» (S. 128–130). – In kritischer Modifikation der Kunsttheorie Niklas Luhmanns entfalten Plumpe, Werber: Literatur ist codierbar, die These: «Die Funktion der Kunst ist Unterhaltung, ihr Code ist ‹interessant› vs. ‹langweilig›.» (S. 30)
32 Brecht: Kleines Organon für das Theater, S. 70. – R. Barthes hatte wohl das Kleine Organon im Auge, als er schrieb, Brecht habe eine «Ästhetik der Lust entworfen; von all seinen Vorschlägen vergißt man diesen am häufigsten.» (Die Lust am Text, S. 87).
33 Vgl. für die Zeit seit der Renaissance Heckmann: Angst vor dem Vergnügen; und für das Mittelalter Suchomski: ‹Delectatio› und ‹Utilitas›, S. 67–73.
34 Vgl. z.B. Blanckenburg: Versuch über den Roman: «Der Dichter soll durch das Vergnügen unterrichten, er soll in seinen Lesern Empfindungen und Vorstellungen erzeugen, die die Vervollkommnung des Menschen und seine Bestimmung befördern können.» (S. 288f.)
35 Friedrich Schiller: Über den Grund des Vergnügens an tragischen Gegenständen, Zitate hier S. 235f.
36 Siehe dazu den nach wie vor lesenswerten Vortrag von Burger: Die Geschichte der unvergnügten Seele.
37 Eine bemerkenswerte Ausnahme ist Gerth: Über den Grund des Vergnügens an literarischen Gegenständen, der sich vom historischen Material in systematischer Absicht anregen läßt. Siehe vor allem auch schon Jauß: Ästhetische Erfahrung und literarische Hermeneutik, hier besonders das Kapitel über den ästhetischen Genuß (S. 71–90). Jauß konstatiert selbstkritisch, daß auch sein eigenes Konzept der Rezeptionsästhetik «an der überraschend einmütigen Askese teilnahm, die sich die Kunstwissenschaft gegenüber der primären ästhetischen Erfahrung auferlegt hat.» (S. 80)
38 Derrida: La vérité en peinture, S. 51.
39 Kant: Kritik der Urteilskraft, S. 279.
40 Adorno: Ästhetische Theorie, S. 25.
41 Ebd., S. 24.
42 Zitate ebd., S. 23.
43 Ebd., S. 26f.
44 Ebd., S. 28.
45 Ebd., S. 31.
46 Ebd., S. 28.

47 Barthes: Die Lust am Text, S. 8, 86.
48 Vgl. dazu Huyssen: Postmoderne, S. 35ff. Vgl. auch die Hinweise auf die feministische Kritik an Barthes bei Gallop: Feminist Criticism and the Pleasure of the Text.
49 Brecht: Kleines Organon für das Theater, S. 68.
50 Bourdieu: Die feinen Unterschiede, S. 27.
51 Freud: Der Dichter und das Phantasieren, S. 179.
52 Barthes: Die Lust am Text, S. 86, 93.
53 Vgl. zum gegenwärtigen Stand Schönau: Einführung in die psychoanalytische Literaturwissenschaft.
54 Eagleton: Einführung in die Literaturtheorie, S. 185.
55 Ebd., besonders S. 185f. und auch das abschließende Kapitel (S. 187–213). – Vgl. auch schon in dem 1983 erschienenen Sammelband *Formations of Pleasure* Eagleton: Poetry, Pleasure and Politics; Jameson: Pleasure: A political issue; Kaplan: Wild Nights; zur politischen und feministischen Einschätzung von Barthes' Die Lust am Text vgl. auch die Hinweise von Gallop: Feminist Criticism and the Pleasure of the Text; hier steht das Postulat: «We must think politics and pleasure together.» (S. 122)
56 Eagleton: Einführung, S. 186.
57 Vgl. zur Historizität menschlicher Bedürfnisse, auch der nach Literatur, Viehoff: Literatur und Bedürfnis, besonders S. 6 u. 15.
58 Brecht: Kleines Organon für das Theater, S. 68.
59 Vgl. Schön: Mentalitätsgeschichte des Leseglücks.
60 Ebd., S. 173.
61 Vgl. Schön: Der Verlust der Sinnlichkeit, S. 83ff. und 169ff.
62 Brecht: Kleines Organon für das Theater, S. 75 (Nr. 26).
63 Freud: Der Dichter und das Phantasieren, S. 174.
64 Vgl. etwa Graf: Die Erfahrung des Leseglücks.
65 Vgl. Klüger: Frauen lesen anders, und den Abschnitt «Als Frau lesen» in Culler: Dekonstruktion, S. 46–69.
66 Vgl. die Typologie der Lustleser bei Barthes: Die Lust am Text, S. 93.
67 Vgl. Assmann: Lesen als Überlebensmittel.

2. Literatur als Spiel

1 Caillois: Die Spiele und die Menschen, S. 12f.
2 Nell: Lost in a Book, S. 2.
3 Freuds 1905, zwei Jahre vor dem Vortrag *Der Dichter und das Phantasieren* erschienene Schrift *Der Witz und seine Beziehung zum Unbewußten* enthält einen Hinweis, wem er seine Überlegungen zur Affinität von kindlichem Spiel und dichterischer Phantasietätigkeit wohl maßgeblich verdankt. Freud, der darin ausführ-

lich über die Techniken und Lustmechanismen von Wortspielen handelt, setzt sich hier mit dem damals renommierten Spieltheoretiker Karl Groos auseinander.
4 Freud: Der Dichter und das Phantasieren, S. 171.
5 Ebd., S. 172.
6 Ebd., S. 178.
7 Huizinga: Homo ludens, S. 11.
8 Csikszentmihalyi: Das flow-Erlebnis, S. 46ff.
9 Wellershoff: Fiktion und Praxis, S. 21f.
10 Auf die Spielmetapher greift Roland Barthes zurück, wenn er etwa von der «Möglichkeit einer Dialektik der Begierde» spricht, «eines *Nichtvoraussehens* der Wollust: daß das Spiel noch nicht aus ist, daß es zu einem Spiel kommt». (Die Lust am Text, S. 10.)
11 Eco: Postmodernismus, Ironie und Vergnügen, S. 79.
12 Unter dem Pseudonym Thalmayr: Das Wasserzeichen der Poesie, S. VI.
13 Ähnlich motiviert ist Csikszentmihalyis Rückgriff auf die Spielforschung: «Vielleicht konnte das Phänomen des Spiels das grundlegende Konzept zur Lösung des Rätsels liefern, warum gewisse Aktivitäten erfreulich sind.» (Das flow-Erlebnis, S. 16.)
14 Huizinga: Homo ludens, S. 11.
15 So betont z.B. Paul Michael Lützeler im Vorwort zu dem Band *Spätmoderne, Postmoderne* «das Spielerische» der Postmoderne (S. 13). Im Vorwort zu einer Sammlung von Texten zur Poetik der achtziger Jahre schreiben die Herausgeber Ulrich Janetzki und Wolfgang Rath von der «Spielmanier der Achtziger» (S. 9).
16 Derrida: Die Struktur, das Zeichen und das Spiel, S. 441; vgl. auch S. 437 u. 438.
17 Vgl. auch Derridas spätere Auseinandersetzung mit Platons Spiel-Verständnis in *Die Dissemination* (S. 174ff.). Zu Derridas vagem Konzept des «freien Spiels» s. Wilson: Play, Transgression and Carnival.
18 Bremen 1982, S. 127–150; hier S. 131.
19 Lyotard: Das postmoderne Wissen, S. 59.
20 Siehe u.a. Bertaux: Gar schöne Spiele spiel' ich mit dir!; Bohn: Lektüre als Spiel; Mattenklott: Spielregeln in der Literatur; und insbesondere Frey: Der unendliche Text; Gadamer: Die Aktualität des Schönen; Iser: Das Fiktive und das Imaginäre, S. 426–480; Braungart: Literatur und Ritual, hier das Kapitel «Spiel», S. 216–233. Vgl. weiterhin die aufgrund ihrer ausführlichen Annotationen ungemein hilfreiche Bibliographie von Marino: An Annotated Bibliography of Play and Literature; Claas: Entgrenztes Spiel: Zum Spielbegriff in der postmodernen amerikanischen Literatur.
21 Feyerabend: Wider den Methodenzwang, S. 13.

22 Ebd., S. 39.
23 Feyerabend: Wissenschaft als Kunst, S. 78.
24 Lyotard: Das postmoderne Wissen, S. 191. Zur Pluralität der Sprachspiele bei Wittgenstein vgl. auch Welsch: Vernunft, S. 401ff.
25 Unter dem Pseudonym Thalmayr: Das Wasserzeichen der Poesie, S. VI.
26 Ebd., S. VII.
27 Ebd., S. VIII.
28 Barthes: Die Lust am Text, S. 8.
29 Frey: Der unendliche Text, S. 281.
30 Ebd., S. 281. Das Buch, das übrigens auch auf Huizinga zurückgreift, endet bezeichnenderweise mit einer dekonstruktiven Analyse eines Hebel-Textes, die zu zeigen versucht, daß dieser jede eindeutige Bedeutungsfestlegung selbst zu unterlaufen vermag.
31 Lyotard: Das postmoderne Wissen, S. 58f.
32 Ebd., S. 157.
33 Zitiert nach Ortheil: Schauprozesse, S. 110f.
34 Baudrillard: Der symbolische Tausch, S. 117.
35 Ebd.
36 Ebd., S. 119. Daß das «Simulationsprinzip» auch das «Lustprinzip» überwinde, wie der Satz in seiner Fortführung behauptet, ist nur auf libidinöse Lust im Sinne Freuds, nicht auf ästhetische Lust zu beziehen.
37 Ebd., Zitate S. 118.
38 Ebd., S. 117.
39 Jochen Hörisch hat unlängst auf etliche Texte der deutschsprachigen Gegenwartsliteratur hingewiesen, in denen das medienbedingte Verschwinden der klaren Differenzen zwischen Wirklichkeit und Fiktion zum Thema geworden ist, u.a. auf Nicolas Borns Roman mit dem dafür bezeichnenden Titel *Die Fälschung,* auf Friedrich Dürrenmatts späte Kriminalnovelle von 1986 *Der Auftrag oder Vom Beobachten des Beobachters der Beobachter* und auf Bodo Morshäusers Erzählung *Berliner Simulation.* (Hörisch: Die Wirklichkeit der Medien.)
40 Rötzer: Kunst Spiel Zeug, S. 27.
41 Foerster: Das Konstruieren einer Wirklichkeit, S. 40.
42 Federman: Surfiction, S. 62.
43 Federman: Imagination as Plagiarism.
44 Daß die Konjunktur der literaturwissenschaftlichen Intertextualitätsforschung wie vormals die positivistische Einflußforschung sich solchen Lustquellen verdankt, liegt nahe.
45 Vgl. u.a. Löffler: Die Spaß-Generation hat sich müde gespielt.
46 Flusser: Gesellschaftsspiele, S. 111.
47 Morshäuser: Neulich, als das Hakenkreuz, S. 45.

48 Huizinga: Homo ludens, S. 134.
49 Ebd., S. 146f.
50 Regis Durand, zit. nach Ickstadt: Fiktion, Geschichte und die Spiele Robert Coovers, S. 99.
51 Huizinga: Homo ludens, S. 37 (hier kursiv).
52 Caillois: Die Spiele und die Menschen, S. 16.
53 Für Groos ist dies ein Grund, sie nicht dem Spiel zuzurechnen (Die Spiele der Menschen, S. 508); professionelle Spieler sind für Caillois ein Widerspruch in sich. Sie sind «keine Spieler im eigentlichen Sinne, sondern vielmehr Berufstätige.» (Die Spiele und die Menschen, S. 12.)
54 Vgl. Anz: Literarische Normen und Autonomie, S. 77.
55 Wilson: Rules/Conventions.
56 Wittgenstein: Philosophische Untersuchungen: «Wir können uns auch denken, daß der ganze Vorgang des Gebrauchs der Worte [...] eines jener Spiele ist, mittels welcher Kinder ihre Muttersprache erlernen. Ich will diese Spiele ‹Sprachspiele› nennen» (S. 241). Mit dem Begriff Spiel soll dabei hervorgehoben werden, «daß das Sprechen der Sprache ein Teil ist einer Tätigkeit, oder eine Lebensform» (S. 250).
57 Wittgenstein: Philosophische Untersuchungen, S. 239.
58 Ebd., S. 277f.
59 Zitiert und kommentiert bei Liede: Dichtung als Spiel, Bd. 1, S. 295.
60 Vgl. die Ausführungen über Spielregeln in Heidemann: Der Begriff des Spiels, S. 53–66.
61 Eine Vielzahl solcher literarischen Spiele hat Alfred Liede in seiner monumentalen Monographie *Dichtung als Spiel* gesammelt und beschrieben. Er faßt sie unter dem Begriff «Unsinnspoesie» zusammen und ignoriert damit den spielerischen Charakter auch jener Literatur, für die dieser Begriff nicht angemessen ist. Die 1963 erschienene Monographie ist nicht zufällig 1992 neu aufgelegt worden. Das Vorwort des Herausgebers Walter Pape endet mit einem aktualisierenden Verweis auf die «Spiele der Postmoderne» (S. XIV).
62 Selbstzitat in Gernhardt: Gedanken zum Gedicht, S. 52f.
63 *Mikado* hieß bezeichnenderweise eine maßgeblich von Uwe Kolbe getragene Zeitschrift, die zwischen 1983 und 1987 im Umkreis der Prenzlauer-Berg-Szene erschien. Die selbstverlegten Hefte trugen nicht zufällig den Namen eines Spiels, bei dem vor allem Vorsicht, behutsame Überlegtheit und sensibles Geschick im Umgang mit dem Spielmaterial über den Sieger entscheiden, bei dem eine falsche Bewegung das Spiel vorzeitig beendet.
64 Mit Hinweisen vor allem auch auf dieses Paradox hat Wilson (Ru-

les/Conventions, S. 22 und 25) die Grenzen der «Game/Text Analogy» markiert. Er bestreitet dennoch nicht die analytische Nützlichkeit der Analogisierung.
65 Freud: Der Dichter und das Phantasieren, S. 171.
66 Aus der nachgelassenen Schrift *Die Philosophie im tragischen Zeitalter der Griechen* in Nietzsche: Sämtliche Werke, Bd. 1, S. 830f.
67 Caillois: Die Spiele und die Menschen, S. 20.
68 Ebd., S. 36.
69 Ebd., S. 41.
70 Vgl. ebd., S. 39.
71 Füger: Literatur und Spieltheorie, beispielsweise verwendet mathematische Spieltheoreme bei der Analyse des Figurenverhaltens in Becketts *Endspiel*. Ähnlich De Ley: The Name of the Game.
72 Huizinga: Homo ludens, S. 147f.
73 Ebd., S. 160.
74 Caillois: Die Spiele und die Menschen, S. 28.
75 Ebd., S. 30.
76 Lotman: Die Struktur des künstlerischen Textes, S. 104.
77 Ebd., S. 108f.
78 Ebd., S. 109. Vgl. dazu schon Groos: Die Spiele der Menschen, S. 499ff.
79 Aristoteles: Poetik, Kap. 4, S. 11.
80 Vgl. dazu das 10. Buch in Platons *Der Staat*.
81 Caillois: Die Spiele und die Menschen, S. 32. – Vgl. dazu auch schon Groos: Die Spiele der Menschen, S. 476.
82 Vgl. Csikszentmihalyi: Das flow-Erlebnis, hier u.a. S. 47ff.
83 Vgl. dazu Groos: Die Spiele der Menschen, S. 29f.
84 Caillois: Die Spiele und die Menschen, S. 75f. (hier kursiv).
85 Groos: Die Spiele der Menschen, Vorwort, S. V.
86 Ebd., S. 6; im Druck hervorgehoben.
87 Lotman: Die Struktur des künstlerischen Textes, S. 103.
88 Ebd., S. 102.
89 Ebd., S. 103.
90 Siehe oben S. 35.
91 Groos: Die Spiele der Menschen, S. 493.
92 Ebd., S. 7.
93 Vgl. auch schon Groos: Die Spiele der Menschen, S. 518f.
94 Berlyne: Konflikt, Erregung, Neugier, S. 19. Zur intrinsischen Motivation des Spielens vgl. auch Ellis: Why people play, S. 15ff.
95 Csikszentmihalyi: Das flow-Erlebnis, S. 13.
96 Ebd.; Csikszentmihalyi zitiert hier Platon.
97 Ebd., S. 34ff. und 46ff.
98 Bühler: Die geistige Entwicklung des Kindes, S. 454f.
99 Piaget: Nachahmung, Spiel und Traum, S. 120.

100 Vgl. Schönau: Einführung in die psychoanalytische Literaturwissenschaft: «Wenn das Kind die Sprache erlernt und mit Worten und Klängen wie mit Dingen zu spielen anfängt (denn zwischen Lernen und Spielen gibt es in dem Alter noch keinen Unterschied), so erlebt es eine Funktionslust, die man noch in den Sprachspielen des Witzes, in der Nonsense-Poesie, in Limericks, Schüttelreimen usw. wiederfinden kann.» (S. 66; s.a. S. 27.)
101 Herbert Spencer: Die Principien der Psychologie, zitiert nach dem Auszug in Scheuerl (Hg.): Das Spiel, S. 55.
102 Zitate ebd., S. 57.
103 Ebd., S. 56.
104 John Locke: Some thoughts concerning education; zitiert nach dem Auszug in Scheuerl (Hg.): Das Spiel, S. 20. Den Hinweis darauf verdanke ich Thomas Kastura, der unter dem Karl Marx zitierenden Titel «Nur Arbeit und kein Spiel macht dumm» die historisch begrenzte Gültigkeit der Entgegensetzung von Arbeit und Spiel aufzeigt.
105 Epikur: Von der Überwindung der Furcht, S. 61.
106 Ebd., S. 108.
107 Schopenhauer: Paralipomena, S. 491.
108 Diese Definition gab 1832 Friedrich B. W. von Hermann; hier zitiert nach Viehoff: Literatur und Bedürfnis, S. 4.
109 Groos: Die Spiele der Menschen, S. 493f.
110 Ebd., S. 495.
111 Nell: Lost in a Book, S. 195. Zur Physiologie des Kunstgenusses vgl. auch schon Lange: Sinnesgenüsse und Kunstgenuss.
112 Vgl. ebd., S. 504.
113 Vgl. ebd.
114 Ebd., S. 489.
115 Vgl. dazu Csikszentmihalyi: Das flow-Erlebnis; Nell: Lost in a Book, S. 213ff.; Schönau: Einführung in die psychoanalytische Literaturwissenschaft, S. 62–65.
116 Csikszentmihalyi: Flow, S. 92f.
117 Nell: Lost in a Book, S. 214.
118 Freud: Das Unbehagen in der Kultur, S. 212. Diese Narkose sei allerdings nicht stark genug, fügt Freud skeptisch hinzu, «um reales Elend vergessen zu machen.»
119 Groos: Die Spiele der Menschen, S. 497.
120 Ebd. (Hervorhebung von mir, Th.A.); übernommen auch von Piaget: Nachahmung, Spiel und Traum, S. 123.
121 Ebd., S. 496.
122 Alfred Liede: Dichtung als Spiel, betont den vielfach destruktiven Charakter von Literatur und grenzt sich damit von Schillers und Huizingas «harmonischem Spieltrieb-Ideal» ab (S. 25).
123 Groos: Die Spiele der Menschen, Zitate hier S. 501f.

124 Die Formulierung verwendet Schönau: Einführung in die psychoanalytische Literaturwissenschaft, in dem Kapitel «Die milde Narkose des Lesens» (hier S. 64).
125 Groos: Die Spiele der Menschen, Zitate hier S. 502f.
126 Buytendijk: Wesen und Sinn des Spiels, S. 100.
127 Kant: Kritik der Urteilskraft, S. 404.
128 Fricke: Norm und Abweichung, S. 241 u. 240.
129 Vgl. Plessner: Spiel und Sport, S. 160f.
130 Bühler: Die geistige Entwicklung des Kindes, S. 461.
131 Groos: Die Spiele der Menschen, S. 47 (Hervorhebung von mir, Th.A.).
132 Bühler: Die geistige Entwicklung des Kindes, S. 464.
133 Vgl. dazu etwa Lotman: Die Struktur des künstlerischen Textes, S. 165ff.
134 Aristoteles: Poetik, S. 11 u. 13.
135 Berlyne: Konflikt, Erregung, Neugier; Dörner, Vehrs: Ästhetische Befriedigung und Unbestimmtheitsreduktion; Csikszentmihalyi: Das flow-Erlebnis. Weitere Literaturhinweise bei Allesch: Geschichte der psychologischen Ästhetik, S. 473f.
136 Groos: Die Spiele der Menschen, S. 430ff. u. 511ff.
137 Zur psychoanalytischen Symboltheorie und zum Folgenden s. die eingängige, sich auch mit den Defiziten der Kognitionspsychologie auseinandersetzende Einführung von Hamburger: Entwicklung der Sprache, S. 77ff.
138 Freud: Jenseits des Lustprinzips, S. 224f.
139 Vgl. dazu Joas: Die Kreativität des Handelns, S. 240–244.
140 Schön: Mentalitätsgeschichte des Leseglücks, Zitat hier S. 170.
141 Johann Wolfgang von Goethe: Werke. Hamburger Ausgabe. Bd. 6. München 1981, S. 7.
142 Freud: Der Dichter und das Phantasieren, S. 173.
143 Ebd., S. 173f.
144 Ebd., S. 173f.
145 Huizinga: Homo ludens, S. 9.
146 Ebd., S. 133.
147 Liede: Dichtung als Spiel, S. 15.
148 Freud: Der Dichter und das Phantasieren, S. 178.
149 Ebd., S. 178f.
150 Groos: Die Spiele der Menschen, S. 30f.

3. Wohlgefallen am Schönen

1 Schiller: Über den Grund des Vergnügens, S. 236.
2 Schiller: Über die ästhetische Erziehung des Menschen, S. 596ff.
3 Ebd., S. 609.

4 Ebd., S. 614.
5 Ebd., S. 611.
6 Baumgarten: Aesthetica, § 1, S. 2.
7 Eckermann: Gespräche mit Goethe, S. 573.
8 Moritz: Über die bildende Nachahmung des Schönen, S. 19f.
9 Oscar Wilde: The Works of Oscar Wilde. Vol. 11. New York 1972, S. 33, 36 und 37.
10 «Schön ist, was ohne Begriff als Gegenstand eines notwendigen Wohlgefallens erkannt wird.» (Kant: Kritik der Urteilskraft, S. 324.)
11 Kant: Beobachtungen über das Gefühl, S. 825.
12 Kant: Kritik der Urteilskraft, S. 279.
13 Lessing: Laokoon, S. 139. Vgl. den Abschnitt «Die Schönheit im Spiegel ihrer Wirkungen» in Guggenberger: Einfach schön, S. 61–65. Den gleichen Gedankengang hatte ebenfalls mit Blick auf Homers Helena-Darstellung schon Burke formuliert (Philosophische Untersuchungen, S. 215ff.).
14 Poe: Die Methode der Komposition, S. 536.
15 Zur Argumentationslogik der Wertung vgl. Kienecker: Prinzipien literarischer Wertung; Anz: Literarische Wertung; Heydebrand, Winko: Einführung in die Wertung von Literatur.
16 Vgl. u.a. Akashe-Böhme: Reflexionen vor dem Spiegel; Wolf: Der Mythos Schönheit; vgl. dazu auch Guggenberger: Einfach schön, S. 115–211.
17 Vgl. Fechner: Vorschule der Aesthetik, Bd. 1; hier z.B. S. 193ff.
18 So der Titel von Bd. 2 von Müller-Freienfels: Psychologie der Kunst; Zitat hier S. 50.
19 Benjamin: Das Kunstwerk im Zeitalter seiner technischen Reproduzierbarkeit, S. 478.
20 Dante Alighieri: Das Gastmahl; zitiert nach Hart Nibbrig: Ästhetik, S. 56.
21 Thomas von Aquin: Summa theologica; zitiert nach ebd., S. 53.
22 Vgl. u.a. den Überblick dazu in Höge: Emotionale Grundlagen ästhetischen Urteilens, S. 115ff.
23 Vgl. Hegel: Ästhetik, hier im Ersten Teil der Abschnitt über «Regelmäßigkeit, Symmetrie, Harmonie» (S. 350ff.).
24 August von Platen: Sämtliche Werke in zwölf Bänden. Bd. 2: Gedichte. Leipzig 1909, S. 94f.
25 Vgl. besonders Hogarth: Analyse der Schönheit; hier u.a. S. 50–65.
26 So der Titel des entsprechenden Kapitels in Fechner: Vorschule der Aesthetik, Bd. 1, S. 53–80.
27 Ebd., S. 54 (hier im Druck hervorgehoben).
28 Zur unterschiedlichen Realisierung des Einheitspostulats in der klassischen und in der modernen Ästhetik vgl. Müller-Seidel: Probleme der literarischen Wertung, S. 85–119.

29 Die Konventionalität dieses Reimpaares verstößt freilich gegen seit dem späten 18. Jahrhundert geltende Prinzipien der ästhetischen Innovation und Originalität. Sie sind bei Fechner in Ansätzen als Prinzipien der «Abstumpfung», der «Gewöhnung» oder des «Wechsels» der Beschäftigung erfaßt (Vorschule der Aesthetik, Bd. 2, S. 240ff. und 246ff.).
30 Poe: Die Methode der Komposition, S. 538.
31 Aus der Ersten Duineser Elegie in: Rainer Maria Rilke: Gesammelte Werke. Bd. 3. Leipzig 1930, S. 259.
32 Fechner: Vorschule der Aesthetik, Bd. 1, S. 80–84.
33 Ebd., S. 56; vgl. auch S. 81.
34 Burke: Philosophische Untersuchungen, S. 128, 132, 133, 143, 149, 153.
35 Ebd., S. 152f.
36 Ebd., S. 154f.
37 Ebd., S. 154.
38 Ebd., S. 155.
39 Ebd., S. 156.
40 Ebd., S. 149.
41 Ebd., S. 153.
42 Adorno: Ästhetische Theorie, S. 25.
43 Burke: Philosophische Untersuchungen, S. 127f.
44 Lipps: Ästhetik, S. 147–149.
45 Lacan: Die Ethik der Psychoanalyse, S. 287 (in dem Seminar über «Die Funktion des Schönen»). Vgl. dazu die Vergleiche zwischen Platon, Kant und Lacan in Baas: Das reine Begehren; zum Zusammenhang von Schönheit und Begehren s. hier vor allem S. 167ff.
46 Nietzsche: Also sprach Zarathustra, S. 157.
47 Nietzsche: Götzen-Dämmerung, S. 125f.
48 Platon: Symposion, S. 490.
49 In den deutschen Übersetzungen von 1. Mose 1, 31 steht nicht «schön», sondern «gut». Im hebräischen Urtext steht das Wort «tov», das sich auch mit «wohlgestaltet» übersetzen läßt. Die griechische Übersetzung der Septuaginta verwendet hier denn auch das Wort «kalós», das nicht zuletzt mit «schön» übersetzt werden kann. Siehe dazu Allesch: Geschichte der psychologischen Ästhetik, S. 35ff.
50 Vgl. Cramer, Kaempfer: Die Natur der Schönheit, S. 264f.
51 Nietzsche: Götzen-Dämmerung, S. 123.
52 Zur narzißmustheoretischen Deutung literarischer Form vgl. die Hinweise mit weiterführender Literatur bei Pietzcker: Zur Psychoanalyse der literarischen Form, S. 130f.; und Schönau: Einführung in die psychoanalytische Literaturwissenschaft, S. 13 und 24.
53 Sachs: Gemeinsame Tagträume, S. 34; Sachs: The Creativ Unconscious, S. 51ff.

54 Vgl. Anz: Emil Staiger, Peter Handke und der Zürcher Literaturstreit.
55 Fechner: Vorschule der Aesthetik, Bd. 1, S. 111.
56 Lotze: Geschichte der Aesthetik in Deutschland, S. 233.
57 Fechner: Vorschule der Aesthetik, Bd. 1, S. 89.
58 Ebd., S. 93.
59 Ebd.
60 Ebd., S. 94 (im Druck hervorgehoben).
61 Brentano: Grundzüge der Ästhetik, S. 156.
62 Schönau: Einführung in die psychoanalytische Literaturwissenschaft, S. 66.
63 Fechner: Vorschule der Aesthetik, Bd. 1, S. 113.
64 Ingeborg Bachmann: An die Sonne. In: Dies.: Werke. Bd. 1. München 1982, S. 136f.
65 Friedrich Hölderlin: Geh unter, schöne Sonne ... In: Ders.: Sämtliche Werke und Briefe. Bd. 1. München, Wien 1992, S. 245.
66 Vgl. Matt: Die unersättlichen Augen.
67 Burke: Philosophische Untersuchungen, S. 193; in der hier zitierten Übersetzung steht statt «zu entspannen» «schlaff zu machen». «Schlaff» ist im Deutschen so negativ konnotiert, daß ich es auch in den folgenden Zitaten jeweils durch «entspannt» oder «entkrampft» ersetze.
68 Ebd., S. 194.
69 Ebd., S. 198.
70 Ebd., S. 198f.
71 Schiller: Kallias oder über die Schönheit, S. 315.
72 Ebd.
73 Ebd., S. 315f.
74 Ebd., S. 303f.
75 Ebd., S. 303.
76 Schopenhauer: Die Welt als Wille und Vorstellung, Bd. 1, S. 279f.
77 Ebd., S. 280.
78 Schopenhauer: Paralipomena, Zitate hier in dem Kapitel «Zur Metaphysik des Schönen und Ästhetik», S. 490f.
79 Diese Auffasung entspricht auch neueren Perspektiven der Emotionspsychologie und psychologischen Glücksforschung. Vgl. Weber, Laux: Bewältigung und Wohlbefinden, S. 151.
80 Schiller: Kallias oder über die Schönheit, S. 371.
81 Fechner: Vorschule der Aesthetik, Bd. 2, Zitate S. 263f.
82 Ebd., S. 264.
83 Freud: Der Witz, Zitate hier S. 114f.
84 Vgl. die weiterführenden Literaturhinweise bei Pietzcker: Zur Psychoanalyse der literarischen Form, S. 126f.
85 Fechner: Vorschule der Aethetik, Bd. 1, S. 80.

86 Ebd., S. 68.
87 Dörner, Vehrs: Ästhetische Befriedigung und Unbestimmtheitsreduktion, S. 323.
88 Brecht: Was ist schön?, S. 520; Dörner, Vehrs: Ästhetische Befriedigung und Unbestimmtheitsreduktion, S. 331.
89 Wellershoff: Ein unbestimmtes Etwas im Dunkeln, S. 94.
90 Brecht: Was ist schön?, S. 521.
91 Marquard: Aesthetica und Anaesthetica, S. 12. Vgl. auch Welsch: Ästhetisches Denken, S. 12
92 Nietzsche: Die Geburt der Tragödie, 3. Abschnitt, S. 34ff.
93 Zum folgenden s. Anz: Der schöne und der häßliche Tod.
94 So die Überschrift des 10. Kapitels in Ariès: Geschichte des Todes, S. 521–602.
95 Zitate ebd., S. 782–784.
96 Ebd., S. 601.
97 Vgl. dazu Begemann: Furcht und Angst.
98 Lessing: Wie die Alten den Tod gebildet, S. 411, 414f.
99 Johann Wolfgang von Goethe: Dichtung und Wahrheit. In: Ders.: Werke. Hamburger Ausgabe. Bd. 9. München 1981, S. 316f.
100 Friedrich Schiller: Die Götter Griechenlands. In: Ders.: Werke und Briefe. Bd. 1. Frankfurt a.M. 1992, S. 285–291; hier S. 288f.
101 Vgl. Delumeau: La Peur en Occident.
102 Joseph von Eichendorff: Werke in einem Band. München 1955, S. 278.
103 Mendelssohn: Über die Empfindungen, S. 110.
104 Poe: Die Methode der Komposition, S. 537.
105 Ebd., S. 539.
106 Bronfen: Nur über ihre Leiche, S. 93.

4. Faszination des Schrecklichen

1 Vgl. dazu Krummacher: Das barocke Epicedium, S. 110.
2 Ebd., S. 111.
3 Johann Peter Hebel: Schatzkästlein des Rheinischen Hausfreundes. Stuttgart 1981, S. 283–286.
4 Siehe oben S. 115.
5 Ebd., S. 413f.
6 Aristoteles: Poetik, S. 11.
7 Siehe oben S. 69f.
8 Siehe oben S. 109.
9 Franz Kafka: Der Proceß. Frankfurt a.M. 1990, S. 312.
10 Kafka: Tagebücher. Frankfurt a.M. 1990, S. 708f. (13.12.1914).
11 Vgl. dazu Siegrist: Frühaufklärerische Trauergedichte; und Guthke: Die Entdeckung des Ich in der Lyrik.

12 Gottsched: Versuch einer Critischen Dichtkunst, Zitate hier S. 144f.
13 Georg Friedrich Meier, zitiert nach Guthke: Die Entdeckung des Ich in der Lyrik, S. 107.
14 Schlegel: Über Lessing, S. 231.
15 Bodmer: Critische Betrachtung, S. 335.
16 Im Hinblick auf Goethes *Willkommen und Abschied* siehe dazu auch Pietzcker: Einheit, Trennung und Wiedervereinigung, S. 123.
17 Friedrich Gottlieb Klopstock: An Fanny. In: Ders.: Oden. Stuttgart 1889, S. 63.
18 Ledanff, Susanne (Hg.): Charlotte Stieglitz. Geschichte eines Denkmals. Frankfurt a.M., Berlin 1986.
19 Henry Home, hier zitiert nach Zelle: Über den Grund des Vergnügens, S. 79.
20 Vgl. die psychoanalytische Interpretation von Pietzcker: Einheit, Trennung und Wiedervereinigung, hier im Kapitel über Hebels Text S. 149f.
21 Johann Wolfgang von Goethe: Die Leiden des jungen Werther. In: Ders.: Werke. Hamburger Ausgabe. Bd. 6. München 1981, S. 114 (Hervorhebung von mir).
22 Bodmer: Critische Betrachtung, S. 335.
23 Schiller: Über die tragische Kunst, S. 251.
24 Siehe Wertheimer: Blutige Humanität, S. 34.
25 Vgl. Eckert u.a.: Grauen und Lust, S. 22.
26 Wertheimer: Blutige Humanität, Zitat und das folgende hier S. 32f.; vgl. allgemein zur Geschichte der Gewaltdarstellungen vor allem die engagiert gegen ästhetisch moderne Entkoppelungen von Ästhetik und Moral gerichtete Dokumentation von Wertheimer (Hg.): Ästhetik der Gewalt.
27 Vgl. zum folgenden Zelle: Strafen und Schrecken.
28 Zitiert nach ebd., S. 80.
29 Johann Wolfgang von Goethe: Wilhelm Meisters theatralische Sendung. In: Ders.: Gedenkausgabe der Werke, Briefe und Gespräche. Bd. 8. Zürich, Stuttgart 1961 (2. Aufl.), S. 523–879; hier S. 617f.
30 Augustinus: Bekenntnisse. Bd. 2. München 1983, S. 117f.; hier zitiert nach Wertheimer: Blutige Humanität, S. 35.
31 Tönnies: Die scheußliche Lust.
32 Vgl. Zelle: Die doppelte Ästhetik.
33 Vgl. dazu Nieraad: Die Spur der Gewalt.
34 Vgl. Pries: Das Erhabene; Bohrer: Das Erhabene nach dem Faschismus.
35 Lyotard: Das Erhabene und die Avantgarde, S. 261.
36 Burke: Philosophische Untersuchungen, S. 166.
37 Kant: Kritik der Urteilskraft, S. 349.

38 Kant: Beobachtungen über das Gefühl des Schönen und Erhabenen, S. 827.
39 Ebd., S. 850.
40 Balint selbst verweist, wenn auch mit Vorbehalten, auf diese naheliegende Assoziation (Angstlust und Regression, S. 39). Zu Marinetti und Jünger vgl. Bohrer: Die Ästhetik des Schreckens, S. 111f.
41 Schiller: Über den Grund des Vergnügens an tragischen Gegenständen, S. 239.
42 Begemann: Furcht und Angst, S. 156.
43 Weber, Laux: Bewältigung und Wohlbefinden, S. 95.
44 Kant: Kritik der Urteilskraft, S. 349.
45 Ebd., S. 353.
46 Vgl. zu diversen Schattierungen der Lustgefühle des Erhabenen Begemann: Furcht und Angst, S. 136ff.
47 Siehe Balint: Angstlust und Regression, S. 54.
48 Schiller: Über das Erhabene, S. 822f.
49 Siehe dazu mit weiterführenden Literaturhinweisen Segebrecht: Über ‹Poetische Gerechtigkeit›; dem Aufsatz habe ich die im folgenden zitierten Äußerungen Birkens und Gottscheds entnommen.
50 Birken: Teutsche Rede-bind und Dicht-Kunst, S. 331.
51 Gottsched: Der Biedermann; zitiert nach Segebrecht: Über ‹Poetische Gerechtigkeit›, S. 51.
52 Brüder Grimm: Hänsel und Gretel. In: Dies.: Kinder- und Hausmärchen. Bd. 1. Hg. von Heinz Rölleke. Stuttgart 1995, S. 100–108; hier S. 105.
53 Ebd., S. 106f.
54 Brüder Grimm: Der Wolf und die sieben jungen Geißlein. In: Ebd., S. 51–54; hier S. 54.
55 Ebd.
56 Schiller: Über den Grund des Vergnügens an tragischen Gegenständen, S. 245.
57 Ebd., S. 245f.
58 Böhme: Das Steinerne, S. 126f.
59 Schiller: Über das Erhabene, S. 823.
60 Polgar: Mr. Wallace ist für die Prügelstrafe, S. 414.
61 Vgl. Conrad: Die literarische Angst, S. 138.
62 Pietzcker: Zur Psychoanalyse der literarischen Form, S. 151f.
63 Freud: Das ökonomische Problem des Masochismus, S. 343.
64 Reik: Aus Leiden Freuden, Zitate hier S. 18 u. 19.
65 Freud: Das ökonomische Problem des Masochismus, S. 345.
66 Elias: Über den Prozeß der Zivilisation, Bd. 2, S. 330.
67 Vgl. Vondung: «Überall stinkt es nach Leichen», S. 131 und 134.
68 Wellershoff: Vorübergehende Entwirklichung, S. 86f.
69 Vgl. dazu u.a. das Nachwort von Ernst Fuhrmann in Aristoteles:

Poetik, hier S. 161ff.; zur Überlieferungs- und Rezeptionsgeschichte der Poetik im Hinblick auf den Katharsisbegriff und besonders auf das 18. Jahrhundert s. Luserke: Die Bändigung der wilden Seele.
70 Vgl. zum folgenden Jäger: Kokoschkas «Mörder, Hoffnung der Frauen».
71 Bahr: Dialog vom Tragischen, S. 23f.
72 Artaud: Das Theater und sein Double, S. 32f. und 34.
73 Als solche erklärt Balint: Angstlust und Regression, die Suche des philobaten Persönlichkeitstypus nach «thrill».
74 Nietzsche: Morgenröthe, S. 212f.
75 Nietzsche: Die Geburt der Tragödie, S. 152.
76 Thomas Mann: Der Tod in Venedig. In: Ders.: Gesammelte Werke. Bd. 4. Frankfurt a.M. 1981, S. 559–641; hier S. 632f.
77 Alewyn: Die Literarische Angst, S. 39. Das Folgende ist zum Teil übernommen aus Anz: Die Historizität der Angst.
78 Siehe u.a. Conrad: Die literarische Angst; Begemann: Furcht und Angst; Weber: Der englische Schauerroman, S. 115ff. Vgl. auch schon die Diskussion über Alewyns Vortrag in Ditfurth (Hg.): Aspekte der Angst.
79 Conrad: Die literarische Angst, S. 48.
80 Ebd., S. 41.
81 Lyotard: Das Erhabene und die Avantgarde, S. 61f.
82 Dubos: Kritische Betrachtungen über die Poesie und die Mahlerey, S. 1.
83 Vgl. dazu Zelle: Über den Grund des Vergnügens, S. 70f.
84 Dubos: Kritische Betrachtungen über die Poesie und die Mahlerey, S. 10f.
85 Ebd., S. 12.
86 Ebd., S. 25.
87 Balint: Angstlust und Regression, S. 20f.
88 Freud: Psychopathische Personen auf der Bühne, S. 163.
89 Siehe oben S. 53f. und 67.
90 Hinweise zur angelsächsischen Diskussion darüber enthält Morreall: Enjoying Negative Emotions in Fictions.
91 Kracauer: Kino, S. 25–27.
92 Siehe dazu Wulff: Die Erzählung der Gewalt, S. 92f; vgl. auch Baumann: Horror, S. 89f.
93 Zur Verwendung dieser Metaphorik bei Rousseau siehe Eibl: Abgrund mit Geländer, S. 10.
94 T. Lucretius Carus: Über die Natur der Dinge. Deutsch von Karl Ludwig von Knebel. Frankfurt a.M., Hamburg 1960, S. 47 (Zweites Buch, V. 1–6).
95 Thomas Bernhard: Beton. Frankfurt a.M. 1982, S. 210.

96 Elias Canetti: Masse und Macht. Hamburg 1973, S. 259.
97 Johann Wolfgang von Goethe: Novelle. In: Ders.: Werke. Hamburger Ausgabe. Bd. 6. München 1981, S. 491–513; hier S. 498.

5. Spannungskunst und Glückstechniken

1 Mann: Heinrich von Kleist und seine Erzählungen, S. 841f.
2 Vgl. den Verweis von Büchler: Die ästhetische Bedeutung der Spannung, S. 210, auf die Ästhetik Vischers.
3 Lange: Sinnesgenüsse und Kunstgenuss, S. 15.
4 Lausberg: Handbuch der literarischen Rhetorik, S. 950.
5 Vgl. weiterhin Rabkin: Narrative Suspense, S. 58f.
6 Wellershoff: Ein unbestimmtes Etwas im Dunkeln, S. 90f.
7 Vgl. auch Dove: Suspense in the Formula Story, S. 30.
8 Mann: Heinrich von Kleist und seine Erzählungen, S. 841.
9 Pfeiffer (Hg.): Literaturpsychologie 1945–1987. Eine systematische, annotierte Bibliographie. Die Bibliographie verzeichnet unter dem Stichwort «Spannung» lediglich zwei Beiträge; sie stehen beide in einem 1982 erschienenen Band über *Kinderliteratur und Psychoanalyse*.
10 Eine Ausnahme ist Hawthorn: Grundbegriffe moderner Literaturtheorie, der dieses Defizit ausdrücklich moniert.
11 Wilpert: Sachwörterbuch der Literatur, S. 768.
12 Vgl. Kaminski: Es ist eine Lust zu lesen, S. 27–43.
13 Z. B. Nusser: Der Kriminalroman; Trautwein: Erlesene Angst.
14 Vgl. Goerke: Der Begriff der Spannung; Borringo: Spannung in Text und Film.
15 Vgl. Staiger: Grundbegriffe der Poetik, S. 157–172; Pütz: Die Zeit im Drama; Pfister: Das Drama, S. 141–148.
16 Die damit implizierte Unfreiheit ist es u.a., die die Spannung etlichen Autoren und Literaturtheoretikern suspekt gemacht hat.
17 Vgl. Habermas: Erkenntnis und Interesse, S. 300ff.
18 Freud: Jenseits des Lustprinzips, S. 248.
19 Friedrich Schiller: Wilhelm Tell. In: Ders.: Werke und Briefe. Bd. 5. Frankfurt a.M. 1996, S. 385–505; hier S. 456f.
20 Vgl. Büchler: Die ästhetische Bedeutung der Spannung; Wundt: Grundriß der Psychologie; Wundt: Grundzüge der physiologischen Psychologie.
21 Borringo: Spannung in Text und Film.
22 Der Anfang der ersten Szene des *Wilhelm Tell* zeigt noch etwas von einer solchen Ordnung.
23 Pfister: Das Drama, S. 141–148.
24 Ebd., S. 142f.
25 Vogt: Der Kriminalroman, S. 446.

26 Nusser: Der Kriminalroman, S. 35ff.
27 Brecht: Anmerkungen zur Oper «Aufstieg und Fall der Stadt Mahagonny», S. 85.
28 Lugowski: Die Form der Individualität im Roman, S. 40.
29 Giovanni di Boccaccio: Das Dekameron. 1. Bd. Frankfurt a.M. 1978, S. 349.
30 Lugowski: Die Form der Individualität im Roman, S. 41.
31 Vgl. dazu auch Dove: Suspense in the Formula Story, S. 17 u. 20.
32 Wellershoff: Ein unbestimmtes Etwas im Dunkeln, S. 93.
33 Dörner: Bauplan für eine Seele; vgl. auch oben S.110f.
34 Wellershoff: Ein unbestimmtes Etwas im Dunkeln, S. 92.
35 Admoni: Der deutsche Sprachbau, S. 286.
36 Fortsetzung folgt hier: «vielleicht eilte dann ein junger Galeriebesucher die lange Treppe durch alle Ränge hinab, stürzte in die Manege, riefe das: Halt! durch die Fanfaren des immer sich anpassenden Orchesters.» (Franz Kafka: Auf der Galerie. In: Ders.: Schriften, Tagebücher, Briefe. Kritische Ausgabe. Bd. 6, 1. Frankfurt a.M. 1994, S. 262f.; hier S. 262.)
37 Gross: Lese-Zeichen, S. 1.
38 Vgl. Lotman: Die Struktur des künstlerischen Textes, S. 118f.
39 Gross (Lese-Zeichen) hat in ihrem Versuch, in Rückgriffen auf die Kognitionspsychologie des Lesens literaturwissenschaftliche Fragestellungen zu reformulieren, den Bewußtmachungseffekt entautomatisierter Lektüre literarischer Texte besonders hervorgehoben.
40 Rabkin: Narrative Suspense, S. 58.
41 Vgl. die sich auch auf poststrukturalistische Positionen in der Linguistik berufende Kritik an textorientierten Strukturanalysen in Gross: Lese-Zeichen, S. 43f.
42 Truffaut: Mr. Hitchcock, wie haben Sie das gemacht?, S. 64.
43 Darauf verweist wiederholt Dove: Suspense in the Formula Story; Dove geht auch auf die zitierte Äußerung Hitchcocks ein (S. 29f.).
44 Fónagy: Ein Meßwert der dramatischen Spannung, S. 74.
45 Ludwig: Romane und Romanstudien, S. 568f.
46 Freud: Der Dichter und das Phantasieren, S. 173.
47 Bataille: Die Tränen des Eros, S. 70: «Das Verbot verleiht dem betroffenen Gegenstand eine Bedeutung, die er ursprünglich nicht besaß. Das Verbot taucht seinen Gegenstand in ein verführerisch böses Licht, das zur Überschreitung verleitet.»
48 Lacan: Schriften II, S. 167ff.
49 Thomas Mann: Buddenbrooks. Verfall einer Familie. Gesammelte Werke in Einzelbänden. Frankfurter Ausgabe. Frankfurt a.M. 1981, S. 516f.
50 Freud: Über das Unbehagen in der Kultur, S. 208.

51 Fechner: Vorschule der Aesthetik, Bd. 2, S. 265.
52 Freud: Das ökonomische Problem des Masochismus, S. 344. Zur masochistischen Komponente der Spannungslust s. vor allem Reik: Aus Leiden Freuden, hier u.a. S. 79–96.
53 Kant: Anthropologie in pragmatischer Hinsicht, S. 551 (im Druck hervorgehoben).
54 Kognitive Dissonanz führe zu Aktivitäten, «welche auf eine Reduktion der Dissonanz abzielen, ebenso wie Hunger zu Aktivitäten führt, die auf eine Reduktion des Hungers gerichtet sind.» (Festinger: Theorie der kognitiven Dissonanz, S. 17.)
55 Todorov: Die Grammatik der Erzählung, S. 60. Vgl. Trautwein: Erlesene Angst, der das Handlungsmuster des Schauerromans im Anschluß an Todorov so beschreibt: «Die Ruhe vor dem Sturm – Das Anfangsgleichgewicht/ Das Ungleichgewicht/ Das Endgleichgewicht.» S. 84ff.
56 Frenzel: Motive der Weltliteratur, S. 328.
57 Vgl. hierzu aus literaturwissenschaftlicher und psychoanalytischer Sicht die unlängst erschienene Monographie von Pietzcker: Einheit, Trennung und Wiedervereinigung.
58 Kant: Anthropologie in pragmatischer Hinsicht, S. 552.
59 Vgl. Bennewitz: «Du bist mir Apollo»/«Du bist mir Helena».
60 Rougemont: Die Liebe und das Abendland, S. 62.
61 Ebd., S. 45.
62 Johann Wolfgang von Goethe. Werke. Hamburger Ausgabe. Bd. 6: Romane und Novellen. München 1981, S. 490.
63 Vgl. dazu die verstreuten Ausführungen über Spannung (s. Register) in: Adorno: Ästhetische Theorie.
64 Wellershoff: Ein unbestimmtes Etwas im Dunkeln, S. 90.

6. Lachlust

1 Emma, Nov./Dez. 1996, Nr. 6, S. 10.
2 Emma, Mai/Juni 1997, Nr. 3, S. 10.
3 Kant: Kritik der Urteilskraft, S. 437 (im Text hervorgehoben). Vgl. dazu Schoeller: Gelächter und Spannung.
4 Vgl. das Buch des Volkskundlers Röhrich: Der Witz, hier u.a. S. 1ff.
5 Zitiert nach Röhrich: Der Witz, S. 216.
6 Bachtin: Literatur und Karneval, Zitate S. 33.
7 Ebd., S. 37.
8 Ebd., S. 49.
9 Ebd., S. 35.
10 Vgl. dazu Röhrich: Der Witz, S. 206ff.; ein Großteil der im folgenden zitierten Witze ist diesem Buch entnommen.

11 Siehe das Nachwort von Alexander Kaempfe in Bachtin: Literatur und Karneval, S. 139f.
12 Ebd., S. 38f.
13 Elias: Über den Prozeß der Zivilisation, Bd. 2, S. 320.
14 Freud: Der Witz, S. 96.
15 Röhrich: Der Witz, S. 153.
16 G. V. N. Dearnborn: The Nature of Smile and Laugh. In: Science 11 (1900); zitiert nach Jurzik: Der Stoff des Lachens, S. 22f.
17 Vgl. die Hinweise bei Dedner: Über das Vergnügen am Unerfreulichen, S. 40.
18 Kant: Kritik der Urteilskraft, S. 439.
19 Spencer: Physiology of Laughter, S. 453f.
20 Ebd., S. 464.
21 Reik: Lust und Leid im Witz, S. 113.
22 Vgl. zu diesem Topos Weinrich: Was heißt: «Lachen ist gesund»?
23 Vgl. Adamaszek: Lachen und Therapie. Zum psychotherapeutischen Interesse am Lachen s. auch Grotjahn: Vom Sinn des Lachens.
24 Vgl. Dedner: Über das Vergnügen am Unerfreulichen, S. 19.
25 Schuller: Wenn's im Feminismus lachte, S. 199.
26 Plessner: Lachen und Weinen, S. 39.
27 Siehe oben S. 108f. u. 144.
28 Siehe dazu Anz: Über die Lust und Unlust am Text.
29 Elfriede Jelinek: Lust. Reinbek bei Hamburg 1989, S. 92.
30 Ebd., S. 90.
31 Freud: Der Witz, S. 114.
32 Zitiert in ebd., S. 20. Zur Analyse s. S. 20ff.
33 Jelinek: Lust, S. 74.
34 Freud: Der Witz, S. 23.
35 Jelinek: Lust, S. 243.
36 Ebd., S. 88.
37 Freud: Der Witz, S. 113f.
38 Jelinek: Lust, S. 83.
39 Ebd., S. 92.
40 Ebd., S. 113.
41 Ebd., S. 110.
42 Ebd., S. 156.
43 Freud: Der Witz, S. 119.
44 Ebd., S. 121.
45 Ebd., S. 122.
46 Jelinek: Lust, S. 157.
47 Ebd., S. 106.
48 Freud: Der Witz, S. 124.
49 Freud: Der Dichter und das Phantasieren, S. 179.
50 Freud: Der Witz, Zitate S. 129f.

51 Siehe dazu die Streitschrift von Huffzky: Wer muß hier lachen?
52 Aristoteles: Poetik, S. 17.
53 Freud: Der Witz, S. 182. Freud schreibt dem Erklärungsmuster allerdings nur einen begrenzten Wert zu und zieht ihm die konsequent weiterentwickelte Theorie der Aufwandsersparnis vor. Ich folge ihm darin in meinen weiteren Ausführungen nicht.
54 Baudelaire: Vom Wesen des Lachens, S. 290f.
55 Gottsched: Versuch einer Critischen Dichtkunst, S. 643.
56 Bergson: Das Lachen, Zitate S. 16f.
57 Heinrich: «Theorie» des Lachens, bezeichnet sie als präfaschistisch und grauenerregend (S. 27).
58 Bergson: Das Lachen, Zitate S. 132f.
59 Platon: Theaetet, hier zitiert nach Blumenberg: Der Sturz des Protophilosophen, S. 11.
60 Freud: Der Witz, S. 186.
61 Bergson: Das Lachen, S. 37.
62 Freud: Der Witz, S. 188.
63 Das Beispiel zitiert und kommentiert Schoeller: Gelächter und Spannung, S. 35.
64 Siehe Freud: Vorlesungen, S. 283f.
65 Freud: Der Witz, S. 159.
66 Pietzcker: Goethes Prometheus-Ode.
67 Jauß: Über den Grund des Vergnügens, S. 107.
68 Sloterdijk: Kritik der zynischen Vernunft, Zitate S. 400f.
69 Ebd., S. 314.
70 Ebd., Zitate S. 275.
71 Vgl. die zutreffende Kritik an Jauß von Greiner: Die Komödie, S. 97f.: Zu Unrecht kritisiere Jauß, daß Freud sich an der Komik der Heraufsetzung nicht interessiert zeige. Sie stehe vielmehr im Zentrum seiner Witz-Theorie.
72 Greiner: Die Komödie, S. 97–114.
73 Baudelaire: Vom Wesen des Lachens, S. 290. Vgl. Greiner: Die Komödie, S. 103ff.
74 Freud: Der Humor, S. 278.
75 Schiller: Über naive und sentimentalische Dichtung, Zitate S. 745.
76 Schiller: Tragödie und Komödie, S. 1048.
77 Nietzsche: Menschliches, Allzumenschliches, S. 157f.
78 Lamping: Ist Komik harmlos?, S. 56. Überzeugend kritisiert dieser Aufsatz, daß die Harmlosigkeitstheorie insbesondere ästhetisch modernen Formen der Komik und des Lachens nicht mehr angemessen ist.
79 Freud: Der Witz, S. 213; Freud: Der Humor, S. 277.
80 Zitiert bei Breton: Anthologie des Schwarzen Humors, S. 19; s. Freud: Der Humor, S. 281.

81 Adorno: Ästhetische Theorie, S. 66.
82 Die Theorien und Forschungen dazu sichtet relativ umfassend Hellenthal: Schwarzer Humor.
83 Breton: Anthologie des Schwarzen Humors, S. 505; vgl. Freud: Der Humor, S. 278.
84 Siehe dazu u.a. Bartsch: Das Fürchterlichste ist ja immer auch lächerlich; Klingmann: Begriff und Struktur des Komischen; Meyerhofer: To laugh or not to laugh.
85 Im Hinblick vor allem auf das Todesarten-Projekt und die darin thematisierten Angstarten hat unlängst Kanz: «Warum lachst Du denn so blöde?», auf den Stellenwert der Komik, des Humors und der Ironie in Ingeborg Bachmanns Werk aufmerksam gemacht. Der Aufsatz verweist in diesem Zusammenhang auch auf die gewachsene Bedeutung des Lachens in der jüngeren feministischen Literaturtheorie.
86 Thomas Bernhard: Alte Meister. Komödie. Frankfurt a.M. 1985, S. 267.
87 Thomas Bernhard: Ein Kind. Salzburg, Wien 1982, S. 82.
88 Thomas Bernhard: Auslöschung. Ein Zerfall. Frankfurt a.M. 1986; hier vor allem S. 610ff.
89 Ebd., S. 123f.
90 Franz Kafka: Der Proceß. Frankfurt a.M. 1990, S. 11f.
91 Max Brod: Über Franz Kafka. Frankfurt a.M. 1974, S. 156.
92 Albert Ehrenstein: Tubutsch. In: Ders.: Gedichte und Prosa. Neuwied, Berlin 1961, S. 309.
93 Alfred Lichtenstein: Café Klößchen. In: Ders.: Gesammelte Prosa. Zürich 1966, S. 61.
94 Kayser: Das Groteske, S. 198f.
95 Bachtin: Literatur und Karneval, S. 26.
96 Jakob van Hoddis: Dichtungen und Briefe. Zürich 1987, S. 15.
97 Johannes R. Becher: Das poetische Prinzip. Berlin 1957; hier zitiert nach dem gekürzten Abdruck in Jakob van Hoddis: Dichtungen und Briefe. Zürich 1987, S. 408.
98 Bergson: Das Lachen, S. 8.
99 Bachtin: Literatur und Karneval, S. 48.
100 Freud: Der Witz, S. 135.
101 Ebd., S. 142.
102 Wellershoff: Infantilismus als Revolte, S. 335.
103 Böhler: Die verborgene Tendenz des Witzes, S. 370.
104 Gernhardt: Was gibt's denn da zu lachen?, S. 477.
105 Ebd., S. 455.
106 Ebd., S. 469.
107 Ebd., S. 465.
108 D. A. F. de Sade: Ausgewählte Werke. Hg. v. M. Luckow. Bd. I. Frankfurt a.M. 1972, S. 212f.

7. Erotische und pornographische Lust

1. Kaplan: Lesen, Phantasie, Weiblichkeit, S. 173.
2. Huizinga: Homo Ludens, S. 147.
3. Groos: Die Spiele der Menschen, S. 28.
4. Christoph Martin Wieland: Aristipp und einige seiner Zeitgenossen. Hg. v. H. Pröhle. Frankfurt a.M. 1984, S. 830.
5. Siehe oben S. 94f.
6. Nietzsche: Nachgelassene Fragmente, S. 325f.
7. Freud: Psychopathische Personen auf der Bühne, S. 163.
8. Huizinga: Homo Ludens, S. 54.
9. Freytag: Die Technik des Dramas, S. 432.
10. Brecht: Kleines Organon für das Theater, S. 68.
11. Barthes: Die Lust am Text, S. 26.
12. Ebd., S. 51.
13. Ebd., S. 83.
14. Ebd., S. 17.
15. Ebd., S. 76.
16. Ebd., S. 98.
17. Ebd., S. 56.
18. Hart Nibbrig: Die Auferstehung des Körpers im Text, hier u.a. S. 85; einmal heißt es sogar: «Der Text ist der Körper des Körpers.» (S. 18)
19. Ebd., S. 197.
20. Vgl. etwa Selg: Pornographie, S. 69ff.
21. Freud: Der Dichter und das Phantasieren, Zitate S. 178f.
22. Zitiert nach Marcuse: Obszön, S. 67f.
23. Max Frisch: Homo Faber. In: Ders.: Gesammelte Werke in zeitlicher Folge. Band IV. 1. Frankfurt a.M. 1976, S. 5–203; hier S. 124f.
24. Brief Gottfried Benns an Susanne Fricker, zitiert nach Kinder: Die klassische Sau, S. 220.
25. Heinrich von Kleist: Die Marquise von O... In: Ders.: Sämtliche Werke und Briefe. Band II. München 1970, S. 104–143; hier S. 105f.
26. Johann Wolfgang von Goethe: Werke. Hamburger Ausgabe. Bd. 1. München 1981, S. 78.
27. Klüger: Frauen lesen anders, S. 87.
28. Rosenkranz: Ästhetik des Häßlichen, S. 193.
29. Ebd., S. 203.
30. Ebd., S. 195f.
31. Vgl. Lautmann, Schetsche: Das pornographierte Begehren, S. 104: «Der Pornographieverdacht wird überall dort erhoben, wo die Indirektheit der erotisch-sexuellen Signalsprache aufgegeben ist».

32 Anaïs Nin: Die Frau in den Dünen. Unter dem Titel *Des Blickes zitterndes Begehren* abgedruckt in Kinder: Die klassische Sau, S. 193–201; hier S. 193.
33 Bloch: Sexualleben, S. 789.
34 Ebd. S. 39.
35 Englisch: Geschichte der erotischen Literatur, S. 6.
36 Gero von Wilpert: Sachwörterbuch der Literatur. 5. Aufl. Stuttgart 1969, S. 583; Günther und Irmgard Schweikle (Hg.): Metzler-Literatur-Lexikon. Stuttgart 1984, S. 338. Solche Formulierungen entsprechen ganz den in Peter Gorsens Sexualästhetik zusammengestellten Versuchen von früher, Pornographie und Obszönität zu definieren. (Gorsen: Sexualästhetik, S. 36–48)
37 Zitiert ebd., S. 38.
38 Jurgensen: Beschwörung und Erlösung, S. 12.
39 Ebd., S. 61f.
40 Glaser: Libri Obscoeni, S. 14.
41 Darnton: Denkende Wollust, S. 7f.
42 Ebd., S. 22.
43 Ebd., S. 14.
44 Dworkin: Pornographie.
45 Darnton: Denkende Wollust, S. 23.
46 Zitiert ebd., S. 42, Anmerkung 22.
47 Ebd. S. 24f.
48 Marcuse: Obszön, S. 39.
49 Gehrke: Frauen und Pornographie, S. 12.
50 Sontag: Die pornographische Phantasie, S. 90.
51 Ebd., S. 90.
52 Fiedler: Überquert die Grenze, Zitate hier S. 66f.
53 Wellershoff: Fesselung und Entfesselung, S. 13.
54 Ebd., S. 21.
55 Ebd., S. 23f.
56 Ebd., S. 24.
57 Gorsen: Sexualästhetik, S. 157.
58 Freud: Der Dichter und das Phantasieren, S. 174.
59 Klüger: Frauen lesen anders, S. 83.
60 Ebd., S. 103.
61 Ebd., S. 85.
62 Ebd., S. 86.
63 Ebd., S. 101.
64 Ebd., S. 99.
65 Vgl. dazu die in vieler Hinsicht überscharfe, doch in diesem Punkt berechtigte Kritik an Klüger von Beutin: Androgynie, Feminismus und weibliche Ästhetik.
66 Schön: Einführung in die psychoanalytische Literaturwissenschaft,

S. 58. Aufgrund der «frühen Identifizierungen mit dem Vater und der Mutter» gebe es «keine geschlechtsspezifischen Identifikationsmuster im strengen Sinne». Vgl. dazu auch Beutin: Androgynie.
67 Eckert: Grauen und Lust, S. 144.
68 Lautmann, Schetsche: Das pornographierte Begehren, S. 98.
69 Vgl. ebd., S. 95; und Eckert: Grauen und Lust, S. 140.
70 Hans, Lapouge: Die Frauen; Zitate hier S. 31 u. 33.
71 Zitiert ebd., S. 20.
72 Vgl. etwa Kappeler: Pornographie, S. 56.
73 Gehrke: Frauen und Pornographie, S. 16.
74 Ebd., S. 18 u. 19.
75 Anaïs Nin: Das Delta der Venus. München 1997, Zitat hier im «Postskriptum» S. 14f.
76 Zitiert nach Kinder: Die klassische Sau, S. 194f.
77 Gehrke: Frauen und Pornografie, S. 19.
78 Vgl. dazu Mulvey: Visuelle Lust und narratives Kino.
79 John Cleland: Die Memoiren der Fanny Hill; hier zitiert nach dem Auszug in Kinder: Die klassische Sau, S. 190 u. 191.
80 Darauf wäre differenzierter einzugehen in der Auseinandersetzung mit dem wichtigen Beitrag von Mulvey: Visuelle Lust und narratives Kino, der den Zusammenhang von voyeuristischer und narzißtischer Schaulust psychoanalytisch beschreibt.
81 Vgl. Lautmann, Schetsche: Das pornographische Begehren, S. 98.
82 Kinder: Die klassische Sau, S. 197.
83 Hans, Lapouge: Die Frauen, S. 21.
84 Ebd., S. 24.
85 Barthes: Die Lust am Text, S. 83.
86 Ebd., S. 93.
87 Gustav Flaubert: November; hier zitiert nach dem Auszug in Kinder: Die klassische Sau, S. 67.
88 Vgl. Englisch: Geschichte der erotischen Literatur, S. 7.
89 Zitiert in Eckert u.a.: Die Inszenierung der Affekte, S. 144.
90 Zitiert nach Darnton: Denkende Wollust, S. 13f.
91 Schade: Das Fest der Martern, S. 18.
92 Kinder: Die klassische Sau, S. 198.

Ausblick

1 Vgl. dazu Foucault: Der Gebrauch der Lüste; weiterhin das Vorwort und die Zusammenstellung einschlägiger Textauszüge in Kondylis: Der Philosoph und die Lust.
2 Foucault: Der Gebrauch der Lüste, S. 118.
3 Vgl. den Abriß einer Philosophiegeschichte der Lust in Kondylis:

Der Philosoph und die Lust, hier im Vorwort des Herausgebers S. 24ff.
4 Fechner: Vorschule der Aesthetik, S. 12.
5 Aristoteles: Nikomachische Ethik, Zitate hier nach dem Auszug in Kondylis: Der Philosoph und die Lust, S. 46ff.
6 Siehe dazu ausführlich Foucault: Der Gebrauch der Lüste.
7 Fechner: Vorschule der Aesthetik, Zitate hier S. 12f.
8 Ebd., S. 41.
9 Ebd., S. 36.
10 Ebd., S. 37.
11 Vgl. Kondylis: Der Philosoph und die Lust, S. 19f.
12 Foucault: Der Gebrauch der Lüste, S. 86ff.
13 Fechner: Vorschule der Aesthetik, S. 50f.
14 Ebd., S. 52.

Literaturverzeichnis

Das Verzeichnis umfaßt die in den Fußnoten nur mit Kurztiteln angeführten theoretischen und wissenschaftlichen Schriften, nicht jedoch die literarischen Texte, die dort vollständig angegeben sind.

Adamaszek, Karl: Lachen und Therapie. In: Integrative Therapie 17 (1991), H. 3, S. 279–299.

Admoni, Wladimir: Der deutsche Sprachbau. 3. Auflage. München 1970.

Adorno, Theodor W.: Ästhetische Theorie. Frankfurt a. M. 1970.

Akashe-Böhme, Farideh (Hg.): Reflexionen vor dem Spiegel. Frankfurt a. M. 1992.

Alewyn, Richard: Die literarische Angst. In: Ditfurth: Aspekte der Angst. S. 38–52.

Alewyn, Richard: Die Lust an der Angst. In: Ders.: Probleme und Gestalten. Frankfurt a. M. 1974, S. 307–330.

Alfes, Henrike F.: Literatur und Gefühl. Emotionale Aspekte literarischen Schreibens und Lesens. Opladen 1995.

Allesch, Christian G.: Geschichte der psychologischen Ästhetik. Göttingen 1987.

Anz, Thomas: Die Historizität der Angst. Zur Literatur des expressionistischen Jahrzehnts. In: Jahrbuch der deutschen Schillergesellschaft 19 (1975), S. 237–283.

Anz, Thomas: Der schöne und der häßliche Tod. Klassische und moderne Normen literarischer Diskurse über den Tod. In: Karl Richter und Jörg Schönert (Hg.): Klassik und Moderne. Die Weimarer Klassik als historisches Ereignis und Herausforderung im kulturgeschichtlichen Prozeß. Walter Müller-Seidel zum 65. Geburtstag. Stuttgart 1983, S. 409–432.

Anz, Thomas: Emil Staiger, Peter Handke und der Zürcher Literaturstreit. In: Text und Kritik (1989), H. 24, 5. Auflage: Neufassung, S. 30–33.

Anz, Thomas: Literarische Normen und Autonomie. Individualitätsspielräume in der modernisierten Literaturgesellschaft des 18. Jahrhunderts. In: Wilfried Barner (Hg.): Tradition, Norm, Innovation. Soziales und literarisches Traditionsverhalten in der Frühzeit der deutschen Aufklärung. München 1989, S. 71–91.

Anz, Thomas: Literarische Wertung. In: Walther Killy (Hg.): Lexikon der deutschsprachigen Literatur. Bd. 14. München 1993, S. 21–26.

Anz, Thomas: Spannung durch Trennung. Über die literarische Stimulation von Unlust und Lust. In: Johannes Cremerius u. a. (Hg.): Trennungen. Würzburg 1994 (= Freiburger literaturpsychologische Gespräche. Bd. 13), S. 17–33.

Anz, Thomas: Über die Lust an Literatur und die Lustlosigkeit der Literaturwissenschaft. In: Neue Rundschau 106 (1995), H. 2, S. 133–148.

Anz, Thomas: Spiel, Spannung und Erotik. In: Der Rabe Nr. 44 (1995), S. 140–148.

Anz, Thomas: Über die Lust und Unlust am Text. Zu Elfriede Jelineks «Lust». In: Johannes Cremerius u. a. (Hg.): Methoden in der Diskussion. Würzburg 1996 (= Freiburger literaturpsychologische Gespräche. Bd. 15), S. 195–210.

Ariès, Philippe: Geschichte des Todes. München, Wien 1980.

Aristoteles: Poetik. Griechisch/Deutsch. Stuttgart 1987.

Artaud, Antonin: Das Theater und sein Double. Frankfurt a. M. 1987.

Assmann, Aleida: Lesen als Überlebensmittel. In: Bellebaum, Muth: Leseglück, S. 87–114.

Baas, Bernard: Das reine Begehren. Wien 1995.

Baatz, Ursula u. Wolfgang Müller-Funk (Hg.): Vom Ernst des Spiels. Über Spiel und Spieltheorie. Berlin 1993.

Bachtin, Michail M.: Literatur und Karneval. Zur Romantheorie und Lachkultur. München 1985.

Bahr, Hermann: Dialog vom Tragischen. Berlin 1904.

Balint, Michael: Angstlust und Regression. Reinbek bei Hamburg 1972.

Barthes, Roland: Die Lust am Text. Frankfurt a. M. 1974.

Bartsch, Kurt: Das Fürchterliche ist ja auch immer lächerlich. Einführende Anmerkungen zum Werk Thomas Bernhards. In: Text & Kontext (1986), H. 2, S. 185–197.

Bataille, Georges: Die Tränen des Eros. München 1981.

Baudelaire, Charles: Vom Wesen des Lachens und allgemein von dem Komischen in der Bildenden Kunst. In: Ders.: Sämtliche Werke und Briefe. Bd. 1. Darmstadt 1977, S. 284–305.

Baudrillard, Jean: Agonie des Realen. Berlin 1978.

Baudrillard, Jean: Der symbolische Tausch und der Tod. München 1982.

Baumann, Hans D.: Horror. Die Lust am Grauen. Weinheim, Basel 1989.

Baumgarten, Alexander Gottlieb: Theoretische Ästhetik. Die grundlegenden Abschnitte aus der «Aesthetica» (1750/58). Hamburg 1983.

Beaujour, Michel: The Game of Poetics. In: Yale French Studies 41 (1968), S. 58–67.

Begemann, Christian: Furcht und Angst im Prozeß der Aufklärung. Frankfurt a. M. 1987.

Behler, Ernst: Nietzsche und die romantische Metapher von der Kunst als Spiel. In: Michael S. Batts, Anthony W. Riley und Heinz Wetzel (Hg.): Echoes and Influences of German Romanticism. New York 1987, S. 11–28.

Bell, Pearl K.: Games Writers Play. In: Commentary 71 (1981), S. 69–73.

Bellebaum, Alfred und Ludwig Muth (Hg.): Leseglück. Eine vergessene Erfahrung? Opladen 1996.

Benjamin, Walter: Das Kunstwerk im Zeitalter seiner technischen Reproduzierbarkeit (Zweite Fassung). In: Ders.: Gesammelte Schriften. Bd. I.2. Frankfurt a. M. 1978, S. 471–508.

Bennewitz, Ingrid: «Du bist mir Apollo»/«Du bist mir Helena». Figuren der Liebe im frühneuhochdeutschen Prosaroman. In: Hans-Jürgen Bachorski (Hg.): Ordnung und Lust. Bilder von Liebe, Ehe und Sexualität in Spätmittelalter und Früher Neuzeit. Trier 1991, S. 185–210.

Bergson, Henri: Das Lachen. Jena 1921.

Berlyne, D. E.: Konflikt, Erregung, Neugier. Stuttgart 1974.

Bertaux, Pierre: Gar schöne Spiele spiel' ich mit Dir! Zu Goethes Spieltrieb. Frankfurt a. M. 1986.

Beutin, Heidi: Androgynie, Feminismus und weibliche Ästhetik. In: Dies.: Als eine Frau lesen lernte, trat die Frauenfrage in die Welt. Hamburg 1995, S. 13–35.

Blanckenburg, Friedrich von: Versuch über den Roman. Faksimiledruck der Originalausgabe von 1774. Stuttgart 1965.

Bloch, Iwan: Das Sexualleben unserer Zeit in seinen Beziehungen zur modernen Kultur. Berlin 1908.

Blumenberg, Hans: Der Sturz des Protophilosophen. Zur Komik der reinen Theorie – anhand einer Rezeptionsgeschichte der Thales-Anekdote. In: Preisendanz, Warning: Das Komische, S. 11–64.

Bodmer, Johann Jacob: Critische Betrachtung über die Poetischen Gemählde der Dichter. Zürich 1741.

Böhler, Michael: Die verborgene Tendenz des Witzes. Zur Soziodynamik des Komischen. In: Deutsche Vierteljahrsschrift für Literaturwissenschaft und Geistesgeschichte 55 (1981), S. 351–378.

Böhme, Hartmut: Das Steinerne. Anmerkungen zur Theorie des Erhabenen aus dem Blick des «Menschheitsfremdesten». In: Pries: Das Erhabene, S. 119–141.

Bohn, Volker: Lektüre als Spiel. In: Neue Rundschau 95 (1984), H. 3, S. 20–34.

Bohrer, Karl Heinz: Die Ästhetik des Schreckens. Die pessimistische Romantik und Ernst Jüngers Frühwerk. München, Wien 1978.

Bohrer, Karl Heinz (Hg.): Das Erhabene nach dem Faschismus. Stuttgart 1989 (= Sonderheft Merkur 43, H. 9/10).

Borges, Jorge Luis: Das Buch. In: Ders.: Gesammelte Werke. Bd. 5, II: Essays 1952–1979. München 1981, S. 227–236.

Borringo, Heinz-Lothar: Spannung in Text und Film. Spannung und Suspense als Textverarbeitungskategorien. Düsseldorf 1980.

Bourdieu, Pierre: Die feinen Unterschiede. Kritik der gesellschaftlichen Urteilskraft. Frankfurt a. M. 1987.

Braungart, Wolfgang: Ritual und Literatur. Tübingen 1996.

Brecht, Bertolt: Anmerkungen zur Oper «Aufstieg und Fall der Stadt Mahagonny». In: Ders.: Werke. Große kommentierte Frankfurter und Berliner Ausgabe. Hg. von Werner Hecht u. a. Bd. 23. Berlin, Weimar und Frankfurt a. M. 1993, S. 65–98.

Brecht, Bertolt: Kleines Organon für das Theater. In: Ders.: Werke. Große kommentierte Frankfurter und Berliner Ausgabe. Hg. von Werner Hecht u. a. Bd. 23. Berlin, Weimar und Frankfurt a. M. 1993, S. 65–98.

Brecht, Bertolt: Was ist schön? In: Ders.: Werke. Große kommentierte Frankfurter und Berliner Ausgabe. Hg. von Werner Hecht u. a. Bd. 21. Berlin, Weimar und Frankfurt a. M. 1992, S. 520–521.

Brecht, Bertolt: Nachträge zum Kleinen Organon für das Theater. In: Ders.: Werke. Große kommentierte Frankfurter und Berliner Ausgabe. Bd. 23. Berlin, Weimar und Frankfurt a. M. 1993, S. 289–295.

Brentano, Franz: Grundzüge der Ästhetik. Bern 1959.

Breton, André: Anthologie des Schwarzen Humors. München 1979.

Bronfen, Elisabeth: Nur über ihre Leiche. Tod, Weiblichkeit und Ästhetik. München 1994.

Büchler, Karl: Die ästhetische Bedeutung der Spannung. In: Zeitschrift für Ästhetik und allgemeine Kunstwissenschaft Nr. 3 (1908), S. 207–254.

Bühler, Karl: Die geistige Entwicklung des Kindes. Jena 1924.

Bürger, Christa (Hg.): Zur Dichotomisierung von hoher und niederer Literatur. Frankfurt a. M. 1982.

Burger, Heinz Otto: Die Geschichte der unvergnügten Seele. Ein Entwurf. In: Deutsche Vierteljahrsschrift für Literaturwissenschaft und Geistesgeschichte 34 (1960), S. 1–20.

Burke, Edmund: Philosophische Untersuchungen über den Ursprung unserer Ideen vom Erhabenen und Schönen. Hamburg 1980 .

Buytendijk, Frederik J. J.: Wesen und Sinn des Spiels. Das Spielen des Menschen und der Tiere als Erscheinungsform der Lebenstriebe. Berlin 1933.

Caillois, Roger: Die Spiele und die Menschen. Maske und Rausch. Frankfurt a. M., Berlin, Wien 1982.

Claas, Dietmar: Entgrenztes Spiel: Zum Spielbegriff in der postmodernen amerikanischen Literatur. In: Hoffmann: Der zeitgenössische amerikanische Roman, Bd. 1, S. 364–378.

Conrad, Horst: Die literarische Angst. Das Schreckliche in Schauerromantik und Detektivgeschichte. Düsseldorf 1974.

Cramer, Friedrich und Wolfgang Kaempfer: Die Natur der Schönheit. Zur Dynamik der schönen Formen. Frankfurt a. M., Leipzig 1992.

Csikszentmihalyi, Mihaly: Das flow-Erlebnis. Jenseits von Angst und Langeweile. Stuttgart 1987.

Csikszentmihalyi, Mihaly: Flow. Das Geheimnis des Glücks. Stuttgart 1992.

Culler, Jonathan: Dekonstruktion. Derrida und die poststrukturalistische Literaturtheorie. Reinbek bei Hamburg 1988.

Darnton, Robert: Denkende Wollust oder Die sexuelle Aufklärung der Aufklärung. [zusammen abgedruckt mit Romanen von Jean-Charles Gervaise de Latouche und Jean-Baptiste d'Argens] Frankfurt a. M. 1996.

Dedner, Burghard: Über das Vergnügen am Unerfreulichen in der Komiktheorie der Aufklärung. In: Jahrbuch der Jean-Paul-Gesellschaft 19 (1984), S. 7–42.

De Ley, Herbert: The Name of the Game: Applying Game Theory in Literature. In: SubStance 17 (1988), S. 33–46.

Delumeau, Jean: La Peur en Occident (XIVe-XVIIIe siècles). Une cité assiégée. Paris 1978.

Derrida, Jacques: Die Struktur, das Zeichen und das Spiel im Diskurs der Wissenschaften vom Menschen. In: Ders.: Die Schrift und die Differenz. Frankfurt a. M. 1975, S. 422–442.

Derrida, Jacques: La vérité en peinture. Paris 1978.

Derrida, Jacques: Die Dissemination. Wien 1995.

Ditfurth, Hoimar von (Hg.): Aspekte der Angst. Starnberger Gespräche 1964. Stuttgart 1965.

Dörner, Dietrich und Wolfgang Vehrs: Ästhetische Befriedigung und Unbestimmtheitsreduktion. In: Psychological Research 37 (1975), S. 321–334.

Dörner, Dietrich: Ein Bauplan für die Seele. Reinbek bei Hamburg 1997.

Dove, George N.: Suspense in the Formula Story. Bowling Green, Ohio 1989.

Dubos, M. l'Abbé: Kritische Betrachtungen über die Poesie und Mahlerey. 1. Theil. Kopenhagen 1760.

Dworkin, Andrea: Pornographie. Männer beherrschen Frauen. Köln 1987.

Eagleton, Terry: Einführung in die Literaturtheorie. Stuttgart 1988.

Eagleton, Terry: Poetry, Pleasure and Politics. In: Jameson: Formations of Pleasure, S. 59–65.

Eckermann, Johann Peter: Gespräche mit Goethe in den letzten Jahren seines Lebens. Zürich 1949 (= Johann Wolfgang von Goethe: Gedenkausgabe der Werke, Briefe und Gespräche. Bd. 24).

Eckert, Roland, Waldemar Vogelgesang u. a.: Grauen und Lust. Die In-

szenierung der Affekte. Eine Studie zum abweichenden Videokonsum. Pfaffenweiler 1991.
Eco, Umberto: Nachschrift zum ‹Namen der Rose›. München 1984.
Eco, Umberto: Postmodernismus, Ironie und Vergnügen. In: Ders.: Nachschrift zum ‹Namen der Rose›, S. 76–82.
Eibl, Karl: Abgrund mit Geländer. Bemerkungen zur Soziologie des ‹angenehmen› Grauens im 18. Jahrhundert. In: Ders. (Hg.): Die Kehrseite des Schönen. Hamburg 1994 (= Aufklärung 8, H. 1), S. 3–14.
Elias, Norbert: Über den Prozeß der Zivilisation. Soziogenetische und psychogenetische Untersuchungen. 6. Auflage. Frankfurt a. M. 1978.
Ellis, Michael J.: Why people play. Eaglewood Cliffs 1973.
Englisch, Paul: Geschichte der erotischen Literatur. Stuttgart 1927 (Fotomechanischer Nachdruck 3. Auflage, 1987).
Epikur: Von der Überwindung der Furcht. München 1991.
Fechner, Gustav Theodor: Vorschule der Aesthetik (Reprint der 3. Auflage Leipzig 1925). Zur experimentalen Aesthetik (Reprint der Ausg. Leipzig 1871). Hildesheim, New York 1978.
Federman, Raymond: Imagination as Plagiarism (an unfinished paper...). In: New Literary History 7 (1975/76), S. 563–578.
Federman, Raymond: Surfiction: Der Weg der Literatur. Hamburger Poetik-Lektionen. Frankfurt a. M. 1992.
Festinger, Leon: Theorie der kognitiven Dissonanz. Bern 1978.
Feyerabend, Paul: Wider den Methodenzwang. Frankfurt a. M. 1983.
Feyerabend, Paul: Wissenschaft als Kunst. Frankfurt a. M. 1984.
Fiedler, Leslie A.: Überquert die Grenze, schließt den Graben! Über die Postmoderne. In: Welsch: Wege aus der Moderne, S. 57–74.
Flitner, Andreas: Spielen – Lernen. Praxis und Deutung des Kinderspiels. 4. Auflage. München 1976.
Flusser, Vilém: Gesellschaftsspiele. In: Hartwanger u. a.: Künstliche Spiele, S. 111–117.
Foerster, Heinz von: Das Konstruieren einer Wirklichkeit. In: Paul Watzlawick (Hg.): Die erfundene Wirklichkeit. Wie wissen wir, was wir zu wissen glauben? Beiträge zum Konstruktivismus. München, Zürich 1985, S. 39–60.
Fónagy, Ivan und Judith: Ein Meßwert der dramatischen Spannung. In: Zeitschrift für Literaturwissenschaft und Linguistik 4 (1971), S. 73–98.
Foucault, Michel: Der Gebrauch der Lüste. Sexualität und Wahrheit Bd. 2. 4. Auflage. Frankfurt a. M. 1995.
Frenzel, Elisabeth: Motive der Weltliteratur. Ein Lexikon dichtungsgeschichtlicher Längsschnitte. Stuttgart 1988.
Freud, Sigmund: Der Dichter und das Phantasieren. In: Ders.: Studienausgabe. Bd. 10. Bildende Kunst und Literatur. Frankfurt a. M. 1969, S. 169–179.
Freud, Sigmund: Psychopathische Personen auf der Bühne. In: Ders.:

Studienausgabe. Bd. 10. Bildende Kunst und Literatur. Frankfurt a. M. 1969, S. 161–168.

Freud, Sigmund: Der Moses des Michelangelo. In: Ders.: Studienausgabe. Bd. 10. Bildende Kunst und Literatur. Frankfurt a. M. 1969, S. 195–222.

Freud, Sigmund: Der Witz und seine Beziehung zum Unbewußten. In: Ders.: Studienausgabe. Bd. 4. Psychologische Schriften. Frankfurt a. M. 1970, S. 9–219.

Freud, Sigmund: Das Unbehagen in der Kultur. In: Ders.: Studienausgabe. Bd. 9. Fragen der Gesellschaft, Ursprünge der Religion. Frankfurt a. M. 1974, S. 191–270.

Freud, Sigmund: Jenseits des Lustprinzips. In: Ders.: Studienausgabe. Bd. 3. Psychologie des Unbewußten. Frankfurt a. M. 1975, S. 213–272.

Freud, Sigmund: Das ökonomische Problem des Masochismus. In: Ders.: Studienausgabe. Bd. 3. Psychologie des Unbewußten. Frankfurt a. M. 1975, S. 339–354.

Freud, Sigmund: Der Humor. In: Ders.: Studienausgabe. Bd. 4. Psychologische Schriften. Frankfurt a. M. 1970, S. 275–282.

Frey, Hans-Jost: Der unendliche Text. Frankfurt a. M. 1990.

Freytag, Gustav: Die Technik des Dramas. In: Max Bucher u. a. (Hg.): Realismus und Gründerzeit. Manifeste und Dokumente zur deutschen Literatur 1848–1880. Bd. 2. Stuttgart 1975, S. 432–436.

Fricke, Harald: Norm und Abweichung. Eine Philosophie der Literatur. München 1981.

Füger, Wilhelm: Literatur und Spieltheorie: Erprobung eines ungenutzten Interpretationsmodells. In: Jörg Hasler (Hg.): Anglistentag 1981. Vorträge. Frankfurt a. M., Bern 1983, S. 152–169.

Gadamer, Hans-Georg: Die Aktualität des Schönen. Kunst als Spiel, Symbol und Fest. Stuttgart 1977.

Gallop, Jane: Feminist Criticism and the Pleasure of the Text. In: North Dakota Quaterly 54 (1986), H. 2, S. 119–132.

Gehrke, Claudia (Hg.): Frauen & Pornographie. Tübingen o. J. [1988] (= konkursbuch extra).

Gendolla, Peter und Carsten Zelle (Hg.): Schönheit und Schrecken. Entsetzen, Gewalt und Tod in alten und neuen Medien. Heidelberg 1990.

Gernhardt, Robert: Was gibt's denn da zu lachen? Kritik der Komiker, Kritik der Kritiker, Kritik der Komik. Zürich 1988.

Gernhardt, Robert: Gedanken zum Gedicht. Zürich 1990.

Gerth, Klaus: Über den Grund des Vergnügens an literarischen Gegenständen. In: Goethe-Jahrbuch 105 (1988), S. 277–293.

Glaser, Horst Albert (Hg.): Wollüstige Phantasie. Sexualästhetik der Literatur. München 1974.

Glaser, Horst Albert: Libri obscoeni – ein philologisches Divertimento statt einer Einleitung. In: Glaser: Wollüstige Phantasie, S. 7–24.

Goerke, J.: Der Begriff der Spannung – seine Behandlung im Unterricht. In: Kontakte 1. Materialien zur Lehrerbildung und Lehrerfortbildung. Stuttgart 1973, S. 35–43.

Goffman, Erving: Wir alle spielen Theater. Die Selbstdarstellung im Alltag. München 1973.

Gorsen, Peter: Sexualästhetik. Grenzformen der Sinnlichkeit im 20. Jahrhundert. Reinbek bei Hamburg 1987.

Gottsched, Johann Christoph: Versuch einer Critischen Dichtkunst. (Unveränderter reprografischer Nachdruck der 4., vermehrten Auflage, Winzig 1751) Darmstadt 1982.

Graf, Werner: Die Erfahrung des Leseglücks. Zur lebensgeschichtlichen Entwicklung der Lesemotivation. In: Bellebaum, Muth: Leseglück, S. 181–216.

Greiner, Bernhard: Die Komödie. Eine theatralische Sendung: Grundlagen und Interpretationen. Tübingen 1992.

Groos, Karl: Die Spiele der Menschen. Jena 1899 (Nachdruck Hildesheim, New York 1973).

Gross, Sabine: Lese-Zeichen. Kognition, Medium und Materialität im Leseprozeß. Darmstadt 1994.

Grotjahn, Martin: Vom Sinn des Lachens. Psychoanalytische Betrachtungen über den Witz, das Komische und den Humor. München 1974.

Guggenberger, Bernd: Einfach schön. Schönheit als soziale Macht. Hamburg 1995.

Guthke, Karl S.: Die Entdeckung des Ich in der Lyrik. Von der Nachahmung zum Ausdruck der Affekte. In: Wilfried Barner (Hg.): Tradition, Norm, Innovation. Soziales und literarisches Traditionsverhalten in der Frühzeit der deutschen Aufklärung. München 1989, S. 93–124.

Habermas, Jürgen: Erkenntnis und Interesse. Frankfurt a. M. 1968.

Hamburger, Andreas: Entwicklung der Sprache. Stuttgart u. a. 1995.

Hans, Marie-Françoise und Gilles Lapouge: Die Frauen – Pornographie und Erotik. Interviews. 2. Auflage. Frankfurt a. M. 1990.

Hansen, Egon: Emotional Processes. Engendered by Poetry and Prose Reading. Stockholm 1986.

Hart Nibbrig, Christiaan L.: Ästhetik. Materialien zu ihrer Geschichte. Ein Lesebuch. Frankfurt a. M. 1978.

Hart Nibbrig, Christiaan L.: Warum Lesen? Frankfurt a. M. 1983.

Hart Nibbrig, Christiaan L.: Die Auferstehung des Körpers im Text. Frankfurt a. M. 1985.

Hartwanger, Georg, Stefan Iglhaut und Florian Rötzer (Hg.): Künstliche Spiele. München 1993.

Hauskeller, Michael (Hg.): Was das Schöne sei. Klassische Texte von Platon bis Adorno. 2. Auflage. München 1995.

Hawthorn, Jeremy: Grundbegriffe moderner Literaturtheorie. Tübingen 1994.

Heckmann, Herbert (Hg.): Angst vor Unterhaltung? Über einige Merkwürdigkeiten unseres Literaturverständnisses. München 1986.
Heckmann, Herbert: Die Angst vor dem Vergnügen. In: Ders.: Angst vor Unterhaltung?, S. 11–22.
Hegel, Georg Wilhelm Friedrich: Vorlesungen über die Ästhetik. Hg. von R. Bubner. Stuttgart 1971.
Heidemann, Ingeborg: Der Begriff des Spieles und das ästhetische Weltbild in der Philosophie der Gegenwart. Berlin 1968.
Heinrich, Klaus: «Theorie» des Lachens. In: Kamper, Wulf: Lachen-Gelächter-Lächeln, S. 17–38.
Hellenthal, Michael: Schwarzer Humor. Theorie und Definition. Essen 1989.
Heydebrand, Renate von und Simone Winko: Einführung in die Wertung von Literatur. Paderborn u. a. 1996.
Hjort, Mette (Hg.): Rules and Conventions: Literature, Philosophy, and Social Theory. Baltimore 1992.
Höge, Holger: Emotionale Grundlagen ästhetischen Urteilens. Ein experimenteller Beitrag zur Psychologie der Ästhetik. Frankfurt a. M. 1984.
Hoffmann, Gerhard (Hg.): Der zeitgenössische amerikanische Roman: Von der Moderne zur Postmoderne. 3 Bände. München 1988.
Hogarth, William: Analyse der Schönheit. Dresden, Basel o. J. [1995].
Horaz: Ars Poetica. Die Dichtkunst. Lateinisch/Deutsch. Stuttgart 1984.
Hörisch, Jochen: Die Wirklichkeit der Medien und die medialisierte Wirklichkeit. Optionen der Gegenwartsliteratur. In: Rolf Grimminger u. a. (Hg.): Literarische Moderne. Europäische Literatur im 19. und 20. Jahrhundert. Reinbek bei Hamburg 1995, S. 770–799.
Huffzky, Karin: Wer muß hier lachen? Das Frauenbild im Männerwitz. Eine Streitschrift. Darmstadt, Neuwied 1979.
Huizinga, Johan: Homo ludens. Vom Ursprung der Kultur im Spiel. Mit einem Nachw. von Andreas Flitner. Reinbek bei Hamburg 1987.
Huyssen, Andreas: Postmoderne – eine amerikanische Internationale? In: Ders. und Klaus R. Scherpe (Hg.): Postmoderne. Zeichen eines kulturellen Wandels. Reinbek bei Hamburg 1986, S. 13–44.
Ickstadt, Heinz: Fiktion, Geschichte und die Spiele Robert Coovers. In: Hoffmann: Der zeitgenössische amerikanische Roman, Bd. 3, S. 94–114.
Iser, Wolfgang: Das Fiktive und das Imaginäre. Perspektiven literarischer Anthropologie. Frankfurt a. M. 1991.
Jäger, Georg: Kokoschkas «Mörder, Hoffnung der Frauen». In: Germanisch-Romanische Monatsschrift 32 (1982), H. 2, S. 215–233.
Jameson, Frederic u. a.: Formations of Pleasure. London, Boston u. a. 1983.
Jameson, Frederic: Pleasure: A Political Issue. In: Ders.: Formations of Pleasure, S. 1–14.
Janetzki, Ulrich und Wolfgang Rath (Hg.): Tendenz Freisprache. Texte zu einer Poetik der 80er Jahre. Frankfurt a. M. 1992.

Jauß, Hans Robert: Ästhetische Erfahrung und literarische Hermeneutik. Frankfurt a. M. 1982.
Jauß, Hans Robert: Über den Grund des Vergnügens am komischen Helden. In: Preisendanz, Warning: Das Komische, S. 103–132.
Joas, Hans: Die Kreativität des Handelns. Frankfurt a. M. 1992.
Jurgensen, Manfred: Beschwörung und Erlösung. Zur literarischen Pornografie. Bern, Frankfurt a. M., New York 1985.
Jurzik, Renate: Der Stoff des Lachens. Studien über Komik. Frankfurt a. M. 1985.
Kaminski, Winfred: Es ist eine Lust zu lesen. Spannung als literaturwissenschaftlicher Begriff. In: Ders. und Klaus Ulrich Pech (Hg.): Kinderliteratur und Psychoanalyse. Hardebek 1982, S. 27–43.
Kamper, Dietmar und Christoph Wulf (Hg.): Lachen – Gelächter – Lächeln. Reflexionen in drei Spiegeln. Frankfurt a. M. 1986.
Kant, Immanuel: Werke in zehn Bänden. Hg. v. W. Weischedel. Darmstadt 1983.
Kant, Immanuel: Kritik der Urteilskraft. In: Ders.: Werke. Bd. 8, S. 237–620.
Kant, Immanuel: Anthropologie in pragmatischer Hinsicht. In: Ders.: Werke. Bd. 10, S. 399–690.
Kant, Immanuel: Beobachtungen über das Gefühl des Schönen und Erhabenen. In: Ders.: Werke. Bd. 2, S. 821–884.
Kanz, Christine: «Warum lachst du denn so blöde?» Zur Vernichtung von Angst im «Todesarten»-Projekt Ingeborg Bachmanns. In: Frauen in der Literaturwissenschaft (1995), Rundbrief 46, S. 33–35.
Kaplan, Cora: Lesen, Phantasie, Weiblichkeit – «Die Dornenvögel». In: Karen Nölle-Fischer (Hg.): Mit verschärftem Blick. Feministische Literaturkritik. München 1987, S. 173–206.
Kaplan, Cora: Wild Nights: Pleasure/Sexuality/Feminism. In: Jameson: Formations of Pleasure, S. 15–35.
Kappeler, Susanne: Pornographie – die Macht der Darstellung. München 1988.
Kastura, Thomas: «Nur Arbeit und kein Spiel macht dumm.» Plädoyer für die Unordnung. In: Rüdiger Singer (Hg.): Der Regnitzschäfer Sprachgeblök. Sprachspiele von Bamberger Studentinnen und Studenten zum Genießen und Nachspielen (=Fußnoten zur Literatur H. 35). Bamberg 1996, S. 74–85.
Kayser, Wolfgang: Das Groteske. Seine Gestaltung in Malerei und Dichtung. 2. Auflage. Oldenburg, Hamburg 1961.
Keitel, Evelyn: Von den Gefühlen beim Lesen. München 1996.
Kienecker, Michael: Prinzipien literarischer Wertung. Sprachanalytische und historische Untersuchungen. Göttingen 1989.
Kinder, Hermann (Hg.): Die klassische Sau. Das Handbuch der literarischen Hocherotik. München 1994.

Klingmann, Ulrich: Begriff und Struktur des Komischen in Thomas Bernhards Dramen. In: Wirkendes Wort 34 (1984), H. 2, S. 78–87.
Klüger, Ruth: Frauen lesen anders. Essays. München 1996.
Kondylis, Panajotis (Hg.): Der Philosoph und die Lust. Frankfurt a. M. 1991.
Kowatzki, Irmgard: Der Begriff des Spiels als ästhetisches Phänomen: Von Schiller bis Benn. Bern, Frankfurt a. M. 1973.
Kracauer, Siegfried: Kino. Essays, Studien, Glossen zum Film. Hg. von Karsten Witte. Frankfurt a. M. 1974.
Kreuzer, Helmut: Vom Glück und Unglück «auf den Flügeln der Wörter». In: Zeitschrift für Literaturwissenschaft und Linguistik 13 (1983), H. 50, S. 7–15.
Krummacher, Hans-Henrik: Das barocke Epicedium. Rhetorische Tradition und deutsche Gelegenheitsdichtung im 17. Jahrhundert. In: Jahrbuch der deutschen Schillergesellschaft 18 (1974), S. 89–147.
Lacan, Jacques: Schriften II. Olten und Freiburg i. Br. 1975.
Lacan, Jacques: Die Ethik der Psychoanalyse. Weinheim 1996.
Lamping, Dieter: Ist Komik harmlos? Zu einer Theorie der literarischen Komik und der komischen Literatur. In: literatur für leser (1994), H. 2, S. 53–65.
Lange, Carl: Sinnesgenüsse und Kunstgenuss. Beiträge zu einer sensualistischen Kunstlehre. Wiesbaden 1903.
Lausberg, Heinrich: Handbuch der literarischen Rhetorik: Eine Grundlegung der Literaturwissenschaft. München 1973.
Lautmann, Rüdiger und Michael Schetsche: Das pornographische Begehren. Frankfurt a. M. und New York 1990.
Lazarus, Moritz: Über die Reize des Spiels. Berlin 1883. Auszug in Scheuerl: Das Spiel, S. 34–66.
Lessing, Gotthold Ephraim: Laokoon. In: Ders: Werke. Bd. 6. München 1974, S. 7–187.
Lessing, Gotthold Ephraim: Wie die Alten den Tod gebildet: Eine Untersuchung. In: Ders.: Werke. Bd. 6. München 1974, S. 405–462.
Liede, Alfred: Dichtung als Spiel. Studien zur Unsinnspoesie an den Grenzen der Sprache. Neuausgabe. Berlin u. a. 1992.
Lipps, Theodor: Ästhetik. Psychologie des Schönen und der Kunst. Bd. 1: Grundlegungen der Ästhetik. 2. Auflage. Leipzig, Hamburg 1914.
Löffler, Sigrid: Die Spaß-Generation hat sich müde gespielt. In: Die Zeit, 29.11.1996.
Lotman, Jurij M.: Die Struktur des künstlerischen Textes. Frankfurt a. M. 1973.
Lotze, Hermann: Geschichte der Ästhetik in Deutschland. München 1868.
Ludwig, Otto: Romane und Romanstudien. München, Wien 1977.

Lützeler, Paul Michael (Hg.): Spätmoderne und Postmoderne. Beiträge zur deutschsprachigen Gegenwartsliteratur. Frankfurt a. M. 1991.

Lugowski, Clemens: Die Form der Individualität im Roman. Frankfurt a. M. 1976 [zuerst 1932].

Luserke, Matthias: Die Bändigung der wilden Seele. Literatur und Leidenschaft in der Aufklärung. Stuttgart, Weimar 1995.

Lyotard, Jean-François: Das postmoderne Wissen. Ein Bericht. Graz, Wien 1986.

Lyotard, Jean-François: Das Erhabene und die Avantgarde. In: Jacques Le Rider und Gérard Raulet (Hg.): Verabschiedung der (Post-)Moderne? Eine interdisziplinäre Debatte. Tübingen 1987, S. 251–274.

Mann, Thomas: Heinrich von Kleist und seine Erzählungen. In: Ders.: Gesammelte Werke. Bd. 8: Leiden und Größe der Meister. Frankfurt a. M. 1982, S. 495–515.

Marcuse, Ludwig: Obszön. Geschichte einer Entrüstung. Zürich 1984.

Marino, James A. G.: An Annotated Bibliography of Play and Literature. In: Canadian Review of Comparative Literature 12 (1985), S. 306–358.

Marquard, Odo: Aesthetica und Anaesthetica. Philosophische Überlegungen. Paderborn 1989.

Matt, Peter von: Die unersättlichen Augen. [Zu Ingeborg Bachmann: «An die Sonne»]. In: FAZ, 21. Juni 1997.

Mattenklott, Gert: Gibt es U- und E-Leser? In: Heckmann: Angst vor Unterhaltung?, S. 34–40.

Mattenklott, Gundel: Spielregeln in der Literatur. In: Diskussion Deutsch 16 (1985), S. 419–435.

Mendelssohn, Moses: Über die Empfindungen. In: Ders.: Schriften zur Philosophie und Ästhetik. Bd. I. Faksimile-Neudruck der Ausgabe Berlin 1929. Stuttgart 1971, S. 41–123.

Mertner, Edgar und Herbert Mainusch: Pornotopia. Das Obszöne und die Pornographie in der literarischen Landschaft. 2. Auflage. Frankfurt a. M. 1971.

Meyerhofer, Nicholas J.: To laugh or not to laugh. Humor in the works of Thomas Bernhard. In: Humor (1988), S. 269–277.

Miall, David S.: Anticipation and Feeling in Literary Response: A Neuropsychological Perspective. In: Poetics 23 (1995), S. 275–298.

Moritz, Karl Philipp: Über die bildende Nachahmung des Schönen. Hg. von B. Seuffert. Heilbronn 1888.

Morreall, John: Enjoying Negative Emotions in Fictions. In: Philosophy and Literature 9 (1985), H. 1, S. 95–103.

Morshäuser, Bodo: Neulich, als das Hakenkreuz keine Bedeutung hatte. Der Achtzigerjahresspaß und der Ernst der Neunziger. In: Kursbuch 113 (1993), H. 3, S. 41–53.

Müller-Freienfels, Richard: Psychologie der Kunst. Bd. II: Psychologie des Kunstschaffens und der ästhetischen Wertung. 2. Auflage. Berlin 1923.

Müller-Seidel, Walter: Probleme der literarischen Wertung. 2. Auflage. Stuttgart 1969.

Mulvey, Laura: Visuelle Lust und narratives Kino. In: Gislind Nabakowski, Helke Sander, Peter Gorsen: Frauen in der Kunst. Bd. I. Frankfurt a. M. 1980, S. 30–46.

Muth, Ludwig: Leseglück als Flow-Erlebnis. Ein Deutungsversuch. In: Bellebaum, Muth: Leseglück, S. 57–81.

Nell, Victor: Lost in a Book: The Psychology of Reading for Pleasure. New Haven 1988.

Nieraad, Jürgen: Die Spur der Gewalt. Zur Geschichte des Schrecklichen in der Literatur und ihrer Theorie. Lüneburg 1994.

Nietzsche, Friedrich: Sämtliche Werke. Kritische Studienausgabe in 15 Bänden. Berlin, New York 1980.

Nietzsche, Friedrich: Nachgelassene Fragmente 1885–1887. In: Ders.: Sämtliche Werke. Bd. 12, S. 9–582.

Nietzsche, Friedrich: Also sprach Zarathustra. In: Ders.: Sämtliche Werke. Bd. 4, S. 9–408.

Nietzsche, Friedrich: Die Geburt der Tragödie aus dem Geiste der Musik. In: Ders.: Sämtliche Werke. Bd. 1, S. 9–156.

Nietzsche, Friedrich: Götzen-Dämmerung. In: Ders.: Sämtliche Werke. Bd. 6, S. 55–161.

Nietzsche, Friedrich: Menschliches, Allzumenschliches. In: Ders.: Sämtliche Werke. Bd. 2, S. 9–704.

Nietzsche, Friedrich: Morgenröthe. In: Ders.: Sämtliche Werke. Bd. 3, S. 9–331.

Noelle-Neumann: Stationen der Glücksforschung. Ein autobiographischer Beitrag. In: Bellebaum, Muth: Leseglück, S. 15–56.

Nusser, Peter: Der Kriminalroman. Stuttgart 1980.

Oelmüller, Willi u. a. (Hg.): Philosophische Arbeitsbücher. 5. Diskurs: Kunst und Schönes. Paderborn 1982.

Ortheil, Hanns-Josef: Schauprozesse. München 1990.

Pacioli, Luca: Divina proportione. Eine Lehre vom Goldenen Schnitt. Hg. von Constantin Winterberg. Nach der venezianischen Ausgabe vom Jahre 1509. Hildesheim 1974.

Pfeiffer, Joachim (Hg.): Literaturpsychologie 1945–1987. Eine systematische, annotierte Bibliographie. Würzburg 1989.

Pfister, Manfred: Das Drama. Theorie und Analyse. München 1977.

Piaget, Jean: Nachahmung, Spiel und Traum. Entwicklung der Symbolfunktion beim Kinde. Stuttgart 1969.

Pietzcker, Carl: Zur Psychoanalyse der literarischen Form. In: Sebastian Goeppert (Hg.): Perspektiven psychoanalytischer Literaturkritik. Freiburg 1978, S. 124–157.

Pietzcker, Carl: Goethes Prometheus-Ode. In: Ders.: Trauma, Wunsch und Abwehr. Würzburg 1985, S. 9–64.
Pietzcker, Carl: Einheit, Trennung und Wiedervereinigung. Psychoanalytische Untersuchungen eines religiösen, philosophischen, politischen und literarischen Musters. Würzburg 1996.
Platon: Der Staat. Zürich, München 1991.
Platon: Symposion. In: Ders.: Die großen Dialoge. Zürich, München 1991, S. 439–515.
Plessner, Helmuth: Lachen und Weinen. Eine Untersuchung der Grenzen menschlichen Verhaltens. In: Ders.: Philosophische Anthropologie. Frankfurt a. M. 1970, S. 11–171.
Plessner, Helmuth: Spiel und Sport. In: Ders.: Diesseits der Utopie. Ausgewählte Beiträge zur Kultursoziologie. Düsseldorf, Köln 1966, S. 160–180.
Plumpe, Gerhard und Niels Werber: Literatur ist codierbar. Aspekte einer systemtheoretischen Literaturwissenschaft. In: Siegfried J. Schmidt (Hg.): Literaturwissenschaft und Systemtheorie. Positionen, Kontroversen, Perspektiven. Opladen 1993, S. 9–43.
Poe, Edgar Allan: Methoden der Komposition. In: Ders.: Werke. Bd. 4. 2. Auflage. Olten, Freiburg i. Br. 1977, S. 531–548.
Polgar, Alfred: Mr. Wallace ist für die Prügelstrafe. In: Ders.: Kleine Schriften. Bd. 1. Reinbek bei Hamburg 1982, S. 414–417.
Preisendanz, Wolfgang und Rainer Warning (Hg.): Das Komische. München 1976.
Pries, Christine (Hg.): Das Erhabene. Zwischen Grenzerfahrung und Größenwahn. Weinheim 1989.
Pütz, Peter: Die Zeit im Drama. Zur Technik dramatischer Spannung. Göttingen 1970.
Rabkin, Eric S.: Narrative Suspense. «When Slim Turned Sideways...». University of Michigan 1973.
Reich-Ranicki, Marcel: Der doppelte Boden. Ein Gespräch mit Peter von Matt. Zürich 1992.
Reik, Theodor: Lust und Leid im Witz. Sechs psychoanalytische Studien. Wien 1929.
Reik, Theodor: Aus Leiden Freuden. Masochismus und Gesellschaft. Hamburg 1977.
Röhrich, Lutz: Der Witz. Figuren, Formen, Funktionen. Stuttgart 1977.
Rötzer, Florian: Kunst Spiel Zeug. Einige unsystematische Anmerkungen. In: Hartwanger, Iglhaut, Rötzer: Künstliche Spiele, S. 15–38.
Rosenkranz, Karl: Ästhetik des Häßlichen. Hg. von D. Kliche. 2. überarb. Auflage. Leipzig 1996.
Rougemont, Denis de: Die Liebe und das Abendland. Zürich 1987.
Sachs, Hanns: Gemeinsame Tagträume. Wien 1924.
Sachs, Hanns: The Creative Unconscious. Cambridge (Mass.) 1942.

Schade, Sigrid: Das Fest der Martern. Zur Ikonographie in der bildenden Kunst. In: Karin Rick und Sylvia Treudl (Hg.): Frauen – Gewalt – Pornographie. Wien 1989, S. 9–29.

Scheuerl, Hans (Hg.): Das Spiel. Theorien des Spiels. Band 2. Weinheim 1991.

Schiller, Friedrich: Werke und Briefe in zwölf Bänden. Frankfurt a. M. 1992.

Schiller, Friedrich: Kallias oder über die Schönheit. Über Anmut und Würde. In: Ders.: Werke und Briefe. Bd. 8, S. 276–394.

Schiller, Friedrich: Über das Erhabene. In: Ders.: Werke und Briefe. Bd. 8, S. 395–422.

Schiller, Friedrich: Über naive und sentimentalische Dichtung. In: Ders.: Werke und Briefe. Bd. 8, S. 706–810.

Schiller, Friedrich: Tragödie und Komödie. In: Ders.: Werke und Briefe. Bd. 8, S. 1047–1048.

Schiller, Friedrich: Über den Grund des Vergnügens an tragischen Gegenständen. In: Ders.: Werke und Briefe. Bd. 8, S. 234–250.

Schiller, Friedrich: Über die ästhetische Erziehung des Menschen. In: Ders.: Werke und Briefe. Bd. 8, S. 556–676.

Schiller, Friedrich: Über die tragische Kunst. In: Ders.: Werke und Briefe. Bd. 8, S. 251–275.

Schlegel, Friedrich: Über Lessing. In: Ders.: Schriften zur Literatur. München 1972, S. 215–249.

Schmid, Pia: Zeit des Lesens – Zeit des Fühlens. Anfänge des deutschen Bildungsbürgertums. Ein Lesebuch. Berlin 1985.

Schoeller, Bernd: Gelächter und Spannung. Studien zur Struktur des heiteren Dramas. Zürich, Freiburg i. Br. 1971.

Schön, Erich: Der Verlust der Sinnlichkeit oder Die Verwandlungen des Lesers. Mentalitätswandel um 1800. Stuttgart 1993.

Schön, Erich: Mentalitätsgeschichte des Leseglücks. In: Bellebaum, Muth: Leseglück, S. 151–180.

Schönau, Walter: Einführung in die psychoanalytische Literaturwissenschaft. Stuttgart 1991.

Schopenhauer, Arthur: Die Welt als Wille und Vorstellung. 2 Bde. Darmstadt 1980/82.

Schopenhauer, Arthur: Parerga und Paralipomena. Darmstadt 1976.

Schuller, Marianne: Wenn's im Feminismus lachte ... In: Dies.: Im Unterschied. Lesen/Korrespondieren/Adressieren. Frankfurt a. M. 1990, S. 199–209.

Schulte-Sasse, Jochen: Die Kritik an der Trivialliteratur seit der Aufklärung. Studien zur Geschichte des modernen Kitschbegriffs. München 1971.

Seeßlen, Georg: Kino der Angst. Geschichte und Mythologie des Film-Thrillers. Reinbek bei Hamburg 1980.

Segebrecht, Wulf: Über ‹Poetische Gerechtigkeit›. Mit einer Anwendung auf Kafkas Roman *Der Proceß*. In: Karl Richter, Jörg Schönert, Michael Titzmann (Hg.): Die schönen Künste und die Wissenschaften. Stuttgart 1997, S. 49–69.

Selg, Herbert: Pornographie. Bern, Stuttgart, Toronto 1986.

Siegrist, Christoph: Frühaufklärerische Trauergedichte zwischen Konvention und Expression. In: Text und Kontext 6 (1978), H. 1/2, S. 9–20.

Sloterdijk, Peter: Kritik der zynischen Vernunft. Frankfurt a. M. 1983.

Sontag, Susan: Die pornographische Phantasie. In: Akzente 15 (1968), S. 77–96, S. 169–192.

Spencer, Herbert: Physiology of Laughter (1860). In: Ders: Essays, Scientific, Political and Speculative. Vol. II. The Works of Herbert Spencer. Vol. XIV. Osnabrück 1966 (Reprint of the Edition of 1891).

Staiger, Emil: Grundbegriffe der Poetik. Zürich 1946.

Suchomski, Joachim: ‹Delectatio› und ‹Utilitas›. Ein Beitrag zum Verständnis mittelalterlicher komischer Literatur. Bern, München 1975.

Thalmayr, Andreas: Das Wasserzeichen der Poesie oder Die Kunst und das Vergnügen, Gedichte zu lesen. Nördlingen 1990.

Todorov, Tzvetan: Die Grammatik der Erzählung. In: Helga Gallas (Hg.): Strukturalismus als interpretatives Verfahren. Darmstadt 1972, S. 57–71.

Tönnies, Sibylle: Die scheußliche Lust. Über die Wehrmachtsausstellung. In: FAZ, 12.4.97.

Trautwein, Wolfgang: Erlesene Angst. Schauerliteratur im 18. und 19. Jahrhundert. München 1980.

Truffaut, François: Mr. Hitchcock, wie haben Sie das gemacht? 2. Auflage. München 1973.

Ulich, Dieter: Das Gefühl. Eine Einführung in die Emotionspsychologie. 2. Auflage. München 1989.

Viehoff, Reinhold: Literatur und Bedürfnis – Bedürfnis und Literatur. Überlegungen zur Bedeutung des Bedürfnisbegriffs in der Literaturwissenschaft. In: SPIEL 6 (1987), H.1, S. 1–20.

Vogt, Jochen (Hg.): Der Kriminalroman. Zur Theorie und Geschichte einer Gattung. 2 Bde. München 1971.

Vondung, Klaus: «Überall stinkt es nach Leichen». Über ästhetische Ambivalenz apokalyptischer Visionen. In: Gendolla, Zelle: Schönheit und Schrecken, S. 129–144.

Weber, Hannelore und Lothar Laux: Bewältigung und Wohlbefinden. In: Andrea Abele und Peter Becker (Hg.): Wohlbefinden. Theorie – Empirie – Pragmatik. Weinheim 1994, S. 139–144.

Weber, Ingeborg: Der englische Schauerroman. Eine Einführung. München, Zürich 1983.

Weinrich, Harald: Was heißt: «Lachen ist gesund»? In: Preisendanz, Warning: Das Komische, S. 402–409.

Wellershoff, Dieter: Literatur und Veränderung. Versuche zu einer Metakritik der Literatur. Köln, Berlin 1971.
Wellershoff, Dieter: Literatur und Lustprinzip. Köln 1973.
Wellershoff, Dieter: Infantilismus als Revolte oder das ausgeschlagene Erbe – Zur Theorie des Blödelns. In: Preisendanz, Warning: Das Komische, S. 335–357.
Wellershoff, Dieter: Fiktion und Praxis. In: Ders.: Literatur und Veränderung, S. 9–32.
Wellershoff, Dieter: Fesselung und Entfesselung. Über Liebesroman und Pornographie. In: Ders.: Literatur und Lustprinzip, S. 13–26.
Wellershoff, Dieter: Vorübergehende Entwirklichung. Zur Theorie des Schauerromans. In: Ders.: Literatur und Lustprinzip, S. 77–138.
Wellershoff, Dieter: Eine Dame ohne Unterleib oder die moderne Ästhetik der Distanz. In: Ders.: Literatur und Veränderung, S. 109–112.
Wellershoff, Dieter: Ein unbestimmtes Etwas im Dunkeln. Wie Spannung entsteht und was sie bedeutet. In: Ders.: Das geordnete Chaos. Essays zur Literatur. Köln 1992, S. 86–101.
Welsch, Wolfgang: Unsere postmoderne Moderne. Weinheim 1988.
Welsch, Wolfgang: Ästhetisches Denken. Stuttgart 1990.
Welsch, Wolfgang: Vernunft. Die zeitgenössische Vernunftkritik und das Konzept der transversalen Vernunft. Frankfurt a. M. 1995.
Welsch, Wolfgang (Hg.): Wege aus der Moderne. Schlüsseltexte der Postmoderne-Diskussion. Weinheim 1988.
Wertheimer, Jürgen (Hg.): Ästhetik der Gewalt. Ihre Darstellung in Literatur und Kunst. Frankfurt a. M. 1986.
Wertheimer, Jürgen: Blutige Humanität. Terror und Gewalt im antiken Mythos. In: Gendolla, Zelle: Schönheit und Schrecken, S. 13–36.
Wertheimer, Jürgen: «Im Blutstrom blättern» – zum elisabethanischen Theater der Grausamkeit. In: Gendolla, Zelle: Schönheit und Schrecken, S. 39–53.
Wilpert, Gero von: Sachwörterbuch der Literatur. 6., verbesserte und erweiterte Auflage. Stuttgart 1979.
Wilson, Robert Rawdon: In Palamedes' Shadow: Game and Play Concepts Today. In: Canadian Review of Comparative Literature 12 (1985), S. 177–199.
Wilson, Robert Rawdon: Play, Transgression, and Carnival. Bakhtin and Derrida on Scriptor Ludens. In: Mosaic 19 (1986), S. 73–89.
Wilson, Robert Rawdon: Rules/Conventions: Three Paradoxes in the Game/Text Analogy. In: South Central Review 3 (1986), H. 4, S. 15–27.
Wilson, Robert Rawdon: In Palamedes' Shadow: Explorations in Play, Game, and Narrative Theory. Boston 1990.
Winnicott, Donald W.: Vom Spiel zur Kreativität. Stuttgart 1973.
Wittgenstein, Ludwig: Philosophische Untersuchungen. In: Ders.: Werk-

ausgabe Band 1. Frankfurt a. M. 1984, S. 225–580.
Wittmann, Reinhard: Geschichte des deutschen Buchhandels. München 1991.
Wittstock, Uwe: Leselust. Wie unterhaltsam ist die neue deutsche Literatur? München 1995.
Wittstock, Uwe (Hg:): Roman oder Leben. Postmoderne in der deutschen Literatur. Leipzig 1994.
Wolf, Naomi: Der Mythos Schönheit. Reinbek bei Hamburg 1991.
Wulff, Hans Jürgen: Die Erzählung der Gewalt. Untersuchungen zu den Konventionen der Darstellung gewalttätiger Interaktion. Münster 1985.
Wundt, Wilhelm: Grundzüge der physiologischen Psychologie. 3 Bde. 5. Auflage. Leipzig 1902/03.
Wuthenow, Ralph-Rainer: Lese-Lüste. In: Heckmann: Angst vor Unterhaltung?, S. 23–33.
Zelle, Carsten: Angenehmes Grauen. Literaturhistorische Beiträge zur Ästhetik des Schrecklichen im 18. Jahrhundert. Hamburg 1988.
Zelle, Carsten: Die doppelte Ästhetik der Moderne. Revisionen des Schönen von Boileau bis Nietzsche. Stuttgart, Weimar 1995.
Zelle, Carsten: Strafen und Schrecken. Einführende Bemerkungen zur Parallele zwischen dem Schauspiel der Tragödie und der Tragödie der Hinrichtung. In: Jahrbuch der deutschen Schillergesellschaft 28 (1984), S. 76–103.
Zelle, Carsten: Über den Grund des Vergnügens an schrecklichen Gegenständen in der Ästhetik des achtzehnten Jahrhunderts. In: Gendolla, Zelle: Schönheit und Schrecken, S. 55–91.

Personenregister

Adamaszek, Karl 257
Admoni, Wladimir 159, 255
Adorno, Theodor W. 19, 25–30, 92, 256
Akashe-Böhme, Farideh 247
Alewyn, Richard 144, 253
Alfes, Henrike F. 238f.
Alighieri, Dante s. Dante Alighieri
Allesch, Christian G. 246, 248
Anzengruber, Ludwig 73
Ariès, Philippe 111f.
Aristipp 205
Aristoteles 25, 54, 69, 107, 119f., 141, 157, 187, 195, 231, 252
Artaud, Antonin 141
Assmann, Aleida 240
Augustin, Ernst 16f.
Augustinus, Aurelius 127

Baas, Bernard 248
Bachmann, Ingeborg 52, 99f., 196f., 259
Bachtin, Michail M. 174, 176, 192f., 198, 200
Bahr, Hermann 141
Balint, Michael 129f., 132, 147, 252f.
Barth, John 18
Barthes, Roland 10, 20f., 27f., 30, 35, 39, 207, 225f., 239, 241
Bartsch, Kurt 259
Bataille, Georges 164, 181, 255
Batteux, Charles 126
Baudelaire, Charles 188, 193
Baudrillard, Jean 41f., 242

Baumann, Hans D. 253
Baumgarten, Alexander Gottlieb 80f., 90
Becher, Johannes R. 200
Begemann, Christian 131, 250, 252f.
Benjamin, Walter 41, 85
Benn, Gottfried 210
Bennewitz, Ingrid 256
Bergson, Henri 188ff., 200
Berlyne, D. E. 59
Bernhard, Thomas 148, 160, 196f.
Bertaux, Pierre 241
Beutin, Heidi 261
Birken, Sigmund von 134
Blanckenburg, Friedrich von 239
Bloch, Iwan 213
Blumenberg, Hans 258
Boccaccio, Giovanni di 157f.
Bodmer, Johann Jacob 122, 124
Bogdanovich, Peter 148
Böhler, Michael 202
Böhme, Hartmut 252
Bohn, Volker 241
Bohrer, Karl Heinz 251, 252
Borges, Jorge Luis 7f., 109
Born, Nicolas 242
Borringo, Heinz-Lothar 156
Bourdieu, Pierre 29
Braungart, Wolfgang 241
Brecht, Bertolt 9, 17, 23, 29, 31, 109f., 157
Brentano, Franz von 98
Breton, André 196, 199
Breuer, Josef 141
Brod, Max 198
Bronfen, Elisabeth 114, 117

Büchler, Karl 156
Bühler, Karl 59ff., 63, 69, 146
Bürger, Christa 238
Burger, Heinz Otto 239
Burke, Edmund 90ff., 101f., 129, 247, 249
Busch, Wilhelm 191
Buytendijk, Frederik J. J. 68
Byron, George Gordon Noel 215

Caillois, Roger 33, 46f., 51, 53–56
Calvino, Italo 19f., 40, 48
Canetti, Elias 149
Casanova, Giacomo 13
Cervantes Saavedra, Miguel de 13
Claas, Dietmar 241
Cleland, John 223, 225
Conrad, Horst 144ff.
Cook, James 7
Cortázar, Julio 168
Cramer, Friedrich 248
Csikszentmihalyi, Mihaly 14, 35, 58f., 65f., 70, 241
Culler, Jonathan 240

Dante Alighieri 12, 85
Darnton, Robert 214f., 227
Dearnborn, G. V. N. 178
De Ley, Herbert 244
Dedner, Burghard 257
Delumeau, Jean 250
Derrida, Jacques 25, 37, 81, 207, 241
Descartes, René 146
Dickens, Charles 205
Diogenes Laertios 192
Ditfurth, Hoimar von 253
Dörner, Dietrich 108ff., 159
Dostojewskij, Fjodor Michajlowitsch 215
Dove, George N. 254f.
Dubos, Jean-Baptiste 145f.

Durand, Regis 46, 234
Dürrenmatt, Friedrich 242
Dworkin, Andrea 215, 218

Eagleton, Terry 7, 30f.
Eckermann, Johann Peter 247
Eckert, Roland 125, 220, 226, 251, 262
Eco, Umberto 17f., 20, 36
Ehrenstein, Albert 198
Eibl, Karl 253
Eichendorff, Joseph Frhr. von 113
Elias, Norbert 139, 176
Ellis, Michael J. 244
Ende, Michael 15ff.
Englisch, Paul 213
Enzensberger, Hans Magnus 20, 36, 38f.
Epikur 63, 166

Faschinger, Lilian 20
Fechner, Gustav Theodor 84, 86, 88f., 91, 96–99, 101, 106ff., 159, 166, 230ff., 234f., 247f.
Federman, Raymond 42f.
Federspiel, Jürg 20
Festinger, Leon 167, 256
Feyerabend, Paul 38, 81
Fiedler, Leslie A. 18f., 216f.
Flaubert, Gustave 14, 209, 226
Flusser, Vilém 44
Foerster, Heinz von 42
Fónagy, Ivan u. Judith 163
Forster, Georg 7
Foucault, Michel 81, 128, 230, 234
Franziskus, hl. 227
Frenzel, Elisabeth 169, 256
Freud, Sigmund 7, 9f., 14, 20, 25–29, 32ff., 50, 62, 66, 71–79, 106f., 119, 138f., 141f., 147, 154, 164–167, 173, 176f., 180–187,

190–194, 196, 198, 201, 203, 206, 208f., 213, 218f., 230, 234, 237, 240, 242, 245, 258
Frey, Hans-Jost 39f.
Freytag, Gustav 206
Fricke, Harald 68
Frisch, Max 210
Fromm, Erich 217
Füger, Wilhelm 244
Fuhrmann, Ernst 252

Gadamer, Hans-Georg 241
Gallop, Jane 240
Gehrke, Claudia 215, 221, 223
Gernhardt, Robert 202f.
Gerth, Klaus 270
Glaser, Horst Albert 214, 261
Goerke, J. 254
Goethe, Johann Wolfgang von 7, 12, 72, 81, 112, 124, 126f., 149, 170f., 192, 211f., 251
Goffman, Erving 45
Gorsen, Peter 213, 218, 261
Gottsched, Johann Christoph 121f., 134, 188
Graf, Werner 240
Greiner, Bernhard 193, 258
Grimm, Jacob u. Wilhelm 134
Groos, Karl 33, 57–67, 69, 71f., 74, 76f., 119, 146, 205, 241, 243
Gross, Sabine 160, 255
Grotjahn, Martin 257
Guggenberger, Bernd 247
Guthke, Karl S. 251

Habermas, Jürgen 254
Hahn, Ulla 20
Hamburger, Andreas 246
Handke, Peter 96
Hansen, Egon 238
Hart Nibbrig, Christiaan L. 207, 237, 260
Hawthorn, Jeremy 254

Hebbel, Friedrich 115
Hebel, Johann Peter 115–120, 123f., 138, 171, 210, 242
Heckmann, Herbert 238f.
Hegel, Georg Wilhelm Friedrich 247
Heidemann, Ingeborg 243
Hein, Christoph 20
Heinrich, Klaus 258
Heinzmann, Johann Georg 11
Hellenthal, Michael 259
Heraklit 50
Hermann, Friedrich B. W. von 245
Heydebrand, Renate von 238f., 247
Highsmith, Patricia 159
Hitchcock, Alfred 161
Hitler, Adolf 175
Hobbes, Thomas 146, 193
Hoddis, Jakob van 198f.
Hoffmann, E. T. A. 115
Hofmannsthal, Hugo von 115
Hogarth, William 91, 247
Höge, Holger 247
Hölderlin, Friedrich 99
Home, Henry 123, 251
Homer 83, 125, 169, 247
Horaz 23, 25, 181
Hörisch, Jochen 242
Horney, Karen 217
Huffzky, Karin 258
Huizinga, Johan 20, 34ff., 45ff., 52, 74f., 205f., 242, 245
Huyssen, Andreas 240

Ickstadt, Heinz 243
Irigaray, Luce 221f., 225
Iser, Wolfgang 241

Jäger, Georg 253
Jameson, Frederic 240
Janetzki, Ulrich 241

Jauß, Hans Robert 192, 239, 258
Jelinek, Elfriede 20, 181–186, 221
Joas, Hans 246
Joyce, James 8
Jünger, Ernst 130, 252
Jurgensen, Manfred 13, 214, 237, 261
Jurzik, Renate 257

Kaempfe, Alexander 176, 257
Kaempfer, Wolfgang 248
Kafka, Franz 8, 120f., 160, 196, 198, 255
Kaminski, Winfred 254
Kant, Immanuel 25–29, 68, 77, 82ff., 92, 105, 129–132, 166, 170, 172, 179, 206, 247f.
Kanz, Christine 259
Kaplan, Cora 205
Kappeler, Susanne 218
Karl der Große 191
Kastura, Thomas 245
Kayser, Wolfgang 198
Keitel, Evelyn 239
Kienecker, Michael 247
Kinder, Hermann 222–225, 228, 260ff.
King, Stephen 8
Kleist, Heinrich von 150, 152, 160, 169, 210f.
Klingmann, Ulrich 259
Klopstock, Friedrich 123
Klüger, Ruth 211, 218ff., 226, 261
Kolbe, Uwe 243
Kondylis, Panajotis 263
Körner, Christian Gottfried 102
Kracauer, Siegfried 247
Kreuzer, Helmut 237
Krummacher, Hans-Henrik 115, 250

Lacan, Jacques 93, 164, 207f., 239, 248
Lamping, Dieter 195, 258
Lange, Carl 150
Lapouge, Hans 221, 225, 262
Lausberg, Heinrich 150, 254
Lautmann, Rüdiger 221, 260, 262
Laux, Lothar 131, 249, 252
Lawrence, D. H. 209
Lazarus, Moritz 61f.
Ledanff, Susanne 251
Leonardo da Vinci 95
Lessing, Gotthold Ephraim 83, 112, 122f., 247
Leupold, Dagmar 20
Levin, Kurt 156
Lichtenstein, Alfred 198
Liede, Alfred 75, 243, 245
Lipps, Theodor 93
Locke, John 62
Löffler, Sigrid 242
Lotman, Jurij M. 53, 57f.
Lotze, Hermann 96f.
Ludwig, Otto 164
Lugowski, Clemens 157f.
Luhmann, Niklas 239
Lukrez 148, 253
Lumière, Auguste M. L. N. u. Louis Jean 147
Luserke, Matthias 253
Lützeler, Paul Michael 241
Lyotard, Jean-François 37f., 40, 47, 81, 129, 145

Magritte, René 207
Mann, Thomas 143, 150ff., 165ff., 169
Marcuse, Herbert 217
Marcuse, Ludwig 209, 215
Marinetti, Filippo Tommaso 130, 252
Marino, James A. G. 241
Marquard, Odo 111

Matt, Peter von 249
Mattenklott, Gundel 241
Meier, Georg Friedrich 122, 251
Menander 115
Mendelssohn, Moses 113
Meyerhofer, Nicholas J. 259
Miall, David S. 238
Miller, Henry 209
Morgenstern, Christian 49
Moritz, Karl Philipp 14, 81
Morreall, John 253
Morshäuser, Bodo 44, 242
Müller-Freienfels, Richard 85
Müller-Seidel, Walter 247
Mulvey, Laura 262
Muth, Ludwig 238

Nell, Victor 15, 33, 66f., 238
Newman, Odette 217
Nietzsche, Friedrich 25f., 28, 37, 50, 55, 74f., 93ff., 111, 141ff., 180, 194f., 206, 233
Nin, Anaïs 213, 222, 224f., 227
Nieraad, Jürgen 251
Noelle-Neumann, Elisabeth 237
Nusser, Peter 157, 254

Ortheil, Hanns-Josef 40
Orwell, George 173, 175
Ovid 89

Pacioli, Luca 94
Pfeiffer, Joachim 254
Pfister, Manfred 156
Piaget, Jean 60
Pietzcker, Carl 137, 192, 248f., 251, 256, 258
Platen, August von 86–89
Platon 54, 94, 97, 189, 205, 241, 248
Plessner, Helmuth 180
Plumpe, Gerhard 239
Poe, Edgar Allan 83, 89, 113ff., 117, 120f.

Polgar, Alfred 136
Pries, Christine 251
Puschkin, Aleksandr Sergejewitsch 53
Pütz, Peter 254

Rabelais, François 192
Rabkin, Eric S. 160f.
Racine, Jean 163
Rath, Wolfgang 241
Reich, Wilhelm 217
Reich-Ranicki, Marcel 238
Reik, Theodor 138, 179
Rilke, Rainer Maria 89
Röhrich, Lutz 173, 178, 256
Rölleke, Heinz 252
Rorty, Richard 47
Rosenkranz, Karl 212, 260
Rötzer, Florian 42
Rougemont, Denis de 170
Rousseau, Jean-Jacques 253

Sachs, Hanns 95
Sade, Donatien-Alphonse-François, Marquis de 12, 203f., 214
Schade, Sigrid 227
Schetsche, Rüdiger 260, 262
Scheuerl, Hans 245
Schiller, Friedrich 20, 24, 28f., 48, 61, 76–79, 92, 102f., 105f., 112, 125, 131ff., 135f., 155, 170, 194, 215, 233, 245
Schlegel, Friedrich 122, 209
Schmid, Pia 237
Schmidt, Arno 184
Schnitzler, Arthur 209
Schoeller, Bernd 256, 258
Schön, Erich 31f., 72, 220, 261
Schönau, Walter 99, 240, 245f., 248
Schopenhauer, Arthur 63, 93f., 104f., 206
Schuller, Marianne 257

Schulte-Sasse, Jochen 238
Schweikle, Günther u. Irmgard 261
Segebrecht, Wulf 252
Selg, Herbert 260
Shakespeare, William 163, 215
Sloterdijk, Peter 81, 192f.
Sontag, Susan 216, 261
Spencer, Herbert 61f., 179
Staiger, Emil 254
Stieglitz, Charlotte 123
Suchomski, Joachim 239
Süskind, Patrick 43

Thales von Milet 189f., 193, 195
Thalmayr, Andreas s. Hans Magnus Enzensberger
Thomas von Aquin 85
Tieck, Ludwig 115
Todorov, Tzvetan 168, 256
Tönnies, Sibylle 127
Truffaut, François 161f.
Tucholsky, Kurt 14f., 127

Ulich, Dieter 238

Valéry, Paul 46
Vehrs, Wolfgang 108ff.
Viehoff, Reinhold 240
Vitruvius Pollio, Marcus 95
Vogt, Jochen 157, 254

Vondung, Klaus 252

Wallace, Edgar 136
Weber, Hannelore 131, 249, 252f.
Weinrich, Harald 257
Wellershoff, Dieter 17, 35, 58, 110, 141, 151, 159, 171, 201, 216f.
Welsch, Wolfgang 80f., 242
Werber, Niels 239
Wertheimer, Jürgen 126, 251
Wieland, Christoph Martin 13, 205
Wilde, Oscar 81
Wilpert, Gero von 152, 214, 254, 261
Wilson, Robert Rawdon 47, 243
Winko, Simone 238f., 247
Winnicott, Donald W. 71
Wittgenstein, Ludwig 37f., 47f., 242f.
Wittmann, Reinhard 237
Wittstock, Uwe 237f.
Woelk, Ulrich 20
Wolf, Naomi 247
Wulff, Hans Jürgen 253
Wundt, Wilhelm 156

Zelle, Carsten 251, 253
Zola, Émile 205